Gegenwart

406-mm-U-Jagdtorpedo

Mit akustischem Zielsuchkopf

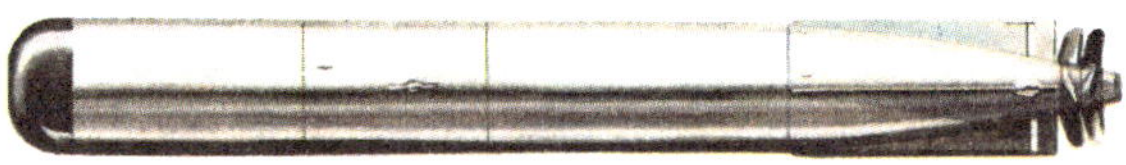

Ferngelenkter Torpedo mit akustischem Zielsuchkopf

Reaktivtorpedo

Torpedo mit hydroakustischem Dauermotor

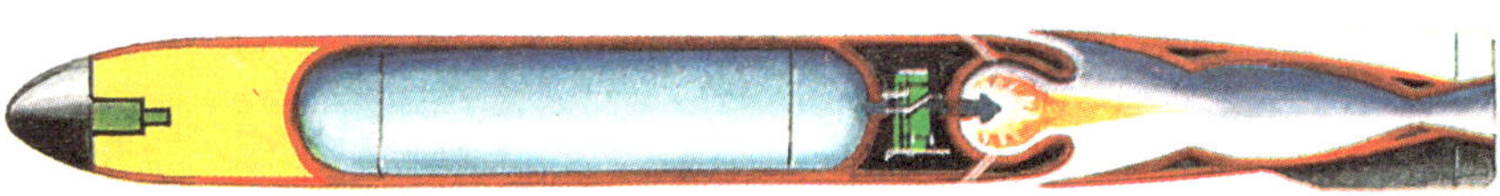

Schnitt eines reaktiven Torpedos

Torpedobewaffnung

Manfred Schiffner
Karl-Heinz Dohmen
Ronald Friedrich

Torpedobewaffnung

MV

*Militärverlag
der Deutschen Demokratischen
Republik*

Das Buch wurde erarbeitet unter Leitung von Fregattenkapitän Manfred Schiffner.
Autoren: Fregattenkapitän Karl-Heinz Dohmen (Kap. 4, 5, 8)
Fregattenkapitän Ronald Friedrich (Kap. 6, 7, 8)
Fregattenkapitän Manfred Schiffner (Kap. 1, 2, 3, 7, 8)

Schiffner, Manfred; Dohmen, Karl-Heinz; Friedrich, Ronald: Torpedobewaffnung. –
Berlin : Militärverl. d. DDR, 1987
264 S. : 210 Ill.

ISBN 3-327-00331-9

1. Auflage

Lizenz-Nr. 5
Printed in the German Democratic Republic
Lichtsatz und buchbinderische Verarbeitung:
INTERDRUCK Graphischer Großbetrieb Leipzig – III/18/97
Druck: Druckerei des Ministeriums für Nationale Verteidigung (VEB) – Berlin – 32 358-6
Lektor: Fregattenkapitän Hans-Ulrich Geburzi
Typografie: Martina Schwarz
Zeichner: Backmann (10), Hartmann (75), Kaufmann † (21), Rode (Vorsatz), Seyler (48)
Einbandgestaltung: Hans Räde
Redaktionsschluß: 12. 12. 1985
LSV-Nr.: 0553
02350 Bestellnummer: 746 911 3

Inhaltsverzeichnis

Vorwort

1. **Die historische Entwicklung des Torpedos** . . . 8
1.1. Die Torpedoentwicklung bis 1918 . . . 11
1.2. Die Torpedoentwicklung nach dem ersten Weltkrieg bis Ende des zweiten Weltkrieges . . . 17
1.3. Der Torpedo in der Gegenwart . . . 25

2. **Antrieb von Torpedos** . . . 45
2.1. Dampfgasantrieb . . . 45
2.2. Elektroantrieb . . . 64
2.3. Reaktivantrieb . . . 70

3. **Die Gefechtsladungen und ihre Zündeinrichtungen** . . . 75
3.1. Die Unterwasserdetonation und die Wirkung von Torpedos . . . 76
3.2. Aufbau der Gefechtsköpfe . . . 83
3.3. Zündeinrichtungen . . . 84
3.3.1. Aufschlagzünder . . . 84
3.3.2. Abstandszünder . . . 86

4. **Steuerung von Torpedos** . . . 93
4.1. Autonome Steuerung . . . 93
4.1.1. Tiefensteuerung . . . 93
4.1.2. Kurssteuerung . . . 99
4.2. Folgesteuerung . . . 110
4.2.1. Fernsteuerung . . . 110
4.2.2. Zielsuchsteuerung . . . 120

5. **Torpedoausstoß- und -abwurfeinrichtungen** . . . 138
5.1. Torpedoausstoß- und -abwurfeinrichtungen von Überwasserkräften . . . 142
5.2. Torpedoausstoß- und -abwurfeinrichtungen von Unterwasserkräften . . . 156
5.3. Torpedoabwurfeinrichtungen der Marinefliegerkräfte . . . 162

6. **Torpedoträger** . . . 165
6.1. Überwasserkräfte . . . 166
6.1.1. Torpedoboote . . . 166
6.1.2. Zerstörer und Fregatten . . . 174
6.1.3. Torpedoschnellboote . . . 183
6.1.4. Schwere Überwasserkräfte . . . 192
6.2. Unterwasserkräfte . . . 195

6.3. Marinefliegerkräfte 206
6.4. Maritime Kleinkampfmittel 214

7. Die Abwehr von Torpedos 226
7.1. Schiffbauliche Maßnahmen 226
7.2. Schiffsmanöver 231
7.3. Passive Abwehrmittel 232
7.4. Aktive Abwehrmittel 235

8. Perspektive der Torpedobewaffnung 237

Anlagen 242

Fußnotenverzeichnis 260

Bildquellen 260

Literaturverzeichnis 261

Vorwort

Die Streitkräfte eines Landes gliedern sich in Teilstreitkräfte (z. B. Landstreitkräfte, Luftstreitkräfte, Luftverteidigungskräfte, Seestreitkräfte) und diese wiederum in Waffengattungen.

Zu den Waffengattungen der Seestreitkräfte gehören die Unterwasserkräfte, die Überwasserkräfte, die Marinefliegerkräfte, die Küstenraketenartillerietruppen und die Marineinfanterie.

Den Seestreitkräften der DDR wurde am 3. November 1960 aus Anlaß des 42. Jahrestages des Kieler Matrosenaufstandes der ehrenvolle und verpflichtende Name «Volksmarine» verliehen. Die Volksmarine erfüllt im engen Zusammenwirken mit der Baltischen Flotte und der Polnischen Seekriegsflotte an der Seite der anderen Teilstreitkräfte der Nationalen Volksarmee den Klassenauftrag, den der XI. Parteitag der Sozialistischen Einheitspartei Deutschlands so formulierte: «Die Nationale Volksarmee, die Grenztruppen der DDR, das Ministerium für Staatssicherheit, die Deutsche Volkspolizei und die anderen Organe des Ministeriums des Innern, die Kampfgruppen der Arbeiterklasse und die Angehörigen der Zivilverteidigung erfüllen standhaft ihren Klassenauftrag, die sozialistische Ordnung und das friedliche Leben der Bürger gegen jeden Feind zu schützen. Es bleibt ihr Auftrag, die Souveränität, die territoriale Integrität, die Unverletzlichkeit der Grenzen und die Sicherheit der DDR zu gewährleisten. In fester Waffenbrüderschaft mit der ruhmreichen Sowjetarmee und den anderen Armeen der Staaten des Warschauer Vertrages, im engen Zusammenwirken mit den verbündeten Schutz- und Sicherheitsorganen stehen sie auf Wacht für den Frieden und für den kollektiven militärischen Schutz der sozialistischen Länder.» [1]

Zur Erfüllung dieser Aufgabenstellung ist die Volksmarine mit modernen Schiffen, schlagkräftiger Bewaffnung und leistungsfähiger Technik ausgerüstet. In der Bewaffnung der Volksmarine befinden sich effektive Seeziel- und Luftabwehrraketen, automatische Artilleriegeschütze verschiedener Kaliber, Torpedos, Minen, wirkungsvolle Waffen zur Bekämpfung von U-Booten und moderne Minenabwehrwaffen.

Über eine dieser Bewaffnungsarten, die Torpedowaffe, kann sich der Leser in diesem Buch informieren. Die Autoren stellten sich das Ziel, die fast 120 Jahre andauernde und keineswegs abgeschlossene Entwicklung dieses speziellen Kampfmittels der Seestreitkräfte darzulegen. Möglichkeiten, aber auch Grenzen der Torpedos und ihrer Trägermittel unter technischen und taktischen Gesichtspunkten sind Gegenstand dieses Buches. Dabei wird neben der historischen Entwicklung vor allem der gegenwärtige Stand behandelt und ein Einblick in die Zukunft dieser Waffe vermittelt.

Das Autorenkollektiv

1. Die historische Entwicklung des Torpedos

Bis zur Mitte des 19. Jahrhunderts waren die Kriegsschiffe nur mit Geschützen ausgerüstet. Der Weiterentwicklung der Artillerie galt die ganze Aufmerksamkeit der Wissenschaftler und Konstrukteure. Die Explosivgeschosse verdrängten die Vollkugelgeschosse, Kaliber und Reichweite der Geschütze nahmen zu. Fast alle Flotten besaßen ab 1839 Granatgeschütze; der Geschoßflug wurde stabilisiert. Das spitze Granatgeschoß zwang zur Panzerung der Schiffe. Im Schiffbau verwendete man statt Holz immer häufiger Eisen; die Dampfmaschine verdrängte das Segel.

Der Gedanke, den Gegner außer mit der Artillerie auch mit Feuer oder Sprengstoff zu bekämpfen, ist schon relativ alt. 1258 soll der Araber *Hassan Alrammah Nedschmeddins* eine Art Raketentorpedo eingesetzt haben. 1420 schlug *Johannes de Fontanas* einen «Torpedo» vor, der sich mit zwei Raketentreibsätzen fortbewegt, sich mit seiner Spitze in die Bordwand bohren und dort bis zur Explosion der Ladung festhalten sollte. [2]

Die Holländer setzten 1585 zwei Schiffe, die FORTUIN und die HOOP, als Brander gegen eine von den Spaniern über die Schelde gebaute, etwa 800 m lange Schwimmbrücke ein. Ein Uhrwerk zündete die 7 000 Pfd. Pulver. In die Brücke wurde eine 70 m lange Lücke gerissen, und dabei fanden einige hundert Spanier den Tod.

Die englische Flotte unternahm 1628 vor La Rochelle mit Brandern den Versuch, französische Schiffe zu versenken. Ähnliche Brander verwendete 1693 die englisch-holländische Flotte gegen Schiffe Ludwig des XIV, gegen St. Malo und 1694 vor Dieppe. Aber erst 1776 gelang es dem Amerikaner *David Bushnell*, Pulver unter Wasser zu zünden. 1778 ließ *Bushnell* mit Schießpulver gefüllte Bierfässer, von Bojen getragen, den Delaware gegen britische Schiffe hinabschwimmen.

Der Amerikaner *Robert Fulton* erfand mehrere Apparate zur Vernichtung von Schiffen. 1801 versenkte er anläßlich einer Vorführung einen alten Schoner. Das war der erste Unterwassersprengkörper, der in Europa ein Schiff versenkte. [3]

Immer stärker setzte sich die Erkenntnis durch, daß die Detonation einer Sprengladung, besonders unterhalb der Wasserlinie eines Schiffes, eine hohe Zerstörungswirkung aufweist, da das Seewasser die Ladung gut verdämmt und das in den Schiffskörper eindringende Seewasser die Schwimmfähigkeit beeinträchtigt.

Der russische Oberstleutnant *Fitzthum* entwickelte 1809 die erste Grundmine. Ihre Ladung konnte von Land gezündet werden.

Die Minen entwickelten sich bis in die Gegenwart stürmisch zu einer mächtigen Waffe. Man stellte aber auch sehr bald einen entscheidenden Nachteil der Minen fest. Ortsfest verlegt konnten sie nur dann wirken, wenn das gegnerische Schiff die Position der Mine überlief. Folglich trachteten die Konstrukteure danach, die Minen beweglich zu machen; sie sollten den Gegner aktiv angreifen. So kam es zum Bau von Spieren- und Schlepptorpedos.

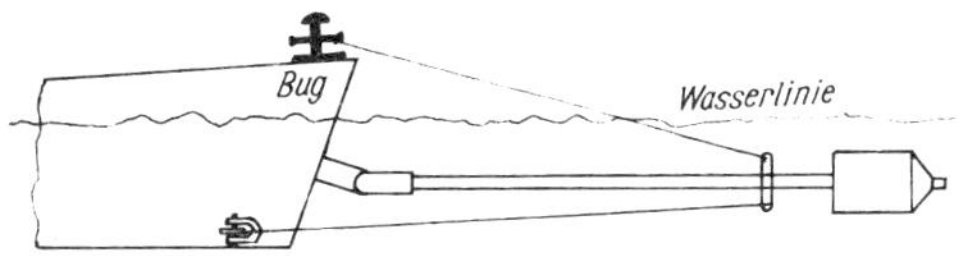

Bild 1
Spierentorpedo

Ein **Spierentorpedo** war ein Sprengkörper, der an einer 8 bis 10 m langen Stange – der Spiere – am Bug eines Schiffes befestigt wurde. In Gefechtslage befand sich die Spiere meist unterhalb der Wasserlinie. Der Gegner sollte so durch Rammen versenkt oder zumindest stark beschädigt werden.

Am 5. Oktober 1863 unternahm das Spierentorpedoboot der amerikanischen Südstaaten, die DAVID, im Schutz von Nebel und Dunkelheit einen Angriff auf die zum Belagerungsgeschwader der Nordstaaten gehörende Panzerfregatte NEW IRONSIDES vor Charleston. Die NEW IRONSIDES wurde durch die Detonation der 27 kg betragenden Ladung erheblich beschädigt und fiel für mehrere Monate aus. Nach diesem Erfolg bauten die Südstaaten bis zum Ende des amerikanischen Bürgerkrieges weitere 22 dieser Boote sowie einige mit Spieren bewaffnete Tauchboote.

Die Idee des Spierentorpedos verbreitete sich schnell. Fast alle führenden Seemächte unternahmen in den folgenden Jahren Versuche in dieser Richtung. Die Ladungsmasse des Spierentorpedos wurde bis auf etwa 60 kg und die Geschwindigkeit der Trägerfahrzeuge bis auf 17 kn erhöht. Trotzdem gelang es mit dieser Waffe nicht, umwälzende Ergebnisse im Seekrieg zu erzielen. Der Spierentorpedo war, auch unter günstigen Bedingungen, nur gegen Ankerlieger oder gegen bereits beschädigte Schiffe sowie in engen Fahrwassern mit einiger Aussicht auf Erfolg zu verwenden. Der Hauptwert dieser Waffe dürfte zur damaligen Zeit in der psychologischen Wirkung gelegen haben.

Gleichermaßen wenig brauchbar war der ebenfalls in den 60er Jahren des 19. Jahrhunderts erfundene Schlepptorpedo des britischen Kapitäns *Harvey.* Der **Schlepptor-**

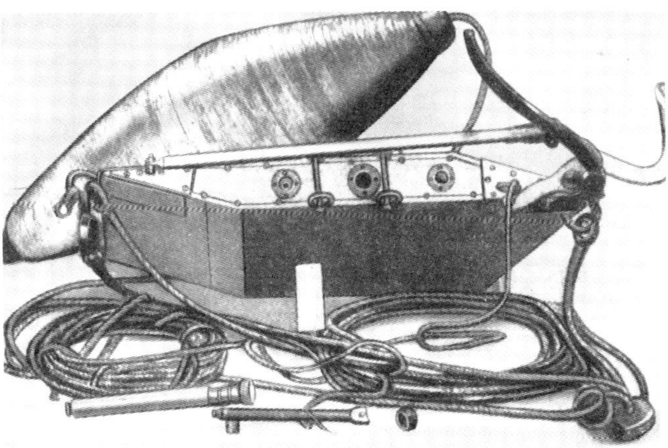

Bild 2
Schlepptorpedo von *Harvey*

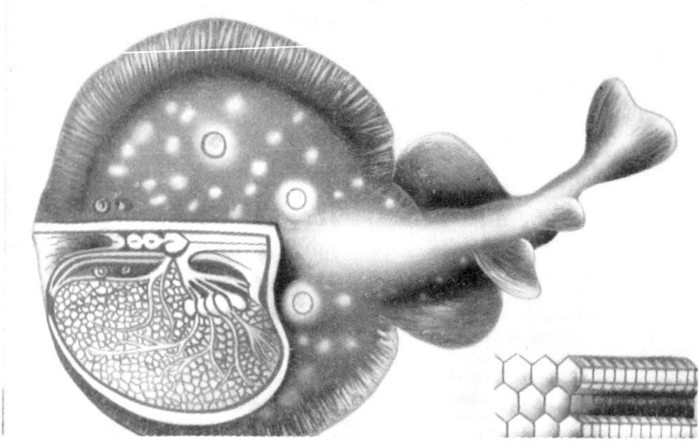

Bild 3
Zitterrochen

pedo, ein Ladungskörper, wurde an einer Leine hinter dem eigenen Fahrzeug geschleppt und konnte durch besondere Konstruktionselemente (Scherdrachen) seitlich ausscheren. Durch ein geschicktes Manöver sollte der Ladungskörper gegen den Unterwasserteil des gegnerischen Schiffes geschleudert werden.

Die eigentliche technische Entwicklung der Torpedowaffe begann mit den ersten Versuchen, einen gesteuerten Unterwasserkörper durch seinen Eigenantrieb an den Gegner heranzubringen. Dabei begegnen uns in der Literatur die Namen des Fregattenkapitäns der österreichisch-ungarischen Marine, *Luppius*, des Russen *Alexandrowski*, der Engländer *Lay* und *Smith* sowie des Amerikaners *Ericson*. Seitdem sind weit mehr als hundert Jahre vergangen, in denen der Torpedo sowie seine Träger ständig an Bedeutung gewonnen haben.

Ein Torpedo ist ein **Unterwassergeschoß mit Eigenantrieb und Steuerung in zwei Ebenen**. Seinen Namen hat der Torpedo vom Zitterrochen (spanisch – torpedinidae). Der Zitterrochen gehört zur Gruppe der «elektrischen Fische». Diesen Fischen dient ein «elektrisches Organ» zum Beutefang und zur Abwehr. Schon den Römern war die lähmende Wirkung der Schläge dieser Fische bekannt, denn sie bezeichneten diese Fische mit «Erstarrung, Lähmung» (lateinisch – torpedo).

Den ersten Torpedo, der die o. g. Definition weitestgehend erfüllte, baute 1866 der englische Ingenieur *Robert Whitehead*. Er entwickelte den Küstenbrander von *Giovanni de Luppius* ständig weiter, wobei wohl die Idee vom Bau eines Torpedos ent-

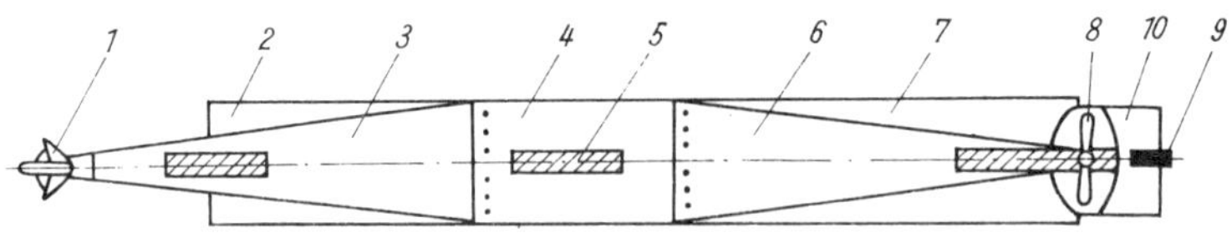

Bild 4 Erster «Whitehead»-Torpedo
1 – Zünder; 2 – vertikale Stabilisierungsflossen, vorn; 3 – Ladung und Auftriebsraum; 4 – Motor; 5 – horizontale Stabilisierungsflossen; 6 – Luftkessel mit durchgehender Schraubenwelle; 7 – vertikale Stabilisierungsflossen, hinten; 8 – Treibschraube; 9 – Tiefenruder; 10 – Schwanzstück

stand. *Whitehead* war zu dieser Zeit Betriebsdirektor bei der Stabilimento Tecnico Fiumano und arbeitete an Kraftmaschinen, Hilfsmaschinen und Schiffsmotoren. Sein Torpedo hatte folgende technische Daten:

Länge	3,53 m
Durchmesser	356 mm
Gesamtmasse	150 kg
Ladungsmasse	18 kg (Schießbaumwolle)
Laufstrecke	200 m
Geschwindigkeit	6 kn

Die Form des Torpedos ähnelte einer schlanken, vorn und hinten spitz zulaufenden Zigarre. Der Torpedokörper war aus gußeisernen Platten gefertigt. Er hatte zwei vertikale Flossen über die gesamte Länge und horizontale Stabilisierungsbleche, um das Drehmoment der einen Treibschraube auszugleichen. Der 2-Zylinder-Exzentermotor wurde mit Preßluft angetrieben und wirkte auf den zweiflügligen Propeller, der mit etwa 100 U/min rotierte.

Nur ein primitives Ruder hielt die Richtung. Mit dem Bau dieses ersten Torpedos begann eine klare Trennung zwischen den ortsgebundenen Unterwasserwaffen, den Minen und den beweglichen Unterwasserwaffen – den Torpedos.

1.1. Die Torpedoentwicklung bis 1918

Whitehead, Techniker und Unternehmer, erkannte recht klar die Bedeutung seiner Erfindung und stellte relativ rasch die Produktion auf Torpedos um. Bis zum ersten Weltkrieg spielte die Torpedofabrik in Fiume (heute Rijeka – SFR Jugoslawien) im Torpedobau auf der Welt die dominierende Rolle.

Im Jahre 1868 erwarb die österreichische Marine als erste von *Whitehead* das Verwendungsrecht für die «Fischtorpedos», die wegen ihres Aussehens so bezeichnet wurden. Sie mußte sich aber verpflichten, die im selben Jahr von *Whitehead* erstmals in die Torpedos eingebaute Tiefensteuerung geheimzuhalten. Diese Maßnahme verlor jedoch bald ihren Sinn, da in der Folgezeit viele Flotten zu gleichen Bedingungen diesen ersten Torpedotyp bzw. die Nachfolgetypen erwarben (1871 Großbritannien, 1872 Frankreich, 1873 Deutschland und Italien).

Die deutsche Marine erwarb 100 Torpedos (550 m Reichweite, 16 kn). Im Juni erhielt das Kanonenboot BASISILISK als erstes deutsches Kriegsschiff ein «Lancier»-Torpedorohr zur Durchführung von Versuchen mit «Whitehead»-Torpedos. Im selben Jahr wurden mit dem vom deutschen Physiker Dr. *Hertz* konstruierten Torpedo auf dem Rummelsburger See in Berlin Versuche durchgeführt. 1874 bot die Berliner Maschinenbaufabrik L. Schwartzkopff u. Co. einen eigenen Torpedo zum Verkauf an, der nahezu eine Kopie des *Whitehead*schen Torpedos war. Erstmals wurde für die Hülle dieses Torpedos seewasserfeste Phosphorbronze verwendet. Italien, China, Rußland, Japan und Spanien kauften bei Schwartzkopff. Die deutsche Marine bezog weiterhin alle ihre Torpedos von *Whitehead*. Ein Jahr später erwarben Norwegen, Schweden und Dänemark die Herstellungsrechte für den «Fischtorpedo» aus Fiume.

Der Engländer brachte im selben Jahr einen völlig neuen Torpedo heraus, den Typ «Fiume Mk 1», der keine Vertikalflossen mehr hatte. Erstmals baute *Whitehead* den 3-Zylinder-Sternmotor von *Peter Brotherhood* in die Torpedos ein. Die Zylinder hatten 100 mm Durchmesser, der Kolbenhub betrug 80 mm, und der Motor entwickelte bei 16 kg Masse etwa 30 kW Leistung. Er trieb die hintere Treibschraube an, während die vordere durch ein dazwischenliegendes Kegelrad gegenläufig angetrieben wurde. Großbritannien kaufte sofort 225 dieser Torpedos.

Hintereinanderliegende, gegenläufige Treibschrauben haben im Vergleich zur gewöhnlichen, gleich belasteten Treibschraube Vorteile.

1. Der Wirkungsgrad ist um 10 bis 15 % höher.
2. Der Durchmesser ist um 10 bis 20 % geringer, wodurch eine höhere Belastung je Einheit Kreisfläche möglich ist.
3. Das Flächenverhältnis ist bei mäßiger Breite jedes Flügels größer.
4. Der Propulsionseffekt ist durch die bessere Nutzung des Nachstroms höher.
5. Die Stabilität der Torpedobewegung ist aufgrund der Kompensierung der Treibschraubendrehmomente besser.
6. Die Vibrationen, die durch die Flügel auf den Torpedokörper übertragen werden, sind geringer.

Britische Stellen unternahmen seit 1872 große Anstrengungen, um eine eigene Version des Torpedos aus Fiume zu bauen. Dazu wurde eigens eine Abteilung des Royal Laboratory im Woolwich-Arsenal eingerichtet. Ab 1877 wurde dort der Torpedo vom Typ «Mark I + RL» gebaut. Er hatte einen V-förmigen Zwillingsmotor nach *Whitehead*schen Angaben, der jedoch bald vom 3-Zylinder-Antrieb von *Brotherhood* abgelöst wurde.

Im Russisch-Türkischen Krieg (1877/78) kam es zum ersten erfolgreichen Torpedoeinsatz. Die TSHESMA, die einen Torpedo mit Seilen unter dem eigenen Kiel befestigt hatte, und die SINOPE, die ein Torpedorohr auf einem seitlich vom Rumpf angebrachten Floß hatte, griffen das türkische Wachschiff INTIKBAH an und schossen aus 70 m Entfernung. Beide Torpedos trafen, und das Wachschiff sank binnen weniger Minuten.

1879 wurde bei Friedrichsort der erste deutsche Torpedoschießplatz angelegt, und es begannen die Erprobungen. Die gedeckte Korvette BLÜCHER wurde Torpedoversuchs- und Schulschiff in Kiel.

Peru kaufte zwei Torpedos des Engländers *John L. Lay.* Der Sternmotor wurde nicht mit Preßluft, sondern mit unter Druck stehendem Kohlendioxid angetrieben. Über die interessante Steuerung dieses Torpedos soll später noch Näheres gesagt werden.

Die USA verfolgten in dieser Zeit ein eigenes Programm. Alle Mittel konzentrierte man auf den 1870 von *I. A. Howell* entwickelten Schwungradtorpedo. Das Schwungrad von 60 kg Masse wurde auf etwa 10 000 U/min gebracht und trieb nicht nur den Torpedo an, sondern gab ihm zugleich eine Richtungsstabilität. Der Schwungradtorpedo *Howells* hatte einen Durchmesser von 360 mm, war 3,4 m lang, trug 45 kg Schießbaumwolle mit 20 % Wassergehalt, hatte eine Gesamtmasse von 235 kg und legte 500 m Laufstrecke mit 15,6 kn zurück.

Die deutsche Flottenführung beschloß, sämtliche Kriegsschiffe mit Torpedoarmierung zu versehen, anstatt Spezialfahrzeuge zu bauen. Zum Bestand der kaiserlichen deutschen Flotte gehörten in diesem Jahr 400 Torpedos. MS ZIETEN führte den ersten Gefechtsschuß auf ein Ruderkanonenboot durch. Die Versuche mit Spierentorpedos wurden endgültig eingestellt.

Um 1880 besaß die Waffenfabrik in Fiume, mit Ausnahme des von *Schwartzkopff* hergestellten «Piraten»-Typs und des «Howell»-Torpedos, in der Torpedoproduktion

Tabelle 1: Verkaufsstatistik von *Whitehead* aus dem Jahre 1881

Großbritannien	254 Stück
Deutschland	203 Stück
Frankreich	218 Stück
Österreich	100 Stück
Italien	70 Stück
Rußland	250 Stück
Argentinien	40 Stück
Belgien	40 Stück
Dänemark	83 Stück
Griechenland	70 Stück
Portugal	50 Stück
Chile, Norwegen, Schweden	78 Stück

auf dem Weltmarkt eine nahezu vollkommene Monopolstellung. Dazu kamen Torpedoausstoßrohre, Torpedozubehör und Verdichter.

Die gedeckte Korvette PRINZ ADALBERT und die Glattdeckskorvette ARIADNE wurden als erste der vorhandenen großen Einheiten der deutschen Flotte mit Torpedos ausgerüstet.

Im Jahre 1885 baute die Firma Schwartzkopff 600 Torpedos und exportierte nach Italien, Spanien, China und belieferte auch die deutsche Flotte. *Woolwich* produzierte 300 Torpedos, die jedoch zahlenmäßig für die Royal Navy nicht ausreichten. Deshalb beschaffte sie weitere 100 Torpedos von *Schwartzkopff* und 430 aus Fiume.

Deutsche Werften begannen nach einer Vorserie Torpedoboote mit kontinuierlich steigenden Stückzahlen für die Kaiserliche Marine zu bauen.

Den ersten 450-mm-Torpedo entwickelte *Whitehead* 1889. Großbritannien kaufte ihn sofort. Im selben Jahr brachte die englische Royal Gun Factory ihren ersten 450-mm-Torpedo heraus, den RGF Mk I. (Dieser Torpedo bildete das Rückgrat der Grand Fleet, als der erste Weltkrieg begann.)

Zu dieser Zeit hatten alle Torpedos noch Mängel in der Richtungsstabilität. Nur durch eine Vielzahl von Testschüssen konnte der seitliche Abweichungsdurchschnitt ermittelt und auf etwa 3 % der Torpedolaufstrecke gesenkt werden.

Den nächsten Gefechtseinsatz von Torpedos gab es 1891 bei einem nationalen Konflikt in Chile. Das Panzerschiff BLANCO ENCALADO (3 500 ts Wasserverdrängung) wurde durch einen 350-mm-Torpedo des Torpedobootes LYNCH vernichtet und sank mit 182 Mann in wenigen Minuten.

Ab Mitte der 90er Jahre des vorigen Jahrhunderts produzierten Großbritannien und Deutschland ihren eigenen Torpedobedarf und brachen die Verbindung nach Fiume ab.

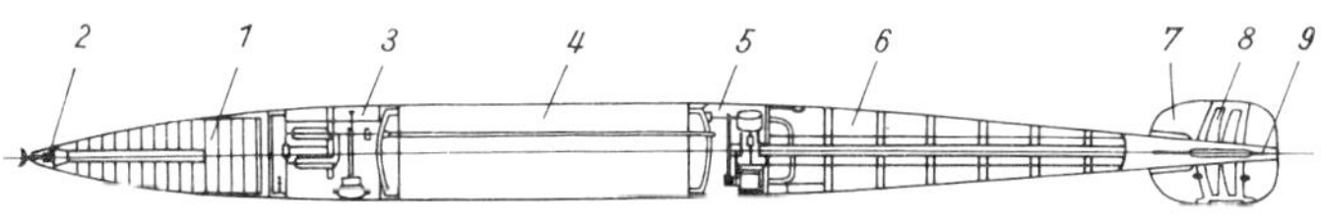

Bild 5 450-mm-Torpedo in Schnittdarstellung
1 – Torpedokopf; 2 – Zünder; 3 – Abteil für Tiefenapparat; 4 – Luftkessel; 5 – Maschinenabteil; 6 – Heckabteil; 7 – Schwanzstück; 8 – Treibschrauben; 9 – Tiefenruder

In einem nationalen Konflikt in Brasilien wurde das Schlachtschiff AQUIDAHAN von einem 400-mm-Torpedo des Torpedokanonenbootes GUSTAVO SAMPAIO am Bug unterhalb der Wasserlinie getroffen. Das Schlachtschiff strandete im seichten Wasser an der Küste.

In diese Zeit fiel auch der Bau der ersten **Seitensteuergeräte**. Wieder war es *Robert Whitehead*, dem es als erstem Konstrukteur gelang, daß von *Ludwig Obry* hergestellte Gyroskop für die Seitensteuerung von Torpedos einer praktischen Anwendung zuzuführen. Die Richtungsstabilität wurde wesentlich dadurch erhöht, daß jetzt der Kreisel länger als fünf Minuten seine Stabilität beibehielt.

1896 erwarb die Marine der USA die *Obry*schen Rechte von *Whitehead*, weil der Kreisel ohne Schwierigkeiten in die etwa 200 amerikanischen «Whitehead»-Torpedos eingebaut werden konnte.

Großbritannien begann, eigene Kreiselgeräte, gegen Bezahlung von 25 Pfund Sterling Lizenzgebühr für jedes gebaute Gerät an *Whitehead*, herzustellen. Die britischen Seestreitkräfte hatten mehr als 4000 Torpedos, von denen sich viele an Bord von Schiffen in weit entfernten Winkeln der Erde befanden, mit den neuen Seitensteuergeräten auszurüsten. Wenn das bis zur Jahrhundertwende gelang, zeugt das von der Stärke dieser Flotte in jener Zeit.

Die Firma Schwartzkopff entwickelte ein eigenes Seitensteuergerät, das «Kaselowski»-Gerät.

Kurz vor der Jahrhundertwende wurde mit «Parson»-Turbinen experimentiert, die aber nicht die Leistungen des «Brotherhood»-Luftmotors erreichten.

Die britische Admiralität entschloß sich 1899, den 4-Zylinder-Sternmotor der Firma Peterborough einzuführen, der 41 kW Leistung hatte. Die Torpedokessel waren aus Nickelstahl gefertigt. Dadurch konnte der Druck auf 15 MPa erhöht werden.

Die amerikanischen Seestreitkräfte bestellten 1903 «Curtis»-Turbinen bei dem Amerikaner *Bliss Leavitt.* Der «Bliss-Leavitt»-Torpedo wies, außer dem «Curtis»-Antrieb, alle Standardmerkmale der Fiume-Konstruktion auf.

Im Russisch-Japanischen Krieg (1904/05) kam es wiederholt zum Gefechtseinsatz der Torpedowaffe. Beim Überfall der Japaner auf Port Arthur schoß die 1. japanische Torpedobootsflottille 18 Torpedos. Der Panzerkreuzer PALLADA, die Linienschiffe RETWISAN und ZAREWITSCH wurden stark beschädigt, sanken jedoch nicht. Die anderen 15 Torpedos verfehlten das Ziel oder blieben, trotz ihrer Netzscheren, in den Torpedonetzen der russischen Schiffe hängen. Den russischen Zerstörer STEREGUSTSCHI zerriß am 8. März 1904 ein japanischer Artillerietreffer auf die Torpedorohre. Im Dezember schossen japanische Torpedoboote in fünf Nächten insgesamt 150 Torpedos, von denen aber nur 4 ihr Ziel erreichten. Dabei vernichteten sie das russische Schlachtschiff SEWASTOPOL.

Am 27. Mai 1905 sank in der Schlacht von Tsushima das Flaggschiff SUWOROW nach mehreren Artillerietreffern und zwei Torpedotreffern. Die URAL fand ihr Ende durch einen Torpedo, den ein japanisches Schlachtschiff einsetzte. Das Schlachtschiff NAWARIN wurde von vier Torpedos getroffen und sank bis auf drei Mann mit der gesamten Besatzung. Die Panzerkreuzer WLADIMIR MONOMAKH und DIMITRI DONSKOI sanken nach Torpedotreffern. Insgesamt bewies die Schlacht von Tsushima, zu welchen Erfolgen die noch am Anfang ihrer Entwicklung stehende Torpedowaffe fähig sein würde. Es war der Torpedo, der wesentlich dazu beitrug, den Japanern den Sieg zu sichern.

Unter den Marineexperten machte sich Enttäuschung über die doch geringe Treffsicherheit bei allen Erfolgen der Torpedos breit.

Als Gründe wurden aufgeführt, daß:

- die meisten eingesetzten Torpedos ältere Modelle, zum großen Teil noch ohne Seitensteuergeräte waren;
- für diese Torpedos eine zu große Schußentfernung gewählt wurde;
- die Taktik des Einsatzes von Torpedobooten noch in den «Kinderschuhen» steckte;
- es nur geringe Erfahrungen im Gefechtseinsatz der Torpedowaffe gab und
- die Torpedos ernsthafte technische Mängel (durch die Netzscherenbuchse drang Seewasser an den Sprengstoff und machte diesen unbrauchbar; die Einstellvorrichtungen hatten Mängel, und es gab Fälle, wo die Torpedos in den Ausstoßrohren festgefroren waren) hatten.

Die Vergrößerung der Laufstrecke und die Erhöhung der Geschwindigkeit des Torpedos wurden bis zu diesem Zeitpunkt dadurch erreicht, daß einerseits das Volumen des Luftkessels vergrößert und andererseits der Druck im Luftkessel erhöht wurde. Das hatte selbstverständlich Auswirkungen auf die Ausmaße des Torpedos. Zur Jahrhundertwende betrug die durchschnittliche Länge der Torpedos etwa 5 m. Es hatten sich die Kaliber 533,4 mm (21 Zoll) und 457,2 mm (18 Zoll) herausgebildet.

Um die zerstörende Wirkung des Torpedos zu erhöhen, wurde der Torpedokopf kugelförmig ausgebildet. Dadurch gelang es, die Ladungsmasse zu vergrößern. Der Schwerpunkt der Ladung fiel jetzt annähernd mit dem Zentrum der Detonation zusammen, und die Ladung kam dichter am Schiffskörper zur Wirkung.

Anfang des Jahrhunderts baute der amerikanische Seeoffizier *Davis* einen **schießenden Torpedo** und führte ihn auch vor. Im Gefechtskopf des Torpedos befand sich ein in Längsrichtung nach vorn gerichtetes Geschützrohr, das mit einer Panzergranate (Kaliber 203 mm) bestückt war. Prallte der Torpedo auf die Bordwand auf, zündete die Kartuschladung, und das Geschoß durchschlug die Bordwand, um im Schiffsinnern zu detonieren. *Davis* ging von der Überlegung aus, die Detonationskraft nicht nach allen Seiten, sondern in eine Richtung wirken zu lassen. Die Idee schien brauchbar, aber der Aufwand und das Resultat waren es weniger. Von weiteren Erprobungen und über den Gefechtseinsatz des schießenden Torpedos ist nichts bekannt geworden.

Es hatten sich auch zwei verschiedene **Schwanzstücke** durchgesetzt; das «Whitehead»-Schwanzstück und das «Woolwich»-Schwanzstück. Am «Whitehead»-Schwanzstück sind die Tiefen- und Seitenruder hinter den Treibschrauben angeordnet. Das hat zur Folge, daß die Ruderwirkung durch das Schraubenwasser verstärkt wird. Die Treibschrauben hatten vier, später sogar sechs Flügel. Die Tiefen- und Seitenruder am «Woolwich»-Schwanzstück liegen vor den Treibschrauben. Dadurch erhält das Schwanzstück eine größere Festigkeit. Die Treibschrauben haben hier zwei Flügel.

Nicht nur die Fiume-Firma, sondern alle Torpedoproduzenten arbeiteten angestrengt an der Weiterentwicklung der Torpedos. Lizenzen wurden jedoch nicht mehr vergeben. Der politische Horizont verdunkelte sich zusehends, und Geheimhaltung wurde zum obersten Gebot.

Ein Vorwärmer, der «Whitehead»-Vorwärmer, wurde erstmals 1905 in Fiume einem Torpedo eingebaut. Der im Torpedo mitgeführte Brennstoff verbrannte während des Torpedolaufes. Die sich dabei entwickelnde Wärme erhitzte die Preßluft,

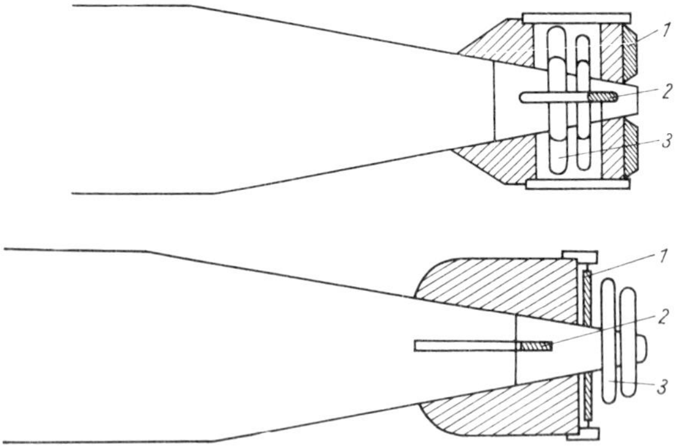

Bild 6 Schwanzstückformen
a – von *Whitehead;* b – von *Woolwich*
1 – Seitenruder; 2 – Tiefenruder; 3 – Treibschrauben

und die damit verbundene Volumenvergrößerung der Preßluft führte zur Leistungssteigerung des Torpedoantriebes.

Den mit einem Vorwärmer ausgerüsteten Torpedo Typ G, eine beachtliche Konkurrenz für die «Whitehead»- und «Woolwich»-Konstruktionen, übernahm die deutsche Kriegsmarine 1906.

Zwei Jahre danach stellte die Royal Gun Factory den ersten 533,4-mm-Torpedo mit Vorwärmer her.

Die USA bauten den Vorwärmer direkt in den Luftkessel ein, während die britische Firma Armstrong einen vom Luftkessel getrennten Vorwärmer vorsah.

Unmittelbar am Vorabend des ersten Weltkrieges wurde der **Dampfgasantrieb** entwickelt. Das Prinzip bestand darin, daß der Maschine außer erhitzter Preßluft auch noch Heißdampf zugeführt wurde. Durch diese Maßnahme konnte die Leistung des Antriebs erneut gesteigert werden. Das Dampf-Gas-Gemisch gab dem Torpedo seine technische Typenbezeichnung – Dampfgastorpedo.

Die bisher verwendeten Motoren blieben vom Grundprinzip die gleichen. Nur die bisher aus Bronze hergestellten Teile mußten aus Stahl oder anderen hitzebeständigen Legierungen gefertigt werden. Die Blasenbahn, ein verräterischer heller, etwa

Tabelle 2: Anzahl und Tonnage der Handelsschiffe, die durch deutsche U-Boote im ersten Weltkrieg versenkt wurden

Staat	Anzahl der Schiffe	Tonnage (BRT)
Großbritannien	2260	6664417
Frankreich	664	782057
Rußland	106	159361
Italien	605	795098
USA	132	356154
andere Staaten	1608	2322099
gesamt	5375	11079186

3 m breite Streifen an der Wasseroberfläche, wurde dadurch vermindert, daß sich CO_2 im Wasser löst und der Dampf kondensiert. Die Blasenbahn wurde nun nur noch durch Stickstoff und einige andere unlösliche Gase gebildet und somit schwächer und nicht mehr so breit.

Die Einführung des Dampfgasantriebes war zugleich das letzte Entwicklungsstadium der Torpedowaffe vor dem ersten Weltkrieg.

An dieser Stelle muß darauf verwiesen werden, daß im ersten Weltkrieg (wie in allen späteren Kriegen auch) nicht nur die modernsten Torpedotypen zum Einsatz kamen, sondern in der Mehrzahl die in großen Mengen vorhandenen und z. T. schon veralteten Typen. Außerdem waren die Gründe für die geringe Treffsicherheit der Torpedos noch keinesfalls überwunden. So schlugen z. B. die ersten Angriffe der britischen U-Boote im ersten Weltkrieg fehl, weil die Torpedos zu tief liefen. Die Einstellwerte für Übungsschüsse waren formal auf die Gefechtsschüsse übertragen worden. Nach Erkennen und Lösen dieses Problems erzielten die britischen U-Boote beachtliche Erfolge.

1.2. Die Torpedoentwicklung nach dem ersten Weltkrieg bis Ende des zweiten Weltkrieges

Trotz der z. T. erheblichen Mängel, mit denen die Torpedowaffe behaftet war, zeigte ihr Gefechtseinsatz im ersten Weltkrieg die großen Möglichkeiten, die diese noch junge Waffe im Seekrieg hatte. Besonders die gedeckte Annäherung der U-Boote und die mit relativ hoher Geschwindigkeit vorgetragenen Angriffe der Torpedofliegerkräfte fielen ins Gewicht.

Die gesammelten Erfahrungen wurden in allen Flotten ausgewertet, und es wurden Anstrengungen unternommen, den Torpedo weiter zu vervollkommnen. Im Mittelpunkt standen drei Tendenzen:

1. Erhöhen der Laufstrecke und Geschwindigkeit des Torpedos durch Verbesserung des Antriebsverfahrens, durch Neuentwicklung von Antriebsverfahren, durch günstigere Formgebung und durch Verbesserung der Oberflächenqualität;
2. Erhöhen der Treffsicherheit des Torpedos durch Verbesserung der Seitensteuerung und durch Neuentwicklung von Steuerverfahren;
3. Erhöhen der Wirksamkeit des Torpedos durch Vergrößerung der Ladungsmasse, durch Einsatz brisanterer Sprengstoffe, durch Verbesserung der Zündmechanismen und durch Neuentwicklung von Zündverfahren.

Für den Dampfgasantrieb setzten sich zwei Maschinentypen durch: die 4-Zylinder-Sternmaschine und die Torpedomaschine mit zwei liegenden Zylindern. Die Sternmaschinen zeichneten sich durch kleine Abmessungen, ausgewogene Trägheitskräfte und stabile Konstruktion aus. Da alle Zylinder auf eine Welle arbeiteten, war der Einbau eines Differentialgetriebes erforderlich. Die horizontalen Maschinen hatten einen großen Zylinderhub, ein geschlossenes Kurbelgehäuse (die Treibschrauben benötigten keine Stopfbuchsen) und eine große Gesamtmasse. Durch Erhöhung des Einlaßdruckes konnte die Drehzahl erhöht werden, und es waren nichtkompensierbare Trägheitskräfte vorhanden. Der Aufbau war kompliziert.

Als Torpedoantrieb wurde auch die **Turbine** untersucht. Die Wärmeenergie des vom Verdampfer erzeugten Dampf-Gas-Gemisches wurde über eine Düsengruppe in

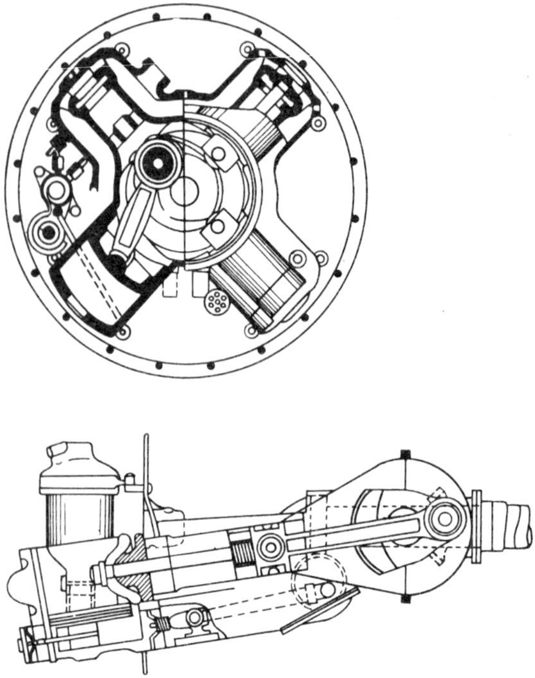

Bild 7
Maschinentypen; oben ein 4-Zylinder-Sternmotor, unten mit zwei liegenden Zylindern

kinetische Energie umgewandelt und trat mit einer Geschwindigkeit von etwa 1000 m/s auf die Arbeitsräder der Turbine. Dadurch gelang es, die kinetische Energie in mechanische Arbeit umzuwandeln. Den Vorteilen standen aber auch viele Nachteile gegenüber, die einen generellen Übergang von der Kolbenexpansionsmaschine auf die Turbine nicht zuließen.

1923 begannen in Deutschland Versuche, anstelle der Preßluft günstigere Sauerstoffträger einzusetzen. *H. Walter* führte Wasserstoffperoxid (H_2O_2) als Energieträger der technischen Nutzung als Torpedoantrieb zu. Der Torpedo Mk VII wurde fünf Jahre später in Großbritannien hergestellt. Er arbeitete mit angereichertem Sauerstoff, lief 33 kn und hatte 16000 m Laufstrecke. Die britischen Seestreitkräfte lehnten ihn aber aufgrund der großen Explosionsgefahr und der starken Korrosion ab.

Schon 1924 hatten die Japaner mit derartigen Versuchen begonnen, sie aber dann aus ähnlichen Gründen eingestellt. Die engen Raumverhältnisse im Torpedo zwangen zu scharfen Knicken in den Leitungen, wodurch der Sauerstoff gestaut wurde, sich unter Druck aufheizte und dann entlud. Als die Japaner feststellten, daß Großbritannien in gleicher Richtung arbeitete, nahmen sie die Arbeiten erneut auf, und Mitte der 30er Jahre waren die Schwierigkeiten überwunden. Das Reich der aufgehenden Sonne konnte sich rühmen, den größten, schnellsten und weitreichendsten Torpedo des zweiten Weltkrieges zu besitzen, den Typ 93, so genannt, weil er im japanischen Jahr 2593 fertiggestellt wurde. Japan hielt diese Entwicklung geheim, und die Alliierten bemerkten die Existenz des «Long Lance» erst, als sie 1941/42 unerwartet viele ihrer Kriegsschiffe verloren.

Die bis zum zweiten Weltkrieg entwickelten Dampfgastorpedos hatten einen entscheidenden Nachteil: die bereits erwähnte Blasenbahn. Da die Torpedoschußentfernung zu dieser Zeit noch relativ gering war (wenige hundert Meter), verriet die Blasenbahn den annähernden Standort des ansonsten optisch nicht sichtbaren U-Bootes. Das U-Boot lenkte also mit dem Einsatz von Dampfgastorpedos die Aufmerksamkeit der U-Boot-Abwehrkräfte auf sich. Dem Ziel war es möglich, dem herannahenden Torpedo auszuweichen. Auf der Suche nach spurlosen Torpedos stießen die Konstrukteure auf den Elektroantrieb. Der Bau von E-Torpedos ging also aus den speziellen Belangen des Torpedoeinsatzes durch die U-Boote hervor. Entsprechend der Bedeutung, die die faschistische Marineführung Deutschlands dem U-Boot-Krieg beimaß, war es nicht verwunderlich, daß nur diese U-Boote zu Beginn des zweiten Weltkrieges einsatzklare E-Torpedos in der Bewaffnung hatten. Der G 7e stellte eine ausgereifte Konstruktion dar, wurde in großen Stückzahlen produziert und eingesetzt. Auf der Grundlage eines erbeuteten G 7e stellten die US-Amerikaner ab 1943 ihrer Flotte den E-Torpedo Mk 18 zur Verfügung.

An dieser Stelle noch einige Bemerkungen zur Blasenbahn. Die Blasen steigen im Seewasser mit einer Geschwindigkeit von etwa 1 m/s. Läuft z. B. ein Dampfgastorpedo auf 5 m Wassertiefe, so benötigen die Blasen 5 s, bis sie an der Wasseroberfläche sichtbar werden. In dieser Zeit hat ein mit 40 kn laufender Torpedo eine Wegstrecke von etwa 100 m zurückgelegt. Der tatsächliche Standort des Torpedos liegt also immer vor der sichtbar werdenden Blasenbahn.

Heute stellt die Blasenbahn nicht mehr einen solch entscheidenden taktischen Nachteil wie noch im zweiten Weltkrieg dar. Dafür können folgende Gründe genannt werden:

1. Die Torpedoschußentfernung hat sich wesentlich vergrößert.
2. Die Abgase werden durch Seewasser, das von einer Kühlwasserpumpe gefördert wird, noch vor Verlassen des Torpedos wirksam gekühlt, was die Blasenbahn abschwächt.
3. Durch den vorzugsweisen Einsatz der Torpedowaffe bei Nacht, Nebel, Regen oder bei schlechter Sicht werden Blasenbahnen so spät erkannt, daß Ausweichmanöver nicht mehr zum Tragen kommen.
4. Durch den massierten Einsatz von Torpedos werden die Ausweichmanöver des Zieles erschwert.
5. Ferngesteuerte und zielsuchende Torpedos folgen dem manövrierenden Ziel.
6. U-Boote und U-Schiffe können die Blasenbahn unmöglich sichten.
7. Dampfgastorpedos, die im geschlossenen Kreislauf arbeiten, hinterlassen an der Wasseroberfläche keine Blasenbahn.

Die bis zu diesem Zeitpunkt im Torpedo verwendeten **Aufschlagzünder** (Kontaktzünder) erfuhren eine Verbesserung. Die störanfälligen und bei spitzem oder stumpfem Auftreffwinkel versagenden Zünder wurden durch Trägheitsschlagbolzen abgelöst. Durch das plötzliche Abbremsen des Torpedos an der Bordwand des gegnerischen Schiffes schwang ein Pendel aus der Ruhelage und leitete die Detonation der Ladung ein. Außerdem konnten die ersten **Abstandszünder** für Torpedos entwickelt und nach anfänglichen Schwierigkeiten in verschiedenen Torpedotypen des zweiten Weltkrieges eingesetzt werden. So setzte z. B. die faschistische deutsche Kriegsmarine den Dampfgastorpedo G 7a (T I) und den Elektrotorpedo G 7e (T II) wahlweise mit Aufschlag- oder mit Abstandszündern ein. Bei den Gefechtseinsätzen der Torpedos mit Abstandszündern traten zu Beginn des zweiten Weltkrieges eine

Vielzahl von Früh- und Nichtzündungen auf. Daraufhin ordnete die faschistische Führung im Juni 1940 an, beide Torpedotypen nur noch mit Aufschlagzündern zu schießen. Erst Anfang November 1942 konnte «unter Inkaufnahme noch vorhandener einzelner Schwächen» die neue, verbesserte Abstandszündung Pi 39H, die auch als Aufschlagzündung wirkte, in Verbindung mit dem Elektrotorpedo T III freigegeben werden.

Da es den Konstrukteuren gelang, die Torpedogeschwindigkeit bis auf 50 kn zu erhöhen, traten beim Einsteuern des Torpedos im ersten Abschnitt seines Laufes zusätzlich Schwierigkeiten auf. Um Grundberührungen bzw. das Durchbrechen der Wasseroberfläche zu verhindern, rüsteten sie die Torpedos mit **Tiefenruder-Sperrvorrichtungen** aus. Die durch die Torpedos erreichten großen Laufstrecken zwangen die Konstrukteure immer wieder, die Seitensteuergeräte zu verbessern. Dadurch sollte es möglich werden, die Torpedoschußentfernung zu vergrößern und trotzdem eine genügend hohe Treffwahrscheinlichkeit zu erzielen. Der Kreisel im Seitensteuergerät wurde mit Hilfe einer kleinen Luftturbine schnell auf eine hohe Anfangsdrehzahl gebracht. Ein Luftstrahl, der ständig auf kleine Schaufeln des Kreiselrotors blies, hielt diese Drehzahl.

Mitte der 30er Jahre gelang es erstmals konstruktiv, den Winkel, den der Torpedo nach dem Eintritt ins Seewasser steuern sollte, vor dem Schuß von außen in das Seitensteuergerät einzugeben.

Bis zum zweiten Weltkrieg war im faschistischen Deutschland die **mechanische Programmsteuerung** für Torpedos einsatzreif. Der Torpedo durchlief nach dem Eintritt ins Seewasser den eingestellten Winkel, und das Seitensteuergerät hielt ihn dann auf dem gewünschten Kurs. Verfehlte der Torpedo das Ziel, ging er in einen Schleifen- oder Kreislauf über und kreuzte den Gegnerkurs noch ein- oder mehrmals. Somit wurde das Torpedoschießen auch aus relativ ungünstigen Schußpositionen möglich, und die Treffwahrscheinlichkeit der Torpedowaffe erhöhte sich.

Ab 1936 experimentierte das faschistische Deutschland an **Zielsucheinrichtungen** für Torpedos. Im August 1943 trafen in den deutschen U-Boot-Stützpunkten an der französischen Biscayaküste die ersten akustischen Torpedos ein. Die offizielle Bezeichnung des neuen Torpedos lautete T V, sein Deckname «Zaunkönig». Die faschi-

Bild 8
Treffer eines akustischen Torpedos am Heck des amerikanischen Sicherungsschiffes BARRY

stische Marineführung Deutschlands setzte große Hoffnung in diese «Wunderwaffe».

Anfang September 1943 entfalteten 21 U-Boote als «Gruppe Leuthen», mit je zwei bis vier solchen Torpedos an Bord, auf den alliierten Seeverbindungswegen im Nordatlantik. Als erster Verband stieß in der Nacht vom 19. zum 20. September der alliierte Geleitzug ON-202 im Bestand von 41 Transportschiffen und gesichert durch einen Zerstörer, eine Fregatte und drei Korvetten auf die Linie der entfalteten faschistischen deutschen U-Boote. Dieser Geleitzug, der sich auf der Überfahrt von Halifax nach Großbritannien befand, wurde somit das erste Angriffsobjekt für den Einsatz des T V. Der erste «Zaunkönig» traf die britische Fregatte LAGAN am Heck und durchschlug den Schiffskörper. Das Schiff blieb jedoch schwimmfähig und erreichte später seinen Stützpunkt.

Am 20. September gegen 16.00 Uhr vereinigte sich der Geleitzug ON-202 mit dem in gleicher Richtung laufenden Geleitzug ONS-18. Dadurch erhöhte sich die Anzahl der Transportschiffe auf 66 und die der Sicherungsfahrzeuge auf 15. Diese Schiffskonzentration war ein verhältnismäßig leichtes und gutes Ziel für die U-Boote. [4] Den Anfangserfolgen mit dem Torpedo T V stand die Vernichtung von drei faschistischen U-Booten durch die alliierten Sicherungsfahrzeuge gegenüber.

Für die britische Seite kam der Einsatz der akustischen Torpedos nicht völlig unerwartet, da ihre Aufklärungsorgane bereits vom Vorhandensein des «Zaunkönigs» informiert waren. Von der britischen Admiralität erhielt diese neue Waffe die Bezeichnung GNAT (German Naval Acustic Torpedo). Wenn auch der Mechanismus des T V noch nicht bekannt war, gelang es den Alliierten trotzdem, ein Gerät zu entwickeln, das die Geräusche des Schiffspropellers imitierte und übertönte. Dieses Gerät, «Foxer» oder FXR genannt, wurde noch im September 1943 an die Sicherungsschiffe der transatlantischen Geleite ausgegeben und von diesen zur Ablenkung der akustischen Torpedos achteraus geschleppt. Der Einsatz des «Foxers» war jedoch kein vollwertiger Schutz vor dem «Zaunkönig». Die akustischen Torpedos stellten deshalb die anglo-amerikanische Marineführung im Jahre 1944 vor ernsthafte Probleme. Marinekreise befürchteten, daß der Einsatz derartiger Torpedos durch die zu dieser Zeit bereits im Bau befindlichen neuartigen U-Boote des faschistischen Deutschlands die Westmächte empfindlich treffen könnte. Mit Erleichterung reagierte deshalb der britische Premierminister auf eine Mitteilung seiner Verbindungsmission in Moskau über die Erbeutung akustischer Torpedos durch Einheiten der sowjetischen Seekriegsflotte. Der sowjetische U-Jäger MO-103 hatte im Finnischen Meerbusen das faschistische U-Boot U 205 versenkt.

Außer den Torpedos fielen der sowjetischen Aufklärung eine Schlüsselmaschine mit den Kodierungsunterlagen sowie andere wichtige Dokumente in die Hände. Da der sowjetischen Marineführung und auch den westlichen Alliierten weder der Aufbau des T V noch das Prinzip der elektromagnetischen Abstandszündung bekannt waren, beschlossen sie, die Torpedos zu bergen und zu demontieren. In mühevoller Arbeit unter ständiger Lebensgefahr entschärfte und untersuchte eine sowjetische Spezialistengruppe alle an Bord von U 205 befindlichen Torpedos. Im Ergebnis der Untersuchungen erhielt die sowjetische Marineführung einen vollständigen Überblick über den Aufbau und die Wirkungsweise der Torpedos sowie über die Einrichtung, Bewaffnung und Ausrüstung der U-Boote des Typs VII C.

«Wir hatten ein ganz neues Boot vor uns, Ende 1943 in Kiel gebaut», erinnert sich *S. T. Barischpolez*, jetzt Kapitän zur See a. D. «Es hatte T V-Torpedos an Bord. ... Die

Torpedos hatten Selbstzerleger, der Akkumulatorenraum enthielt etwa 20 Sprengvorrichtungen. Wir mußten sehr vorsichtig handeln und Schritt für Schritt die explosionsgefährliche Mechanik des Unterwasser-Ungeheuers aufklären und unschädlich machen.»

Dieser Erfolg der sowjetischen Seestreitkräfte war für den britischen Premierminister *Churchill* Anlaß, eine «persönliche und streng geheime Botschaft» an den Vorsitzenden der sowjetischen Regierung *J. W. Stalin* zu richten. Darin bat er um Unterstützung der britischen Admiralität bei der Lüftung der Geheimnisse des ersten zielsuchenden Torpedos der Welt. Kurze Zeit später trafen britische Experten in der Sowjetunion ein und nahmen an den Untersuchungen teil.

Die wertvollen Angaben, die beim Studium der Bewaffnung und Technik des erbeuteten U-Bootes gesammelt wurden, ermöglichten es der sowjetischen Marineführung und den Westmächten, wirkungsvolle Gegenmaßnahmen zur Bekämpfung deutscher U-Boote einzuleiten und noch in den letzten Monaten des zweiten Weltkrieges neue Methoden des Ausweichens vor akustischen Torpedos zu erproben. Das Geheimnis des «Zaunkönigs» war gelüftet.

Heute erinnert den Besucher des Zentralen Museums der Seestreitkräfte der UdSSR in Leningrad nur eine kleine Vitrine mit der erbeuteten Flagge von U 205 und einigen persönlichen Gegenständen des faschistischen U-Boot-Kommandanten an diese Episode des zweiten Weltkrieges. Sie warnt unverbesserliche Nachfolger der «Grauen Wölfe» *Dönitz*scher Prägung vor unüberlegten Kriegsabenteuern im Ostseeraum und zeigt ihnen ihr unvermeidbares Schicksal.

Die faschistische «Wunderwaffe» in Form des Torpedos T V war keineswegs so erfolgreich, wie es die nationalsozialistische Propaganda behauptete. Insgesamt wurden 640 «Zaunkönige» im Gefecht eingesetzt, die Trefferquote von 6 % war ein ziemlich armseliges Ergebnis.

Großbritannien und die Vereinigten Staaten beschäftigten sich ebenfalls mit dem akustischen Torpedo. Die britischen Seestreitkräfte erprobten verschiedene Konstruktionen. Die endgültige Modifikation mit dem Kodenamen «Trumper», die auf dem Torpedotyp RNTF Mk IX basierte, wurde noch immer getestet, als der zweite Weltkrieg zu Ende ging. Die USA entwickelten innerhalb von drei Jahren den akustischen Torpedo Mk 24. Er hatte eine Länge von nur 2 m, lief 12 kn und war zur U-Boot-Bekämpfung konzipiert.

Bemerkenswert war auch der speziell zur Landungsabwehr entwickelte Langstrekken-Torpedotyp «Dackel» der faschistischen deutschen Kriegsmarine. Dabei handelte es sich um einen 10 m langen Elektrotorpedo, dessen drei Batterien so geschaltet waren, daß der Torpedo mit 9 kn etwa 57 000 m lief. Mit einer Programmsteuerung ausgerüstet, bestrich dieser Torpedo in etwa 3,5 h eine beachtliche Fläche.

Abhängig von den Aufgaben und Zielen der Flotten, war die Modernisierung der Torpedobewaffnung wie bei anderen Waffen ein ständiger Auftrag für Techniker und Konstrukteure. Jede Absicht, wirkungsvollere und zuverlässigere Waffensysteme zu entwickeln, warf neue komplizierte Probleme auf. So war es noch nicht gelungen, die Ablenkbewegung des Torpedos beim Eintritt ins Wasser nach dem Schuß aus Überwasser-Torpedorohren und die damit einsetzende starke Rollkrängung des Torpedos zu beseitigen. Hinzu kam das leidige Problem, daß der Torpedo von der Wasseroberfläche abprallte und danach mehrfach die Wasseroberfläche durchbrach. Zu den ungeklärten Problemen gehörten auch das Auslaufen der Batteriesäure der Elektrotorpedos beim Schnelltauchen der U-Boote, das Heizen und das Nachladen der Batterien auf den U-Booten, die großen seitlichen Abweichungen nach einem Winkelschuß u. a. m.

Es war naheliegend, die wissenschaftlich-technischen Möglichkeiten und Voraussetzungen zu konzentrieren. Eigens für die Lösung dieser anstehenden Aufgaben entstanden Torpedoversuchsanstalten. Erst kurz vor dem zweiten Weltkrieg kam man zu der Erkenntnis, daß der Niedergang des Torpedos auch von der beim Schuß vom Überwasserträger mitgerissenen Luft beeinflußt wird. Modellversuche bestätigten diese Annahme. Es wurde nachgewiesen, daß die Torpedoform, seine Oberflächenbeschaffenheit, seine Geschwindigkeit in Richtung der Längs- und Querachse, sein Eintrittswinkel ins Wasser, der Seegang, die Windstärke und die Windrichtung auf das Mitreißen der Luft durch den eintauchenden Torpedo Einfluß haben. Beim Schuß querab überschlug sich die Eintauchwelle und begünstigte den Lufteinschluß am Torpedokörper noch besonders. Die sich bildende **«Luftschleppe»** riß erst nach einer kurzen Laufstrecke ab. Bis dahin waren die Tiefen- und Seitenruder unwirksam. Riß dann die «Luftschleppe» ab, bekam zunächst die vordere Treibschraube des Torpedos den vollen Wasserstrom und verursachte durch das größere Drehmoment gegenüber der hinteren Treibschraube eine starke Backbord-Krängung, die den Torpedo aus seiner Schußbahn laufen ließ.

Jede technische Verbesserung beeinflußte natürlich ihrerseits die Taktik des Einsatzes der Torpedowaffe. So war der spurlose Torpedoausstoß durch die U-Boote realisiert worden. Hydroakustische und Funkmeßstationen ermöglichten die Ortung der mit Torpedos zu bekämpfenden Ziele ohne optische Sicht. Daraufhin konnten die U-Boote aus größeren Tauchtiefen Torpedos einsetzen. Die Modernisierung der Artillerie zwang die Torpedoträger zu immer größeren Schußentfernungen, was den Übergang vom Einzelschuß zum Fächerschuß zur Folge hatte. Die Marinefliegerkräfte erprobten den Torpedoeinsatz aus geringen und aus großen Höhen mit Erfolg.

Einen besonders schweren Anfang hatte die junge Sowjetflotte nach der Revolution. Sie mußte ihre Schiffe mit Torpedos ausrüsten, die noch aus dem Bestand der alten zaristischen Marine stammten. Der beste, noch verwendbare Torpedotyp hatte ein Kaliber von 450 mm und lief 3 000 m mit 39 kn. Er genügte den Anforderungen des ersten sozialistischen Staates der Welt zur Verteidigung seiner Seegrenzen nicht mehr. Es galt deshalb, für die Produktion von Torpedos spezialisierte Industriebetriebe zu errichten, Forschungs-, Entwicklungs- und Erprobungseinrichtungen zu schaffen und die Ausbildung von wissenschaftlichen und ingenieurtechnischen Kadern in die Wege zu leiten.

Auf Beschluß der Sowjetregierung wurde 1921 das «Besondere Technische Büro» (Ostech-Büro) geschaffen, dem die Entwicklung von Marinewaffen und -kampfmitteln, darunter auch von Torpedos, oblag.

Ab 1927 wurde der Torpedo 53/27 gebaut. Er lief 3 700 m mit 45 kn und brachte 265 kg Ladung zum Einsatz. Besondere Bedeutung für die Entwicklung der Torpedowaffe hatten die vom Verteidigungskomitee angenommenen Beschlüsse, in denen die Festigung der industriellen und wissenschaftlich-technischen Basis breiten Raum einnahm. Da in den imperialistischen Ländern schwere Überwasserkräfte den Kern der Flotten bildeten, entwickelte die Sowjetunion hauptsächlich solche Torpedos, die derartige Ziele vernichten konnten. Es wurden Anstrengungen unternommen, um die Ladungsmasse zu vergrößern und um Sprengstoffe hoher Brisanz einsetzen zu können. Die Feuerkraft gegnerischer Überwasserkräfte zwang die sowjetischen Torpedoträger zu größeren Schußentfernungen, die nur durch Vergrößerung der Torpedolaufstrecke realisiert werden konnten.

Dank der konsequenten Verwirklichung der Regierungsbeschlüsse konnte die sowjetische Industrie bereits Anfang der 40er Jahre Torpedos produzieren, die den gewachsenen Anforderungen genügten. Das war 1938 der Torpedo 53/38, der wahlweise drei verschiedene Laufstrecken und damit drei verschiedene Geschwindigkeiten absolvieren konnte und dessen **«Technische Streuung»** (Abweichungen in der Geschwindigkeit, im Kurs und im Tiefenlauf) minimal war.

Durch Vergrößerung der Vorräte an Betriebsstoffen und Erhöhung der Leistung der Hauptmaschine lieferte die sowjetische Industrie 1939 den Torpedo 53/39 mit vergrößerter Ladungsmasse und 5 bis 6 kn höherer Geschwindigkeit an die Flotte. Die Arbeiten an einem wirksamen Abstandszünder konnten 1941 abgeschlossen werden. Er reagierte unter dem Kiel eines Schiffes, das etwa 3 000 ts Wasserverdrängung hatte, in 2 m Abstand zuverlässig.

1942 war der Elektrotorpedo ET-80 einsatzfähig. Für dessen Entwicklung erhielt das Kollektiv, unter Leitung des Hauptkonstrukteurs *N. N. Schamarin*, einen Staatspreis. Der ET-80 lief eine Strecke von 4 000 m mit 29 kn und hatte 400 kg Ladung.

Die 1936 begonnenen Arbeiten an dem Zielsuchsystem «CAT» für Dampfgastorpedos wurden durch den Krieg unterbrochen und erst 1944 wiederaufgenommen, nachdem genügend Erfahrungen beim Einsatz von Elektrotorpedos gesammelt worden waren.

Zu Beginn des zweiten Weltkrieges verfügte die Sowjetunion über eine Torpedobewaffnung, die hinsichtlich ihrer taktisch-technischen Angaben den gleichartigen Waffen der führenden ausländischen Flotten in nichts nachstand. Um den steigenden Bedarf zu decken, wurde die Großserienproduktion neuer Torpedomuster aufgenommen. Diese Aufgabe wurde gelöst, obwohl die leistungsfähigsten Torpedofabriken zu Beginn des Krieges evakuiert und ihre Produktion in den neuen Standorten erst organisiert werden mußten.

Bis zum zweiten Weltkrieg hatte sich international das Torpedokaliber von 533,4 mm (21 Zoll) durchgesetzt. Die Torpedos waren etwa 7 m lang, und die Ladungsmasse betrug ungefähr 300 kg.

Die Torpedowaffe nahm im zweiten Weltkrieg einen wichtigen Platz im Kampf auf den Seeverbindungswegen und zur Führung von Schlägen auf Basierungspunkte und gegen Häfen ein. Nach Angaben der britischen Admiralität belief sich der Gesamtverlust an Handelsschiffsraum der neutralen und verbündeten Staaten auf 21 550 000 BRT, davon vernichteten die faschistischen deutschen U-Boote allein etwa 14 Mill. BRT. In der Effektivität stand der Torpedo an erster Stelle. Großbritannien verlor durch U-Boot-Torpedos 1 145 Schiffe mit 6 754 000 BRT, durch Artillerie nur 39 Schiffe mit 79 108 BRT. Hinzu kamen noch 79 Schiffe mit 463 437 BRT, die sowohl mit Artillerie als auch mit Torpedos vernichtet wurden. Insgesamt kann eingeschätzt werden, daß der Torpedo als spezifische Unterwasserwaffe der Flotten bis zum Ende des zweiten Weltkrieges ständig an Bedeutung gewann.

1.3. Der Torpedo in der Gegenwart

Wie schon nach dem ersten Weltkrieg analysierten auch nach dem zweiten alle Flotten den Gefechtseinsatz der Torpedowaffe gründlich. Über die weitere Rolle und Bedeutung der Torpedowaffe gab es keine einheitlichen Auffassungen. Mit der Einführung von Raketen und Kernwaffen in die Seestreitkräfte setzte sich in mehreren Flotten die Ansicht durch, daß zukünftig alle Gefechtsaufgaben auf See mit diesen neuen Waffen erfüllt werden könnten. Über einen längeren Zeitabschnitt entwickelten deshalb diese Flotten die Torpedowaffe nur zögernd weiter. Diese Auffassung traf besonders für die amerikanischen Seestreitkräfte zu, die Ende der 50er Jahre feststellen mußten, daß ein großer Teil der in ihrer Bewaffnung befindlichen Torpedos 15 bis 20 Jahre alt und damit überaltert waren. Mit aufwendigen Schwerpunktmaßnahmen versuchten die USA, den Anschluß an den internationalen Entwicklungsstand im Torpedobau herzustellen. Bekannt wurde das Retorc-Programm, dessen eine Säule die Entwicklung kleinkalibriger Torpedos (254 bis 324 mm) mit einer Gesamtmasse bis zu 225 kg und dessen zweite Säule die Entwicklung großkalibriger Torpedos (482 bis 533 mm) mit einer Gesamtmasse bis zu 1 800 kg umfaßte.

Nach Angaben der westlichen Fachpresse wurden in den USA von 1945 bis 1960 nur 5 000 Torpedos hergestellt. 1961 bis 1964 dagegen 14 000 Torpedos, und 1965 bis 1970 erhielten die Rüstungsmonopole der USA Aufträge für 20 000 Torpedos.

Mitte der 50er Jahre setzte sich international die Erkenntnis durch, daß mit dem Torpedo ganz spezifische Aufgaben realisiert werden könnten, wozu andere Waffen der Seestreitkräfte weniger geeignet seien. Der Torpedo erhielt wieder den ihm gebührenden Platz neben den anderen Bewaffnungsarten der Seestreitkräfte.

Für den Torpedo eröffnete sich jetzt ein prinzipiell neues Anwendungsgebiet als U-Boot-Abwehrwaffe, eine Waffe, die in der Lage ist, ein U-Boot auch in großen Tauchtiefen zu vernichten.

Die Wissenschaftler und Konstrukteure erkannten, daß sich ein UAW-Torpedo vom herkömmlichen Seezieltorpedo in einigen Kriterien unterscheiden muß.

1. Der UAW-Torpedo muß dem seine Tauchtiefe verändernden U-Boot folgen können. Das erforderte prinzipiell neue Tiefensteuerverfahren.
2. Durch den mit der Tauchtiefe des U-Bootes zunehmenden hydrostatischen Druck des Seewassers erhöht sich die Verdämmungswirkung der Gefechtsladung des Torpedos und damit die Belastung des Bootskörpers. UAW-Torpedos brauchen also wesentlich geringere Ladungsmassen als die herkömmlichen Seezieltorpedos.
3. Der in großen Wassertiefen herrschende hydrostatische Druck stellt an die UAW-Torpedos hohe Anforderungen hinsichtlich ihrer Festigkeit.

In vielen Flotten wurden nach dem zweiten Weltkrieg spezielle UAW-Torpedos konstruiert und die herkömmlichen Seezieltorpedos weiterentwickelt. Andere Flotten bauten universell einsetzbare Torpedos – Zweizweck-Torpedos. Hierbei flossen die neuesten Erkenntnisse von Wissenschaft und Technik, besonders solcher Wissenschaftszweige wie der Kybernetik, der Rechentechnik, der Elektronik u. a., ein. Das führte zur Verringerung der Abmessungen und der Gesamtmasse der Torpedos und zur Verbesserung ihrer taktisch-technischen Eigenschaften.

Die komplexen wissenschaftlich-technischen Arbeiten zur Weiterentwicklung der Torpedowaffe konzentrierten sich in der Periode nach dem zweiten Weltkrieg bis zur Gegenwart auf folgende Schwerpunkte:

1. Erhöhung der Reichweite und Geschwindigkeit der Torpedos durch verbesserte Antriebsverfahren (Einsatz günstiger Sauerstoffträger, Kraftstoffe hoher Energiedichte und Einsatz von Energiequellen hoher Kapazität), durch Verbesserung der Oberflächenqualität und Verringerung des Widerstandes zwischen Torpedo und Seewasser, durch günstige Formgebung u. a.;
2. Erhöhung der Treffsicherheit der Torpedos durch Verbesserung vorhandener Steuerverfahren oder deren Neuentwicklung;
3. Erhöhung der Wirkung der Torpedos durch brisantere Sprengstoffe und Einsatz wirkungsvoller und störsicherer Zündmechanismen;
4. Verbesserung der Manövriereigenschaften der Torpedos (kleine Drehkreise, verzögerungsfreie Signalübertragung, geringe Regelabweichungen u. a.);
5. Erhöhung der Lauftiefe der Torpedos bis zur zu erwartenden Tauchtiefe moderner U-Schiffe (1 000 bis 1 200 m);
6. Vergrößerung der Ausmachreichweiten der Zielsucharmaturen bei hohen Torpedogeschwindigkeiten und die damit verbundene Verringerung des Geräuschpegels der Antriebsanlagen.

Nachfolgend werden einige Torpedotypen kapitalistischer Staaten der Gegenwart vorgestellt.

USA

Am weitesten vervollkommnet unter den Kleinkalibertorpedos ist der UAW-Torpedo der dritten Generation – der **Mk 46**. Er wird von Überwasserschiffen (aus den Torpedorohrsätzen Mk 32), von UAW-Flugzeugen und -Hubschraubern sowie in Raketen-Torpedo-Kombinationen eingesetzt. Der Mk 46 ist für die Vernichtung von U-Schiffen konzipiert, die bis zu 30 kn laufen und in Tiefen bis zu 450 m manövrieren. Die Dampfgasantriebsanlage besteht aus einem Trommelmotor. Es wird der flüssige Einheitskraftstoff «Otto II» verwendet. Dieses Antriebssystem ist wesentlich effektiver als vergleichbare E-Antriebe mit leistungsfähigen Akkumulatorenbatterien. In der Flugzeug- bzw. Hubschraubervariante kann der Mk 46 bei Fluggeschwindigkeiten bis zu 740 km/h abgeworfen werden. Der Aufprall auf die Wasseroberfläche wird durch einen Fallschirm (Durchmesser 1,8 m) abgebremst. Nach der Wasserung und dem Einsteuern auf die befohlene Lauftiefe schaltet sich die aktiv/passiv arbeitende Zielsucheinrichtung ein, und der Torpedo beginnt die Zielsuche. Die Auffassungsreichweite soll 1 400 m betragen. Die Ladung detoniert durch einen Abstandszünder. Auf-

Bild 9
Ein Torpedo Mk 44 wird vorbereitet, um von einem Hubschrauber Typ «Sea King» eingesetzt zu werden

Bild 10
Ein Torpedo Mk 48 auf dem Prüfstand

grund der geringen Abmessungen eignet er sich besonders gut als Hauptbewaffnung für UAW-Fliegerkräfte und als letzte Stufe in Raketen-Torpedo-Kombinationen. Er wird auch als aktiver Teil der Minen-Torpedo-Kombination «CAPTOR» verwendet. Der Mk 46 erfuhr mehrere Modifikationen. Über 10 000 Stück wurden bisher gebaut und an viele ausländische Flotten verkauft. An seiner Modernisierung wird gearbeitet (Mk 46 mod. 5).

Das Torpedoentwicklungsprogramm «Advanced Lightweight Torpedo – (ALWT)» sieht als Nachfolger für den Mk 46 einen weiteren Leichtgewichtstorpedo vor. Im **Mk 50 «Barracuda»** wird der Dampf chemisch erzeugt. Die im geschlossenen Kreislauf arbeitende Dampfturbine verleiht dem Torpedo eine Geschwindigkeit von 55 kn. Er ist mit einer modernen Signalverarbeitungsanlage und einem Digitalrechner (AKY-14) ausgerüstet. Viele westliche Marineexperten bezweifeln jedoch, daß der Mk 50 alle Forderungen erfüllt. Bis Januar 1983 wurden 50 Erprobungsschüsse mit dem Mk 50 durchgeführt.

Vom großkalibrigen Torpedo **MK 48** erprobten die USA 1971 drei Modelle: den

Bild 11
Heckansicht des Torpedos Mk 48

UAW-Torpedo Mk 48 mod. 0 und die universell einsetzbaren Torpedos Mk 48 mod. 1 und Mk 48 mod. 2. Für die Marine wurde schließlich der Mk 48 mod. 1 ausgewählt und am 2. Juli 1971 der Produktionsvertrag abgeschlossen. Seitdem soll der jährliche Produktionsausstoß ungefähr 500 Stück betragen. Der Entwicklungszeitraum und die Bauzeit der erforderlichen Produktionsstätten, Werkstätten und Lager sind mit zehn Jahren angegeben, und die Baukosten sollen bisher 2 Mrd. Dollar betragen. Ein Torpedo Mk 48 mod. 1 dürfte etwa 500 000 Dollar kosten. Der Mk 48 hat wie der Mk 46 einen Trommelmotor (Leistung 440 kW), und es wird der flüssige Einheitskraftstoff «Otto II» eingesetzt. Interessant ist, daß der Torpedo statt mit zwei gegenläufigen Treibschrauben mit einem Wasserstrahl-Stautriebwerk ausgerüstet ist. Der Trommelmotor treibt mehrere Hydropumpen, die Seewasser zum Düsenaufsatz im Heckabteil fördern. Die Antriebsanlage des Mk 48 mod. 1 ist eine Kombination zwischen Dampfgasantrieb und einem hydroreaktiven Antrieb. Offensichtlich wird mit dieser Antriebsanlage der Geräuschpegel des Torpedos nicht gesenkt, was sich negativ auf die Zielsucheinrichtung auswirkt. Des weiteren hat der Torpedo eine Drahtsteuerung. Er erhält in der ersten Phase seines Laufes bis in Zielnähe Steuersignale über die Fernsteueranlage des Trägers. Nachdem er das Ziel aufgefaßt hat, steuert ihn die Zielsucheinrichtung. Obwohl vorwiegend als Waffe der U-Schiffe entwickelt, wird er auch in großem Umfang von Fregatten und Zerstörern eingesetzt. Er ist vorwiegend zum Einsatz gegen schnellaufende und tieftauchende U-Schiffe bestimmt, eignet sich aber auch zur Bekämpfung von Überwasserzielen.

In einer Modernisierung, im Torpedo Mk 48 mod. 3, ist ein verbessertes System zur Fernsteuerung mit der Bezeichnung «Telcom» eingebaut. Es gewährleistet die zweiseitige Verbindung zwischen Torpedo und Träger. Die Anlage kann je Sekunde 14 Torpedo- und Zielparameter an die Waffenleitanlage des Trägers übertragen. Bricht der Draht, wird die Programmsteuerung des Torpedos wirksam.

In die Bewaffnung wurde auch der Mk 48 mod. 4 aufgenommen. Für den **Mk 48 ADCAP** (**Ad**vanced **cap**ability) wurde eine neue Elektroniksektion entwickelt. Durch den Übergang auf ausschließlich digitale Schaltungen wird die Elektronik im Volumen kleiner und zuverlässiger, so daß dem Torpedo eine flexiblere und kompliziertere «Taktik» ermöglicht wird. Der Mk 48 ADCAP hat zwei Mehrzweckrechner mit den Mikroprozessoren «Intel 8085» zur Verarbeitung taktischer und Autopilot-Daten, «Telcom»-Drahtsteuerung und ein Trägheitsmeßgerät. Die neugestaltete Kopfform des Torpedos verringert die Eigengeräusche. Die hydroakustische Zielsucheinrichtung wird elektronisch gesteuert, wodurch die Torpedomanöver vereinfacht werden. Mit Verkürzung der Elektroniksektion von 122 auf 38 cm Länge konnte der Kraftstofftank vergrößert werden. Laufstrecke und Geschwindigkeit wurden damit größer. Der Torpedo Mk 48 ADCAP ist 5,85 m lang, hat einen Durchmesser von 533,4 mm, eine Masse von 1 582 kg und soll 60 kn erreichen. 1982/83 wurden insgesamt 240 Übungsschüsse mit diesem Torpedotyp durchgeführt.

Da sich in den Arsenalen der amerikanischen Seestreitkräfte die moralisch veralteten UAW-Torpedos Mk 37 (etwa 1 200 Stück) häuften und der Torpedo Mk 48 den Verbündeten der USA zu teuer ist, unterzog man den Mk 37 einem Modernisierungsprogramm. Es entstand der Torpedo mit der Bezeichnung **NT 37 C**. Die alte Antriebsanlage wurde gegen die Anlage des Mk 46 ausgetauscht. Die dadurch erreichte Masseeinsparung von etwa 100 kg erforderte zwar das Austrimmen des Torpedos, ermöglichte aber die zusätzliche Aufnahme elektronischer Einrichtungen. Die Geschwindigkeit des Torpedos konnte um 40 %, seine Laufzeit um 80 % und seine

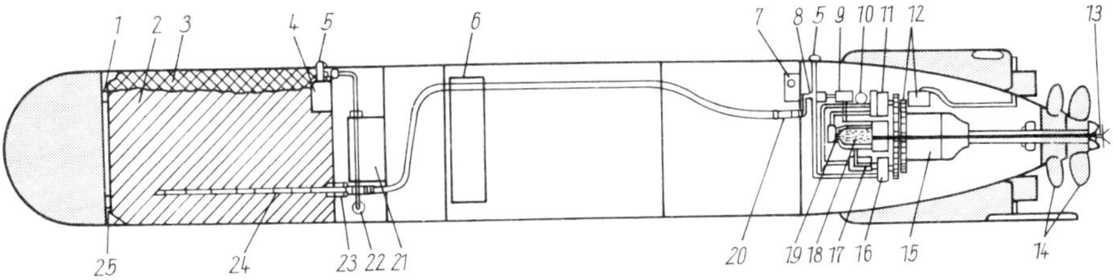

Bild 12 Aufbau des Torpedos Mk 37
1 – Füllstutzen; 2 – Kraftstofftank; 3 – freier Raum des Tanks; 4 – Getriebe; 5 – Geschwindigkeitsmesser; 6 – Zielsucheinrichtung; 7 – Hilfsmotor; 8 – Kraftstoffeinlaßventil; 9 – Kraftstoffabsperrventil; 10 – Ventil; 11 – Kraftstoffpumpe; 12 – Rudermaschine; 13 – Ventil; 14 – Treibschrauben; 15 – Trommelmotor; 16 – Wasserpumpe; 17 – Ablaßventil; 18 – Brennkammer; 19 – Zünder; 20 – Rückschlagventil; 21 – Akkumulator; 22 – System zur Erzeugung des Drucks im Kraftstofftank; 23 – Havarieschalter; 24 – Kraftstoffleitung; 25 – Abflußöffnung

Reichweite um fast 150% gesteigert werden. Der NT 37 C kann sowohl Unter- als auch Überwasserziele bekämpfen. Die Zielsucheinrichtung reagiert auch auf äußerst geräuscharme Ziele.

Mit der verstärkten Einführung des Mk 48 in die US Navy sank das Interesse am NT 37C. Deshalb verkaufte Northrop diesen Torpedo in größerer Anzahl an verbündete Länder. So erhielten die Seestreitkräfte Kanadas 200 Stück, ein Vertrag über die Lieferung einer unbekannten Anzahl wurde mit den Niederlanden abgeschlossen, und Norwegen beabsichtigte den Kauf des NT 37C für eine Summe von 5,97 Mill. Dollar. Ein Torpedo NT 37C soll mit Ersatzteilen 100 000 Dollar kosten. Außerdem wird der NT 37C in der Torpedo-Minen-Kombination Mk 67 verwendet, die durch U-Schiffe eingesetzt wird.

1979 kaufte Honeywell Marine Systems Operations das Programm des NT 37C und begann die akustische Leistung des Torpedos zu verbessern. Es entstand der Torpedo **NT 37D**. Im Rahmen des SUBTIP (**Sub**marine **T**orpedo **I**mprovement **Pro**gram) arbeiteten die kanadischen, niederländischen und norwegischen Seestreitkräfte gemeinsam mit Honeywell in drei Richtungen:

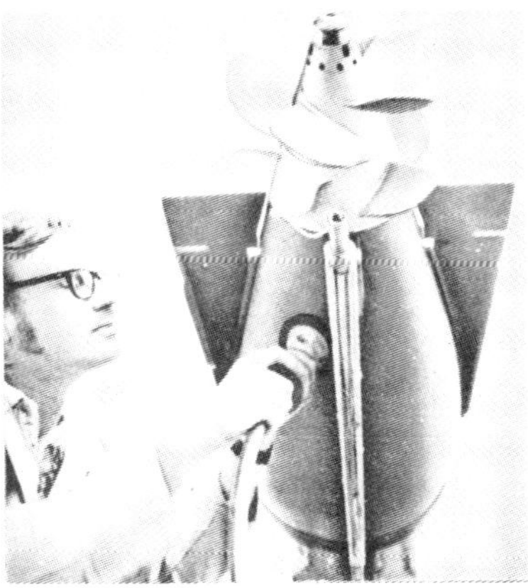

Bild 13
Torpedo NT 37C, das Führungsrohr für den Steuerdraht ist gut sichtbar

- Schaffung einer neuen hydroakustischen Anlage in Festkörperbauweise,
- Entwicklung einer superelliptischen Kopfform zur Reduzierung der Eigengeräusche des Torpedos,
- Schaffung einer neuen Rechnerlogik.

Das aktive Zielsuchsystem hat einen Nachhall-Notchfilter, mit dem der Torpedo besser zwischen Nachhall und Nutzsignal unterscheiden kann. Ein passiver Empfindlichkeits-Schaltkreis mißt die tatsächlichen Eigengeräusche des Torpedos nach dem Schuß und stellt die passive Signalschwelle danach ein.

Die neue Kopfform schwächt die Kavitationseffekte ab, weil sie auch im flachen Wasser eine wirbelfreie Strömung bewirkt.

Der Umbau des Torpedos fand unter Aufsicht des Herstellers in den Arsenalen der jeweiligen Marine statt. Fast alle Teile des Nachrüstungssatzes haben im ursprünglichen Torpedo Mk 37 Platz, so daß an der Torpedozelle nur geringfügige Änderungen erforderlich waren. Das SUBTIP-Programm wurde 1980 erfolgreich abgeschlossen und 1981 bestätigt. Im selben Jahr erprobte u. a. Südafrika den NT 37D.

1982 entstand der Torpedo **NT 37E**, der 1983 erprobt wurde. Er hat ein navigationsfähiges digitales, rechnergestütztes Steuersystem und arbeitet mit einem Strapdown-Kreisel, einer verbesserten Ausführung der Trägheitsplattform der Rakete «Harpoon», und einem programmierbaren Mikroprozessor.

Der Strapdown-Kreisel ist ein in einem schocksicheren Block untergebrachter raumstabiler Freirotorkreisel. Er ist nicht mehr kardarisch aufgehängt, sondern lagert elektrostatisch in zwei Halbschalen. Die Masse des Rotors beträgt nur einige Gramm, während er eine extrem hohe Drehzahl von etwa 150 000 U/min hat. Die körperfeste Ausleseeinrichtung registriert jede Abweichung der vorprogrammierten Laufbahn, und der Rechner erarbeitet die erforderlichen Ruderkommandos.

Nach Ansicht der Hersteller kommen die Seestreitkräfte Kanadas, der Niederlande, Norwegens, Griechenlands und Kolumbiens als Abnehmer für den NT 37D und den NT 37E in Frage. [5]

Eine andere Firma entwickelte 1972 den Elektrotorpedo **Mk 45 F «Freedom»**. Er ging in die Bewaffnung der Überwasserschiffe und U-Boote für den Einsatz gegen Überwasserschiffe in Flach- und Tiefwassergebieten. Der Torpedo läuft spurfrei und hat eine Aufschlagzündung, die nach ungefähr 900 m Laufstrecke zündbereit ist. Es ist möglich, den Torpedo durch ein Kommando über Draht zu vernichten. Bemerkenswert am Mk 45 F ist die Zielsucheinrichtung. Sie reagiert auf das Kielwasser des gegnerischen Schiffes in Entfernungen bis zu 2 000 m.

Neben diesen genannten modernen Torpedos befinden sich in der Bewaffnung der amerikanischen Seestreitkräfte weitere, z. T. veraltete Torpedotypen wie der Mk 14 mod. 5 oder der Mk 18. Westlichen Pressemeldungen zufolge wird in den USA an weiteren Torpedoprojekten gearbeitet, so an einem Tieftauchtorpedo «Dextor» gegen kernkraftgetriebene Raketen-U-Schiffe.

Großbritannien

Neben den Torpedos Mk 37 mod. 0 und Mk 37 mod. 1, Mk 44 und Mk 46 sind die eigenen Entwicklungen Mk 20, Mk 23 und Mk 24 sowie der «Sting Ray» in der Bewaffnung der britischen Seestreitkräfte.

Den großkalibrigen UAW-Torpedo **Mk 20** führte die Flotte Ende der 50er Jahre ein. Dieser mit Aufschlagzünder ausgerüstete Torpedo wurde 1971 modernisiert und auf den U-Booten Typ «Oberon» eingesetzt.

Bild 14
Torpedo Mk 45 F
«Freedom»

Den Torpedo **Mk 23** entwickelten die Briten 1964 speziell für das U-Boot DREADNOUGHT. Er ist der erste britische Torpedo mit Drahtsteuerung, gilt aber heute als veraltet.

Der Torpedo **Mk 24 mod. 0 «Tigerfish»** wurde 1974 in Dienst gestellt. Er ist die hauptsächlichste UAW-Waffe aller britischen Unterwasserkräfte. Seine Entwicklung dauerte vier Jahre und umfaßte u. a. 400 Versuchsschüsse. Dieser Torpedo ist nach dem Baukastenprinzip gefertigt. Er hat einen Gleichstrommotor, der direkt auf zwei gegenläufige Treibschrauben (Hochleistungspropeller) arbeitet, die nur geringe Geräusche erzeugen. Dieser Torpedo wird als der vermutlich «leiseste Torpedo» seiner Klasse bezeichnet. [6] Die Silber-Zink-Batterien können mit einem Druckölschalter von Serien- auf Parallelbetrieb umgeschaltet werden, wodurch zwei Torpedogeschwindigkeiten möglich sind.

Der Körper des Mk 24 ist aus harteloxiertem Leichtmetall gefertigt. Dadurch kann der Torpedo längere Zeit im gefluteten Torpedoausstoßrohr lagern, ohne zu korrodieren. Nach dem Verlassen des Torpedorohres werden aus dem Mittelteil des Torpedos Schlingerflossen ausgefahren, an deren Enden Schlingerruder angeordnet sind. Diese Ruder dämpfen nicht nur die Schlingerbewegungen, sondern ihre Stellung erzeugt den erforderlichen Torpedoauftrieb bei waagerechter Lage der Torpedolängsachse. Dadurch wird das am Bug des Torpedos entstehende differentielle hydrodynamische Strömungsfeld minimiert, was wiederum für die akustische Zielsucheinrichtung von großer Bedeutung ist. Im Torpedo Mk 24 lagert ein Computer, der über einen Steuerdraht mit dem Computer auf dem U-Boot verbunden ist. Über dieses einadrige Kabel wird der Torpedo vom U-Boot bis in Zielnähe gesteuert (das Seewasser ist der zweite Leiter). Während dieser Phase reagiert der Computer im Torpedo auf Befehle des

Bild 15
Torpedo Mk 24 mod. 0
«Tigerfish»

Computers im U-Boot. Sobald ein klarer hydroakustischer Kontakt zum Ziel hergestellt ist, übernimmt die im Torpedo untergebrachte Zielsucheinrichtung die Endphasensteuerung des Torpedos. Das ist in mehreren Aktiv- und Passivbetriebsarten möglich. Trotzdem kann der Operateur auf dem U-Boot jederzeit regelnd eingreifen und beide Computer «übersteuern», falls andere Manöver erforderlich sind. Der Torpedo Mk 24 hat einen Aufschlag- und einen Abstandszünder. Der Mk 24 mod. 1 wurde 1980 formell von der Marine abgenommen. Er kann auch gegen Überwasserziele eingesetzt werden, wie das im Konflikt um die Falklandinseln geschah.

Am 2. Mai 1982 torpedierte das britische kernkraftgetriebene Angriffs-U-Boot CONQUEROR gegen 17.00 Uhr mit zwei «Tigerfish»-Torpedos aus etwa 5 000 m Entfernung den argentinischen Kreuzer GENERAL BELGRANO (Wasserverdrängung 13 600 ts). Ein Torpedo traf Backbord-Seite mittschiffs, der andere Backbord-Seite im Vorschiff. Nach 20 min hatte der Kreuzer über 20° Schlagseite und wurde von der Besatzung verlassen. Der Bug knickte ab, und nach kurzer Zeit sank das Schiff. Von den 1 042 Seeleuten kamen über 360 ums Leben, die meisten erfroren. (Einigen Quellen zufolge soll es sich um Torpedos vom Typ Mk 8 gehandelt haben.)

Der Torpedo **«Sting Ray»** ist ein für die Luftstreitkräfte und für die Seestreitkräfte Großbritanniens vorgesehener Leichttorpedo. Die Entwicklungskosten sollen über 200 Mill. Pfund Sterling betragen haben. 1981 wurde mit einem Kostenaufwand von 13 Mill. Pfund Sterling in Neston, Cheshire, eine neue Torpedofabrik errichtet und von Premierministerin Thatcher eingeweiht.

Es sollen dort monatlich 30 Torpedos produziert werden, die dann die Torpedos Mk 44 und Mk 46 zu ersetzen haben.

Der «Sting Ray» (Länge 2,6 m, Kaliber 324 mm) hat einen achtpoligen, gegenläufigen Elektromotor, der von Magnesium-Silberchlorid-Batterien (Energiedichte über 130 Wh/kg) gespeist wird. Die Antriebswellen treiben im Kanal einer Pumpendüse Rotoren an; also hat der Torpedo ein Wasserstrahl-Stautriebwerk. Der Gefechtskopf hat Richtwirkung und einen Aufschlagzünder. Ein Großteil seines Innenvolumens wird von einer dichtgepackten Verarbeitungselektronik eingenommen. Eine hochentwickelte Zielsucheinrichtung gestattet es ihm, auch bei schlechten hydroakustischen Ortungsbedingungen sowie bei Abwehr- und Täuschungsmaßnahmen das tatsächliche Ziel mit 72 bis 81 % Treffwahrscheinlichkeit zu vernichten. Ein programmierbarer Digitalrechner, der nachprogrammierbar ist, komplettiert die Ausrüstung.

Der Torpedo «Sting Ray» ist sowohl für den Einsatz in flachen Gewässern (ab 75 m Wassertiefe) als auch für den Angriff auf U-Schiffe in großen Tauchtiefen vorgesehen. Er wird von Hubschraubern («Sea King» oder «Lynx») oder von Flugzeugen («Nimrod») mit Fallschirm unter Beibehaltung des eingegebenen Eintauchwinkels abgeworfen. Schlägt er auf die Wasseroberfläche, fällt die zerbrechliche Nasenspitze ab, und die Zielsucheinrichtung beginnt zu arbeiten. Die Zielklassifikation, die Arbeitsweise der Zielsucheinrichtung und die Taktik bestimmt der Bordcomputer. Der Einsatz dieses Torpedos aus Standard-Torpedorohren der Überwasserschiffe und in der Raketen-Torpedo-Kombination «IKARA» ist möglich. Zur taktischen Erprobung des Torpedos wurden 1980/81 mehr als hundert Übungsschüsse durchgeführt. Er wurde von allen vorgesehenen Trägern mit verschiedenen Geschwindigkeiten und aus unterschiedlichen Fallhöhen sowie in den verschiedensten Lauftiefen getestet. Die Simulationsschüsse auf der Rechneranlage in Stanmore gehen in die Tausende.

1976 wurde eine Studie für einen neuen Schwertorpedo in Auftrag gegeben, der gegenüber dem Mk 24 «Tigerfish» hinsichtlich der Geschwindigkeit, der Tauchtiefe,

Bild 16
Torpedo «Sting Ray» wird übernommen

der Eigengeräusche, der Zielsuchleistung und der Wirkung einen erheblichen Fortschritt bringen sollte. Bewährte Bauteile und die mit dem Torpedo «Sting Ray» gewonnenen Erfahrungen sollten übernommen werden.

Es wurden Versuchstorpedos produziert und bis Ende 1981 41 Probeschüsse durchgeführt. Dieser **«Marconi»-Torpedo «Spearfish»** hat eine Länge von etwa 6 m, einen Durchmesser von 533,4 mm und eine Gesamtmasse von etwa 1850 kg. Er kann durch U-Boote in Tauchtiefen bis zu 500 m und bei Geschwindigkeiten bis zu 20 kn eingesetzt werden. Der Treibstoffvorrat soll für etwa 40000 m Laufstrecke ausreichen. Als Schußentfernung werden 30000 m angegeben. Der Gefechtskopf trägt ungefähr 300 kg Ladung, die Richtwirkung aufweist. Der «Marconi»-Torpedo soll Kriegsschiffe bis zu 40000 ts Wasserverdrängung vernichten können. Gegen ein Zweihüllen-U-Schiff mit 5 cm starkem Druckkörper und 4 m Raum zwischen beiden Hüllen soll der Torpedo ein Leck von 20 cm Durchmesser schlagen. Der «Marconi»-Torpedo hat eine Gasturbine von Sundstrand, die mit einem Gemisch aus Einheitskraftstoff «Otto II», Meerwasser und Hydroxyl-Ammoniumperchlorat betrieben wird. Wie beim Mk 48 wurde ein Wasserstrahlantrieb gewählt.

Die Einsatzkonzeption dieses Torpedos sieht wie folgt aus: Das Träger-U-Schiff verfolgt das Ziel mit seiner passiv arbeitenden hydroakustischen Ortungsanlage, baut eine umfangreiche Datenbasis der Zielcharakteristik auf und gibt diese in den Torpedo ein. Nach dem Torpedoschuß geht der Torpedo auf 50 m Tiefe und läuft mit Marschgeschwindigkeit (etwa 28 kn) seine Suchzone an. In dieser Phase ist der Tor-

Bild 17
Torpedo «Spearfish»

pedo mit Draht zu steuern, und der Austausch von 70 Daten je Sekunde ist in beiden Richtungen gewährleistet. Die Marschgeschwindigkeit ist veränderbar. Der Computer des Torpedos hat eine Speicherkapazität von 5 Mbit, und die Rechnerkapazität soll 5mal größer als die des «Sting Ray» sein. Die während des gesamten Torpedolaufes gelieferten Daten über echte und simulierte Ziele werden ständig gefiltert und zu einem Bild von Kenn- und Verhaltensdaten des Zieles zusammengesetzt. Das ermöglicht dem Torpedo, auch dann erfolgreich zu sein, wenn der Steuerdraht bricht. Hat der Torpedo die Suchzone erreicht, bremst er auf eine langsame Gleitgeschwindigkeit ab und klassifiziert das Ziel anhand der Geräusche und Verhaltensweisen. Jetzt kann der Angriff auf das Ziel beginnen, oder der Torpedo setzt die Suche nach weiteren Zielen fort. Der Angriff selbst wird mit hoher Geschwindigkeit in der aktiven Betriebsart vorgetragen. Der Torpedo soll in der Lage sein, die Größe und die Ausmaße eines Zieles zu ermitteln, um eine ganz spezielle Stelle des gegnerischen Schiffes zu treffen.

Eine Version (mod. 1) ist mit einer Gasturbine mit geschlossenem Kreislauf ausgestattet, wodurch der Torpedo nur halb so lang ist. Ein U-Schiff könnte von diesem «Mittelgewicht» doppelt soviel Torpedos mitführen, und der Einsatz wäre auch durch Hubschrauber möglich.

Zwischen den USA und Großbritannien gibt es in der Gegenwart einerseits Kooperationsbestrebungen im Torpedobau und andererseits harten Konkurrenzkampf.

Frankreich

In der Bewaffnung der französischen Seestreitkräfte befinden sich drei Torpedoversionen:

- E 14, E 15, Z 16 für den Einsatz durch U-Boote;
- L 3, L 5 für den Einsatz durch Überwasserschiffe und U-Boote;
- L 4 für den Einsatz durch Marinefliegerkräfte.

Der Torpedo **E 14** wird gegen Überwasserkräfte und bedingt gegen U-Boote in geringen Tauchtiefen, die bis zu 20 kn laufen, eingesetzt. Mit einer kreiselgestützten Selbststeuerung wird der Torpedo in Zielnähe gebracht, bis die passiv arbeitende Zielsucheinrichtung das Ziel auffaßt. Die Reichweite der Zielsucheinrichtung soll durchschnittlich 500 m betragen. Der Torpedo ist mit einem Aufschlag- und einem Abstandszünder ausgerüstet.

Bild 18
Schuß eines Torpedos L 3

Bild 19
Zielsuchkopf des
Torpedos L 4

Der Torpedo **E 15** unterscheidet sich vom E 14 nur insofern, als die Abmessungen größer sind und die Leistung der Antriebsanlage höher ist.

Der Torpedo **Z 16** kann aus Tauchtiefen bis zu 150 m gegen Überwasserschiffe eingesetzt werden. Er hat E-Antrieb und eine kreiselgestützte Selbststeuerung, die nach Absolvierung der Vorlaufstrecke den Torpedo in horizontaler und vertikaler Ebene in einen Schleifenlauf überführt. Die Detonation der Ladung kann durch einen Aufschlag- oder Abstandszünder (der auf elektromagnetischer Basis arbeitet) ausgelöst werden.

Der Torpedo **L 3** ist für den Einsatz gegen U-Boote vorgesehen, die mit Geschwindigkeiten bis zu 20 kn laufen. Er hat eine kreiselgestützte Selbststeuerung und eine aktiv arbeitende Zielsucheinrichtung. Die im Torpedokopf eingebaute Sende- und Empfangsanlage schwenkt bei der Zielsuche schrittweise den Suchsektor ab, wodurch das Gebiet der Ortung relativ groß wird. Die Arbeitsfrequenz der Zielsuchanlage beträgt 35 kHz, die Reichweite 600 m. Wird kein Ziel aufgefaßt, überführt die Selbststeueranlage den Torpedo in einen Schleifenlauf. Der Abstandszünder beginnt in 20 m Entfernung vom Ziel zu arbeiten, und 3,5 s später detoniert die Ladung. Beim Übungsschuß stoppt der Torpedo 150 m vor dem Ziel.

Der Torpedo **L 5** wird in zwei Modifikationen produziert: L 5 mod. 1 und L 5 mod. 3. Über diese Torpedos ist wenig bekannt. Es wird vermutet, daß sie – wie alle französischen Torpedos – E-Antrieb haben und mit einer aktiv arbeitenden Zielsucheinrichtung ausgerüstet sind.

Der Torpedo **L 4**, nach Baukastenprinzip gefertigt, ist ein UAW-E-Torpedo, der gegen U-Boote eingesetzt wird, die bis zu 20 kn laufen. Außer durch die Marinefliegerkräfte kommt der Torpedo L 4 auch in der Raketen-Torpedo-Kombination «MALAFON» zum Einsatz. Er wird mit einem Fallschirm zu Wasser gebracht und bereits in der Luft so stabilisiert, daß er in etwa waagerechter Lage in das Wasser eintaucht. Dabei werden die vordere Verkleidungshaube und der Fallschirm abgeworfen, und der Torpedo wird angelassen. Er läuft dann auf einer spiralförmigen, vorprogrammierten Laufbahn, bis die aktiv arbeitende Zielsucheinrichtung das Ziel ortet. Ein Aufschlagzünder oder ein akustischer Abstandszünder leitet die Detonation ein.

Italien

Die Seestreitkräfte Italiens verfügen über den interessanten Torpedo **G 6ef «Kanguro»**. Er ist eine Kombination aus dem veralteten Elektrotorpedo G 6e und dem amerikanischen Torpedo Mk 44. In der ersten Phase wird der «Trägertorpedo» G 6e über einen Steuerdraht in Zielnähe gebracht, und nach dem Auffassen des Zieles durch die Zielsucheinrichtung des Mk 44 wird dieser vom Operateur angelassen und vom G 6e getrennt. Der Torpedo G 6ef wird zur U-Boot-Bekämpfung eingesetzt.

Bild 20
Torpedo A 184

Vor wenigen Jahren wurden die Torpedos A 184 und A 244 entwickelt. Der Elektrotorpedo **A 184** kann gegen Überwasserziele und U-Boote eingesetzt werden, hat eine Drahtfernsteuerung und eine in zwei Ebenen aktiv oder passiv arbeitende Zielsucheinrichtung. Der Torpedo **A 244** ist die modernisierte Version des amerikanischen Torpedos Mk 44 mod. 2. Er hat E-Antrieb, die Batterie wird durch Seewasser aktiviert. Der Torpedo kann mit 33 kn in Tauchtiefen bis zu 450 m handeln. Die akustische Zielsucheinrichtung soll Ziele bis auf 1 800 m Entfernung auffassen. Sie arbeitet aktiv, passiv oder kombiniert und ist störgeschützt. Der Flachwassereinsatz des Torpedos ist möglich.

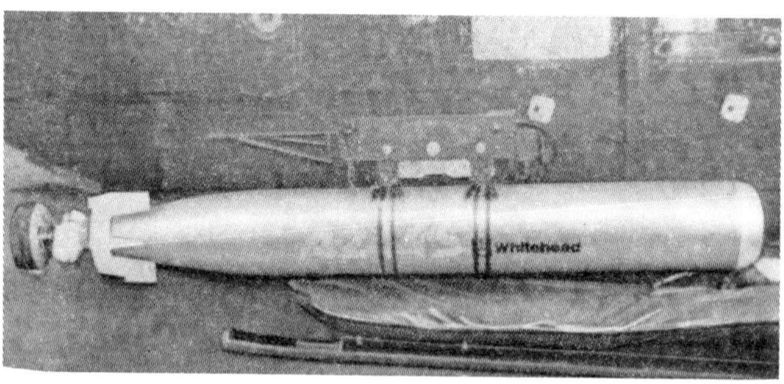

Bild 21
Torpedo A 244 in der Abwurfeinrichtung eines Hubschraubers

BRD
In der Bewaffnung der Seestreitkräfte der BRD befinden sich der UAW-Torpedo **«Seeschlange»** und der Torpedo **«SEAL»**. Letzterer kann gegen Überwasserschiffe eingesetzt werden. Beide Torpedos haben E-Antrieb. Der Motor arbeitet ohne Getriebe direkt auf zwei gegenläufige geräuscharme Treibschrauben. Die Zink-Silber-Batterie wird im Moment des Schusses aktiviert. Für Übungsschüsse stehen mehrfach verwendbare Zink-Silber-Akkumulatoren zur Verfügung. Beide Torpedotypen werden über ein zweiadriges Kabel ferngesteuert und haben eine aktiv/passiv arbei-

Bild 22
Torpedo «Seal» auf dem Prüfstand

tende Zielsucheinrichtung. Wie beim britischen Torpedo Mk 24 befinden sich an Bord des Torpedoträgers und im Torpedo je ein Computer. Alle Informationen werden zweiseitig übertragen, wodurch die Arbeit der Zielsucheinrichtung auf dem Torpedoträger kontrolliert werden kann. Tritt Kontaktverlust zum Ziel auf, geht der Torpedo in einen Schleifenlauf über. Entsprechend der taktischen Situation können dazu differenzierte, im Trägercomputer gespeicherte Programme an den Torpedo übermittelt werden. Beide Torpedotypen verfügen über kombinierte Aufschlag- und Abstandszünder und können sowohl im Flach- als auch im Tiefwasser eingesetzt werden.

Bild 23
RS-Boot Typ 143 beim Schuß eines «Seal»-Torpedos mit dem Kopf nach achtern

Während der Torpedo «Seeschlange» nur von U-Booten eingesetzt wird, kann der Torpedo «SEAL» auch von Schnellbooten der Tpen 142 und 143 zum Einsatz gebracht werden. Den «SEAL» gibt es in zwei Modifikationen: **SST 4** (Spezial Surfacetarget Torpedo) gegen Überwasserziele und **SUT** (Surface and Underwatertarget Torpedo) gegen Überwasserziele und U-Boote. An der Entwicklung einer neuen Torpedogeneration mit der Typenbezeichnung DM 2 A 4 wird gearbeitet.

Schweden

Der Torpedo **TP 41** ist ein kleiner, zielsuchender Torpedo. Er wird gegen Überwasserziele und U-Boote eingesetzt. Der TP 41 hat eine elektrische Antriebsanlage, eine aktiv arbeitende Zielsucheinrichtung und einen kombiniert arbeitenden Aufschlag- und Abstandszünder. Die relativ geringen Abmessungen gestatten seine Armierung auf einer Vielzahl von Trägern, einschließlich auf Fischerbooten. Er soll für den Flachwassereinsatz vorgesehen sein.

Der Torpedo **TP 42** ist mit einer elektrischen Antriebsanlage ausgerüstet und kann zwei verschiedene Geschwindigkeiten laufen. Die Zielsucheinrichtung arbeitet aktiv in zwei Ebenen, und der Zünder stellt eine Kombination von Aufschlag- und Abstandszünder dar. Der Einsatz von Hubschraubern geschieht ohne Fallschirm. Da der Torpedo durch Stabilisierungseinrichtungen horizontal auf die Wasseroberfläche auftrifft, kann er von Hubschraubern auch in flachen Gewässern eingesetzt werden. Dem Torpedo TP 42 kann eine Sektion für die Drahtsteuerung angefügt werden. Je nach der taktischen Situation kann man den Gefechtskopf und die Batterien austauschen.

Der **TP 61** ist ein Dampfgastorpedo. Als Sauerstoffträger wird Wasserstoffperoxid hoher Konzentration und als Brennstoff Äthylalkohol verwendet («Walter»-Verfahren). Der Torpedo läuft spurfrei und hat eine große Reichweite. Er ist mit einer

Bild 24
Abwurf eines Torpedos «Sting Ray» durch einen «Sea King»-Hubschrauber

Drahtfernsteuerung und einem Zielsuchkopf sowie mit einem kombinierten Zünder ausgerüstet.

Ein Vertrag über 45 Mill. schwedische Kronen zur Produktion der ersten Serie dieses Torpedotyps wurde abgeschlossen. Der Torpedo TP 61 hat ein Kaliber von 533,4 mm, ist 7 m lang und hat eine Gesamtmasse von 1 500 kg. Er wird an Norwegen und Dänemark geliefert.

Mit der Modernisierung der Torpedowaffe stieg der finanzielle Aufwand für Produktion, Lagerung und Wartung sowie für den Einsatz zur Ausbildung ständig an. Bis 1970 führte die USA-Marine jährlich etwa 2 200 Torpedoschüsse im Rahmen der Ausbildung und nochmals etwa 900 Schüsse mit Übungs- und Gefechtstorpedos für Erprobungen durch. Allein die auftretenden jährlichen Torpedoverluste werden mit einer Schadenssumme von 7 Mill. Dollar angegeben.

Um diese Kosten möglichst gering zu halten, verwenden alle Flotten für Ausbildungszwecke noch vorhandene veraltete Torpedos. Zum Training werden verstärkt Simulatoren an Land genutzt und spezielle Exerziermodelle eingesetzt. So dient beispielsweise der britische Exerziertorpedo **MW 30** zum Training des Ladens und des Abschusses. Er hat die gleichen Abmessungen und die gleiche Masse wie der amerikanische Torpedo Mk 44 und kann aus der vorhandenen Armierung eingesetzt werden. Nach Abwurf vom Flugzeug registriert er die Flugbahn und schwimmt kurz nach dem Eintritt ins Wasser wieder auf.

In letzter Zeit äußerte die Fachpresse wiederholt die Auffassung, daß die Torpedowaffe zur Bekämpfung von Überwasserzielen an Bedeutung verliere, die Entwicklung als UAW-Waffe aber einen umgekehrten Verlauf nehme. Zweifelsohne bekam die Torpedowaffe mit der U-Boot-Abwehr eine neue und komplizierte Aufgabe gestellt, und es wurden spezielle UAW-Torpedos geschaffen (Mk 46, «Sting Ray», A 244 u. a.). Aber ebenso wurden moderne Torpedos zur Bekämpfung von Überwasserzielen entwickelt (Mk 45 F, SST 4, TP 61). Auffallend ist die relativ große Anzahl von Torpedotypen, die universell eingesetzt werden können (Mk 48, Mk 37 C, Mk 24, «Spearfish», L 5, A 184, SUT, TP 41, TP 42). Daraus kann man ableiten, daß gegenwärtig die Torpedoentwicklung zum universell einsetzbaren Torpedo, zum «Zweizweck-Torpedo», tendiert.

Bild 25
Exerziertorpedo MW 30

Die gegenwärtig technisch realisierten Reichweiten auch der modernsten Torpedos zwingen die Torpedoträger zu Schußentfernungen, die innerhalb der Reichweiten der gegnerischen Abwehrwaffen liegen. Damit setzt sich der Torpedoträger seiner Vernichtung aus, bevor er die Torpedos zum Einsatz bringen kann. Dieser Nachteil wird z. Z. durch die Verbindung des Torpedos mit der Rakete kompensiert. Bei den **Raketen-Torpedo-Kombinationen** übernimmt die Rakete die Aufgabe des Trägers, sie transportiert über eine bestimmte Wegstrecke als Gefechtsteil einen Torpedo durch die Luft. In Zielnähe tritt der Torpedo ins Seewasser ein und nimmt seinen Betrieb als «Unterwassergeschoß mit Eigenantrieb und Steuerung in zwei Ebenen» auf.

Nachfolgend werden einige der in den imperialistischen Flotten vorhandene Systeme dieser Art kurz beschrieben.

Die Raketen-Torpedo-Kombination **«ASROC»** (Herstellerland USA) wird heute auf mehr als zweihundert Überwasserschiffen der USA-Marine und darüber hinaus auch in den Flotten der BRD, Italiens und Japans gefahren. Zum System «ASROC» gehören die Startanlage Mk 112, das Feuerleitsystem Mk 111, die Einrichtungen für die Lagerung, Zufuhr und für das Laden sowie die hydroakustische Station und die Waffe selbst. Die Startanlage besteht aus vier Doppelkassetten, wovon jede zwei Waffen aufnehmen kann. Ihr Schwenkbereich beträgt in der Horizontalen 350°, in der Vertikalen 85°. Die Startanlage ermöglicht sowohl den Einzelstart als auch das Salvenschießen von zwei bis acht Waffen. Den Hauptteil der Waffe bildet die einstufige

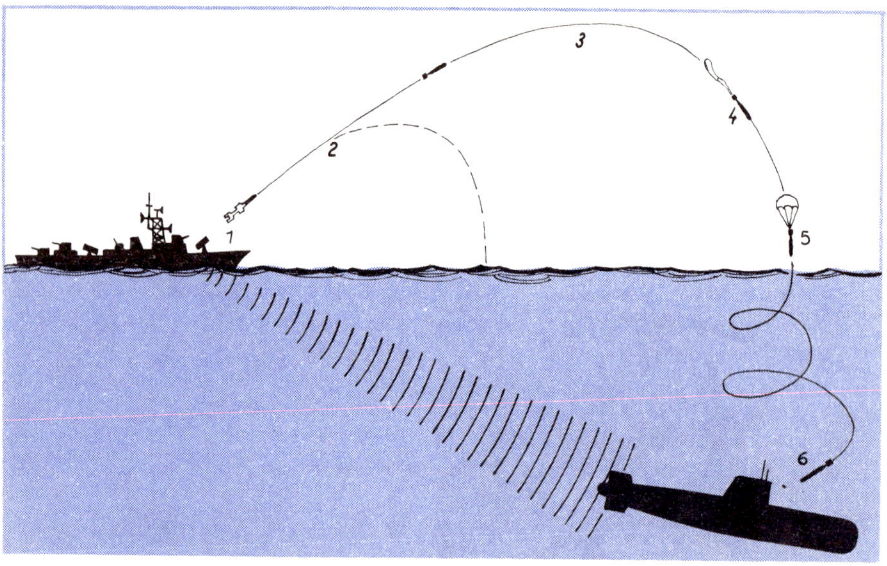

Bild 26 Prinzip des Einsatzes einer Raketen-Torpedo-Kombination
1 – Start; 2 – Trennung der Rakete vom Torpedo; 3 – ballistische Flugbahn des Torpedos; 4 – Freigabe des Fallschirms; 5 – Eintritt des Torpedos ins Wasser und Trennung vom Fallschirm; 6 – Torpedo steuert das Ziel an

Bild 27
Startvorrichtung der «ASROC»

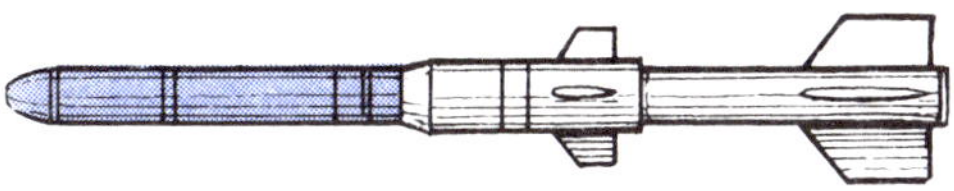

Bild 28
Raketen-Torpedo-Kombination «ASROC»

Bild 29
Start einer «ASROC»

Feststoffrakete, die als Gefechtskopf einen Torpedo (Mk 44 oder Mk 46) oder eine Wasserbombe mit Kernladung (1 bis 10 kt) tragen kann. Die Länge der gesamten Waffe beträgt 4,57 m, die Gesamtmasse 1 134 kg, die Fluggeschwindigkeit 277 m/s und die maximale Flughöhe 2 600 m. Die Grenzschußentfernung wird mit 14 000 m angegeben. Die Waffe wird durch ein Starttriebwerk gestartet und fliegt auf einer ungelenkten ballistischen Bahn. Im Zielgebiet wird der Gefechtsteil (Torpedo oder Wasserbombe) von der Rakete getrennt. Ein Fallschirm, der dicht über der Wasseroberfläche vom Torpedo getrennt wird, bremst den Aufprall ab.

Nach dem Eintauchen ins Wasser beginnt der Antrieb des Torpedos zu arbeiten, und die Zielsucheinrichtung ortet das Ziel. Faßt der Torpedo kein Ziel auf, so sinkt er nach Verbrauch seiner Energiereserven auf den Meeresboden. Die Raketen-Torpedo-Kombination «ASROC» ist seit 1961 in der Bewaffnung, wird aber als veraltet angesehen. Zu ihren Nachteilen zählen:

- geringe Treffwahrscheinlichkeit gegen manövrierende Unterwasserziele durch den ungelenkten, ballistischen Flug;
- hoher Kostenaufwand;
- sehr große Gesamtmasse der Anlage;
- Übernahme mit Bordmitteln nur auf größeren Schiffen möglich;
- stark begrenzte Möglichkeiten der Unterbringung eines größeren Kampfsatzes an Bord;
- Abhängigkeit der maximalen Schußentfernung von der hydroakustischen Ortungsreichweite der Trägerstation.

An der Vervollkommnung dieses Systems wird in den USA gearbeitet. Dabei will man die Reichweite vergrößern, den Torpedo Mk 44 durch den Torpedo Mk 46 ersetzen und den Flug lenken. Außerdem beschäftigt man sich mit der Verbesserung der Startanlage. Auf den amerikanischen und italienischen Fregatten befinden sich die universell einsetzbaren Startanlagen Mk 10 (Doppelstarter), von denen sowohl die Fla-Rakete «Terrier» als auch die Kombination «ASROC» gestartet werden können. Von der Startanlage Mk 26 sollen, neben der Fla-Rakete «Tartar» und der «ASROC», auch Schiff-Schiff-Raketen einzusetzen sein.

Zur Raketen-Torpedo-Kombination **«MALAFON»** (Herstellerland Frankreich) gehören die Startanlage, die hydroakustische Station, eine Funkmeßstation, Rechengeräte und die Funklenkeinrichtung. Letztere gewährleistet den gelenkten Flug der Waffe bis ins Zielgebiet. Die Länge der gesamten Waffe beträgt 6,15 m, die Startmasse 1,5 t, die Fluggeschwindigkeit 200 m/s, die Reichweite 18 km und die Höhe der Flugbahn 230 m. Als Gefechtsteil dient der UAW-Torpedo L 4, dessen Einsatz

Bild 30
Startvorrichtung mit der «MALAFON»

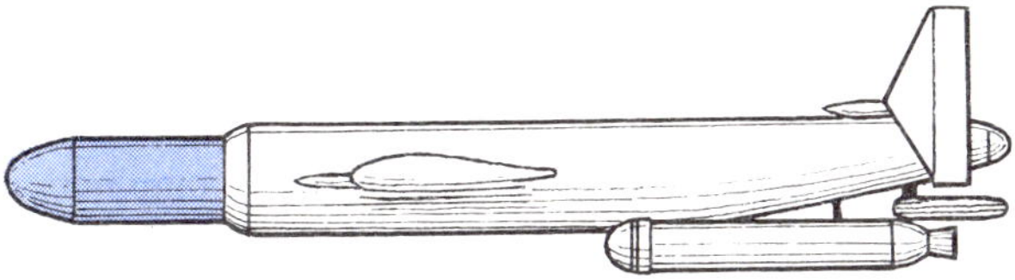

Bild 31
Raketen-Torpedo-Kombination
«MALAFON»

gegen U-Boote mit Geschwindigkeiten bis zu 20 kn möglich ist. Das System «MALAFON» gibt es gegenwärtig nur in der französischen Flotte.

Die Raketen-Torpedo-Kombination **«IKARA Mk 1»** (Herstellerland Australien) befindet sich z. Z. nur auf Zerstörern, Fregatten und UAW-Schiffen der australischen Flotte. Die Länge der gesamten Waffe beträgt 3,35 m und die Gesamtmasse 294 kg. Die Waffe kann während des Fluges gelenkt werden. Als Gefechtsteil wird der amerikanische UAW-Torpedo Mk 44 verwendet, der unter der Rakete befestigt ist. Für die britischen Seestreitkräfte wurde das System «IKARA Mk 2» mit verbessertem Lenksystem konstruiert, das den UAW-Torpedo Mk 31 verwenden kann. Experten schätzen die Lagerungs-, Bedienungs- und Startbedingungen der «IKARA» als zu schwerfällig ein. Deshalb wurden für die Raketen-Torpedo-Kombination «BOXED IKARA» verschiedene Arten festinstallierbarer Startkanister geschaffen. Außer den Torpedos Mk 44 und Mk 46 können jetzt auch die Torpedos A 244 s, «Sting Ray» und der japanische Leichtgewichtstorpedo Typ 53 eingesetzt werden.

Einige Länder wie Schweden, Norwegen, Dänemark und die BRD bekundeten Interesse an einer Küstenversion der «BOXED IKARA» mit Radfahrzeugen als Startrampen. Mit der Weiterentwicklung des Systems soll eine Reichweite von 40 km erreicht werden, und es soll eine Drahtsteuerung hinzukommen.

Noch eine abschließende Bemerkung zu den Raketen-Torpedo-Kombinationen. In der Literatur findet man häufig für sie die Bezeichnung «Raketentorpedo». Dieser Begriff ist irreführend, er erscheint allenfalls für Torpedos mit Reaktivmotor, also für «reaktive Torpedos» zulässig.

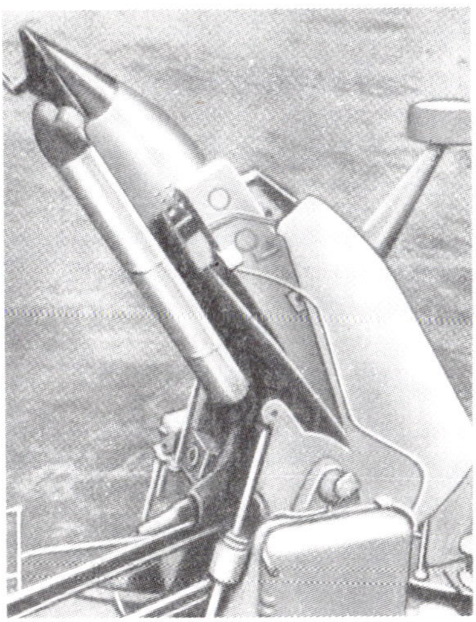

Bild 32
Raketen-Torpedo-Kombination
«IKARA Mk 1»

Interessant ist auch die Erscheinung, daß es zwischen der Mine und dem Torpedo, die sich vor weit über hundert Jahren getrennt haben, neuerdings auch zu Kombinationen kommt. Je nach dem Einsatzprinzip spricht man von Torpedo-Minen- bzw. von Minen-Torpedo-Kombinationen. Bei der **Torpedo-Minen-Kombination** (SLMM, Mk 67) transportiert der Torpedo über eine relativ große Entfernung als Gefechtsteil eine Fernzündungsmine, beispielsweise bis in eine Hafeneinfahrt. Am Ende der Laufstrecke des Torpedos sinkt die Waffe auf den Meeresgrund und wirkt als Grundfernzündungsmine. Das Zündgerät der Torpedo-Minen-Kombination Mk 67 soll in der Lage sein, Ziele zu klassifizieren.

Bei den **Minen-Torpedo-Kombinationen** ist der Torpedo mit der Mine auf einer «Lauerposition» verankert. Die amerikanische Minen-Torpedo-Kombination Mk 60 «CAPTOR» besteht aus Anker, Ortungs-, Klassifizierungs-, Aktivierungs-, Sicherungs-, Schärf-, Neutralisierungs- und Versenkungsvorrichtungen sowie einem Torpedo Mk 46 als aktivem Teil.

«CAPTOR» kann durch Überwasserschiffe, U-Boote und strategische Bombenflugzeuge (optimale Abwurfhöhe 10 000 bis 12 000 m) eingesetzt werden. Der Durchmesser beträgt 533,4 mm, die Länge 3,70 m und die Masse 1 080 kg. Nach dem Eintritt ins Wasser sinkt «CAPTOR» auf die eingestellte Wassertiefe, dort werden die Abwurfvorrichtung und der Anker ausgestoßen. Der Leichtmetallcontainer mit dem Torpedo ist über ein Kabel mit dem Anker verbunden. Nach dem Orten und Identifizieren des Zieles wird der Torpedo Mk 46 ausgestoßen und dabei angelassen. «CAPTOR» kann in Tiefen von mindestens 300 m eingesetzt werden. Seine «Lebensdauer» wird mit zwei bis fünf Jahren angegeben. Er ist für den Einsatz in strategischen Minensperren vorgesehen (Sperren in der Barentsee, im Mittelmeer, aber auch zwischen Grönland und Großbritannien). Die siebenjährige Entwicklung kostete 334,6 Mill. Dollar. Nach Angaben der ausländischen Presse sollte die USA-Marine am Ende des Finanzjahres 1978 über etwa 1 000 Mk 60 «CAPTOR» verfügen. Der Kauf von weiteren 4 000 bis 5 000 Stück ist vorgesehen. [7, 8]

2. Antrieb von Torpedos

Die wichtigsten taktisch-technischen Angaben eines Torpedos, die seine Effektivität beim Gefechtseinsatz ausmachen, sind die Geschwindigkeit, die Reichweite, die Abmessungen, die Treffgenauigkeit und die Wirkung. Geschwindigkeit und Reichweite hängen direkt von der Antriebsanlage des Torpedos ab, die ihrerseits weitestgehend die Abmessungen und die Gesamtmasse des Torpedos bestimmt. Deshalb müssen Antriebsanlagen von Torpedos eine Anzahl spezifischer Anforderungen erfüllen. Die wichtigsten sind:

1. möglichst geringe Abmessungen und Gesamtmasse bei großer Leistung;
2. schnelle Aufnahme der vollen Leistung (1 bis 4 s nach dem Anlassen);
3. einfache Konstruktion;
4. robuster Aufbau;
5. beständig gegenüber Seewasser;
6. zuverlässige Arbeit;
7. geringster Verbrauch an Kraftstoff bzw. Energie;
8. zuverlässiges Anlassen;
9. einfache Bedienung, Wartung und Instandsetzung;
10. ökonomisch vertretbarer Kostenaufwand bei der Produktion;
11. der Mehrfacheinsatz soll möglich sein (Einschießen im Herstellerwerk und Übungsschüsse).

Diese Anforderungen sind keinesfalls einfach zu erfüllen. Sie bestimmen aber maßgeblich die Qualität des Torpedos.

2.1. Dampfgasantrieb

Bis zur Jahrhundertwende wurden alle Torpedos nach dem «Whitehead»-Prinzip mit kalter Preßluft angetrieben. Reichweite und Geschwindigkeit konnten nur durch Vergrößerung des Luftkessels und durch Erhöhung des Druckes der Preßluft erreicht werden. Nachdem ein eingebauter Vorwärmer die Preßluft erhitzte, war eine sichtbare Steigerung der Leistung zu erkennen. Der mitgeführte Brennstoff verbrannte während des Laufes. Die sich entwickelnde Wärme führte zu größerem Volumen der Preßluft, wodurch die Reichweite erweitert werden konnte. Eine erneute Leistungssteigerung erreichten die Konstrukteure, als sie der Maschine außer erhitzter Preßluft auch noch Heißdampf zuführten. Es entstand der Dampfgasantrieb.

Dieses Antriebsverfahren kam bereits im ersten Weltkrieg zum Einsatz, wurde bis zum zweiten Weltkrieg technisch verbessert und ist noch heute in vielen Flotten zu finden.

Alle Dampfgastorpedos mit Preßluft als Sauerstoffträger sind in ihrer grundlegenden Charakteristik annähernd gleich. Unterschiede gibt es in der Konstruktion der Antriebsanlage und im verwendeten Brennstoff. Unter der Antriebsanlage eines

Dampfgastorpedos versteht man die Gesamtheit aller Vorrichtungen, Mechanismen, Aggregate und Geräte, die das Durchlaufen der festgelegten Reichweite mit der festgelegten Geschwindigkeit gewährleisten.

Die geforderte Leistung einer Torpedoantriebsanlage P_{gef} zur Erreichung einer taktisch notwendigen Geschwindigkeit (v_T) wird bestimmt nach:

$$P_{gef} = \frac{C_x \cdot \varrho \cdot v_T^3 \cdot \Omega}{2 \cdot \eta_p} \left[\frac{kg \cdot m^2}{s^3} = W\right]; \qquad (1)$$

C_x Koeffizient des Wasserwiderstandes (Summe aus dem Reibungswiderstand C_R und dem Formwiderstand C_F),
ϱ Dichte des Seewassers (kg/m^3),
v_T Torpedogeschwindigkeit (m/s),
Ω umspülte Torpedo-Oberfläche (m^2)
($\Omega \approx d_T \cdot l_T \cdot \pi$; Produkt aus Torpedodurchmesser, Torpedolänge und Konstante π),
η_p Koeffizient des propulsiven Wirkungsgrades der Treibschrauben.

Die effektiv erreichte Leistung einer Torpedoantriebsanlage P_{eff} wird nach folgender Formel bestimmt:

$$P_{eff} = m_s \cdot L_0 \cdot \eta_{eff} \left[\frac{J}{s} = W\right]; \qquad (2)$$

m_s Verbrauch an Dampf-Gas-Gemisch je Sekunde (kg/s),
L_0 Wärmeenergie in 1 kg Dampf-Gas-Gemisch (J/kg),
η_{eff} effektiver Nutzeffekt der Antriebsanlage.
Setzt man beide o. g. Beziehungen gleich und multipliziert beide Gleichungsseiten mit der Laufzeit des Torpedos (t), so erhält man:

$$\frac{C_x \cdot \varrho \cdot v_T^2 \cdot \Omega \cdot v_T \cdot t}{2 \cdot \eta_p} = m_s \cdot L_0 \cdot \eta_{eff} \cdot t.$$

Da $v_T \cdot t = E$ (Reichweite des Torpedos), $m_s \cdot t = G$ (Gesamtverbrauch an Dampf-Gas-Gemisch) und $d_T \cdot l_T \cdot \pi \approx \Omega$ (umspülte Torpedo-Oberfläche) ist, erhält die Formel folgendes Aussehen:

$$\frac{C_x \cdot \varrho \cdot v_T^2 \cdot d_T \cdot l_T \cdot \pi \cdot E}{2 \cdot \eta_p} = G \cdot L_0 \cdot \eta_{eff}.$$

Wird nun die Gleichung nach der Geschwindigkeit und der Reichweite umgeformt, so lassen sich interessante Schlußfolgerungen ziehen.

$$E \cdot v_T^2 = \frac{G \cdot L_0 \cdot \eta_{eff} \cdot 2\eta_p}{C_x \cdot \varrho \cdot d_T \cdot l_T \cdot \pi} [m^3/s^2]. \qquad (3)$$

1. Die Reichweite des Torpedos ist dem Quadrat der Geschwindigkeit umgekehrt proportional. Folglich hat die Erhöhung der Torpedogeschwindigkeit eine Verringerung der Reichweite zur Folge bzw. umgekehrt. Der Auswahl des richtigen Verhältnisses zwischen Torpedogeschwindigkeit und -reichweite kommt eine außerordentliche Bedeutung zu. Es gilt, die taktischen Forderungen mit den technischen

Möglichkeiten optimal zu koordinieren. Die Zweckbestimmung des Torpedos und seine Einsatzbedingungen bestimmen das konkrete Verhältnis zwischen Torpedogeschwindigkeit und -reichweite.

2. Reichweite und Geschwindigkeit eines Dampfgastorpedos sind der Quantität und Qualität der Energiekomponenten direkt proportional (Formelbuchstaben G und L_0). Das bedeutet, daß ein joulereiches Dampf-Gas-Gemisch, das effektiv ausgenutzt wird, eine Vergrößerung der Torpedogeschwindigkeit bzw. -reichweite gestattet.
3. Reichweite und Geschwindigkeit eines Torpedos sind dem Koeffizienten des Wasserwiderstandes umgekehrt proportional. Der Wasserwiderstand wirkt dem Torpedo bei seiner Vorwärtsbewegung entgegen. Um ihn zu überwinden, muß von der Antriebsanlage Arbeit geleistet werden.
4. Reichweite und Geschwindigkeit eines Torpedos sind der Dichte des Seewassers umgekehrt proportional. Die Dichte des Seewassers beträgt 1,02 kg/dm^3, die der Luft jedoch nur 1,293 kg/m^3. Dadurch erklärt sich auch einfach der Umstand, daß Torpedos bei ihrem Lauf unterhalb der Wasseroberfläche nicht annähernd solche Geschwindigkeit erreichen können, wie sie von Raketen beim Flug in der Atmosphäre bekannt sind.
5. Reichweite und Geschwindigkeit eines Torpedos werden u. a. von der Torpedoform, der Länge, dem Durchmesser, der Verteilung der einzelnen Baugruppen und der Energiekomponenten sowie vom propulsiven Wirkungsgrad der Treibschrauben bestimmt.
6. Reichweite und Geschwindigkeit eines Torpedos sind nicht zuletzt auch abhängig vom Wirkungsgrad der Antriebsanlage, d. h., die Wärmeenergie des Dampf-Gas-Gemisches muß möglichst effektiv in mechanische Arbeit an den Treibschrauben umgewandelt werden.

Die Antriebsanlage eines Dampfgastorpedos besteht hauptsächlich aus:
- Behälter für die Energiekomponenten und Rohrleitungssysteme;
- Elemente für die Förderung der Energiekomponenten;
- Verdampfer;
- Hauptmaschine mit Getriebe, Propellern und Auspuffsystem und
- Regel- und Steuergeräten.

Bild 33 zeigt das Prinzipschema einer Dampfgasantriebsanlage. Im Luftkessel ist die Preßluft mit hohem Druck gespeichert (etwa 20 MPa). In der Wasserkammer befindet sich der Süßwasservorrat, im Brennstoffbehälter der Brennstoff und im Ölbehälter das Schmieröl. Beim Schuß wird das Öffnungsventil des Torpedos geöffnet. Der Kesseldruck gelangt zur Kursregelung und gleichzeitig zum Druckregler. Hier wird der hohe Kesseldruck auf Betriebsdruck reduziert und trotz fallenden Kesseldruckes ein gleichbleibender Betriebsdruck abgegeben. Dieser Druck regelt den Tiefenlauf des Torpedos, verdrängt das Wasser aus der Wasserkammer und das Öl aus dem Ölbehälter. Außerdem gelangt Betriebsdruck zum Verdampfer. Ein Teil des Wassers fördert den Brennstoff. Brennstoff, Wasser und Preßluft gelangen zum Verdampfer, in dem das für den Antrieb der Hauptmaschine erforderliche Dampf-Gas-Gemisch hergestellt wird. Das Öl schmiert die gleitenden und rotierenden Teile der Hauptmaschine. In der Hauptmaschine wird die Wärmeenergie des Dampf-Gas-Gemisches in mechanische Arbeit umgewandelt, die die Treibschrauben bewegt. Der Schub der Treibschrauben gewährleistet den Lauf des Torpedos mit einer bestimmten Geschwindigkeit.

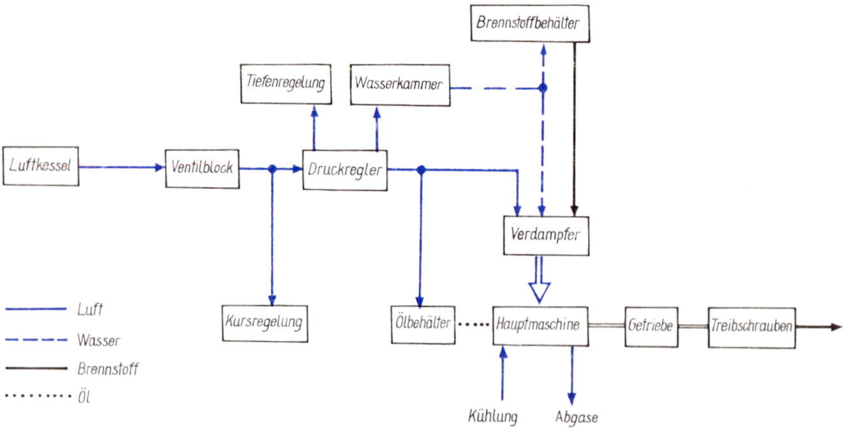

Bild 33 Prinzipschema einer Dampfgasantriebsanlage

Der **Luftkessel** hat Zylinderform, sein Durchmesser entspricht dem Kaliber des Torpedos. Er besteht aus einer hochwertigen Stahllegierung und ist vorn und hinten mit einem sphärischen Boden verschlossen. Wülste erhöhen die Druckfestigkeit. Im vorderen Kesselboden befindet sich entweder ein Blindverschluß zur Kontrolle der Konservierung des Innenraumes oder für das Übungsschießen ein Verdrängungsventil. In den hinteren Boden ist das Hauptluftrohr eingesetzt, das mit dem Ventilblock in Verbindung steht. Aufgrund des großen Fassungsvermögens des Luftkessels nimmt er bis zu 60 % des Gesamtvolumens des Torpedos ein. Der Luftkessel speichert mit hohem Druck Preßluft, die für die Erzeugung des Dampf-Gas-Gemisches, die Förderung der Betriebsstoffe und die Arbeit der Tiefen- und Kursregelung erforderlich ist.

Die **Wasserkammer** befindet sich hinter dem Luftkessel und hat ebenfalls den Durchmesser des Torpedokalibers. Das Wasser wird mit Betriebsdruckluft durch das Wasserfilter verdrängt. Ein Sicherheitsventil verhindert die Zerstörung der Wasserkammer bei undichtem hinterem Kesselboden bzw. Hauptluftrohr.

In der Wasserkammer wird das Süßwasser, das für die Erzeugung des Dampf-Gas-Gemisches und für die Brennstofförderung erforderlich ist, gespeichert. Ein entspre-

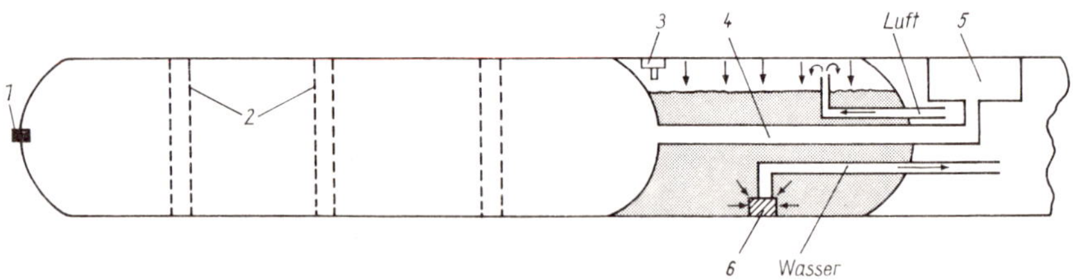

Bild 34 Luftkessel mit Wasserkammer
1 – Blindverschluß (Verdrängungsventil); 2 – Verstärkungswülste; 3 – Sicherheitsventil (Wasserkammer); 4 – Hauptluftrohr; 5 – Ventilblock; 6 – Filter

chend bemessener Wasservorrat verhindert in der letzten Phase des Torpedolaufes ein Ausglühen des Verdampfers.

Der **Ventilblock** besteht aus dem Ladeventil, dem Absperrventil, dem Rückschlagventil und dem Öffnungsventil. Das Ladeventil wird zum Füllen des Luftkessels, zum Messen und Ablassen des Kesseldruckes genutzt. Das Absperrventil blockiert den Luftweg vom Kessel zum Öffnungsventil. Es muß vor dem Torpedoschuß von Hand geöffnet werden. Das Ventil gestattet es, daß die Preßluft im geschlossenen Zustand vom Ladeventil bis zum Öffnungsventil gelangt. Das ermöglicht Kontrollarbeiten am Torpedo, ohne den Kesseldruck zu verbrauchen. Das Rückschlagventil verhindert den Eintritt von Seewasser in den Luftkessel nach einem Übungsschuß. Das Öffnungsventil wird im Moment des Torpedoschusses automatisch geöffnet und gibt der Preßluft den Weg frei.

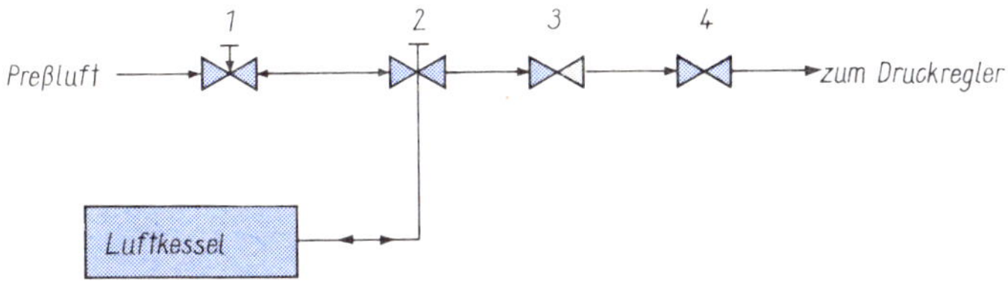

Bild 35 Prinzipschema des Ventilblocks
1 – Ladeventil; 2 – Absperrventil; 3 – Rückschlagventil; 4 – Öffnungsventil

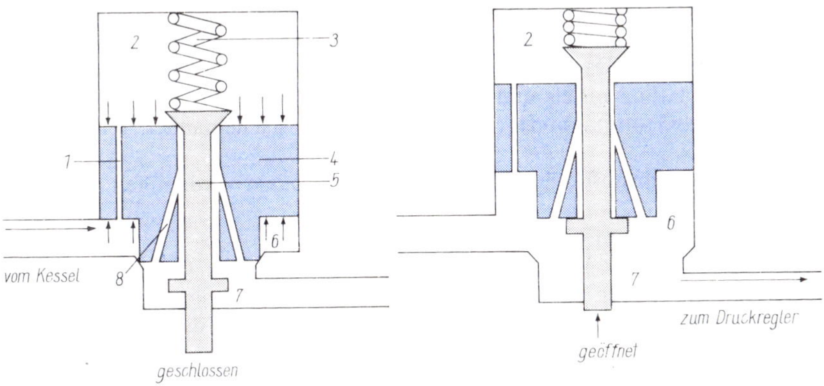

Bild 36 Öffnungsventil
1 – kleine Bohrung; 2 – Raum über den Ventilen; 3 – Feder; 4 – großes Ventil; 5 – kleines Ventil; 6 – Eintrittsraum; 7 – Austrittsraum; 8 – große Bohrung

Der **Druckregler** reduziert den hohen Kesseldruck vor seiner Nutzung im Torpedo auf Betriebsdruck. Er arbeitet in der Regel als Zweistufen-Ventilkolben-Regler nach dem Prinzip des Kräfteausgleiches zwischen Federkraft und Luftdruck.

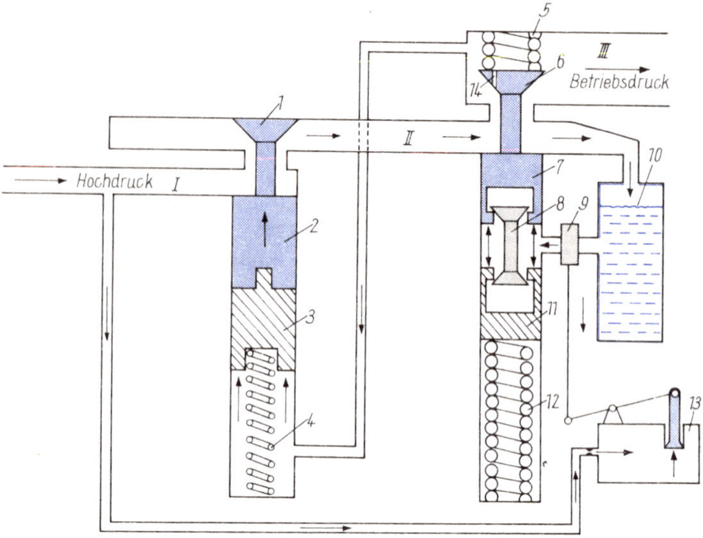

Bild 37 Druckregler in Arbeitsstellung
I – Hochdruckraum; II – Mitteldruckraum; III – Betriebsdruckraum
1, 6 – Kegel; 2, 7 – Kolben; 3, 11 – Hilfskolben; 4, 5, 12 – Federn; 8 – Abstandsstange;
9 – Ölschieber; 10 – Ölgefäß; 13 – Anlaßvorrichtung; 14 – Bohrung

Das wichtigste Aggregat einer Dampfgasantriebsanlage ist der **Verdampfer**. So unterschiedlich die Verdampfer aufgebaut sein mögen, sie alle haben Vorrichtungen zum Zerstäuben des Brennstoffes, zum Zünden des Brennstoff-Luft-Gemisches, für das Zuführen des Oxydationsmittels und zum Erhitzen und Einspritzen des Wassers.

Das Dampf-Gas-Gemisch bildet sich in vier rasch nacheinander ablaufenden Etappen:

1. Zerstäuben des Brennstoffes durch die Zerstäuberdüse und Verdampfen der Kraftstofftröpfchen;
2. Verwirbelung des Oxydationsmittels mit dem Brennstoff;
3. Chemische Reaktion der Verbindung des Brennstoffes und des Oxydationsmittels und Bildung der Verbrennungsprodukte;
4. Verdampfen des Wassers und mischen des Heißdampfes mit den Verbrennungsprodukten.

Der Verdampfer kann in zwei Zonen eingeteilt werden: die obere Zone (Zone der Trockenverbrennung) und die untere Zone (Mischzone).

Für eine einwandfreie und effektive Arbeit des Verdampfers müssen das richtige quantitative Verhältnis von Brennstoff und Oxydationsmittel, ihre vollständige Mischung, die Feinzerstäubung des Brennstoffes und die konstante Verbrennung gewährleistet sein. Aufgrund der hohen Strömungsgeschwindigkeit des Brennstoff-Oxydationsmittel-Gemisches muß es in sehr kurzer Zeit verbrennen. Deshalb kommt es auf eine gute Brennstoffzerstäubung an. Dabei spielen solche Faktoren eine Rolle wie der Zerstäubungswinkel, die Tröpfchenform, die Verdrehung des Brennstoff-Oxydationsmittel-Strahls beim Eintritt in den Verdampfer sowie die Länge dieses

Strahls, die gleichmäßige Verteilung, eine stabile Flammenfront u. a., um eine Vibrationsverbrennung oder das Abreißen der Verbrennung zu verhindern.

Beim Anlassen des Torpedos setzt die Förderung der Energiekomponenten ein, und der Zünder wird ausgelöst. Preßluft, Brennstoff und Wasser treten unter Betriebsdruck stehend in den Verdampfer ein.

Das Brennstoff-Luft-Gemisch wird durch die Zündflamme gezündet. In der Zone der Trockenverbrennung entsteht eine sehr hohe Temperatur (≈ 3 500 °C), die nach Erlöschen der Zündpatrone (≈ 20 s Brenndauer) im weiteren zur Selbstentzündung ausreicht.

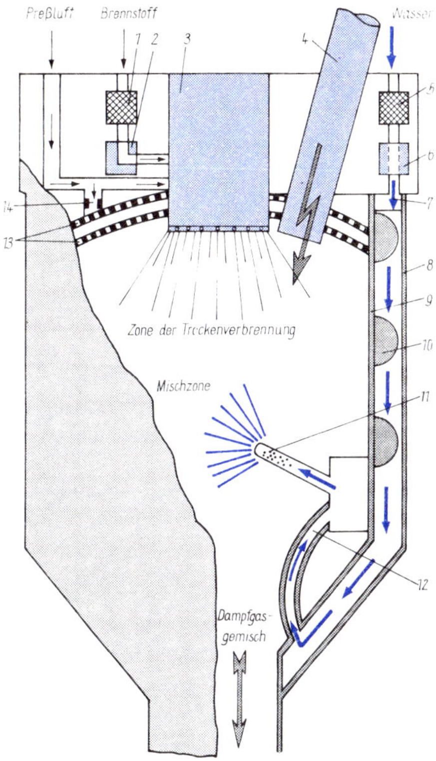

Bild 38
Aufbau eines Verdampfers
1 – Brennstoffilter; 2, 6 – Schaltzylinder; 3 – Zerstäuberdüse; 4 – Zünder; 5 – Wasserfilter; 7 – Wasserverteilungsring; 8 – Gehäuse; 9 – Einsatz; 10 – Gehäuserippen; 11 – Dampfdüsen; 12 – Überhitzer; 13 – Luftverteilungsblenden; 14 – Düse

Das Wasser läuft zwischen Gehäuse und Einsatz nach unten und wird zu Naßdampf. In den Überhitzerkrümmern entsteht Heißdampf, der durch mehrere Dampfdüsen in den Innenraum des Verdampfers eintritt.

Die Preßluft wird in der Zone der Trockenverbrennung erhitzt, vermischt sich mit dem Heißdampf und den Verbrennungsprodukten zum Dampf-Gas-Gemisch, das der Hauptmaschine mit etwa 550 °C zugeführt wird. Der Verdampfer wird mit Seewasser von außen gekühlt.

Die **Hauptmaschine** wandelt die Wärmeenergie des Dampf-Gas-Gemisches in mechanische Arbeit um, wodurch die Treibschrauben gedreht werden. Ihr Schub gewährleistet den Lauf des Torpedos mit einer bestimmten Geschwindigkeit. Den Eintritt des Dampf-Gas-Gemisches in die zwei Zylinder steuern zwei Hohlschieber. Der Gegenlauf der Treibschrauben wird durch eine zweigeteilte Kurbelwelle, ein Ausgleichgetriebe und zwei hohle Antriebswellen erreicht. Die Abgase treten hinter den Treibschrauben aus der Hauptmaschine aus. Wie jede Dampfmaschine hat auch die Torpedohauptmaschine vier Arbeitstakte, die wechselseitig auf beiden Kolbenseiten und zeitlich verschoben in beiden Zylindern ablaufen: Einströmen, Expansion, Ausströmen und Kompression. Sie macht etwa 1 400 U/min und bringt etwa 370 kW Leistung. Die durch die Hitze stark beanspruchten Maschinenteile werden mit Seewasser, das von einer kleinen Kühlwasserpumpe gefördert wird (etwa 20 l/min), gekühlt.

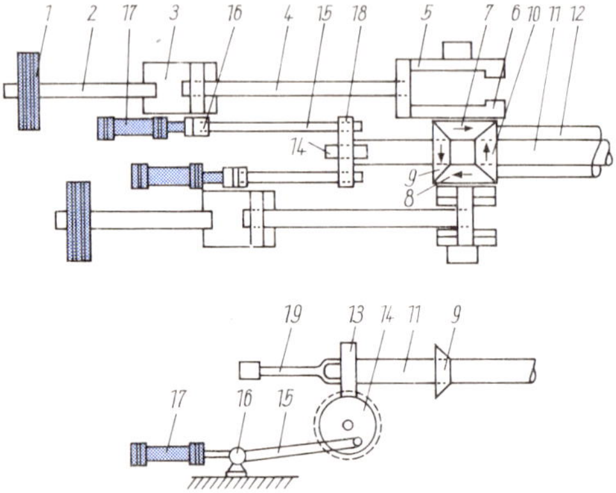

Bild 39 Prinzipaufbau einer Torpedohauptmaschine mit zwei liegenden Zylindern
1 – Kolben; 2 – Kolbenstange; 3 – Kreuzkopf; 4 – Pleuelstange; 5 – äußere Kurbelwange; 6 – innere Kurbelwange; 7 bis 10 – Kegelräder; 11 – innere Welle; 12 – äußere Welle; 13, 14 – Schraubenräder; 15 – Schieberpleuelstange; 16 – Schieberkreuzkopf; 17 – Steuerschieber; 18 – Kurbelwelle der Steuerschieber; 19 – Antrieb für Kühlwasserpumpe

Das Kühlwasser durchläuft die gesamte Hauptmaschine, kühlt die Maschinenteile und die Abgase und verläßt auf demselben Weg wie die Abgase den Torpedo. Das Wirkungsprinzip der Hauptmaschine läßt sich auch am Indikatordiagramm verfolgen. Im Punkt V_E beginnt das Einströmen des Dampf-Gas-Gemisches, um bei Hubbeginn (T_D) vollen Einlaßdruck (p_1) im Zylinder zu haben. Während des Füllhubes (s_1) fällt der Druck erst wenig, dann stärker aufgrund des «schleichenden» Schließens des Steuerschiebers. Im Punkt E beginnt die polytrope Expansion (Expansionshub s_2), und der Druck fällt vom Anfangsdruck (p_a) auf den Enddruck (p_e) im Punkt V_A. Im Punkt V_A beginnt das Vorausströmen vor dem Hubwechsel (T_K), um bei Hubwechsel nur noch den Gegendruck (p_2) zu haben. Im Punkt C endet der Auslaß – die Verdichtung beginnt. Sie geht bis zum Punkt V_E, und der Kompressionsdruck erreicht die Größe p_c (Kompressionshub s_3). Es beginnt erneut der Einlaß.

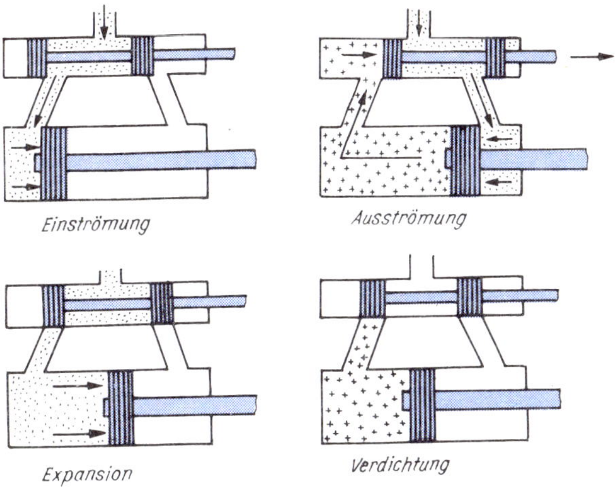

Bild 40
Arbeitstakte einer Torpedohauptmaschine

Durch die Verdichtung des verbleibenden Dampf-Gas-Gemisches wird im Zylinder eine Art «elastischer Puffer» aufgebaut und der Lauf der Maschine ruhiger gestaltet. Außerdem erhöht sich die Temperatur des verbleibenden Dampf-Gas-Gemisches, wodurch das frisch eintretende Dampf-Gas-Gemisch geringer abgekühlt und kondensiert wird.

Dieser geschilderte Prozeß erfordert eine volle Umdrehung der Kurbelwelle und zwei Kolbenhübe.

Ein technisch kompliziertes Problem bei Torpedohauptmaschinen mit Schiebern zur Steuerung des Dampf-Gas-Gemisches in und aus den Zylindern ist die exakte Stellung der Steuerschieber zur Stellung der Kolben in jedem beliebigen Zeitpunkt der Arbeit der Hauptmaschine. Dabei spielen solche Faktoren eine Rolle wie:

- Öffnungsgröße und Öffnungsdauer der Einström- und Ausströmkanäle durch die Steuerbunde der Steuerschieber;
- Einstellwinkel der Kurbelwelle der Steuerschieber zur Kurbelwelle des Triebwerkes;
- Größe der Einström- und Ausströmkanäle für das Dampf-Gas-Gemisch;
- exakte Übereinstimmung der Arbeitstakte mit dem theoretischen Indikatordiagramm;
- Abdichtung der Steuerschieber.

Diese Faktoren werden im Diagramm der Gassteuerung ermittelt. Im vorderen Totpunkt des Kolbens ist der Einströmkanal um die Größe a_1 geöffnet. Das wird dadurch erreicht, indem der Kurbelzapfen an der Steuerwelle um den Winkel 90° minus ω (Einstellwinkel des Steuerschiebers) dem Kurbelzapfen an der Kurbelwelle des Treibwerkes vorauseilt. Hat sich die Kurbelwelle um den Winkel φ gedreht, ist der Einströmkanal um die Größe a_2 geöffnet. Steht die Kurbelwelle in der Stellung B, so ist der Einströmkanal ganz geöffnet (Größe a). Bei der weiteren Drehung der Kurbelwelle verlagert sich der Steuerschieber und verschließt die Einströmöffnung in der Stellung N vollständig. Jetzt beginnt im Zylinder die Expansion. In der Stellung K wird der Ausströmkanal geöffnet. In der Stellung B' ist der Ausströmkanal vollständig geöffnet. Steht die Kurbelwelle in der Stellung N', so wird der Ausströmkanal vollständig geschlossen, und es beginnt die Kompression. In der Stellung K' wird der

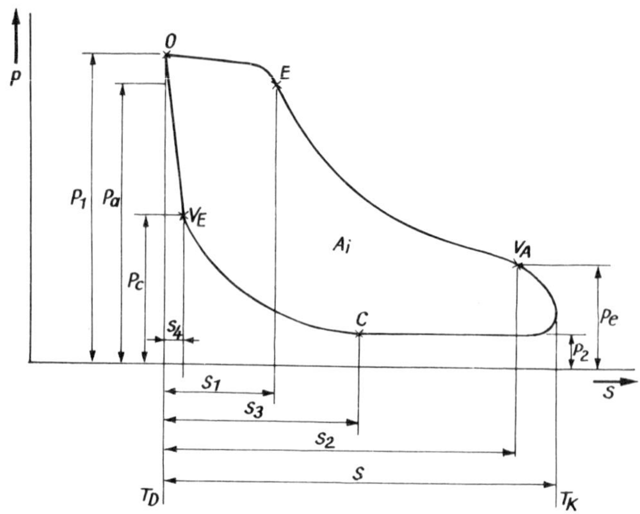

Bild 41
Indikatordiagramm
V_E – Voreinlaß;
T_D – Hubbeginn;
p_1 – Einlaßdruck;
s_1 – Füllhub;
s_2 – Expansionshub;
p_a – Anfangsdruck;
p_e – Enddruck;
V_A – Vorauslaß;
T_K – Hubwechsel;
p_2 – Gegendruck

Einströmkanal geöffnet, und zum verbleibenden und verdichteten Dampf-Gas-Gemisch im Zylinder tritt frisches Dampf-Gas-Gemisch hinzu.

Bei einigen Typen von Torpedohauptmaschinen wird statt der Schiebersteuerung die Ventilsteuerung angewendet. Dabei hat jeder Zylinderraum ein Ventil für den Einlaß des Dampf-Gas-Gemisches und ein Ventil für das Auslassen des Abdampfes. Die Ventilsteuerung hat den Vorteil, daß die Hauptmaschine weniger gleitende Teile hat, der schädliche Raum im Zylinder verringert werden kann, die Ventile nicht gefettet zu werden brauchen und das Dampf-Gas-Gemisch weniger gebremst wird. Zu den Mängeln der Ventilsteuerung zählen das erforderliche häufige Einpassen der Ventile und der Wechsel der Buchsen der Ventilstangen.

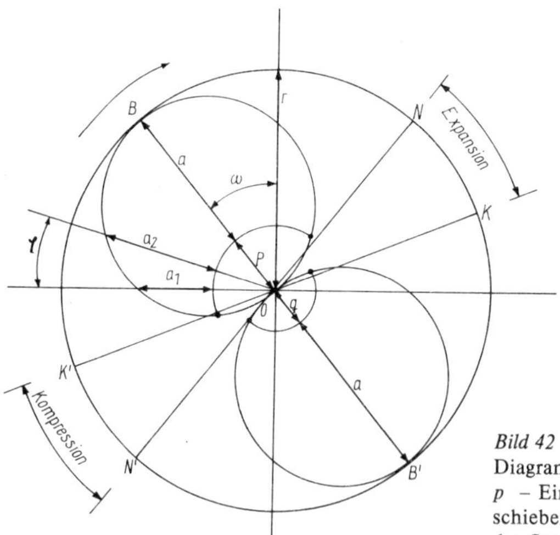

Bild 42
Diagramm der Gassteuerung
p – Einströmüberdeckung des Steuerschiebers; *q* – Ausströmüberdeckung des Steuerschiebers

Die Leistung, die durch das Dampf-Gas-Gemisch bei seiner Expansion auf die Kolben übertragen wird, bezeichnet man als die Indikatorleistung P_i. Sie kann berechnet werden:

$$P_i = \frac{p \cdot \pi \cdot d_Z^2 \cdot s \cdot m \cdot n \cdot i \cdot \eta_w}{4 \cdot 60} \left[\frac{N \cdot m}{s} = W\right]; \tag{4}$$

P_i Indikatorleistung,
p Druck in den Zylindern (kp/cm^2),
d_Z Zylinderdurchmesser (m),
s Kolbenhub (m),
m Anzahl der Zylinder,
n Umdrehungen der Hauptmaschine je Minute,
i Anzahl der Kolbenhübe je Umdrehung der Kurbelwelle,
η_w Nutzungsgrad der Wärme (0,85 bis 0,90).

Die effektive Leistung P_{eff}, die tatsächlich auf die Treibschrauben übertragen wird, ist um die Reibungsleistung P_R geringer als die Indikatorleistung P_i.

$$P_{eff} = P_i - P_R \left[\frac{N \cdot m}{s} = W\right]. \tag{5}$$

Zur Reibungsleistung gehören die Leistungsverluste für die Reibung der Motorenteile und die Leistung, die für den Betrieb von Hilfsmechanismen und Geräten aufgenommen wird (Antrieb der Schiebersteuerung, der Kühlwasserpumpe, des Schmierölverteilers u. a.).

Es muß danach gestrebt werden, die Reibungsleistung so gering wie möglich zu halten. Sie kann theoretisch nur schwer bestimmt werden, deshalb werden die mechanischen Verluste im Motor annähernd durch den mechanischen Wirkungsgrad η_m bewertet. Als mechanischer Wirkungsgrad wird das Verhältnis der effektiven Leistung P_{eff} zur Indikatorleistung P_i bezeichnet. Er wird auf dem Bremsstand ermittelt und beträgt gewöhnlich 0,75 bis 0,95.

Deshalb kann man die Formel für die Bestimmung der effektiven Leistung P_{eff} eines Kolbenmotors ausdrücken:

$$P_{eff} = \frac{p \cdot \pi \cdot d_Z^2 \cdot s \cdot m \cdot n \cdot i \cdot \eta_w \cdot \eta_m}{4 \cdot 60} \left[\frac{N \cdot m}{s} = W\right]. \tag{6}$$

Beispiel:
Es ist die effektive Leistung eines Torpedomotors zu bestimmen.

Gegeben:	$p = 20$ MPa	$n = 1\,440$ U/min
	$d_Z = 0{,}144$ m	$i = 2$
	$s = 0{,}15$ m	$\eta_w - 0{,}87$
	$m = 2$	$\eta_m = 0{,}85$

$$P_{eff} = \frac{2 \cdot 10^6 \cdot 3{,}14 \cdot 0{,}144^2 \cdot 0{,}15 \cdot 2 \cdot 1\,440 \cdot 2 \cdot 0{,}87 \cdot 0{,}85}{4 \cdot 60}$$

$$= 346\,677{,}2 \frac{N \cdot m}{s}$$

$$= 346\,677 \text{ W} \approx \underline{\underline{346{,}7 \text{ kW}}}.$$

Aus der Formel 6 könnte geschlußfolgert werden, daß die effektive Leistung eines Kolbenmotors gesteigert werden kann, wenn die Anzahl der Zylinder und der Druck in den Zylindern erhöht und der Zylinderdurchmesser, der Kolbenhub und die Umdrehungszahl der Maschine vergrößert würden.
Die Erfahrungen im Torpedobau zeigen jedoch:
- Die Erhöhung des Arbeitsdruckes in den Zylindern erfordert stärkere Zylinderwände, was unweigerlich zum Anwachsen der Motormasse führt. Außerdem wäre ein größeres Volumen an Oxydationsmittel notwendig, wodurch letztlich die Gesamtmasse des Torpedos anwachsen würde.
- Wird ein flüssiges Oxydationsmittel verwendet, das durch eine Pumpe gefördert wird, ist diese Einschränkung aufgehoben. Aber auch in diesem Fall müßte die Festigkeit der Motorteile erhöht werden, wodurch die Motormasse und damit die Gesamtmasse des Torpedos anwächst.
- Mit der Vergrößerung des Kolbenhubes erhöht sich die mittlere Kolbengeschwindigkeit, und das würde ebenfalls die Masse des Motors und damit die Gesamtmasse des Torpedos anwachsen lassen.
- Wird die Drehzahl des Motors erhöht, so rotieren die Treibschrauben schneller, und durch die Kavitation sinkt der Wirkungsgrad. Außerdem würden die Anforderungen an das Material erheblich steigen.
- Die Vergrößerung der Zylinderdurchmesser ist durch das Kaliber des Torpedos begrenzt.

Der Vergleich einiger Parameter von Kolbenmotoren (Anlage 9) läßt folgende Schlüsse zu.
- Nach dem Hubraumvolumen haben die Motoren des horizontalen Typs mit zwei Arbeitsräumen je Zylinder Vorzüge im Vergleich zu anderen Motoren. Allerdings sind die Kolben hohen Belastungen ausgesetzt, und die Notwendigkeit von Kreuzköpfen erschwert die Konstruktion.
- Sternförmige Motoren haben die größte Literleistung, und ihre spezifische Leistung (Verhältnis der effektiven Motorleistung zur Gesamtarbeitsfläche aller Kolben) ist ebenfalls höher. Daraus ergibt sich, daß sich sternförmige Motoren besser zur Erhöhung der Leistung anbieten als Motoren mit liegenden Zylindern.

Die Druckregler für Torpedos sind so konstruiert, daß sie, in Abhängigkeit von der Lauftiefe des Torpedos, unterschiedliche Betriebsdrücke abgeben. Je größer die Lauftiefe des Torpedos ist, desto höher liegt der Betriebsdruck, der in den Verdampfer eintritt bzw. die Energiekomponenten fördert. Dadurch erhöht sich der Druck des Dampf-Gas-Gemisches, das in den Zylindern der Hauptmaschine arbeitet. Die so erhöhte Leistung der Hauptmaschine reicht jedoch nicht aus, um den erhöhten **Gegendruck** beim Ausstoßen des Abdampfes zu kompensieren. Die Drehzahl der Treibschrauben verringert sich, und folglich fällt die Torpedogeschwindigkeit ab. Die Arbeitszeit der Hauptmaschine verringert sich dadurch, daß bei einem gasförmigen Oxydationsmittel das Anwachsen des Gegendruckes zur Erhöhung des Restdruckes und zu größeren Rückständen an unverbrauchtem Oxydationsmittel führt. Außerdem erhöht sich der Süßwasserverbrauch, was eine Verringerung der Reichweite des Torpedos zur Folge hat. Die effektive Leistung des Torpedomotors, die im Beispiel für 10 m Lauftiefe berechnet wurde, sinkt bei 50 m Lauftiefe des Torpedos von 346,7 auf 287 kW ab. Dieser auftretende Leistungsabfall läßt die Schlußfolgerung zu, daß sich Torpedos mit Kolbenmotoren **nicht** zur U-Boot-Bekämpfung eignen. Je tiefer das U-Boot taucht, um so mehr verringern sich Reichweite bzw. Geschwindigkeit des Torpedos, und die Erfüllung der Gefechtsaufgabe wird in Frage gestellt.

Ein allgemein bekannter Weg zur Erhöhung der Wirtschaftlichkeit von Wärmekraftmaschinen ist die Erhöhung der maximalen Temperatur in den Zylindern. Das stellt allerdings an die Hitzebeständigkeit der Werkstoffe von Kolbenexpansionsmaschinen enorme Forderungen. Deshalb war die Untersuchung des Einsatzes von Verbrennungsmotoren im Torpedobau logisch. Es konnte festgestellt werden, daß die Verbrennungsmotoren ökonomischer sind als die Kolbenmaschinen. Daß sich die Verbrennungsmotoren als Torpedoantrieb trotzdem nicht durchsetzten, hat folgende Ursachen:
- komplizierte Konstruktion;
- es wird ein Anlaßsystem benötigt;
- niedrige Zuverlässigkeit beim Anlassen;
- Abfall der effektiven Leistung mit Zunahme der Lauftiefe.

Um die Mängel der Kolbenmaschine und des Verbrennungsmotors, bei Beibehaltung ihrer Vorteile, auszuschließen, wurde in britischen Torpedos die **gemischte Verbrennung** erprobt. Im Verdampfer wird nur ein Teil des Brennstoffes mit hohem Oxydationsmittelüberschuß verbrannt und das Gasgemisch mit Sauerstoffüberschuß der Kolbenmaschine zugeführt. Am Ende der Einströmphase wird der andere Teil des Brennstoffes in die Zylinder eingespritzt, der durch seine Verbrennung eine zusätzliche Energiemenge freigibt. Die Temperatur in den Zylindern erhöht sich. Der summare Verbrauch der Energiekomponenten verringert sich, nicht zuletzt dadurch, weil kein Süßwasser verwendet wird. Dadurch kann der Verdampfer (er erfüllt faktisch die Funktion einer Anlaßvorrichtung) mit geringeren Abmessungen gefertigt werden.

Als Nachteile der gemischten Verbrennung müssen genannt werden:
- unzuverlässig beim Anlassen;
- unbeständiger Ablauf des Arbeitsprozesses (das Oxydationsmittel vermischt sich nicht gleichmäßig mit den Verbrennungsprodukten vor dem Eintritt in die Maschine, und das Arbeitsgemisch in den Zylindern wird nicht zuverlässig zum selben Zeitpunkt gezündet).

Diese Nachteile sind die Ursache dafür, daß Torpedoantriebsanlagen mit gemischter Verbrennung nur selten zum Einsatz kamen.

Auch die Turbine wurde auf ihre Anwendbarkeit als Torpedoantrieb untersucht. Schon im zweiten Weltkrieg hatten einige Torpedos anstelle der Kolbenexpansionsmaschinen eine Turbine. Innerhalb der Turbine wird die Energie zweifach umgesetzt.
1. Die potentielle Energie (Druckenergie) des vom Verdampfer erzeugten Dampf-Gas-Gemisches wird in Düsen in kinetische Energie (Strömungsenergie) umgewandelt.
2. Die kinetische Energie wird in den Laufschaufeln in mechanische Arbeit umgewandelt.

Hauptteile einer Turbine sind das Turbinengehäuse mit den Düsen und der Turbinenläufer mit den Laufschaufeln auf der Peripherie der Laufräder. Das Dampf-Gas-Gemisch tritt mit der Geschwindigkeit v_0 in die Düse ein und dehnt sich aus. Dadurch wächst die Strömungsgeschwindigkeit bis zu v_e an (etwa 1000 m/s). Beim

Austritt aus der Düse gelangt der Gasstrahl in die Kanäle des Laufrades. Durch Umlenken des Gasstrahles in den gekrümmten Kanälen entsteht ein Bahndruck. Dabei tritt eine Umfangskraft auf, die den Läufer in Drehung versetzt. Das zur Verfügung stehende Wärmegefälle bestimmt maßgeblich die Anzahl der Wiederholungen dieses Vorganges und damit die Stufenzahl der Turbine (Anzahl der Laufräder). Die Leistung der Turbine ist jedoch nicht von der Stufenzahl, sondern von der Durchsatzmenge des Dampf-Gas-Gemisches und dem Wärmegefälle abhängig. Gasturbinen haben gegenüber Verbrennungsmotoren bzw. Kolbenmaschinen einige Vorteile, die sich günstig auf ihre Anwendung im Torpedo auswirken. Sie haben einen höheren Wirkungsgrad, eine einfache Konstruktion (nur Drehbewegungen), einen schwingungsarmen Lauf, eine größere Leistung bei kleineren Abmessungen und geringerer Masse, eine günstige Unterbringung im Torpedo, und die Zahl der beweglichen Teile ist geringer.

Daß sich trotzdem die Turbine als Antrieb für Dampfgastorpedos nicht generell durchsetzte, hat folgende Ursachen:

- Die hohe Temperatur des Dampf-Gas-Gemisches stellt an das Material hohe Festigkeitsanforderungen, die sich nachteilig auf die Gesamtmasse des Torpedos auswirken.
- Die von der Turbine erreichten sehr hohen Drehzahlen können nicht direkt auf die Treibschraube übertragen werden, es muß ein Getriebe zwischengeschaltet werden. Das Leistungs-Masse-Verhältnis der Turbine mit Getriebe erwies sich nicht günstiger als das der Kolbenmaschine.

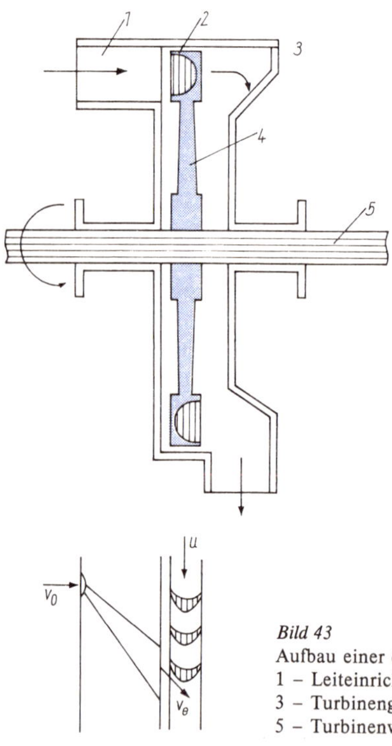

Bild 43
Aufbau einer einstufigen Turbine
1 – Leiteinrichtung (Düse); 2 – Laufschaufel;
3 – Turbinengehäuse; 4 – Turbinenläufer;
5 – Turbinenwelle

- Fachleute vertreten die Auffassung, daß im Leistungsbereich bis zu etwa 735 kW die Kolbendampfmaschine der Turbine überlegen ist.

Dampfgastorpedos mit Preßluft als Sauerstoffträger haben eine Reihe von Unzulänglichkeiten. Für die Preßluft sind starkwandige Kessel erforderlich. Die Masse dieser Kessel übersteigt die Masse des zur Arbeit erforderlichen Torpedokraftstoffes (Preßluft, Brennstoff und Wasser) um das 2,5- bis 3fache. Die Masse des mitgeführten Kraftstoffes beträgt nur etwa 12 bis 15 % der Gesamtmasse des Torpedos. Dampfgastorpedos benötigen einen großen Süßwasservorrat, der im Durchschnitt 22 bis 26 % der Masse des Kraftstoffes umfaßt. Die Preßluft hat nur 21 % Sauerstoffanteile. Die Verbrennungsprodukte aus dem Verdampfer beinhalten somit einen hohen Anteil an Stickstoff, der im Wasser nicht löslich ist. Es entsteht hinter dem Torpedo an der Wasseroberfläche eine etwa 3 m breite Blasenbahn.

Die taktischen Eigenschaften der Torpedos konnten weiter verbessert werden, als man daranging, anstelle von Preßluft effektivere Sauerstoffträger (Wasserstoffperoxid, flüssigen Sauerstoff u. a.) zu verwenden. Für ihre Bevorratung werden nur leichte und dünnwandige Kessel benötigt. Da die Masse des flüssigen Sauerstoffträgers und ihres Behälters nur etwa ein Drittel der Masse der Preßluft und ihres Kessels beträgt, ist es möglich, den mitgeführten Brennstoffvorrat wesentlich zu erhöhen. Das Verwenden von Wasserstoffperoxid (H_2O_2) mit etwa 85 %iger Konzentration war eine wesentliche Neuerung im Antrieb von Dampfgastorpedos. Das Wasserstoffperoxid ist dabei der Sauerstoff- und Energieträger. Bei seiner Zersetzung mit einem Katalysator fällt ein hochtemperiertes Sauerstoff-Dampf-Gas-Gemisch (kaltes Verfahren) an. Beim heißen Verfahren dagegen verbrennt der Brennstoff mit dem frei gewordenen Sauerstoff, wodurch sich die Temperatur auf etwa 2 000 °C erhöht. Eingespritztes Wasser setzt die Temperatur des Gasgemisches herab, Wasserstoffperoxid zerfällt in Wasser und Sauerstoff. Dabei wird eine erhebliche Zerfallswärme frei, die etwa der des Schwarzpulvers entspricht. Diese hohe Zerfallswärme zeichnet H_2O_2 vor anderen Sauerstoffträgern aus und macht seinen verhältnismäßig kleinen Sauerstoffanteil (47 % bei 100 %iger Konzentration) weitgehend wett. Somit ist Wasserstoffperoxid ein hervorragender Energieträger, der ohne großen Aufwand ein genau definierbares Dampf-Gas-Gemisch zum Antrieb von Kraftmaschinen liefert. Diese Eigenschaften waren schon lange bekannt, aber erst *Walter* nutzte ihn technisch. Die faschistische Wehrmacht verwendete das sogenannte «Walter»-Verfahren für Antriebsanlagen von U-Booten und Torpedos, für Strahltriebwerke als Starthilfen der Flugzeuge und für Flugzeugschleudern. Es waren also vorwiegend solche Fälle, in denen kurzzeitig, auf kleinem Raum, ohne Luftsauerstoff, große Leistungen erzeugt werden sollten.

Das «Walter»-Verfahren bietet als Torpedoantrieb folgende Vorteile:

- Es lassen sich größere Energiemengen unterbringen, wodurch Geschwindigkeit und Reichweite vergrößert werden können.
- Die Behälter für den Treibstoff lassen sich einsatzklar aufgefüllt in die Torpedohülle einsetzen.
- Der Treibstoff kann von Pumpen gefördert werden.
- Ähnlich wie beim U-Boot hinterläßt dieses Antriebsverfahren an der Wasseroberfläche keine Blasenbahn.
- Wird eine Turbine verwendet, entfällt auch die Ölspur.

Der erste Torpedo der faschistischen Kriegsmarine, der nach dem «Walter»-Ver-

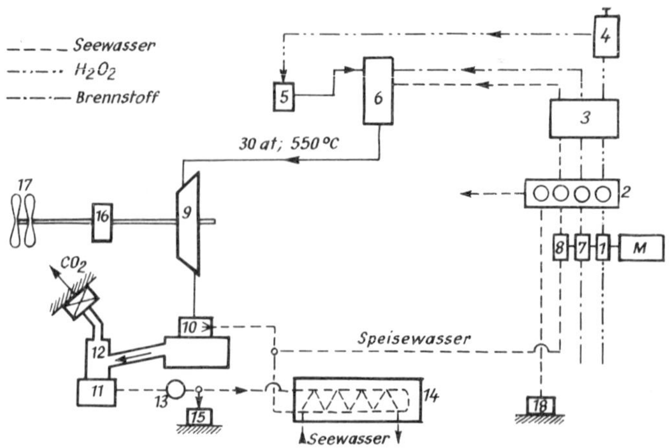

Bild 44 Arbeitsprinzip einer «Walter»-Anlage für Torpedos
1 – Pumpe; 2 – Vierstoffregler; 3 – Dreistoffschalter; 4 – Düsenventil; 5 – Zersetzer; 6 – Brennkammer; 7, 8, 13 – Pumpen; 9 – Turbine; 10 – Einspritzkondensator; 11 – Kondensatortank; 12 – Dom; 14 – Kondensatkühler; 15, 18 – Ventile; 16 – Getriebe; 17 – Treibschrauben

fahren arbeitete, war der Torpedo G 7uk «Klippfisch». Er entsprach, einschließlich der Maschine, dem Torpedo G 7a. Als Brennstoff wurde Dekalin ($C_{10}H_{18}$) verwendet. Die Behältermasse des G 7uk betrug nur 40% der des G 7a. Statt 14 l wurden jetzt 20 l Dekalin mitgeführt. Bei einem unteren Heizwert des Dekalin von 42 MJ standen für den G 7a 531 MJ und für den G 7uk 746 MJ zur Verfügung. 1 kg H_2O_2 lieferte eine Zersetzungswärme von 2,3 MJ und reichte für die Verbrennung von 109 g Dekalin. Da durch die Behälteranordnung im G 7uk lediglich 135 kg H_2O_2 zur Verfügung standen, konnten zunächst nur 14,7 kg Dekalin verbrannt werden. Trotz dieser Einschränkung betrug die nutzbare Wärmemenge 928 MJ.

Der G 7uk wurde ab 1942 zwar intensiv erprobt, kam aber während des zweiten Weltkrieges nicht mehr zum Einsatz. Insgesamt experimentierte das faschistische Deutschland mit 21 verschiedenen «Walter»-Torpedotypen. Immer wieder kam es zu Versagern, Havarien und auch Explosionen. Das Ende des zweiten Weltkrieges kam, ohne daß die «Walter»-Torpedos für «frontreif» erklärt werden konnten. Für das «Walter»-Verfahren gab das faschistische Deutschland etwa 100 Mill. Reichsmark und nochmals 38 Mill. Reichsmark für die Errichtung von Großanlagen für die Herstellung des Wasserstoffperoxids aus.

Nach dem zweiten Weltkrieg experimentierten einige Länder, insbesondere die USA, mit dem «Walter»-Antrieb für Torpedos weiter. Jedoch ist es, abgesehen von der UdSSR, nur Schweden gelungen, das «Walter»-Verfahren im Torpedo TP 61 in der Praxis zu nutzen.

In der Gegenwart rückt das «Walter»-Verfahren bei der Suche nach einem thermischen Torpedoantrieb mit geschlossenem Kreislauf (also ohne Blasenspur) erneut in das Blickfeld der Konstrukteure. Deshalb soll das Arbeitsprinzip kurz vorgestellt werden.

Zersetztes Wasserstoffperoxid und Brennstoff gelangen in die Brennkammer und verbrennen dort. Das Speisewasser wird ebenfalls der Brennkammer zugeführt. Das entstehende Gasgemisch aus CO_2 und Dampf treibt die Turbine und diese die beiden Treibschrauben an. Die Abgase werden im Einspritzkondensator und im Kondensatortank durch Seewasser gekühlt. Der sich niederschlagende Dampf gelangt als Wasser in den Kondensatortank. Die Kohlensäure sammelt sich im Dom und wird unter eigenem Druck außenbords gedrückt. Dort wird sie vom Seewasser absorbiert, so daß bei Lauftiefen von mehr als 20 m an der Wasseroberfläche keine Blasenbahn entsteht. Infolge des Verbrauchs von H_2O_2 wird zum Masseausgleich Seewasser über ein Ventil an Bord des Torpedos genommen. Die Vorteile des vollständigen Kreislaufbetriebes, die Spurfreiheit, die Tiefenunabhängigkeit und die große Laufstrecke bei hohen Torpedogeschwindigkeiten sind so bedeutend, daß dieser Entwicklungsweg wohl beschritten werden muß, will man die taktisch-technischen Möglichkeiten der Torpedos weiter verbessern.

Eine neue Modifikation der Kolbenmaschine ist der Trommelmotor (Kurvenscheibenmotor), der in den US-amerikanischen Torpedos Mk 46 und Mk 48 eingesetzt wird. Die fünf Kolben arbeiten ohne Kurbelwelle direkt auf ein Doppelnockensystem an den Antriebswellen. Die gegenläufige Rotation der geneigten Scheibe und des Zylinderblockes bewirken den Gegenlauf beider Treibschrauben. Die Abgase entweichen durch die innere Antriebswelle. Der Trommelmotor hat eine Masse von 11 kg, seine Leistung beträgt etwa 60 kW. Damit liegt seine spezifische Leistung 4- bis 5mal höher als bei herkömmlichen Torpedomaschinen.

Trommelmotoren arbeiten mit «Otto II»-Kraftstoff. Diese Torpedos haben eine relativ starke Blasenbahn, da nur 25 % der Abgase im Seewasser kondensieren. Ein entscheidender Nachteil dieses offenen thermischen Systems ist der Gegendruckbetrieb, der beim Einsatz des Torpedos in größeren Tiefen zu einem Leistungs- und Geschwindigkeitsabfall führt.

Die weitere Entwicklung der Antriebsmaschinen geht von der Hubkolbenmaschine zur Rotationsmaschine. Eine Expansionsmaschine, die nach dem Wankelmotorprinzip arbeitet, hat reale Zukunftsaussichten.

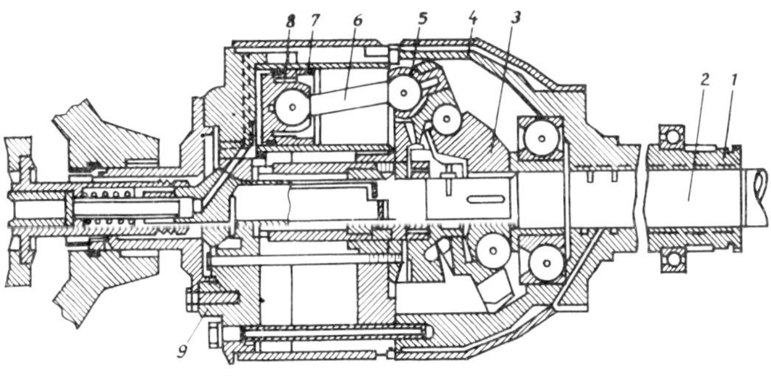

Bild 45 Trommelmotor
1 – äußere Welle; 2 – innere Antriebswelle; 3 – Nockenscheibe; 4 – halbsphärischer Körper; 5 – geneigte Scheibe; 6 – Kolbenstange; 7 – Zylinderblock; 8 – Kolben; 9 – Gehäuse

Denkbar wäre auch eine Flügelrad-Expansionsmaschine mit ähnlichem Aufbau wie eine Kapselluftpumpe. Für geringe Leistungen sind derartige Kapselwerke als Druckluftmaschinen schon längere Zeit im Gebrauch. Problematisch ist besonders die Dichtigkeit aufgrund der relativ hohen Temperaturen und Drücke.

An dieser Stelle folgen nun einige Darlegungen zu **Torpedokraftstoffen**. Unter dem Begriff «Kraftstoff» versteht man die Gesamtheit der Energiekomponenten, die im Torpedo für die Erzeugung des Dampf-Gas-Gemisches mitgeführt werden. (Brennstoff und Oxydationsmittel; unter bestimmten Gesichtspunkten auch das Süßwasser.)

Nach der Zusammensetzung und dem Aggregatzustand unterscheidet man Einkomponentenkraftstoffe, Kraftstoffe mit gemischten Aggregatzuständen und Kraftstoffe aus zwei oder mehr Komponenten.

Einkomponentenkraftstoffe beinhalten sowohl den Brennstoff als auch das Oxydationsmittel. Dadurch ist es möglich, die Konstruktion des Verdampfers zu vereinfachen. Nachteilig wirken sich der verringerte Heizwert und die Gefahr des Zurückschlagens der Verbrennung in den Kraftstoffbehälter aus. Zu den Einkomponentenkraftstoffen gehören u. a. Pulver, Wasserstoffperoxid bei seiner Anwendung im «kalten Verfahren», der feste Kraftstoff «Otto I», der flüssige Kraftstoff «Otto II». Kraftstoffe, die aus einem festen und einem flüssigen Stoff bestehen, gestatten es, einige Vorteile der Einkomponentenkraftstoffe unter Beseitigung ihrer Hauptmängel beizubehalten. Die Betriebsdauer der Antriebsanlage, die mit einem solchen Kraftstoff arbeitet, ist jedoch durch den möglichen Vorrat an festem Kraftstoff begrenzt. In den meisten Fällen wird in Torpedoantriebsanlagen Kraftstoff verwendet, der aus flüssigem Brennstoff, gasförmigem Oxydationsmittel und Süßwasser besteht.

An Torpedokraftstoffe werden folgende Forderungen gestellt:

- Sie sollen bei minimaler Masse und geringem Volumen dem Torpedo ein Maximum an Laufstrecke und Reichweite ermöglichen, d. h., eine Einheit des Kraftstoffvolumens soll eine möglichst große Energiereserve beinhalten.
- Die spezifische Masse des Kraftstoffes soll möglichst groß sein, wodurch sich sein Volumen und damit die Abmessungen des Torpedos verringern.
- Die Verbrennungsprodukte des Kraftstoffes sollen ein möglichst geringes Molekulargewicht haben (je leichter der Kraftstoff ist, desto arbeitsfähiger ist er); sie sollen sich im Seewasser gut lösen (um die Blasenbahn möglichst gering zu halten), und sie sollen eine solche Temperatur aufweisen, die unmittelbar in der Hauptmaschine genutzt werden kann.
- Der Verdampfer soll einen möglichst einfachen konstruktiven Aufbau haben und stabil arbeiten.
- Die Energiekomponenten müssen sich gut im Torpedo unterbringen lassen, und ihre Förderung muß möglichst einfach realisiert werden; sie sollen eine geringe Viskosität haben, um den Energieaufwand für die Förderung zu verringern; sie sollen gute chemische und physikalische Beständigkeit haben, um lange ohne besondere Vorsichtsmaßnahmen lagern zu können; sie dürfen außerdem keine Korrosionserscheinungen aufweisen, und sie sollen eine möglichst niedrige Toxizität haben bzw. leicht Schutzmaßnahmen vor Toxizitätseinwirkungen ermöglichen.
- Das Ausgangsmaterial für die Herstellung der Kraftstoffkomponenten soll möglichst weit verbreitet und die Methoden zur Herstellung sollen einfach und billig sein.

Auf dem Gebiet der Torpedokraftstoffe laufen umfangreiche Forschungsarbeiten. In den USA gelang es nach vielen Experimenten, den festen Kraftstoff «Otto I» zu entwickeln und im Torpedo Mk 46 mod. 0 zu erproben. Die Verbrennung erwies sich jedoch als schwer regulierbar. Nach jedem Übungsschuß mußte das Brennstoffabteil ausgewechselt und die Turbine völlig überholt werden.

In Weiterentwicklung entstand der flüssige Kraftstoff «Otto II», der auch als «Einheitskraftstoff» bezeichnet wird. Er besteht aus einem mit stabilisierenden Zusätzen versehenen Nitrat-Ester, der bei höheren Temperaturen ohne Sauerstoffzufuhr selbständig verbrennt und, auf das Gesamtsystem bezogen, eine Energiedichte von etwa 310 Wh/kg hat. Der Kraftstoff «Otto II» wurde nach seinem Erfinder, Dr. *Otto Reitlinger*, benannt. Die Energiedichte soll 3mal größer sein als die der besten Akkumulatoren bzw. Batterien der E-Torpedos. Er ist explosionsgeschützt und unempfindlich gegen Schläge. Der Preis für einen Liter dieser leuchtend roten, öligen Flüssigkeit wird mit 2,65 Dollar angegeben. Nach Ansicht US-amerikanischer Spezialisten gehört diesem Einheitskraftstoff die Zukunft.

Im «Spearfish» wird der Kraftstoff «Otto II» mit einem Gemisch aus Meerwasser und Hydroxyl-Ammoniumperchlorat (HAP) als Oxydationsmittel versetzt. Dadurch steigt der Energiegehalt massemäßig um 40 % und volumenmäßig um 70 %. Neben der Erhöhung der Schubkraft entfällt die Blasenbahn, da die Abgase des HAP-Otto-Gemisches zu 82 % lösliche und kondensierbare Produkte enthalten. Die durch das Zerplatzen der Abgasbläschen verursachten Geräusche werden stark abgeschwächt. Die Leistung konnte von 410 auf 750 kW gesteigert werden.

Gegenwärtig werden mit wasserreagierenden Kraftstoffen Versuche durchgeführt. Zum Beispiel reagieren Aluminium, Natrium oder auch Lithium in geschmolzenem Zustand stark mit Wasser. Im Ergebnis dessen werden große Energiemengen frei. Die größte Energie wird mit Aluminium, das eine Schmelztemperatur von 660 °C hat, freigesetzt. Natrium schmilzt zwar schon bei 98 °C, aber es wird wesentlich weniger Energie gewonnen, und die Reaktion verläuft übermäßig stürmisch. Am günstigsten erscheint Lithium. Seine Schmelztemperatur liegt bei 186 °C, die Reaktion mit Wasser verläuft ausreichend ruhig. Die Energiedichte soll 7mal größer sein als die der Akkumulatoren bzw. Batterien für Elektrotorpedos. Das günstigste Massenverhältnis von Lithium zu Wasser beträgt 1 : 9, bei einer Reaktionstemperatur von 575 °C. Die Antriebsanlage ist eine Turbine.

Als besonders vielversprechend kann das im geschlossenen Kreislauf arbeitende System SCEPS (Stored Chemical Energy Propulsion System) angesehen werden. Hierbei wird gasförmiges Schwefelhexafluorid (SF_6) in einen Tank mit geschmolzenem Lithium geleitet, und es tritt folgende Reaktion ein:

$$8Li + SF_6 \rightarrow Li_2S + 6LiF + 12{,}9\ \text{kWh/kg Li}.$$

Durch die entstehende große Hitze verdampft Wasser unter einem Druck von 6,9 MPa, und der Dampf tritt mit 538 °C in die Turbine ein. Der Abdampf kondensiert in einem Kühler an der Torpedowand, und das Wasser wird wieder verwendet. SCEPS ist für den Torpedo Mk 50 «Barracuda» vorgesehen.

Vor dem Einsatz wasserreagierender Kraftstoffe im Torpedo sind noch eine Reihe schwieriger technischer Probleme zu lösen. Das bezieht sich besonders auf das Schmelzen des Lithiums, das Vorheizen der Förderleitungen, Ventile und Düsen sowie das Verhindern von Korrosionserscheinungen an den Turbinenschaufeln. Noch wird dem flüssigen Einheitskraftstoff «Otto II» der Vorzug gegeben.

2.2. Elektroantrieb

Wir konnten feststellen, daß alle Dampfgastorpedos, die bis zum zweiten Weltkrieg entwickelt wurden, einen entscheidenden Nachteil hatten: Die Abgase bildeten an der Wasseroberfläche eine Blasenbahn. Der Bau von Elektrotorpedos sollte diesen taktischen Nachteil von Dampfgastorpedos ausschließen.

1873 hatte *John Ericson* versucht, über ein Kabel dem Torpedo Elektroenergie vom Träger zuzuführen. Dieser Gedanke ließ sich jedoch praktisch nicht realisieren.

Der schwedische Ingenieur *Thorsten Nordenfelt* konstruierte 1888 einen Elektroantrieb für Torpedos. 108 Akkumulatoren in der Torpedohülle speisten den 14-kW-Elektromotor. Obwohl dieses Projekt keine Einsatzreife erlangte, wies es aber doch den Weg in die Zukunft.

Über die in Deutschland 1917 entwickelten Elektrotorpedos ist wenig bekannt. U-Boote der Kaiserlichen Marine sollen einige dieser Torpedos eingesetzt haben. Auch die US-amerikanischen Seestreitkräfte zeigten bereits 1915 großes Interesse an Elektrotorpedos. So entwickelte Naval Bureau of Ordnance zunächst einen Kleinsttorpedo mit nur 190 mm Durchmesser und einer Gesamtlänge von 2 m. Die Arbeiten an diesem Projekt wurden 1931 wieder eingestellt. Die Deutschland durch den Versailler Vertrag auferlegten Beschränkungen bei der Torpedoherstellung umging es, indem 1923 im Ausland Elektrotorpedos gebaut und erprobt wurden. Der 1929 im Ergebnis der Erprobungen entstandene Torpedo vom Typ G 7e hatte einen Durchmesser von 533,4 mm, eine Länge von 7,2 m, eine Gesamtmasse von 1 600 kg, eine Ladungsmasse von 300 kg, einc maximale Laufstrecke von 5 000 m und eine Höchstgeschwindigkeit von 30 kn.

Die Energiequelle, ein etwa 3 m langer, aus 52 Zellen bestehender Kurzzeitentladungs-Bleiakkumulator, hatte eine mittlere Arbeitsspannung von 90 V, eine Ladungsmenge von 105 Ah und eine mittlere Entladungsstromstärke von etwa 800 A. Der achtpolige Reihenschlußmotor war für ein Anlassen ohne Widerstand und für ein kurzzeitiges Arbeitsregime ausgelegt. Das magnetische System des Motors stand in fester Verbindung mit der Hülle der Motorkammer. Mit diesem Torpedotyp hatte das faschistische Deutschland zu Beginn des zweiten Weltkrieges einen einsatzfähigen Elektrotorpedo.

In der Sowjetunion beschleunigte der Ausbruch des zweiten Weltkrieges die Arbeiten zur Herstellung von Elektrotorpedos. 1942 ging der E-Torpedo vom Typ ET-80 in Serienproduktion. Als Energiequelle diente ebenfalls ein Bleiakkumulator. Angetrieben wurde der Torpedo von einem gegenläufig arbeitenden Gleichstromreihenschlußmotor, d. h., Anker und Magnetsystem drehten sich in entgegengesetzter Richtung. Das war eine beachtliche Neuerung, fiel doch durch dieses Arbeitsprinzip das Getriebe weg.

Mit Beginn des zweiten Weltkrieges entwickelten die USA einen geeigneten Elektromotor mit 75 kW Leistung und einen entsprechenden Akkumulator. Ein brauchbarer Elektrotorpedo kam jedoch erst mit dem ab 1943 produzierten Mk 18 zustande. 60 % aller Torpedos, die in den letzten Monaten des zweiten Weltkrieges im Pazifik zum Einsatz kamen, sollen von diesem Typ gewesen sein.

Die britische Admiralität erhielt 1939, während die Versenkung des Schlachtschiffes ROYAL OAK untersucht wurde, erste Informationen über die Existenz von Elektrotorpedos in der faschistischen deutschen Kriegsmarine.

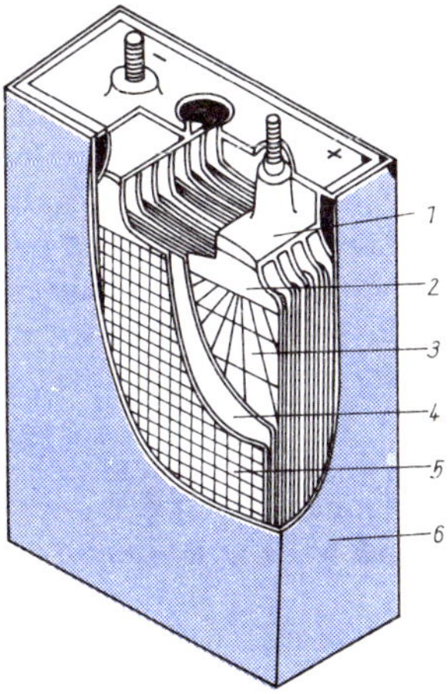

Bild 46
Aufbau eines Akkumulators
1 – positiver Pol; 2 – Stromabnehmer; 3 – positive Platte; 4 – Abstandshalter; 5 – negative Platte; 6 – Gefäß

Die Antriebsanlage eines Elektrotorpedos besteht aus Energiequelle, Elektromotor und Treibschrauben.

An die Energiequellen, in denen chemische Energie in Elektroenergie umgewandelt wird, werden folgende Forderungen gestellt:
- möglichst lange Lebensdauer,
- hohe mechanische Festigkeit,
- Arbeitsfähigkeit in einem breiten Temperaturbereich,
- möglichst große Energieabgabe je Masse bzw. Volumeneinheit (hohe Energiedichte),
- geringe Verluste an Elektroenergie durch Selbstentladung,
- geringer Wartungsaufwand,
- vertretbarer Kostenaufwand für die Herstellung,
- konstante Spannung bei einer Entladung mit großer Stromstärke in geringer Entladezeit (8 bis 15 min).

Bis zum Ende des zweiten Weltkrieges wurden als Energiequellen der Elektrotorpedos ausschließlich Bleiakkumulatoren eingesetzt. Im Resultat langwieriger Versuche erschlossen Spezialisten nach dem zweiten Weltkrieg den **Nickel-Kadmium-** und den **Silber-Zink-Akkumulator** als Energiequellen für Torpedos, die es gestatteten, die Laufstrecke und Geschwindigkeit weiter zu erhöhen. Akkumulatoren, auch Sekundärelemente genannt, haben den Vorteil, daß sie nach dem Entladen neu geladen werden können, da ihr Elektrodenmaterial erhalten bleibt. Akkumulatoren können damit mehrfach verwendet werden, wodurch das «Einschießen» des Torpedos auf dem Schießplatz des Herstellerwerkes und Übungsschüsse im Rahmen der Gefechtsausbildung gewährleistet sind.

Jeder Akkumulator besteht prinzipiell aus dem Gefäß, dem Einsatz und dem Elektrolyten. Das **Gefäß** nimmt den Einsatz mit den zum Anschluß an den positiven und negativen Pol erforderlichen Teilen und den Elektrolyten auf. Der **Einsatz** besteht aus einem positiven und einem negativen Plattensatz, die schachtelförmig ineinandergesetzt sind. Jeder Plattensatz enthält mehrere Platten gleicher Polarität, die durch ihre Konstruktion, Größe und Material in Verbindung mit dem Elektrolyten die Kennwerte des Akkumulators bestimmen. Zwischen den Platten sind die isolierenden, elektrolytdurchlässigen Abstandshalter (Seperatoren) angeordnet. Der **Elektrolyt** gewährleistet den Energietransport zwischen den Platten. Im Bleiakkumulator wird Schwefelsäure, im Nickel-Kadmium- und im Silber-Zink-Akkumulator Kalilauge als Elektrolyt verwendet. Beim aufgeladenen Bleiakkumulator sind auf den positiven Platten Bleidioxid (PbO_2) und auf den negativen Platten Blei (Pb) die aktiven Substanzen. Der Elektrolyt ist wäßrige Schwefelsäure (H_2SO_4) mit einer Dichte von etwa 1,26 g/dm^3. Die Lade- und Entladereaktion hat folgendes Aussehen:

$$PbO_2 + Pb + 2H_2SO_4 \leftrightarrow 2PbSO_4 + 2H_2O\,. \qquad (7)$$

Die Bildung von Gasen im Akkumulator ist unerwünscht (Sauerstoff und Wasserstoff können Knallgas bilden). Deshalb muß beim Laden das Akkumulatorenabteil des Torpedos gelüftet werden.

Beim aufgeladenen Silber-Zink-Akkumulator sind auf den positiven Platten Silbersuperoxid (Ag_2O_2) und auf den negativen Platten poröses Zink (Zn) die aktiven Substanzen. Der Elektrolyt ist eine Ätzkalilösung. Die Lade- und Entladereaktion hat folgendes Aussehen:

$$Ag_2O_2 + H_2O + 2Zn \leftrightarrow 2Ag + ZnO + Zn(OH)_2\,. \qquad (8)$$

Da zum Antrieb eines Elektrotorpedos eine große Energiemenge benötigt wird, werden eine Vielzahl von Akkumulatoren in einem Gehäuse gemeinsam fest angebracht und sinnvoll geschaltet. Die Anzahl der Akkumulatoren und ihre Schaltung (Reihenschaltung, Parallelschaltung, gemischte Schaltung) hängen von der Leistung des verwendeten Elektromotors und der Laufzeit (Reichweite und Geschwindigkeit) des speziellen Torpedos ab. Das Gehäuse wird in der Regel in die Torpedohülle eingeschoben.

Wichtige Kriterien zur Beurteilung eines Akkumulators sind:

1. Die Kapazität – sie charakterisiert die Elektrizitätsmenge, die ein geladener Akkumulator während des Entladevorganges bis zur festgelegten Spannung abgibt.
2. Der Wirkungsgrad – er ist das Verhältnis der Elektrizitätsmenge, die beim Entladen freigesetzt wird, zur Elektrizitätsmenge, die beim Laden aufgenommen wurde.
3. Die Selbstentladung – sie charakterisiert die unwiederbringlichen Kapazitätsverluste, die als Folge selbständig ablaufender elektrochemischer Prozesse im Akkumulator ablaufen. Die Selbstentladung von Bleiakkumulatoren beträgt durchschnittlich 1 % an einem Tag, bei Silber-Zink-Akkumulatoren hingegen nur 0,25 bis 0,30 % an einem Tag.

Eine weitere Energiequelle für Elektrotorpedos wurde Mitte der 60er Jahre mit der Silber-Zink-Batterie erschlossen. Im Gegensatz zum Akkumulator können Batterien die chemische Energie nur einmal in elektrische Energie umwandeln, danach sind sie nicht mehr verwendbar. Die Silber-Zink-Batterie wird trocken gelagert, und erst beim Schuß wird der Elektrolyt in die Batterie gedrückt. Batterien werden auch als Primärelement bezeichnet. Die Unterschiede zwischen einer Batterie und einem Akkumulator sind ansonsten geringfügig. Da Batterien nur einmal verwendet werden können, kommen sie ausschließlich in Gefechtstorpedos zum Einsatz. Das Übungsschießen wird mit Akkumulatoren sichergestellt.

Zur Senkung der Masse der Batterie wurden zweipolige Elektroden aus 0,05 mm Stahlfolie entwickelt. Auf eine Folienseite wird Zinkpulver aufgepreßt, auf die an-

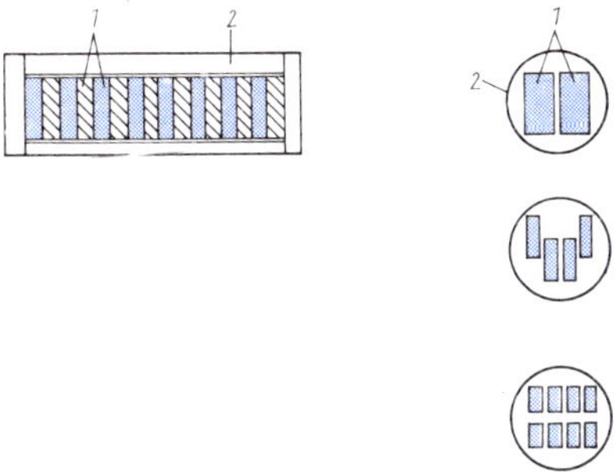

Bild 47
Anordnungsmöglichkeiten der Akkumulatoren im Gehäuse
1 – Akkumulatoren; 2 – Gehäuse

dere Seite wird – elektrochemisch – Silberoxid aufgebracht. Die Elektroden werden untereinander durch eine Zwischenlage aus synthetischen Fasern getrennt. Sie sind in einem Block zusammengefaßt, an der Oberfläche mit Gummi verkleidet und in zylindrische Kammern gepreßt. Die Batterie hält bei 6 mm Wandstärke einem Außendruck von 9,5 MPa stand. Bei einer aktivierten Oberfläche der Elektroden von 1 870 cm^2 erreichte bei Erprobungen die Stromstärke 300 A (bei einer Spannung von 1,47 V je Element). Die Energiedichte betrug 122 Wh/kg.

1967 entstanden zwei Silber-Zink-Batterietypen. Der erste Typ bestand aus 155 zweipoligen Elektroden und der Wanne für den Elektrolyten. Der Durchmesser der Batterie betrug 254 mm und die Spannung 235 V. Der zweite Typ hatte 303 zweipolige Elektroden, 508 mm Durchmesser und eine Gesamtmasse von 726 kg. Die Stromstärke betrug 800 A bei einer Spannung von 425 V. Das entsprach einer Leistung von 340 kW für die Dauer von 12 min.

Die nächsten Experimente führten die USA mit **Silber-Magnesium-Batterien** durch. Für den Torpedo Mk 44 wurde die Silber-Magnesium-Batterie Mk-61 entwikkelt. Die zweipoligen Elektroden bestehen aus einer Magnesiumschmelze (Anode) und einer aufgewalzten Silberchloridschicht (Katode), die durch eine Silberfolie getrennt werden. Abstandshalter sind Glaskugeln, die in die Katodenseite eingepreßt sind. In den Löchern bildet sich eine dünne Silberschicht, wodurch der gesamte Raum der Katodenseite einem stromleitenden Gitter gleicht. Der Elektrodenblock ist in einem Gefäß aus isolierendem Material untergebracht. Den oberen und unte-

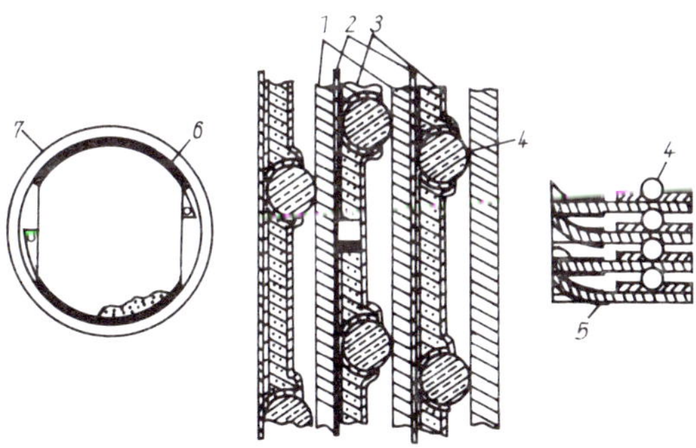

Bild 48
Aufbau einer Silber-Magnesium-Batterie
1 – Anoden; 2 – Silberfolien; 3 – Katoden; 4 – Glaskugeln; 5 – Isolationsstreifen; 6 – Distanzstück; 7 – Batteriegehäuse

ren Teil des Gefäßes verbinden Kanäle mit Einlaß- und Auslaßventilen nach außen, durch die Seewasser ausgetauscht wird. Nach dem Torpedoschuß tritt Seewasser durch den unteren Kanal in den Elektrodenraum und aktiviert die Batterie. Bei einem Salzgehalt von 35 ‰ und einer Temperatur von 20 °C können von jedem Element der Batterie 2 V abgenommen werden. Die Energiedichte dieser Batterie beträgt 80 Wh/kg. Die Leistung erreicht etwa 300 kW bei einer Entladungszeit von 4 bis 10 min. Das Haupthindernis für eine verbreitete Anwendung dieses Batterietyps liegt in den hohen Kosten.

Analog der Konstruktion der Batterie Mk-61 ist die Batterie Mk-67 aufgebaut. Sie wird im Torpedo Mk 45 «Astor» verwendet. Bereits 1965 gab es ein Patent zur Konstruktion einer Batterie mit **Kohle-Zink-Elektroden**, die als Elektrolyt ein Gemisch aus Chrom-Anhydrid-Schwefelsäure hat. Der Elektrolyt wird in Intervallen einer Mischkammer zugeführt und dort mit Seewasser, das durch den Staudruck von außen zugeführt wird, gemischt. Pumpen fördern das Gemisch in den Elektrodenraum der Batterie. Das verbrauchte Gemisch wird zusammen mit dem gebildeten Wasserstoff und anderen Reaktionsprodukten nach außen geführt. Spezialisten sprechen dieser Batterie eine Energiedichte von 90 Wh/kg zu und verweisen auf den geringen Preis gegenüber den Silber-Zink-Batterien. Auch der Einsatz organischer Katoden und Elektrolyte in Batterien wird untersucht. Mit ihnen sollen Energiedichten von 135 bis 270 Wh/kg erzielt werden.

Es soll eine **Lithiumbatterie** konstruiert und erprobt worden sein, in der Lithium als Anode und Stahl als Katode dient. Zur Ableitung der bei der Entladung entstehenden Wärme zirkuliert der Elektrolyt (Seewasser). Während der Entladung der Batterie verbrauchen sich die Lithium-Anoden, sie müssen folglich nach jedem Übungsschuß ersetzt werden. Die anderen Elemente der Batterie benötigen nur eine Durchsicht.

Die Arbeiten zur Vervollkommnung der Akkumulatoren und Batterien werden angestrengt fortgesetzt. Neuesten Veröffentlichungen zufolge kann in den nächsten Jahren mit der Serienfertigung von **Aluminiumbatterien** und ihrer Nutzung gerechnet werden. Die Probleme der extremen Korrosion, der Passivierung des Aluminiums (Bildung undurchlässiger Deckschichten) und der Selbstentladung wurden gelöst. Außer der Aluminiumplatte als Anode benötigt diese Batterie einen Sauerstofflieferanten (Wasser, Luft, Braunstein, H_2O_2, Halogen) als Gegenelektrode. Diese Batterie hat die beachtliche Energiedichte von über 4 500 Wh/kg.

Tabelle 3: Charakteristik einiger Energiequellen für Elektrotorpedos

Charakteristik	Bleiakkumulator	Nickel-Kadmium-Akkumulator	Silber-Zink-Akkumulator	Silber-Zink-Batterie	Silber-Magnesium-Batterie
Energie-Masse-Verhältnis in Wh/kg**	8	12	55	120	80
Absoluter Preis in beliebiger Währung	1	6,15-fache	23-fache	23-fache	31-fache
Anzahl der Schüsse (Ladungen/Entladungen)	20	40	6	1	1
Preis je Schuß in beliebiger Währung	1	3,8-fache	77-fache	460-fache	620-fache

Auch die Kunststoffbatterie kann in Zukunft für den Torpedo Bedeutung erlangen. Festzustellen ist, daß die in der Gegenwart genutzten Energiequellen für Elektrotorpedos äußerst teuer sind. In der ausländischen Presse wird die Meinung vertreten, daß nach dem «Preis-Effektivitäts-Kriterium» der Elektrotorpedo optimal ist, der 35 kn und 12 000 m Reichweite absolvieren kann. Gleichzeitig fordern jedoch die Taktiker Torpedos mit 60 kn und einer Reichweite von 13 000 m.

Eine weitere wichtige Baugruppe jedes Elektrotorpedos ist der Elektromotor. Er wandelt die elektrische Energie in mechanische Energie für die Arbeit der Treibschrauben um. Da sowohl die Akkumulatoren als auch die Batterien Gleichstrom liefern, werden in Elektrotorpedos ausschließlich Gleichstrommotoren verwendet. Durchgesetzt hat sich international aufgrund seiner Drehzahl-Drehmoment-Charakteristik der gegenläufig arbeitende Gleichstromreihenschlußmotor. Bei ihm drehen sich Anker und Magnetsystem in entgegengesetzter Richtung und wirken folglich ohne Zwischenschalten eines Getriebes auf die Treibschrauben. Das kompliziert zwar den Aufbau des Motors, erhöht aber zugleich seinen Wirkungsgrad und senkt den Geräuschpegel des Torpedos.

Im Vergleich zum üblichen Elektromotor muß ein Torpedomotor speziellen Forderungen entsprechen:

- geringe Anlaufzeit durch ein maximales Drehmoment beim Hochlauf, um in kürzester Zeit die vorgesehene Torpedogeschwindigkeit zu erreichen;
- günstiges Leistungs-Masse- und Leistungs-Volumen-Verhältnis;
- funkenentstört (es müssen elektrische Störungen der Zielsuch- und Abstandszündeinrichtungen verhindert werden);
- hohe mechanische, elektrische und thermische Belastungen;
- konstantes Drehmoment;
- hoher Isolationswiderstand (der Motor muß bei starker Erhitzung der Wicklungen und bei hoher Luftfeuchtigkeit im Torpedo zuverlässig arbeiten).

Beim Bau von Elektromotoren für Torpedos ist zu beachten, daß dem Motor von der Energiequelle nur eine begrenzte Betriebsspannung zur Verfügung gestellt werden kann. Außerdem beträgt seine Betriebszeit nur 8 bis 15 min (abhängig von der Geschwindigkeit und Reichweite des speziellen Torpedos), und er wird nur wenig oder gar nicht zu Übungszwecken eingesetzt. Das erlaubt es, den Motor während seiner Arbeit elektrisch zu überlasten.

Zum Energieversorgungssystem eines Elektrotorpedos gehören außer der Energiequelle und dem Elektromotor auch noch Verbindungskabel, Schalter und Umformer für die Betriebsspannung von Zusatzgeräten. Die Nutzleistung einer elektrischen Antriebsanlage, die Geschwindigkeit und Reichweite des Torpedos stehen untereinander in Abhängigkeit (siehe Formel 3). Für elektrische Antriebsanlagen gelten sinngemäß die gleichen sechs wie für Dampfgasantriebsanlagen abgeleiteten Schlußfolgerungen.

Der Ausgangspunkt für den Bau von Elektrotorpedos war die Forderung nach einem spurfreien Lauf. Sehr bald stellte man aber weitere Vorteile gegenüber den Dampfgastorpedos fest:

- Elektrotorpedos sind relativ unkompliziert aufgebaut, wodurch ihre Herstellungstechnologie einfach ist und ein Teil der Baugruppen in nichtspezialisierten Betrieben produziert werden kann. Nicht jeder Serientorpedo muß auf dem Schießplatz des Herstellerwerkes eingeschossen werden.

- Elektrotorpedos verändern während des Laufes ihre Masse und damit die Lage ihres Schwerpunktes nicht.
- Die Geschwindigkeitsänderung des Elektrotorpedos ist einfach zu realisieren.
- Reichweite und Geschwindigkeit des Elektrotorpedos sind nicht von der Lauftiefe abhängig, wodurch sie sich besonders zur U-Boot-Abwehr eignen.
- Die Versorgung von Zusatzgeräten mit Elektroenergie ist einfach zu lösen.
- Der Geräuschpegel des Elektrotorpedos ist geringer als der des Dampfgastorpedos. Schalluntersuchungen ergaben, daß aber weniger die Antriebsanlage als vielmehr die Laufgeschwindigkeit des Torpedos (Drehung der Treibschrauben) diesen Geräuschpegel verursacht. Da Elektrotorpedos in der Regel langsamer als Dampfgastorpedos laufen, wirkt sich der geringere Geräuschpegel günstig auf die Arbeit der Zielsucheinrichtung aus.

Als den entscheidenden Nachteil der Elektrotorpedos im Vergleich zu den Dampfgastorpedos muß gesagt werden, daß sie sowohl in der Reichweite als auch in der Geschwindigkeit unterlegen sind. Außerdem ist die Wartung der Akkumulatoren an Bord (Nachladen, Belüften, Beheizen, Messungen) aufwendig.

2.3. Reaktivantrieb

Obwohl das Prinzip der reaktiven Bewegung und die Idee seines Einsatzes bereits kurz nach Entstehen des ersten Torpedos bekannt waren, dauerte es noch nahezu 80 Jahre, ehe Versuche in der Praxis durchgeführt wurden. Gegen Ende des zweiten Weltkrieges war es das faschistische Deutschland, das den Torpedo vom Typ G 7ur «Mondfisch» mit reaktivem Antrieb entwickelte. Dieser Typ hatte zwar nur eine Laufstrecke von 600 m, erreichte aber bereits eine Geschwindigkeit von etwa 70 kn. Ein ähnlicher in den USA entwickelter Torpedo lief mit 70 kn etwa 700 m. Er war für den Abwurf durch Torpedoflugzeuge aus einer Höhe von etwa 200 m bei einer Fluggeschwindigkeit von 480 km/h vorgesehen. Diese Torpedos kamen im zweiten Weltkrieg nicht mehr zum Einsatz, da sie durch ihre hohe Geschwindigkeit steuerungstechnisch und hydrodynamisch noch nicht beherrscht wurden. Der eingeschlagene Weg wurde aber in den Nachkriegsjahren weiter verfolgt.

Torpedos mit reaktivem Antrieb haben keine Treibschrauben, da die Schubkraft durch den Ausstoß der Verbrennungsprodukte entsteht. Hierbei ist die Geschwindigkeit vorrangig von der Schubkraft, aber auch vom Verhältnis der Gesamtmasse des Torpedos zur Masse der mitgeführten Kraftstoffe abhängig. Reaktivmotoren haben eine hohe Leistung, aber nur eine geringe Betriebszeit. Gegenwärtig sind zwei Typen von reaktiven Antriebsanlagen bekannt:

- Reaktivmotoren, die ohne Ausnutzung des sie umgebenden Seewassers die Schubkraft erzeugen. Sie werden auch als «Raketenmotoren» bezeichnet und können entweder ein Feststoff- oder ein Flüssigkeitstriebwerk haben;
- Hydroreaktivmotoren, die das sie umgebende Seewasser zur Erzeugung der Schubkraft ausnutzen. Sie arbeiten im Dauerbetrieb oder pulsierend.

Ältere Feststofftriebwerke hatten Schwarzpulver. Moderne feste Kraftstoffe sind auf Nitrozellulosebasis zusammengesetzt. Zum Beispiel wird Pyroxilin, in eine homogene Masse verwandelt, verwendet. Die Fortschritte beim Herstellen fester Kraftstoffe gestatten es, Ammoniumchlorat, Ammoniumperchlorat oder Kaliumperchlorat mit und ohne Zusatz von Metallen (Wolfram, Zirkonium) und unter Zumischung

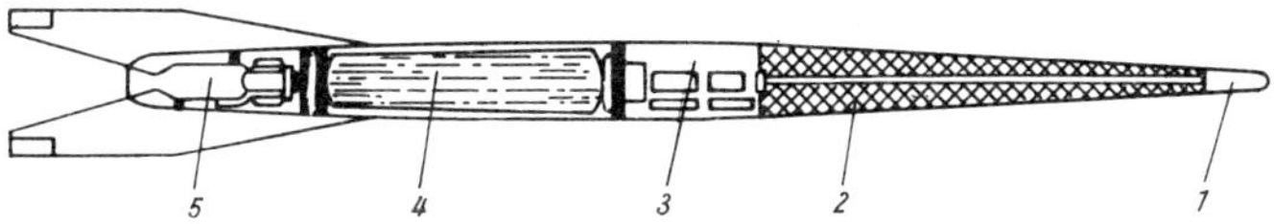

Bild 49 Prinzipieller Aufbau des italienischen Reaktivtorpedos U 6
1 – Zielsucheinrichtung; 2 – Gefechtskopf; 3 – Steuergeräte; 4 – Treibstofftank; 5 – Reaktivmotor

von Polybutanen oder Polyurethanen zu verwenden. Diese Kraftstoffe lassen sich in bestimmte Formen pressen. Damit können sowohl Brenndauer, Verbrennungsgeschwindigkeit als auch Gas- und Druckentwicklung beeinflußt werden. Man unterscheidet Stirn-, Außen- und Innenbrenner. Mit Testtorpedos soll es gelungen sein, unter Verwendung solcher Feststofftriebwerke Laufstrecken von etwa 2 000 m mit 80 kn zu erreichen.

Die Kraftstoffe der Flüssigkeitstriebwerke bestehen gewöhnlich aus zwei Komponenten: einem Brennstoff (Alkohole, Kerosin, benzinähnliche Stoffe) und einem Oxydationsmittel (flüssiger Sauerstoff, Salpetersäure). Beide Komponenten gelangen aus getrennten Behältern in die Brennkammer und reagieren dort. Ein Vergleich zwischen den Feststoff- und den Flüssigkeitstriebwerken läßt erkennen, daß die Feststofftriebwerke wesentlich einfacher aufgebaut sind. Sie sind einfacher zu handhaben, sehr zuverlässig und sofort einsatzbereit. Sie haben aber einen hohen Brennkammerdruck, eine kurze Arbeitsdauer und einen unveränderlichen Schub.

Die Hydroreaktivmotoren ähneln den Luftreaktivmotoren. Der Kraftstoff wird in die Brennkammer eingespritzt und gezündet. Durch eine thermische Reaktion mit dem Seewasser entsteht in der Brennkammer eine große Gasmenge. In der Mischkammer nochmals mit Seewasser vermischt, wird dieses Gas-Wasser-Gemisch mit großer Geschwindigkeit durch die Düse getrieben. So entsteht die Schubkraft des Torpedos.

Der hydroreaktive pulsierende Motor unterscheidet sich vom Dauermotor nur dadurch, daß in ihm das Gas und die Gas-Wasser-Mischung in Intervallen gebildet werden. Dazu öffnet und schließt eine Jalousie regelmäßig den Wassersammler. Der Motor arbeitet also periodisch und erreicht dadurch einen höheren Wirkungsgrad. Das wiederum bedeutet, daß hydroreaktive Antriebsanlagen leistungsfähige Kraftstoffe benötigen. Nach Meinung einiger Spezialisten ist dieses Problem bisher unzureichend gelöst. Die an derartige Kraftstoffe gestellten Anforderungen komplizieren den Gesamtprozeß. So müssen sie u. a. eine augenblickliche chemische Reaktion mit dem Wasser, aber auch eine zuverlässige Arbeit bei Wassertemperaturen von 4 °C bis 25 °C sowie eine möglichst große spezifische Gasbildung gewährleisten.

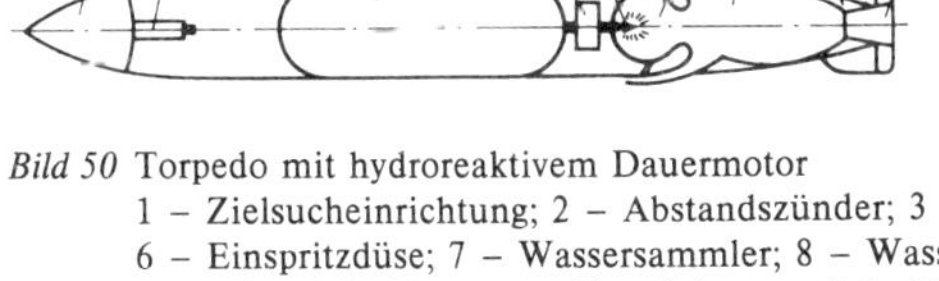

Bild 50 Torpedo mit hydroreaktivem Dauermotor
1 – Zielsucheinrichtung; 2 – Abstandszünder; 3 – Ladungsraum; 4 – Treibstoffraum; 5 – Pumpe; 6 – Einspritzdüse; 7 – Wassersammler; 8 – Wasserkanal für die Brennkammer; 9 – Brennkammer; 10 – Mischkammer; 11 – Schwanzstück; 12 – Seitenruder; 13 – Düse

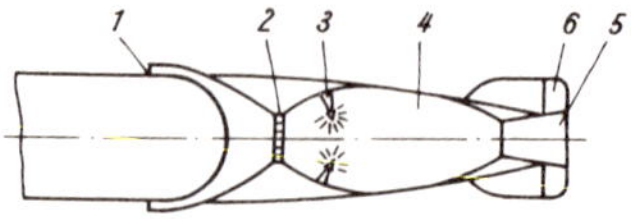

Bild 51 Torpedo mit hydroreaktivem pulsierendem Motor
1 – Wassersammler; 2 – Jalousie; 3 – Einspritzdüsen; 4 – Mischkammer; 5 – Düse; 6 – Seitenruder

Energiereiche Kraftstoffe lassen sich günstig aus den Komponenten Bor und Lithium herstellen. Besondere Borwasserstoffverbindungen wie Diboran (B_2H_6), Pentaboran (B_5H_9) und Dekaboran ($B_{10}H_{14}$) können vorteilhaft zur Kraftstoffgewinnung ausgenutzt werden. Sobald Seewasser auf eine solche Borverbindung einwirkt, verläuft eine Reaktion, bei der Wasserstoff in großen Mengen ausgeschieden wird. Dieser Wasserstoff wird in der Mischkammer mit Seewasser zu einem Gas-Wasser-Gemisch in der für die vorgesehene Torpedogeschwindigkeit erforderlichen Menge vereint. Die für die Schubkraft notwendige Wärmeenergie entsteht bei der Reaktion mit dem Seewasser. Das Oxydationsmittel kühlt gleichzeitig den Motor.

In der italienischen hydroreaktiven Antriebsanlage RX-5 wird mit 5,3 kg Boran (B_4H_{10}) und etwa 21,6 kg Seewasser je Sekunde eine Wärmeenergie erzeugt, die eine Schubkraft von 30 kN möglich macht. In der italienischen Zeitschrift «Rivieta marittima» wurde der reaktive Motor AD-2 beschrieben, der eine Wirkungsdauer von 50 s hat.

Zur Zeit ist die Herstellung der genannten Kraftstoffe technologisch noch sehr aufwendig und damit teuer. Jedoch wird intensiv geforscht, um weitere Kraftstoffe für den hydroreaktiven Antrieb nutzen zu können. Die Vorteile wie einfache Konstruktion, billige Herstellung, zuverlässige Funktion und hohe Torpedogeschwindigkeit lassen mit dem baldigen Einsatz reaktiver Torpedos rechnen. Allerdings kommt es dabei besonders darauf an, die Reichweite der Torpedos wesentlich zu erhöhen. Die Ursachen für die augenblicklich geringen Reichweiten reaktiver Torpedos beruhen hauptsächlich darauf, daß wegen der begrenzten Ausmaße des Torpedos nur verhältnismäßig geringe Mengen an Kraftstoff mitgeführt werden können, und der Kraftstoff wird sehr reaktionsintensiv verbraucht, wodurch die Betriebszeit des Reaktivmotors relativ kurz ist.

Eine amerikanische Patentschrift stellt den Hydropulsantrieb für Schiffsabwehrwaffen vor. Ausgangspunkt ist die Erkenntnis, daß oberhalb von 35 kn Geschwindigkeit eine zielsuchende Unterwasserwaffe so starke Umströmungsgeräusche verur-

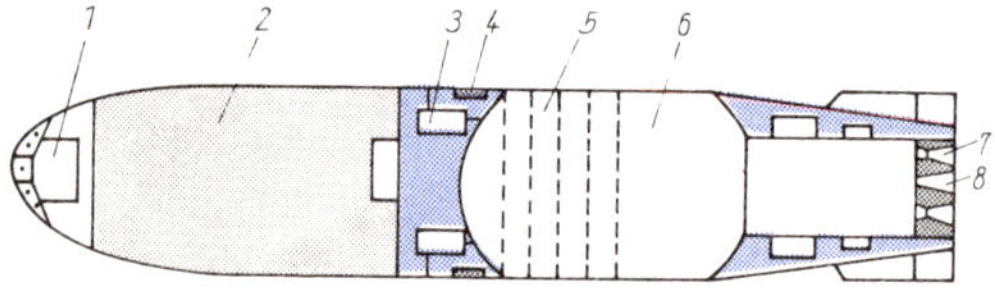

Bild 52 Torpedo mit Hydropulsantrieb
1 – passive hydroakustische Zielsucheinrichtung; 2 – Gefechtskopf; 3 – Gasgenerator; 4 – aktive hydroakustische Zielsucheinrichtung; 5 – Treibladung; 6 – Brennkammer; 7 – Düsen des Raketentriebwerkes; 8 – Auslaßöffnung des Hydropulsantriebes

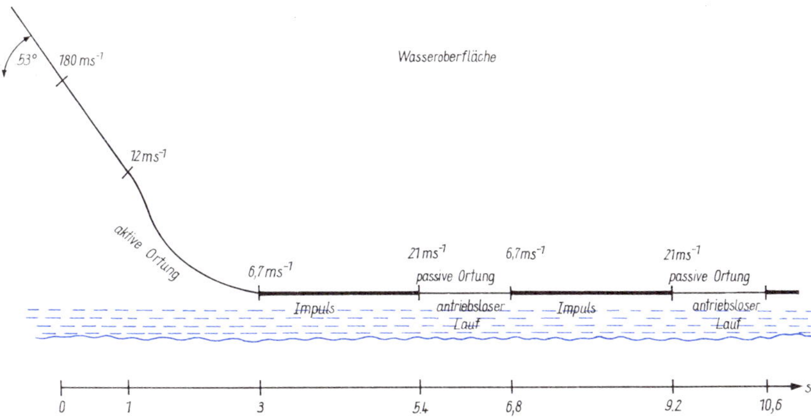

Bild 53 Zeitabhängigkeit des Hydropulsantriebes

sacht, daß ihre akustische Zielsucheinrichtung nicht mehr zuverlässig arbeiten kann. Es wird vorausgesetzt, daß der Torpedo durch eine Treibladung (Raketentriebwerk) auf eine ballistische Flugbahn gebracht wird und im Zielgebiet ins Wasser eintritt. Innerhalb 1 s wird der Torpedo auf etwa 12 m/s abgebremst, jetzt ortet die aktiv arbeitende hydroakustische Zielsucheinrichtung das Ziel.

Gleichzeitig werden die Düsen des Raketentriebwerkes verschlossen und die Auslaßöffnung des Hydropulsantriebes geöffnet. Die Brennkammer wird innerhalb von 2 s mit Seewasser geflutet und in der gleichen Zeit die Ortung des Zieles abgeschlossen. Jetzt zündet ein Gasgenerator und drückt das Seewasser mit hoher Geschwindigkeit aus der Brennkammer heraus. Der Torpedo beschleunigt in etwa 2,4 s auf 21 m/s, und seine Steuerorgane richten ihn auf das Ziel aus. Daraufhin gleitet er antriebslos und verliert an Geschwindigkeit. Die passiv arbeitende Zielsucheinrichtung ortet das Ziel. In die Brennkammer tritt erneut Seewasser. Der 2. Gasgenerator wird gezündet und der Torpedo abermals auf 21 m/s beschleunigt. Nach dem achten Zyklus hat der Torpedo eine Strecke von etwa 500 m zurückgelegt und das Ziel bekämpft. Die Zahl der Gasgeneratoren kann bei Bedarf erhöht werden, wodurch sich die Reichweite des Torpedos vergrößert.

Der Hydropulsantrieb zeichnet sich aus:

- durch einfachen Aufbau (vorhandene Bauteile, z. B. die Brennkammer, können genutzt werden);
- durch geringe Kosten;
- durch hohe Torpedogeschwindigkeit in Verbindung mit der akustischen Zielsucheinrichtung;
- der Einsatz aus der vorhandenen Armierung (Torpedorohr, Wasserbombenwerfer, Abschußvorrichtung) sowie der Abwurf von Flugzeugen und Hubschraubern ohne Raketentriebwerk sind möglich.

Abschließend soll darauf verwiesen werden, daß auch die Anwendung der Kernenergie möglich ist. Eine Variante, die bereits vor einigen Jahren ein US-amerikanischer Projektant vorgeschlagen hat, könnte nach folgendem Prinzip arbeiten: Luft und

Kondensat werden im Reaktor erhitzt und dem Dampfgenerator zugeführt. Der dort erzeugte Dampf gelangt einmal direkt auf den Motor und andererseits auf den Turbinengenerator. Der Dampf treibt den Motor an, wobei die Motorleistung direkt auf die Treibschrauben übertragen wird. Der in den Turbogenerator gelangende Dampf erzeugt die notwendige Elektroenergie. Im Ergebnis der Verarbeitung des Dampfes entsteht Kondensat, das wiederum dem Reaktor zugeführt wird. Die Kosten einer derartigen Kernenergieanlage zum Antrieb von Torpedos belaufen sich nach Anga-

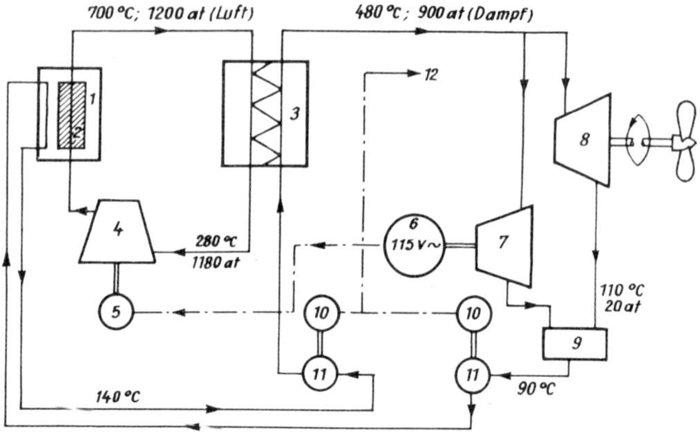

Bild 54 Schema einer Kernenergieantriebsanlage
1 – Schutzmantel; 2 – Reaktor; 3 – Dampfgenerator; 4 – Luftventilator; 5 – Antriebsmotor; 6 – Umformer; 7 – Turbogenerator; 8 – Maschine; 9 – Kondensator; 10 – Motor; 11 – Kondensatpumpe; 12 – Stromversorgung aller Torpedoaggregate

ben ausländischer Experten auf einige Millionen Dollar. Unabhängig von den hohen finanziellen Ausgaben ist der Bau derartiger Anlagen jedoch im Prinzip möglich. Allerdings wird es schwer sein, derartigen Torpedos eine operative Zweckbestimmung zu geben.

Nach wie vor bemühen sich Wissenschaftler und Konstrukteure darum, Antriebsanlagen hervorzubringen, die die taktisch-technischen Daten der Torpedos weiter verbessern. Dabei verspricht man sich auch auf anderem Wege Erfolg. Eine umfangreiche Forschung wird dahingehend betrieben, den Reibungswiderstand des Torpedos bei seinem Lauf durch konstruktive Änderungen zu verringern. Außer einer idealen Formgebung wird versucht, durch Einspritzen schwacher Lösungen verschiedener Polymere in die Grenzschicht der vom Wasser umströmten Torpedohülle eine künstliche Kavitation (Hohlraumbildung) zu schaffen, wodurch sich der Reibungswiderstand zwischen dem Seewasser und der Torpedohülle verringert. Damit ist zwar die Erhöhung der Geschwindigkeit bei gleichbleibender Antriebsleistung denkbar, aber nicht um den Faktor 4 bis 6 (200 bis 300 kn Torpedogeschwindigkeit), wie es vom taktischen Einsatz her wünschenswert wäre und wie es optimistische Fachleute voraussagen.

3. Die Gefechtsladungen und ihre Zündeinrichtungen

Prinzipiell detoniert die Ladung eines Torpedos unterhalb der Wasseroberfläche. Eine solche Unterwasserdetonation ist in ihrer Wirkung von vielen Faktoren abhängig. Da wären u. a.

- die Masse der Gefechtsladung;
- die Art des Sprengstoffes und seine Brisanz;
- das Zusammenwirken von Stoßwelle, Gasblase und anderer bei der Detonation der Gefechtsladung auftretender Erscheinungen;
- die Wassertiefe des Seegebietes am Detonationsort des Torpedos;
- die Wassertiefe, in der die Detonation stattfindet;
- die Beschaffenheit des Meeresbodens;
- der Abstand zwischen der Gefechtsladung und dem Schiff (Kontakt- oder Abstandsdetonation);
- die Beschaffenheit des bekämpften Schiffes (Tonnage, Leckstabilität, Schutzeinrichtungen).

Während des Japanisch-Chinesischen Krieges (1877/78) bestand die Gefechtsladung eines Torpedos aus 25 bis 30 kg Schwarzpulver oder Pyroxilin. Zur Versenkung eines Panzerkreuzers waren ein bis zwei Torpedotreffer erforderlich (z. B. Panzerkreuzer ASSORI-SCHEFKET). Zur Zeit des Russisch-Japanischen Krieges (1904/05) betrug die Gefechtsladung eines Torpedos 65 bis 80 kg Pyroxilin. Zur Versenkung eines Panzerkreuzers benötigte man etwa drei Torpedotreffer (z. B. Panzerkreuzer NAWARIN oder SUWOROW).

Während des ersten Weltkrieges betrug die Ladung eines Torpedos schon 100 bis 130 kg Trotyl (Trinitrotoluen). Aber die Versenkung eines Linienschiffes erforderte drei bis vier Torpedotreffer und die Versenkung eines Kreuzers zwei bis drei Torpedotreffer.

Im zweiten Weltkrieg wurden Torpedos mit etwa 300 kg Gefechtsladung eingesetzt. Der Sprengstoff bestand aus Trotyl, Schießbaumwolle oder aus anderen leistungsfähigen Sprengstoffen. Trotzdem waren zur Vernichtung eines modernen Schlachtschiffes sechs bis zehn Torpedotreffer, zur Versenkung eines Schweren Kreuzers fünf bis sechs Torpedotreffer und zur Versenkung eines Leichten Kreuzers zwei bis drei Torpedotreffer notwendig (das britische Schlachtschiff PRINCE OF WALES sank nach sechs Torpedotreffern, das japanische Schlachtschiff YAMATO nach zehn Torpedo- und sechs Bombentreffern).

Die Ursachen für die Erscheinung, daß trotz der Vergrößerung der Ladungsmasse und Verbesserung der Brisanz der Sprengstoffe ständig eine größere Anzahl Torpedos zur Vernichtung der Überwasserziele benötigt wurden, lagen einerseits in der Vergrößerung der Tonnage der Ziele und andererseits in ihren verbesserten konstruktiven Schutzeinrichtungen begründet.

In den Gefechtsköpfen moderner Seezieltorpedos werden bis zu 400 kg Sprengstoff untergebracht. Die Ladungsmasse weiter zu vergrößern ist unzweckmäßig, da die

Zerstörungswirkung dadurch nur unwesentlich erhöht wird, aber die Geschwindigkeit, die Reichweite und auch die Trimmlage des Torpedos beeinträchtigt werden.

In den Gefechtsköpfen moderner UAW-Torpedos befinden sich bis zu 100 kg Sprengstoff.

Gefechtsladungen der Torpedos bestehen in der Gegenwart aus hochbrisanten Sprengstoffen auf Hexogengrundlage: in der Regel aus einem Gemisch aus Trotyl, Hexogen und Aluminiumpulver oder aus Kernsprengstoff.

Um moderne U-Schiffe mit ihrem effektiven Schutzsystem wirksam mit Torpedos bekämpfen zu können, wird angestrengt an der Verbesserung der Eigenschaften der Sprengstoffe gearbeitet. Dabei geht es um noch höhere Dichten und Detonationsgeschwindigkeiten. Die ersten UAW-Torpedos wurden mit Hohlladungen ausgerüstet. Bei der Hohlladung wird die frei werdende Energie z. T. in kinetische Energie umgewandelt. Der Gasstrahl erreicht an seiner Spitze 10 000 bis 15 000 m/s Geschwindigkeit und durchschlägt kraft seiner hohen Energiedichte die Panzerung.

Der Sprengstoff Octastik VIII hat eine Dichte von 1,81 g/cm^3 (TNT 1,65 g/cm^3), und die Detonationsgeschwindigkeit beträgt 8 630 m/s (TNT 6 900 m/s). Seine Arbeitskraft beträgt das 1,5fache und seine Brisanz das 1,8fache von TNT.

Der Einsatz von Hohlladungen stellt jedoch an die Steuerung der Torpedos besondere Anforderungen, da der Hohlladungseffekt nur beim nahezu senkrechten Auftreffen des Torpedos auf die Bordwand voll ausgenutzt wird.

Denkbar ist auch der Einsatz zweistufig wirkender Sprengstoffe. Die 1. Stufe durchschlägt die äußere, die 2. Stufe die innere Panzerung.

Große Brisanz, neutraler Charakter (keine Reaktion mit dem Material der umgebenden Hülle), gute Stabilität (lagerbeständig), handhabungssicher und beschußsicher (Geschosse, die mit weniger als 1 500 m/s Geschwindigkeit in den Gefechtskopf eindringen, bringen die Gefechtsladung nicht zur Detonation) sind Anforderungen, die auch weiterhin an Sprengstoffe gestellt werden.

3.1. Die Unterwasserdetonation und die Wirkung von Torpedos

Jede Detonation stellt eine sehr schnelle, plötzliche Umwandlung des Sprengstoffes aus dem festen in den gasförmigen Zustand dar. Der benötigte Sauerstoffvorrat ist im Sprengstoff gebunden. Unterwasserdetonationen weisen gegenüber Detonationen in der Luft oder im Erdboden einige Besonderheiten auf. Eine Unterwasserdetonation ist eine komplizierte Kombination thermodynamischer, gasdynamischer und hydrodynamischer Prozesse.

Durch die Detonation des Initialsprengstoffes im Zünder entsteht im Sprengstoff eine Stoßwelle, die sich mit einer Geschwindigkeit von etwa 7 000 bis 9 000 m/s zur Außenfläche des Gefechtskopfes fortsetzt. Dabei wird der Sprengstoff in wenigen Millisekunden aus dem festen in den gasförmigen Zustand umgewandelt. (Bei einer Ladungsmasse von 300 kg Trotyl dauert dieser Vorgang 50 ms.) Es bildet sich eine Gasblase, in der ein Druck von 20 000 bis 30 000 MPa herrscht. Dieser Druck wirkt auf die ladungsumgebenden Wasserschichten und erzeugt eine Stoßwelle, die sich anfangs mit Überschallgeschwindigkeit und in etwa 15 m Entfernung vom Detonationsort mit annähernd konstanter Schallgeschwindigkeit (1 500 m/s) ausbreitet. Die

Bild 55
Torpedotreffer auf einem Handelsschiff. Blasenbahn und Detonationswolke sind sichtbar

Gasblase dehnt sich sehr schnell aus, der Druck in ihr sinkt ab. (Bei einer Ladung von 300 kg Trotyl beträgt er in 80 m Entfernung noch 5 bis 6 MPa.) Der Druck in der Gasblase erreicht nach einer bestimmten Zeit den Wert des hydrostatischen Druckes des Seewassers. Sinkt der Druck in der Gasblase unter den Wert des hydrostatischen Druckes ab, so wird die Gasblase komprimiert. Es kommt zu einer periodischen Pulsation. Die Energie der Gasblase nimmt bei der ersten Pulsation um etwa 50 %, bei der zweiten Pulsation um etwa 20 % und bei der dritten Pulsation um etwa 7 % ab.

Den Radius der Gasblase R_n errechnet man nach der empirischen Formel:

$$R_n = 1{,}63 \sqrt[3]{\frac{10 \cdot G}{h}}\,; \qquad (9)$$

G Masse des Sprengstoffes in kg,
h Wassertiefe, in der die Detonation stattfindet.

Beispiel: Wie groß ist der Durchmesser der Gasblase, wenn ein Gefechtskopf mit 300 kg Ladungsmasse in 8 m Wassertiefe detoniert?

$$R_n = 1{,}63 \sqrt[3]{\frac{10 \cdot 300}{8}} = \underline{\underline{11{,}75\ \text{m}}}.$$

Die Gasblase hat einen Durchmesser von 23,5 m.

Die Zerstörungswirkung einer Detonation nimmt mit größerer Wassertiefe zu. Deshalb benötigen UAW-Torpedos auch nur eine relativ geringe Ladungsmasse. Je dichter die Ladung unter der Wasseroberfläche detoniert, desto mehr Energie entweicht in die Luft, wodurch sich ihre Wirkung auf das Schiff verringert. Der Effekt eines Torpedos ist größer als der einer Fliegerbombe in gleicher Wassertiefe, da die Bombe einen Luftkanal bildet, durch den ein Teil der gasförmigen Detonationsprodukte in die Atmosphäre entweicht.

Munitionsräume unterhalb der Wasserlinie können die Wirksamkeit eines Torpedos wesentlich erhöhen.

Wie die Erfahrungen lehren, hat der Abstand zwischen der detonierenden Ladung und dem Schiff einen wesentlichen Einfluß auf die Wirkung der Unterwasserdetonation. In der Praxis werden zwei Fälle unterschieden:

- die Kontaktdetonation,
- die Abstandsdetonation.

Bei der **Kontaktdetonation** berührt die detonierende Ladung direkt den Schiffskörper, der vor allem dem starken Stoß der gespannten Gase ausgesetzt ist. Der Hauptanteil der Energie ist zum Schiff gerichtet, da sich hinter dessen Außenhaut ein leicht komprimierbares Medium (Luft) befindet, während das die Ladung umgebende Seewasser als Verdämmung wirkt. Die Gase zerschlagen die Bordwand, zerstören die Spanten und reißen am Schiffskörper ein langgestrecktes Leck auf. Aus dem Schiffsrumpf herausgerissene und mitgerissene Splitter durchschlagen Schotten und beschädigen weitere Teile des Schiffes. Dem Stoß der Gasblase folgen die Stoßwelle und die nachströmenden Wassermassen, die, wenn auch von sekundärer Bedeutung, das Ausmaß der Zerstörung vollenden.

Bei der **Abstandsdetonation** wirkt die Ladung in geringem Abstand vom gegnerischen Schiff (3 bis 5 m von der Bordwand entfernt oder 5 bis 10 m unter dem Kiel). Diese Detonation ist für das Schiff in der Regel noch gefährlicher als die Kontaktdetonation. Die Abmessungen des Lecks können größer sein, und es entstehen Schäden an Anlagen und Geräten, die relativ weit vom Detonationsort entfernt sind. Die primäre Stoßwelle beschädigt den Schiffsrumpf lokal. Infolge ihrer ungleichmäßigen Wirkung auf die Gesamtlänge des Schiffes wird der Schiffskörper verbogen. Das Pulsieren der Gasblase vergrößert das Verbiegen des Schiffskörpers und erhöht die Spannungen in den Längsverbänden des Schiffsrumpfes. Unter dem Schiff entsteht ein Unterdruckfeld, das den Schiffskörper in entgegengesetzter Richtung verbiegt und dadurch knickt. Stoßwelle, Gasblasenpulsation und Resonanzschwingungen des Schiffskörpers wirken also zusammen. Auch wenn das Schiff nicht leckgeschlagen wird, führen die Erschütterungen zur Deformierung von Fundamenten, Brüchen von Gehäusen, Befestigungsbolzen und Rohrleitungen und zum Ausfall von Maschinen und Anlagen. Diese Schäden können so groß sein, daß das Schiff für lange Zeit ausfällt oder aufgegeben werden muß. Im Ergebnis der Einwirkung einer Abstandsdetonation führt der Schiffskörper äußerst komplizierte Bewegungen aus. Einmal wird der Schiffskörper in Wirkungsrichtung der Detonation versetzt und führt Schlinger-, Stampf- und Gierbewegungen aus, andererseits treten Biegeschwingungen unterschiedlichster Form auf. Diese Bewegungen werden von den örtlich hochfrequenten

Bild 56
Ein Torpedo Mk 48 unterläuft das Zielschiff

Schwingungen der Außenhaut und der Schiffsrumpfverbände überlagert, die die Intensität der auf die Ausrüstung wirkenden Erschütterungen noch verstärken.

Im Zusammenhang mit der Unterwasserdetonation ist ihre **Auswirkung auf den Menschen** an Bord des mit Torpedos bekämpften Schiffes bedeutend. Bei der Unterwasserdetonation in geringen Wassertiefen kann der auftretende Knall zu Gehörschäden (Knalltrauma) führen. Eine direkte Druckeinwirkung von etwa 0,2 MPa auf den menschlichen Körper wirkt tödlich.

Die von der Stoßwelle am Schiffskörper hervorgerufenen Erschütterungen werden auf den menschlichen Organismus übertragen und rufen Schäden an den Fuß-, Knie- und Hüftgelenken sowie an der Wirbelsäule hervor. Infolge der Erschütterungen können leichte und schwere Wunden aller Art sowie Stauchungen und Frakturen auftreten. Splitter, umstürzende oder herabstürzende Teile, gebrochene Dampfleitungen und Brände vollenden die Vernichtung menschlichen Lebens oder lösen einen Schock aus.

Torpedos werden eingesetzt, um die Kampfkraft des gegnerischen Schiffes zu brechen. Die Kampfkraft eines Schiffes wird besonders durch seine Bewaffnung, seine Standkraft und nicht zuletzt von seiner Besatzung bestimmt. Im Zusammenhang mit den folgenden Darlegungen ist die Standkraft, d. h. das Vermögen von Schiff und Besatzung, Gefechtsschäden standzuhalten, von besonderem Interesse. Die Standkraft umfaßt: die **Leckstabilität** – jeder Wassereinbruch beeinträchtigt die Schwimmfähigkeit bzw. die normale Schwimmlage, beeinflußt die Geschwindigkeit, Manövrierfähigkeit und den Waffeneinsatz und kann zum Totalverlust des Schiffes führen; die **konstruktiv** vorhandenen **Schutzeinrichtungen** – Torpedoschott, Torpedowulst, Doppelboden, Auftriebsraum, Panzerplatten, Splitterschutz, die wasserdichte Unterteilung des Schiffskörpers und die **transportablen** und in das Schiff **eingebauten Schutzeinrichtungen**, die durch die Besatzung eingesetzt werden – Lenz-, Flut- und Feuerlöscheinrichtungen, Mittel der Leck- und Brandbekämpfung, Gefechtsschaltungen u. a. – Die Detonation eines Seezieltorpedos führt bei Überwasserkriegsschiffen mit weniger als 1 500 ts Wasserverdrängung zur Vernichtung des Schiffes, da sich die Zerstörungen auf die gesamte Schiffsbreite und bis über die halbe Schiffslänge erstrecken. Die Erschütterungen zerstören die technischen Anlagen, und der Wassereinbruch nimmt dem Schiff die Reserveschwimmfähigkeit.

An Kriegsschiffen, von der Größenordnung eines Zerstörers aufwärts, können die Auswirkungen der Detonation eines Seezieltorpedos auf einen Teil des Schiffes begrenzt bleiben. Analysiert man die Ursachen der durch Torpedodetonationen im zweiten Weltkrieg vernichteten 110 Zerstörer, so kommt man zu der Erkenntnis:

- Die Detonation eines Seezieltorpedos im Mittelteil eines Zerstörers vernichtete das Schiff, da in der Regel der Schiffskörper auseinanderbrach. Riß der Schiffskörper nicht, so war häufig Stabilitätsverlust mit anschließendem Kentern die Folge (38 %).
- Die Detonation eines Seezieltorpedos im Bug oder Heck eines Zerstörers riß in der Regel das Vor- bzw. Achterschiff weg. Im übrigen Schiffskörper trat starker Wassereinbruch auf, die technischen Anlagen wurden schwer beschädigt. Der Zerstörer wurde kopf- bzw. hecklastig, verlor die Steuerfähigkeit und in der Regel auch die Schwimmfähigkeit. Blieb ein Zerstörer nach der Torpedodetonation schwimmfähig, so war seine Kampfkraft jedoch stark gemindert.

Von den 110 Zerstörern blieb nur einer nach zwei Torpedotreffern schwimmfähig.

Am 29. November 1940 lief der britische Zerstörer JAVELIN an der Spitze eines Schiffsverbandes mit einer Geschwindigkeit von 28 kn, als er unerwartet von einem U-Boot angegriffen wurde. Zwei Torpedos trafen ihn an der Steuerbord-Seite. Eine Detonation riß das Vorschiff in einer Länge von 8 bis 9 m und die zweite Detonation das Achterschiff in einer Länge von etwa 25 m zusammen mit den Rudern, Wellen und Propellern ab. Die abgerissenen Teile sanken sofort. Der Besatzung gelang es, den Zerstörer schwimmfähig zu halten. Nachdem die Besatzung von Bord geholt worden war, schleppte ihn ein anderer im Verband laufender britischer Zerstörer in eine Basis.

Den britischen Flugzeugträger ARK ROYAL griff nach Erfüllung seiner Gefechtsaufgabe am 14. November 1941 das faschistische U-Boot U 81 an. Ein Torpedo traf mittschiffs. Trotz einer vielstündigen Rettungsaktion gelang es nicht, den Flugzeugträger zu retten. Die ARK ROYAL sank 25 sm vor Gibraltar.

Am 11. August 1942 lief der britische Flugzeugträger EAGLE gemeinsam mit anderen Schiffen im Geleitschutz von Gibraltar in das Gebiet von Malta. Er wurde vom faschistischen deutschen U-Boot U 73 angegriffen, das eine Torpedosalve schoß. Alle vier Torpedos trafen den Flugzeugträger an der Backbord-Seite, der binnen weniger Minuten sank.

Am 8. Juni 1942 befanden sich die Schlachtschiffe SCHARNHORST (38 900 ts Wasserverdrängung) und GNEISENAU in der Nordsee. Die SCHARNHORST wurde von einem britischen Zerstörer angegriffen, der mehrere Torpedos schoß. Ein Torpedo traf die Steuerbord-Seite 2,5 m unterhalb der Panzerung. Die Außenhaut riß in einer Länge von 14 m und einer Höhe von 6 m, die innere Beplankung in einer Länge von 10 m auf. In 30 wasserdichte Räume drang Seewasser ein. Das Schiff verlor an Geschwindigkeit und mußte ein Dock anlaufen.

Das 1942 in Dienst gestellte japanische Schlachtschiff YAMATO wurde durch Marinefliegerkräfte vernichtet. Das Schiff hatte 72 000 ts Wasserverdrängung, eine Länge von 263 m und eine Breite von 38,7 m. Der konstruktive Unterwasserschutz betrug an der Bordwand 6,5 m. Die Panzerung schwankte zwischen 64 und 194 mm Stärke, die Bodenplatten zwischen 50 und 85 mm. Beim ersten Anflug erzielten die USA-Flugzeuge zwei Bombentreffer und einen Torpedotreffer. Beim zweiten Anflug wurden fünf Torpedotreffer an der Backbord-Seite registriert. Der letzte Angriff dauerte 15 min, und es wurden nochmals drei Bombentreffer und vier Torpedotreffer an der Backbord-Seite erzielt. Das Schiff verlor die Manövrierfähigkeit. Bei 80° Krängung versuchten die noch lebenden Besatzungsangehörigen, das Schiff zu verlassen. Kurze Zeit darauf existierte der Stolz der japanischen Flotte nicht mehr. 2 500 Seeleute fanden den Tod.

Am 14. Oktober 1944 griffen den leichten US-amerikanischen Kreuzer HOUSTON im Gebiet der Insel Taiwan tieffliegende japanische Flugzeuge an. Sie warfen zwei Torpedos ab. Durch eine Kursänderung nach Steuerbord konnte ein Torpedo ausmanövriert werden, der zweite traf mittschiffs auf der Steuerbord-Seite. Die Detonation führte zu einem großen und mehreren kleinen Rissen am Schiffskörper. Da die Schotten, Luken und Lüfter nicht verschlossen waren, füllten sich in kurzer Zeit 36 Räume auf einem Drittel der Schiffslänge mit Wasser. Die 6 400 t Seewasser verursachten eine Krängung des Schiffes von 16°. Die Besatzung rang um die Schwimmfähigkeit des Schiffes und konnte die Krängung auf 8° verringern. Zwei Tage später wurde die HOUSTON durch einen weiteren Torpedo am Heck getroffen.

Bild 57 Schema der Beschädigung des britischen Zerstörers JAVELIN

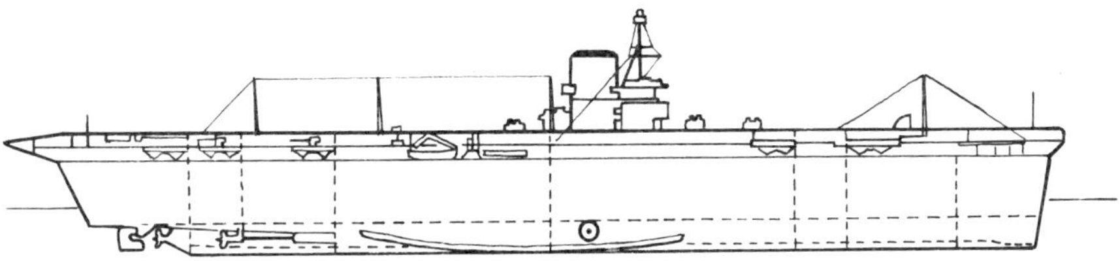

Bild 58 Lage des Torpedotreffers beim britischen Flugzeugträger ARK ROYAL

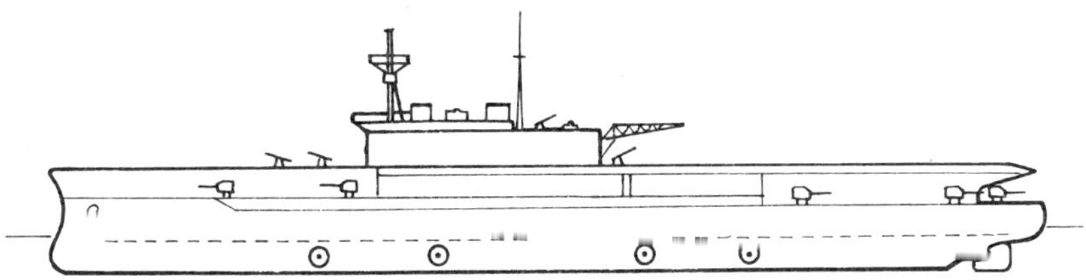

Bild 59 Lage der Torpedotreffer beim britischen Flugzeugträger EAGLE

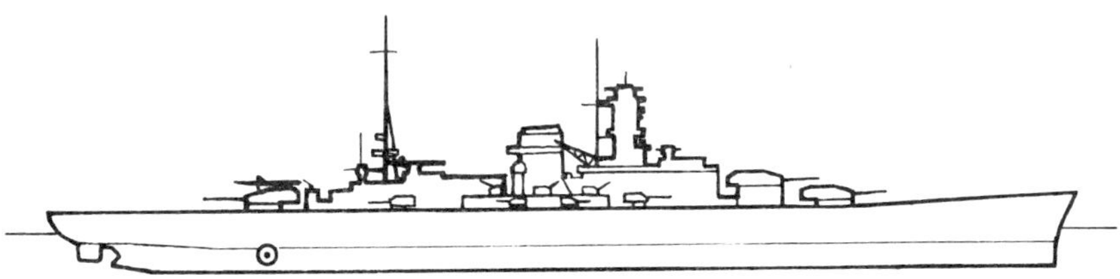

Bild 60 Lage des Torpedotreffers beim Schlachtschiff der faschistischen deutschen Kriegsmarine SCHARNHORST

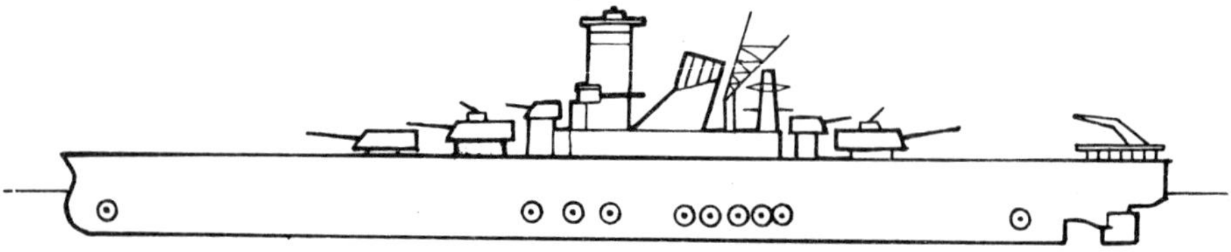

Bild 61 Lage der Torpedotreffer beim japanischen Schlachtschiff YAMATO

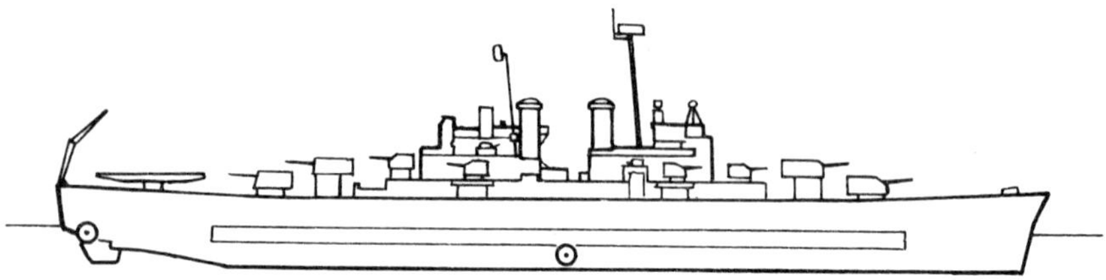

Bild 62 Lage der Torpedotreffer beim amerikanischen Leichten Kreuzer HOUSTON

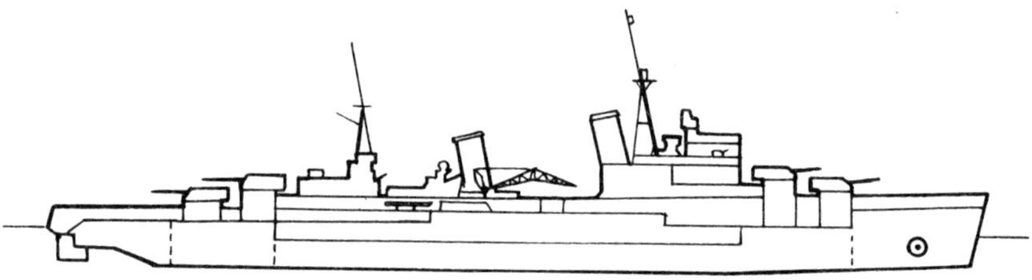

Bild 63 Lage des Torpedotreffers beim britischen Leichten Kreuzer LIVERPOOL nach erfüllter Aufgabe vor Alexandria im April 1940

In weitere 22 Räume drang Wasser ein, und Brände entstanden, die aber schnell gelöscht werden konnten. Für das Schiff war eine kritische Situation entstanden. Trotzdem gelang es der Besatzung, die HOUSTON schwimmfähig zu halten. Das Schiff konnte mit 3 bis 5 kn in eine Basis geschleppt werden.

Der Schwere Kreuzer BLÜCHER passierte am 8. April 1940 mit 12 kn die Dröbak-Enge des Oslofjords, der an dieser Stelle nur etwa 450 m breit ist und stark befestigt war. Die Norweger eröffneten das Feuer aus 203-mm- und 280-mm-Geschützen. Der Schwere Kreuzer wurde erheblich beschädigt und geriet in Brand. Torpedos, von einer Landbatterie eingesetzt, trafen die BLÜCHER und machten sie zu einem hilflosen Wrack. Um 6.30 Uhr kenterte das Schiff und nahm, einschließlich der an Bord eingeschifften Heerestruppen, über 1 000 Menschen mit auf den Grund des Fjordes.

Größere Kriegsschiffe können, wie es die Beispiele der SCHARNHORST und der HOUSTON zeigen, in günstigen Fällen sogar mehreren Torpedotreffern standhalten, wenn sie mit wirksamen Schutzeinrichtungen ausgerüstet sind. Die geschilderten

Beispiele zeigen aber auch, daß Schutzmaßnahmen die Wirkung von Torpedodetonationen zwar abschwächen, aber niemals vollständig aufheben können.

Die Standkraft von Transportern entspricht der von Kriegsschiffen. Transporter, die für militärische Zwecke projektiert werden, können konstruktive Schutzeinrichtungen erhalten. Die Detonation eines Seezieltorpedos führt bei zivilen Transportern mit einer Wasserverdrängung von 10 000 bis 15 000 ts zur Vernichtung des Schiffes. Zur Vernichtung noch größerer Transporter sind mehrere Torpedotreffer erforderlich.

Tanker können durch die wasserdichte Unterteilung des Schiffes mehrere Torpedodetonationen überstehen, vorausgesetzt, sie geraten nicht in Brand. Es gab in der Seekriegsgeschichte Fälle, wo Tanker nach Torpedotreffern zwar auseinandergebrochen sind, Vor- und Achterschiff aber getrennt eingeschleppt werden konnten.

U-Boote und U-Schiffe werden mit UAW-Torpedos bekämpft. Aufgrund der enormen Belastungen des Bootskörpers durch den hydrostatischen Druck des Seewassers, der mit zunehmender Tauchtiefe immer größer wird, kann angenommen werden, daß eine Torpedodetonation zur Vernichtung führt. (Ein 1 500-ts-U-Boot ist in 300 m Tauchtiefe einer Belastung von etwa 3 000 MN ausgesetzt.)

3.2. *Aufbau der Gefechtsköpfe*

Der Gefechtskopf nimmt die Ladung und die Zündeinrichtung auf. In zielsuchenden Torpedos sind im Gefechtskopf auch Teile der Zielsucheinrichtung untergebracht.

Die Kopfhülle besteht aus dünnwandigem Stahlblech und wird durch Innenspanten versteift. Die Ladung ist eingegossen und der Kopf hinten durch einen Verschlußboden abgedichtet. Oben befindet sich eine Stabilisierungszelle, die zusammen mit dem Trimmgewicht garantiert, daß der Masseschwerpunkt des Torpedos unter dem Formschwerpunkt liegt. Dadurch wird der krängungsarme Lauf des Torpedos unterstützt. Die herkömmliche Ladung ist phlegmatisiert.

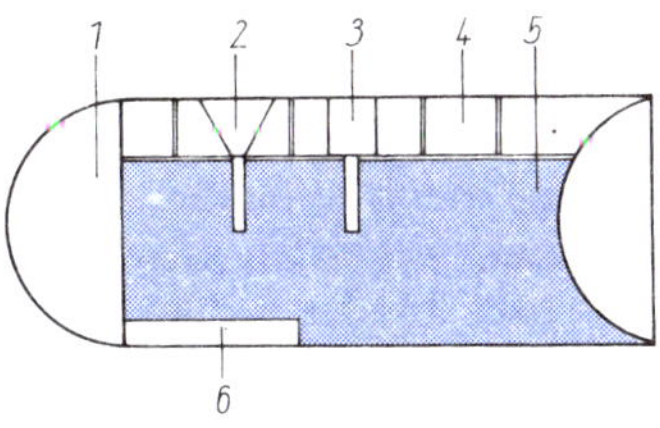

Bild 64 Prinzipieller Aufbau eines Torpedogefechtskopfes mit herkömmlichem Sprengstoff
1 – Zielsucheinrichtung; 2 – Abstandszünder; 3 – Aufschlagzünder; 4 – Stabilisierungszelle; 5 – Sprengstoff; 6 – Trimmgewicht

Der Torpedo eignet sich auch als Träger einer Kernladung. Bis zum Schuß verhindert der Sicherheitskadmiumzylinder die unbeabsichtigte Vereinigung der zwei Kernsprengstoffmassen zur kritischen Masse. Läuft der Torpedo durchs Wasser, wird ein Flügelrad angetrieben, wodurch der Sicherheitskadmiumzylinder aus der kugelförmigen Hülle austritt. In Zielnähe wird die Übertragungsladung gezündet, der herkömmliche Sprengstoff detoniert, die zwei Kernladungsmassen werden «zusammengeschossen», und es kommt zur Kerndetonation.

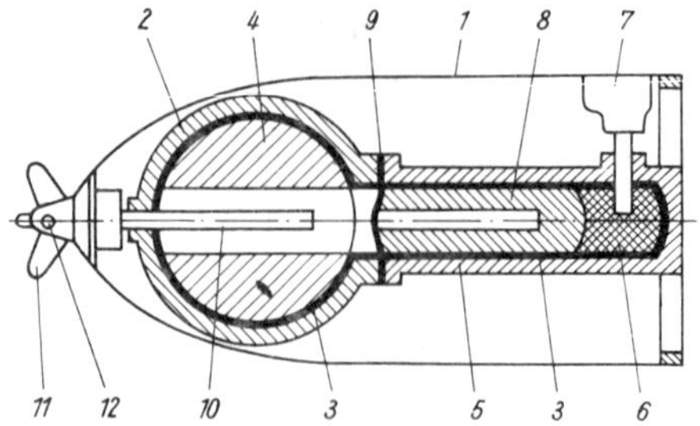

Bild 65 Prinzipieller Aufbau eines Torpedogefechtskopfes mit Kernsprengstoff
1 – Kopfhülle; 2 – kugelförmige Hülle; 3 – Neutronenabweiser; 4 – Kernsprengstoff; 5 – zylindrische Hülle; 6 – Übertragungsladung; 7 – Zünder; 8 – herkömmlicher Sprengstoff; 9 – Sicherungsscheibe; 10 – Sicherheits-Kadmium-Zylinder; 11 – Flügelrad; 12 – Sicherheitsvorstecker

Der Zerstörungsradius eines Torpedos mit Kernsprengstoff und einem Trotyläquivalent von etwa 15000 t TNT ist 50- bis 70mal größer als der eines Torpedos mit herkömmlicher Ladung.

3.3. Zündeinrichtungen

Entsprechend der Detonationsart gibt es unterschiedliche Zündeinrichtungen.

3.3.1. Aufschlagzünder

Bereits die ersten Torpedos waren mit Zündeinrichtungen versehen. Bis zum zweiten Weltkrieg waren das ausschließlich Aufschlagzünder. Es gab die einfache Schlagbolzenzündung, bei der durch den Aufprall des Torpedos ein oder mehrere Scherbügel betätigt wurden und den Schlagbolzen freigaben. Ein anderes Prinzip bediente sich mehrerer Stoßdorne, die aus dem Gefechtskopf herausragten. Beim Aufprall des Torpedos wurden sie nach innen, auf die unter Batteriespannung stehenden geöffneten Kontakte gedrückt und schlossen diese. Der Stromkreis zum Zünder war geschlossen, und die Ladung detonierte. Später entwickelte man Trägheitszünder, bei denen durch den Aufprall des Torpedos entweder eine Glocke zum Schwingen gebracht oder die kinetische Energie einer Masse ausgenutzt wurde, um die Zündung einzuleiten. Diese Trägheitszünder waren sehr empfindlich und lösten die Detonation oft vorzeitig aus. Erst die Pendelzünder, die nur auf das plötzliche Abbremsen des Torpedos beim Zielaufschlag reagierten, brachten die gewünschte Sicherheit.

Unabhängig von den einzelnen Konstruktionen besteht das Wesen der Aufschlagzünder darin, daß die Detonation der Gefechtsladung durch den Aufprall gegen die Bordwand eines Schiffes (plötzliches Abbremsen des Torpedos) eingeleitet wird. Bedingung für die Funktion jedes Aufschlagzünders ist also der direkte Kontakt des Torpedos mit dem Ziel.

Ein Trägheitszünder funktioniert folgendermaßen: Bis zum Schuß ist die Schlagfeder entspannt, und die Schlagbolzenspitzen sind in das Schlagbolzengehäuse eingefahren. Die Schlagbolzenwelle ragt so in den Pendelkörper, daß dieser nicht kippen kann. Bei der Lagerung, beim Transport und beim Zusammenbau befindet sich der Trägheitszünder in dieser Sicherheitsstellung. Sie wird durch einen plombierten Vorstecker am Flügelrad oder eine Leiste im Torpedorohr bis zum Schuß aufrechterhalten. Tritt der Torpedo ins Wasser ein, dreht der Fahrtstrom über Flügelrad, Schnecke und Schneckenrad die Schlagbolzenwelle. Sie senkt sich und tritt aus dem Pendelkörper aus. Der Federteller spannt die Schlagfeder, und die Schlagbolzenspitzen treten aus dem Schlagbolzengehäuse heraus. Der Torpedo hat eine Sicherheitsstrecke (100 bis 200 m) zurückgelegt, der Trägheitszünder ist entsichert. Der Pendelkörper wird nur noch durch Pufferfedern senkrecht gehalten. Die Elastizität der Federn ist so bemessen, daß der Pendelkörper bei geringfügigen äußeren Einflüssen auf den Torpedo (z. B. kurzzeitiges Durchbrechen der Wasseroberfläche) nicht abkippt. Der Winkelhebel hält den Abzugshebel und dieser die gespannte Schlagvorrichtung. Prallt nun der Torpedo auf die Bordwand des gegnerischen Schiffes auf, wird er plötzlich abgebremst. Der Pendelkörper überwindet durch seine Trägheit (*Newton*sches Axiom) die Kraft der Pufferfedern. Der Sicherheitsnocken des Pendelkörpers rutscht unter dem Winkelhebel weg, der Abzugshebel tritt nach außen, und die Schlagfeder schnellt die Schlagbolzenwelle nach unten. Die Schlagbolzenspitzen stechen die Zündhütchen (Knallquecksilber) an, und diese detonieren. Diese Detonation überträgt sich auf die Zündkapseln (Bleiazid), von dort auf die Sprengbüchse (Tetryl) und dann auf die Gefechtsladung. Dieser Vorgang, Initiierung genannt, verläuft verzögerungsfrei.

Die Reihenfolge der Zündung – Zündhütchen, Zündkapseln, Sprengbüchse, Gefechtsladung – findet man im Prinzip bei jedem Zündsystem. Hierbei wird eine geringe Menge von Initialsprengstoff zur Einleitung der Detonation benutzt und durch

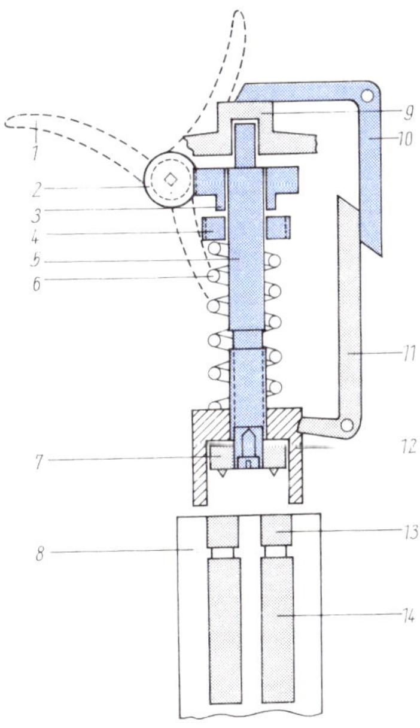

Bild 66
Aufbau eines Trägheitszünders
1 – Flügelrad; 2 – Schnecke; 3 – Schneckenrad; 4 – Federteller; 5 – Schlagbolzenwelle; 6 – Schlagfeder; 7 – Gleitteller mit Schlagbolzenspitzen; 8 – Sprengbüchse; 9 – Pendelkörper; 10 – Winkelhebel; 11 – Abzugshebel; 12 – Schlagbolzengehäuse; 13 – Zündhütchen; 14 – Zündkapsel

die Detonation des Brisanzsprengstoffes in der Sprengbüchse der notwendige Energieimpuls zur Detonation der Gefechtsladung bereitgestellt. Das gestattet, die Gefechtsladung des Torpedokopfes phlegmatisch und damit handhabungs- und beschußsicher zu halten.

Moderne Trägheitszünder ermöglichen außer bei Vorausaufschlag auch beim seitlichen oder kombinierten Aufschlag die Funktion des Pendels, so daß der Torpedo nicht ausschließlich frontal auf das Ziel treffen muß, um die Detonation der Gefechtsladung einzuleiten.

3.3.2. Abstandszünder

Im Verlauf des zweiten Weltkrieges wurden neben den Aufschlagzündern erstmals auch Abstandszünder in Torpedos eingesetzt.

Die Detonation der Gefechtsladung wird eingeleitet, wenn sich der Torpedo bis auf die Ansprechentfernung des Abstandszünders dem Ziel genähert hat. Ein Aufprall auf die Bordwand ist hierbei nicht erforderlich. Die effektive Wirkungszone eines Abstandszünders ist folglich wesentlich größer als die Kontaktfläche des gegnerischen Schiffes, die bei einem Aufschlagzünder genutzt werden kann.

Abstandszünder werden unterteilt in passive, aktive und kombinierte Abstandszünder.

Passive Abstandszünder

Auch unter Wasser gibt es natürliche physikalische Felder (Magnetfeld, Wärmefeld, kosmisches Feld u. a.). Das Vorhandensein des Schiffes verzerrt diese Felder und verändert ihre charakteristischen Kenngrößen. Außerdem erzeugt jedes Schiff künstliche physikalische Felder. Diese zwei Erscheinungen nutzt man für passive Abstandszünder aus.

Am häufigsten wurde bisher das magnetische Feld des Schiffes für passive Abstandszünder von Torpedos verwendet. Unter dem Einfluß des Magnetfeldes der Erde baut ein jedes aus ferromagnetischem Material gefertigtes Schiff ein eigenes Magnetfeld auf. Dieser Prozeß beginnt mit der Kiellegung und setzt sich bis zur Fertigstellung fort. Nietarbeiten, Hämmern und Schweißarbeiten begünstigen ihn. Dem Schiff wird vom erdmagnetischen Feld ein fester Magnetismus aufgeprägt. Beginnt das Schiff seine Fahrt, dann bewegt es sich im erdmagnetischen Feld, dessen Größe sich mit der Änderung der geographischen Breite und des Kurses ständig verändert. Weitere Quellen des magnetischen Schiffsfeldes sind Wirbelströme, die beim Schlin-

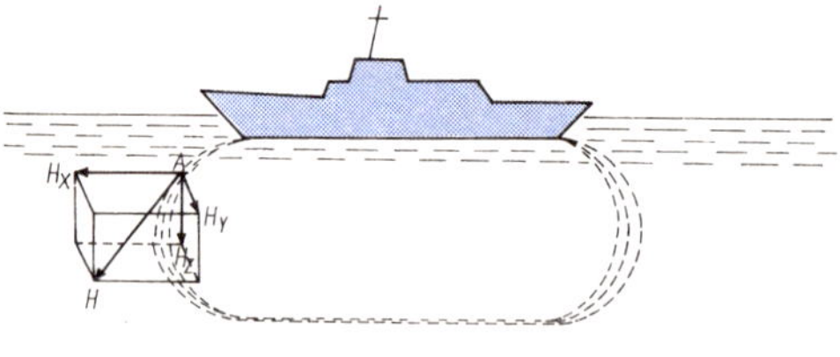

Bild 67 Komponenten des magnetischen Schiffsfeldes im Punkt A
H_x – horizontale Längskomponente; H_y – horizontale Querkomponente; H_z – Vertikalkomponente

gern, Stampfen und Gieren des Schiffes entstehen, und die in den elektrischen Anlagen fließenden elektrischen Ströme. Auch starke Erschütterungen des Schiffskörpers (nahe Detonationen, Artillerieschießen, Arbeiten am Schiffskörper) und eine Verlegung des Schiffes für längere Zeit in ein Gebiet, in dem sich das Magnetfeld der Erde wesentlich von dem am Bauort unterscheidet, können ebenfalls den Charakter und die ständige Magnetisierung des Schiffes verändern.

Alle diese magnetischen Einflüsse rufen eine ständige Änderung des Magnetfeldes des Schiffes hervor.

Das magnetische Schiffsfeld ist durch die Feldstärke H charakterisiert. Sie kann in jedem beliebigen Punkt des magnetischen Schiffsfeldes in die horizontale Längskomponente (H_x), die horizontale Querkomponente (H_y) und die Vertikalkomponente (H_z) zerlegt werden. Der jeweilige magnetische Zustand eines Schiffes stellt eine Überlagerung aus permanenten und induzierten Längs-, Quer- und Vertikalmagnetisierungen dar. Es kommen daher in der Umgebung des Schiffes alle Richtungen der magnetischen Feldstärke vor. Dementsprechend können Abstandszünder sowohl auf vertikale als auch auf horizontale Feldveränderungen ansprechen.

Um die Schiffe vor Torpedos (aber auch Minen) mit magnetischen Abstandszündern zu schützen, arbeiten viele Länder intensiv an der Verringerung des magnetischen Schiffsfeldes. Dazu wurden bereits im zweiten Weltkrieg zwei Verfahren entwickelt:

1. Die magnetische Behandlung durch besondere Entmagnetisierungsanlagen (EM-Anlagen). Um das Schiff werden Kabelschleifen gelegt, die mit Gleich- oder Wechselspannung kleiner Frequenz gespeist werden, oder das Schiff überläuft eine Kabelschleife. Damit lassen sich die permanenten Magnetfelder des Schiffes weitestgehend beseitigen.
2. Der magnetische Eigenschutz (MES). Gleichstromführende Wicklungen werden parallel zu den drei Hauptschiffsebenen im Schiffsrumpf verlegt. Damit lassen sich die induzierten und die permanenten magnetischen Schiffsfelder kompensieren. Moderne MES-Anlagen arbeiten automatisch.

Das magnetische Schiffsfeld läßt sich auch durch den verstärkten Einsatz von Holz, Plast, amagnetischem Stahl, Aluminium und Titanlegierungen im Schiffbau reduzieren. Eine weitere Möglichkeit besteht in der, allerdings nur bedingt möglichen, Verringerung der Tonnage der Schiffe oder im Übergang zum Bau von Luftkissenfahrzeugen.

Passive Magnetzünder sprechen entweder auf den absoluten Wert der Komponenten des magnetischen Schiffsfeldes (statische Zünder) oder auf ihre zeitliche Veränderung (dynamische Zünder) an.

Bevorzugt wurden bisher die dynamischen Zünder, die auch als Induktionszünder bezeichnet werden. Sie reagieren in der Regel auf die zeitliche Veränderung der Vertikalkomponente (H_z) des magnetischen Schiffsfeldes. Als Meßfühler des Induktionszünders dient eine Induktionsspule, die parallel zur Torpedolängsachse angeordnet ist. Dadurch wird die Beeinflussung des Zünders durch Krängung des Torpedos ausgeschlossen. Läuft der Torpedo in das Magnetfeld des Schiffes ein, so wird der magnetische Fluß in der Induktionsspule verändert. Die elektromotorische Kraft wird verstärkt und der elektrische Impuls einem Filter zugeführt. Das Relais spricht an und schaltet die Spannungsquelle an den Zünder, die Gefechtsladung detoniert.

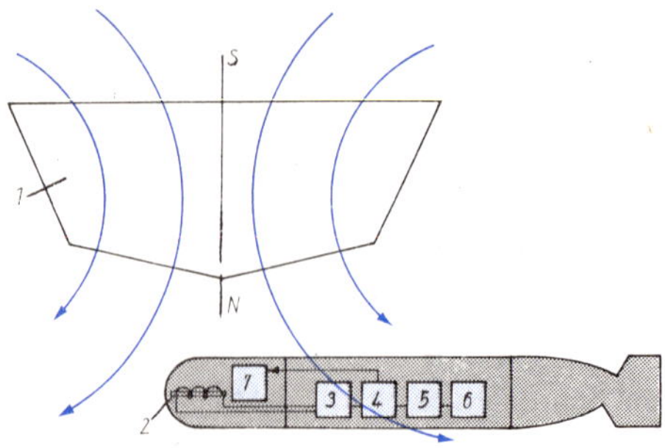

Bild 68 Torpedo mit passivem Induktionszünder
1 – Schiffskörper; 2 – Induktionsspule; 3 – Verstärker; 4 – Filter; 5 – Relais;
6 – Spannungsquelle; 7 – Zünder

Der Aufbau von Induktionszündern kann äußerst kompliziert sein. Sie können so dimensioniert werden, daß sie nur auf schiffstypische Änderungen des magnetischen Flusses ansprechen. Sie werden in der Regel mit Sicherungseinrichtungen (der Torpedo muß sich erst vom Träger eine bestimmte Strecke entfernt haben, bevor der Zünder bereit ist) und Detonationsschutzeinrichtungen (auf in der Nähe des Torpedos zu dessen Abwehr detonierende Ladungen, bzw. durch Detonation anderer Torpedos darf der Zünder nicht ansprechen) komplettiert.

Störungen, die auf ihn einwirken, können ausgehen von Schwingungen des Torpedokörpers im Magnetfeld der Erde, der Arbeit der elektrischen Antriebsanlage des Torpedos, Ummagnetisierungen des Torpedokörpers durch die Arbeit des Triebwerkes, Richtungs- und Tiefenveränderungen des Torpedos u. a. m.

Passive akustische Zünder reagieren auf die Veränderung des Schalldruckes, der vom zu bekämpfenden Schiff hervorgerufen wird. Erreicht der Schalldruck eine entsprechende Größe (der Torpedo befindet sich in unmittelbarer Nähe des Zieles), tritt der Zünder in Tätigkeit, und der Torpedo detoniert.

Zu Beginn des zweiten Weltkrieges wurden in den USA **passive optische Zünder** entwickelt, deren Wirkungsweise auf dem lichtelektrischen Effekt begründet war. Die Gefechtsladung detonierte in dem Moment, in dem der Torpedo in die Schattenzone unter dem gegnerischen Schiff einlief. Diese Zünder konnten allerdings nur am Tage angewendet werden.

Wissenschaftler und Konstrukteure arbeiten an der Entwicklung **passiver kosmischer Zünder**. Die kosmischen Strahlen durchdringen aufgrund ihrer hohen Energie die Erdatmosphäre, erreichen die Erdoberfläche und dringen in größere Wassertiefen ein. Das Schiff beeinflußt die kosmische Strahlung so, daß der Zünder auf die Strahlungsdifferenz ansprechen kann. Maßnahmen zur Dämpfung des kosmischen Feldes sind bisher nicht bekannt geworden.

Pressemeldungen zufolge sollen in jüngster Zeit auch Zünder erprobt worden sein, die auf die radioaktive Strahlung des Zieles reagieren. **Passive radioaktive Zünder** haben im Zusammenhang mit dem verstärkten Einsatz von Kernantriebsanlagen moderner Über- und Unterwasserschiffe eine große Zukunft.

Fast alle passiven Zündprinzipien haben den Nachteil, daß es möglich ist, entsprechende Abwehrmaßnahmen zu treffen. Dazu zählen die Entmagnetisierung des Schiffes, die Geräuschdämpfung des Schiffes und die Errichtung von Störquellen, die starke physikalische Felder erzeugen, um die Detonation der Gefechtsladung in einer für das Schiff gefahrlosen Entfernung einzuleiten.

Aktive Abstandszünder

Aktive Abstandszünder haben eine Quelle, die ein physikalisches Feld um den Torpedo aufbaut. Sie reagieren auf die Veränderung dieses Feldes durch das gegnerische Schiff.

Der am weitesten verbreitete Zünder dieser Art ist der **aktive elektromagnetische Zünder**. Die im Heckabteil des Torpedos untergebrachte Sendespule erzeugt ständig um den Torpedo ein elektromagnetisches Wechselfeld, das von zwei im Kopf des

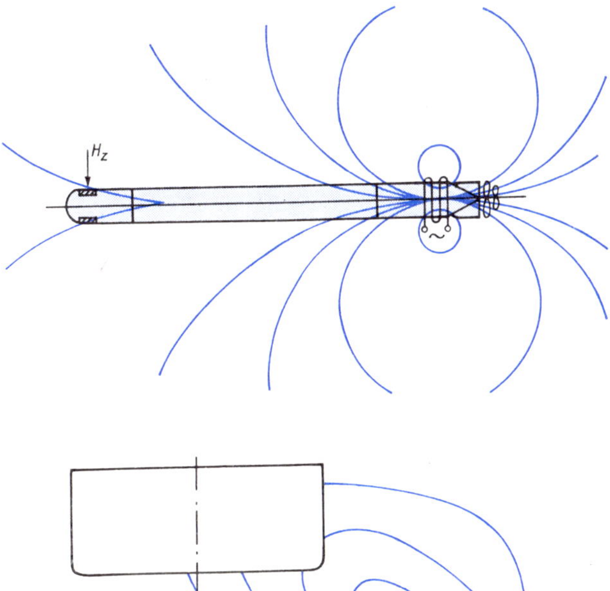

Bild 69
Elektromagnetisches Wechselfeld eines Torpedos mit aktivem elektromagnetischem Zünder

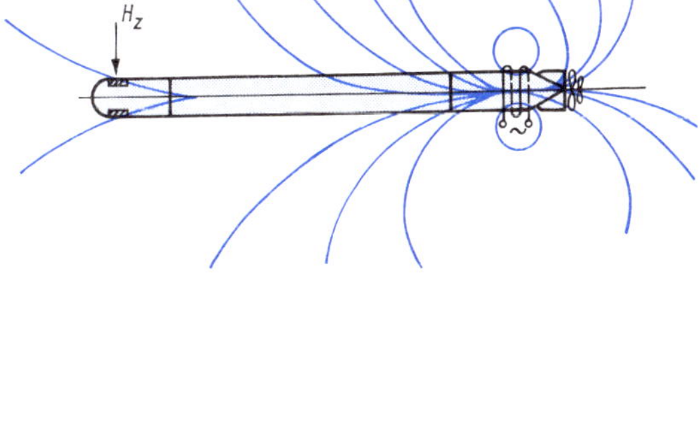

Bild 70
Verzerrung des elektromagnetischen Wechselfeldes des Torpedos durch das Ziel

Torpedos befindlichen Empfangsspulen aufgenommen wird. Infolge der Zentrierung der Sendespule bezüglich des Torpedokörpers und durch die Homogenität der Umgebung ist dieses elektromagnetische Wechselfeld symmetrisch um die Torpedoachse angeordnet und ändert sich nicht. Die in Reihe und Gegentakt geschalteten Wicklungen der Empfangsspulen erzeugen elektromotorische Kräfte, deren Resultierende gleich Null ist.

Gelangt der Torpedo in die Nähe des Zieles, wird die Symmetrie des elektromagnetischen Feldes gestört. Die Deformierung des elektromagnetischen Wechselfeldes bringt unterschiedliche elektromotorische Kräfte in den Empfangsspulen hervor. Im Ergebnis dessen entsteht eine resultierende elektromotorische Kraft (Signal), die an den Eingang eines Verstärkers gelangt. Das verstärkte Signal wird in einen Gleichstromimpuls umgeformt, der für die Funktion des Zünders und die Einleitung der Detonation der Gefechtsladung notwendig ist.

Der **aktive akustische Zünder** (hydroakustischer Zünder) wird vorzugsweise in UAW-Torpedos eingesetzt. Ein Geber sendet akustische Impulse aus, die der Schiffskörper reflektiert. Ein Empfänger nimmt die reflektierten Impulse auf. Sie werden verstärkt, in einen elektrischen Impuls umgewandelt und so die Detonation der Gefechtsladung eingeleitet.

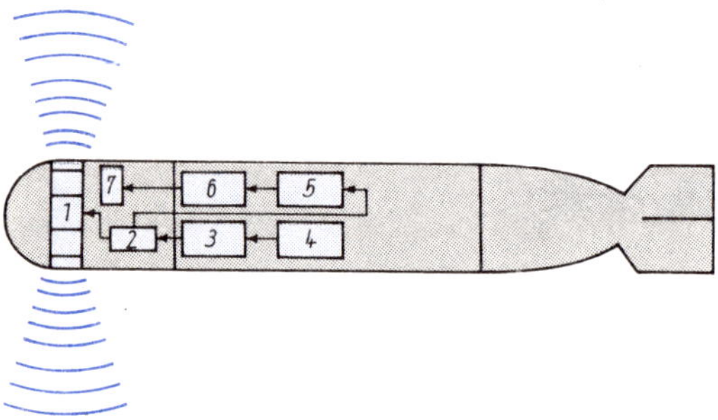

Bild 71 Torpedo mit aktivem akustischem Zünder
1 – Sende- und Empfangseinrichtung; 2 – Umformer; 3 – Entfernungssicherung;
4 – Generator; 5 – Verstärker; 6 – Filter; 7 – Zünder

Der **aktive optische Zünder** sendet von einem Geber einen gebündelten Lichtstrahl bestimmter Intensität aus. Eine Fotozelle nimmt die vom Ziel reflektierte Lichtstrahlung auf, wandelt sie in ein elektrisches Signal um und leitet so die Detonation der Gefechtsladung ein. Spezielle Sicherungsvorrichtungen treten in Funktion, falls auf die Fotozelle Lichtstrahlen einwirken, die nicht der vom Geber ausgesendeten und vom Ziel reflektierten entsprechen.

Aktive Abstandszünder sind weitestgehend störsicher und arbeiten zuverlässig. Sie benötigen leistungsstarke Energiequellen.

Um die Vorteile passiver und aktiver Abstandszünder voll nutzen zu können und ihre Nachteile weitestgehend zu unterdrücken, wurden **kombinierte Abstandszün-**

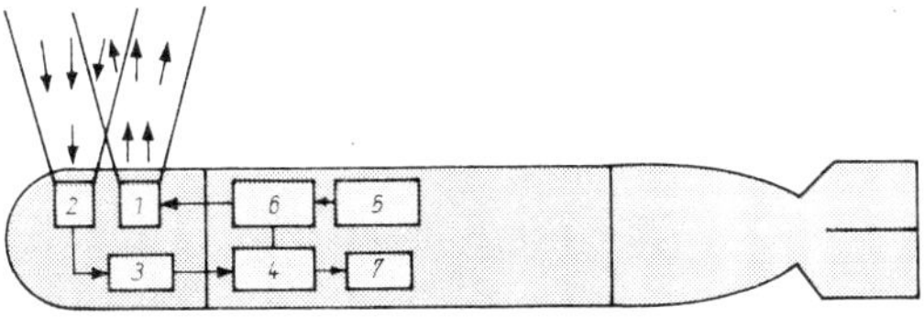

Bild 72 Torpedo mit aktivem optischem Zünder
1 – Geber; 2 – Empfänger; 3 – Sicherungseinrichtung; 4 – Verstärker; 5 – Energiequelle; 6 – Entfernungssicherung; 7 – Zünder

der geschaffen. In ihnen arbeiten aktive und passive Elemente gleichzeitig, wechselnd in Intervallen oder nacheinander.

An die Stelle des Pendels des Aufschlagzünders tritt beim Abstandszünder ein Elektromagnet, der die Schlagbolzenspitzen betätigt. Die Gefechtsladung wird dann über Zündhütchen, Zündkapseln und Sprengbüchse initiiert.

Jeder Abstandszünder benötigt Einrichtungen, die eine ungewollte, vorzeitige Detonation der Gefechtsladung durch Einwirkung von Störungen auf den Zünder verhindern. Unabhängig von der Geschwindigkeit und der Lauftiefe des Torpedos, der Geschwindigkeit des Zieles, dem Begegnungswinkel zwischen Torpedo und Ziel, den Parametern des Seewassers und der Charakteristik des Zündprinzips, muß jeder Abstandszünder zuverlässig arbeiten. Also kann man feststellen, daß der Aufbau eines Abstandszünders komplizierter und der Umfang der Baugruppen und ihre Masse größer ist als bei einem Aufschlagzünder. Das führt dazu, daß die Baugruppen nicht ausschließlich im Gefechtskopf untergebracht werden können, sondern sich über alle Abteile des Torpedos erstrecken.

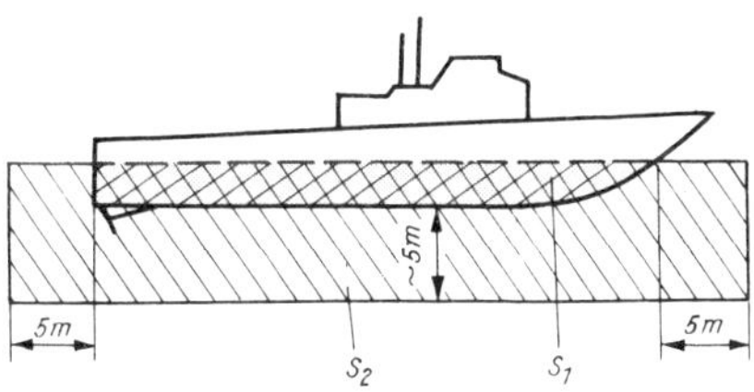

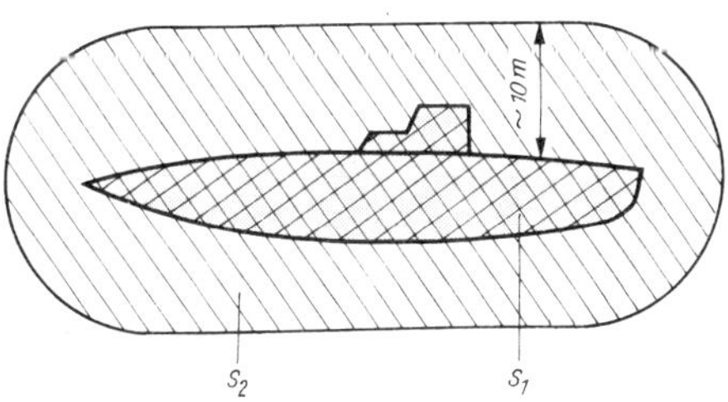

Bild 73
Vergleich der Wirkungszone von Aufschlagzündern (Fläche S_1) und Abstandszündern (Fläche S_2)

Die Vorteile der Torpedos mit Abstandszünder bestehen in der vergrößerten Wirkungszone, in der größeren Zerstörungswirkung, im effektiven Einsatz gegen Überwasserziele mit extrem geringem Tiefgang (z. B. Landungsschiffe) und im stabilen Lauf. Die Abstandszündung hat aber auch Nachteile; um Störungen oder Versagen zu kompensieren, wird jeder Abstandszünder durch einen Aufschlagzünder dubliert. Hohe Kosten, Beeinträchtigung der taktischen Eigenschaften des Torpedos (Geschwindigkeit, Laufstrecke, Ladungsmasse) durch die Ausmaße und die Masse der im Torpedo unterzubringenden Baugruppen sind ebenfalls Nachteile dieser Zündung.

4. Steuerung von Torpedos

Der Torpedo muß seine Bewegung auf einer entsprechenden Laufbahn mit der geforderten Genauigkeit einhalten. Diese Genauigkeit ergibt sich aus der Notwendigkeit, daß der Torpedo ein sich bewegendes Ziel mit entsprechenden Abmessungen treffen bzw. in einem solchen Abstand passieren soll, der ein Ansprechen der im Torpedo untergebrachten Zündeinrichtungen gewährleistet.

Im Torpedo müssen also Anlagen oder Geräte eingebaut sein, die eine Steuerung auf einer bestimmten Laufbahn, sowohl in horizontaler als auch in vertikaler Ebene, realisieren. Dafür kommen zwei Hauptmethoden, die autonome Steuerung und die Folgesteuerung, zum Einsatz.

Außer diesen beiden Hauptmethoden der Steuerung kommen in der Gegenwart im Torpedo die unterschiedlichsten Kombinationen zur Anwendung. Auf diese Kombinationen wird im weiteren noch eingegangen. Zur Realisierung der Steuermethoden wurden verschiedene Steuergeräte entwickelt, die sich unterteilen in:

- Geräte der **automatischen Stabilisierung** – sie dienen dazu, eine oder mehrere Regelgrößen in ihrer Konstantheit zu erhalten. Zu diesen Geräten gehören das Kreiselgerät und der Tiefenapparat des Torpedos.
- Geräte der **Programmsteuerung** – sie geben automatisch Veränderungen der Regelgrößen nach einem vorher festgelegten Programm ein und wirken auf die Geräte der automatischen Stabilisierung, insbesondere auf das Kreiselgerät.
- Geräte der **Folgesteuerung** – in diesen Geräten reagiert die Regelgröße auf von außen eingehende Veränderungen, deren Gesetzmäßigkeit vor dem Schuß nicht bekannt ist. Zu diesen Geräten gehören die Zielsuch- und die Fernsteuereinrichtungen.

4.1. Autonome Steuerung

Bei der autonomen Steuerung erhält der Torpedo nach seinem Ausstoß keinerlei Informationen über den Standort und die Bewegungselemente des Zieles. Er steuert also eine vorher berechnete Laufbahn, die nicht mehr verändert werden kann. Den Steuerorganen im Torpedo ist es nicht möglich, auf Manöver des Zieles, die während des Torpedolaufes vonstatten gehen, zu reagieren.

4.1.1. Tiefensteuerung

Die Torpedos müssen in einer bestimmten Wassertiefe laufen, damit sie den Unterwasserteil des gegnerischen Überwasserschiffes treffen.

Demzufolge muß ein Tiefensteuergerät gewährleisten, daß die vor dem Schuß eingestellte Tiefe (sowohl beim Überwasser- als auch beim Unterwasserschuß) einge-

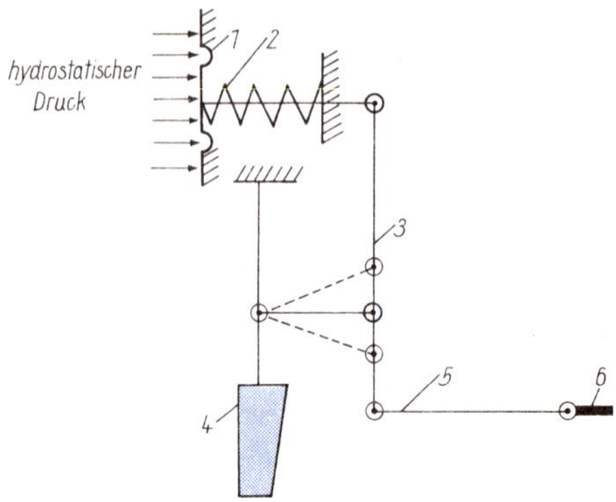

Bild 74
Prinzipieller Aufbau eines der ersten Tiefenapparate
1 – Druckplatte; 2 – Tiefenfeder; 3 – Gestänge; 4 – Pendel; 5 – Übertragungsgestänge; 6 – Tiefenruder

nommen wird und der Torpedo in dieser Tiefe läuft. Die theoretischen Grundlagen zur Lösung des Problems sind in den Gesetzen der Hydrostatik begründet.

Praktische Anwendung fanden diese Gesetze bereits in den ersten Torpedos von *Whitehead.* Der von ihm in den Torpedo eingebaute Tiefenapparat befand sich direkt hinter dem Kopf in einer Kammer. Über ein Gestänge steuerte dieser Apparat den Torpedo mehr oder weniger genau auf der eingestellten Tiefe. Einzelheiten über diesen Tiefenapparat wurden nicht bekannt.

Bereits 1868 gab es einen von *Whitehead* verbesserten Tiefenapparat, der eine Druckplatte und ein Pendel hatte. Die Druckplatte reagierte auf den hydrostatischen Druck des Seewassers und das Pendel auf die Neigung des Torpedos.

Die 1873 von Deutschland bei *Whitehead* gekauften Torpedos hatten Tiefenapparate, die aus einer Tiefenfeder, einer Druckplatte und einem Pendel bestanden. Der Tiefenapparat war im vorderen Teil des Torpedos, unmittelbar hinter dem Kopf, angeordnet. Der befohlene Tiefenlauf wurde vor dem Schuß eingestellt, indem die Tiefenfeder auf den in dieser Tiefe herrschenden hydrostatischen Druck reguliert wurde. Lief der Torpedo oberhalb der eingestellten Tiefe, so drückte die sich ausdehnende Tiefenfeder als Folge des geringeren hydrostatischen Druckes die mit ihr verbundene Druckplatte nach vorn. Über mehrere Gestänge wurde das Tiefenruder nach unten gelegt. Der Torpedo reagierte auf diesen Ruderausschlag und nahm eine nach vorn unten gerichtete Trimmlage ein. Dabei führte er eine Bewegung um das senkrecht hängende Pendel aus. Die dabei entstehende Kraft wirkte über die Gestänge auf das Tiefenruder und legte es nach oben. Der Torpedo nahm wieder seine horizontale Lage ein. Befand sich der Torpedo unterhalb der eingestellten Tiefe, so reagierte der Tiefenapparat genau umgekehrt. Der Torpedo hielt also nicht konstant die eingestellte Tiefe, sondern schwang ständig, wenn auch mit geringer werdender Amplitude, um die Solltiefe. Dieser Tiefenapparat arbeitete zwar recht zuverlässig, benö-

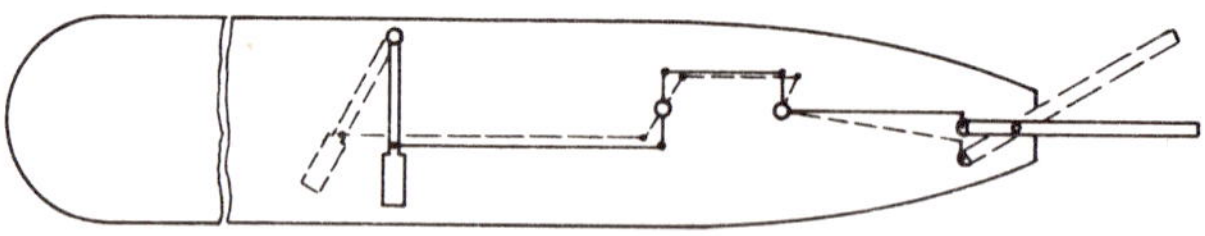

Bild 75
Funktion des Pendels

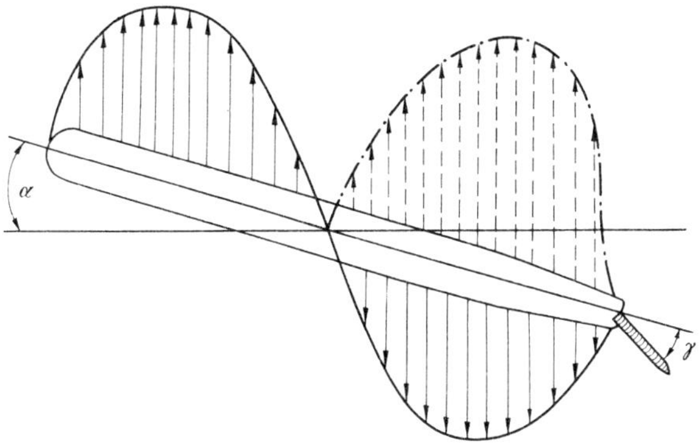

Bild 76
Auftriebskräfte am Torpedo während des Laufes
α – Anstellwinkel; γ – freier Winkel

tigte aber ein relativ schweres Pendel. Das Pendel belastete den vorderen Teil des Torpedos und schränkte damit die Masse der Sprengladung ein.

Das führte schon sehr bald dazu, dieses schwere Pendel zu ersetzen und den Tiefenapparat weiter hinten im Torpedo anzuordnen. Der gewonnene Platz im vorderen Teil des Torpedos stand für die Ladungsmasse zur Verfügung. Der neue Tiefenapparat war in seiner Masse und seinen Abmessungen kleiner. Er bestand aus einem vom hydrostatischen Druck beaufschlagten, durch eine Feder ausgeglichenen Kolben, der auf die befohlene Tiefe eingestellt wurde. Dieser Kolben verstellte bei der durch Tiefenschwankungen auftretenden Be- oder Entlastung die Tiefenruder mit Hilfe einer kleinen pneumatisch arbeitenden Rudermaschine. Die eintretende Neigung des Torpedos um seine Querachse ließ ein zur Tiefensteuerung gehörendes Pendel sofort in Aktion treten. Dadurch schlug das Ruderblatt in entgegengesetzter Richtung aus, und der Torpedo pendelte mit immer flacher werdenden Schwingungen um die eingestellte Tiefe. Beim Schuß war das Pendel zunächst blockiert, um störende Trägheitseinflüsse auszuschalten. Lag der Torpedo etwa horizontal im Wasser, begann das Pendel zu arbeiten.

Von allen Geräten im Torpedo sind mit dem Tiefenapparat die meisten Versuche unternommen worden, ohne allerdings das Grundprinzip, den Kräfteausgleich, zu verändern. Dieses Prinzip beruht auf dem Ausgleich des hydrostatischen Druckes des Seewassers mit der Kraft einer vor dem Schuß eingestellten Feder. Aus der Hydrostatik ist bekannt, daß durch die Eigenmasse des Seewassers ein Schweredruck, der hydrostatische Druck (Druck in einer ruhenden Flüssigkeit), erzeugt wird. Entsprechend dem Gesetz von *Pascal* breitet sich der Druck allseitig in gleicher Stärke aus. Er nimmt mit der Höhe der Flüssigkeitssäule zu.

Wirkt der hydrostatische Druck (p) auf eine Fläche (A), so ergibt das die Kraft (F), die mit der Kraft der Tiefenfeder verglichen werden kann. Bei der Tiefensteuerung wird die Fläche durch eine Druckplatte realisiert. Da die Fläche der Druckplatte unveränderlich ist, ist die Kraft nur vom hydrostatischen Druck in der Solltiefe abhängig. Die Kraft läßt sich berechnen nach der Formel:

$$F = p \cdot A \text{ [N]}. \qquad (10)$$

Da der hydrostatische Druck ein Skalar ist, kann die Druckplatte demnach unter jedem beliebigen Winkel zur Wasseroberfläche angeordnet sein.

In den ersten Tiefensteuersystemen wirkten die Druckplatte und das Pendel getrennt voneinander auf die Tiefenruderblätter. Später kam es durch eine andere Aufhängung des Pendels dazu, daß das Pendel gegen die Kraft der Tiefenfeder wirkte. Das Pendel konnte zwar nicht die Kraft der Tiefenfeder aufheben, aber doch schwächen. Da die durch die Druckplatte und das Pendel erzeugten Impulse relativ gering waren, aber die Ruderblätter kräftig in den Fahrtstrom gelegt werden mußten, wurde eine Rudermaschine eingebaut. Diese wirkte als pneumatischer Verstärker und verhinderte, daß der Fahrtstrom die Tiefenruderblätter wieder zurückdrückte. Weiterhin hatte man erkannt, daß der Torpedo bei seiner Bewegung im Wasser immer versuchte, unter einem bestimmten Anstellwinkel zu laufen. Dieser Winkel kam zustande, weil die Sogwirkung der Treibschrauben am hinteren Teil des Torpedos einen negativen Auftrieb und am vorderen Teil einen positiven Auftrieb verursachte. Diese Momente gefährdeten die Stabilität des Torpedolaufes und konnten dazu führen, daß sich der Torpedo während des Laufes überschlug. Diese Gefahr wurde durch das Anbringen von horizontalen Stabilisierungsflächen und durch die Stellung der Tiefenruderblätter im «freien Winkel» gebannt. Durch die eingeleiteten Maßnahmen entstand am hinteren Teil des Torpedos ein zusätzlicher positiver Auftrieb, der den Torpedo waagerecht in die Strömung zwang.

Gleichen sich Federkraft und hydrostatischer Druck an der Druckplatte aus und bewegt sich der Torpedo waagerecht im Seewasser, dann hängt das Pendel senkrecht. Der Kolben der Rudermaschine steht in Mittelstellung, aber die Ruderblätter liegen geringfügig nach unten – im «freien Winkel». Der «freie Winkel» ist für die einzelnen Torpedotypen unterschiedlich.

Die ersten Tiefenapparate hatten ihre Wirkungsgrenze bei 3 m Tiefe, da die großen Überwasserschiffe bis 2 m unter der Wasserlinie geschützt waren. Später trat die Forderung auf, die Torpedos auch gegen auf Sehrohrtiefe laufende U-Boote und gegen Schiffe mit geringem Tiefgang einzusetzen. Der Tiefensteuerbereich mußte folglich erweitert werden. Bei Seezieltorpedos beträgt er heute etwa 0 bis 15 m.

Mit zunehmender Geschwindigkeit des Torpedos traten auch Probleme beim Ein-

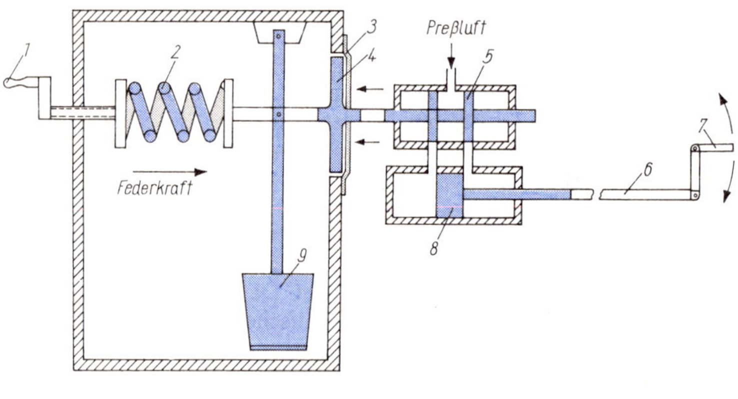

Bild 77 Prinzip eines Tiefensteuersystems
1 – Einstellvorrichtung; 2 – Tiefenfeder; 3 – abdichtende Membrane; 4 – Druckplatte; 5 – Schieber; 6 – Übertragungsgestänge; 7 – Tiefenruder; 8 – Kolben; 9 – Pendel

steuern auf. Um zu verhindern, daß der Torpedo durch die Trägheit der Signalübertragung zu tief abtauchte oder die Wasseroberfläche durchbrach, kam der Gedanke auf, den Ausschlag der Ruderblätter für eine bestimmte Torpedolaufstrecke, unabhängig von der Arbeit des Tiefenapparates, zu sperren. Die Ursache der Einsteuerschwierigkeiten war der große Kräfteunterschied zwischen der vorgespannten Tiefenfeder und dem jeweils herrschenden hydrostatischen Druck. Das beeinflußte den Trimmwinkel, mit dem der Torpedo die eingestellte Tiefe ansteuerte. Rudersperrvorrichtungen verhindern zu Beginn des Torpedolaufes Bewegungen der Tiefensteuergestänge und damit Ruderblattausschläge, bis der Torpedo die eingestellte Solltiefe erreicht hat. Dort gleichen sich der hydrostatische Druck des Seewassers und die Kraft der vorgespannten Tiefenfeder aus. Wird jetzt die Rudersperrung aufgehoben, so nimmt der Torpedo keine maximalen Ruderblattausschläge in Anspruch, und die Einsteuerkurve wird abgeflacht.

Bereits 1879 wurden die ersten Rudersperrvorrichtungen in «Whitehead»-Torpedos eingebaut.

Die in der Gegenwart verwendeten Tiefensteuersysteme, so unterschiedlich sie auch konstruktiv geartet sein mögen, bestehen im wesentlichen aus dem Tiefenapparat mit Tiefenfeder, Druckplatte und Pendel, der Tiefensteuermaschine, der Rudersperrvorrichtung, den Übertragungsgestängen und den Tiefenruderblättern.

Entsprechend dem Verwendungszweck des Torpedos (Seeziel-, UAW- oder universeller Torpedo) finden weitere Baugruppen für die Erfüllung spezieller Aufgaben Anwendung.

Im folgenden wird das Wirkungsprinzip der Tiefensteuerung eines Seezieltorpedos erläutert. Zum besseren Verständnis wird zunächst auf die Funktion des Pendels und der Rudersperrvorrichtung verzichtet.

Vor dem Schuß wird über die Einstellvorrichtung die Tiefenfeder derart gespannt, daß ihre Kraft dem hydrostatischen Druck in der befohlenen Lauftiefe (Solltiefe) entspricht. Die gespannte Tiefenfeder drückt die Druckplatte und damit den Steuerschieber nach hinten. Im Moment des Schusses tritt Preßluft vor den Kolben der Tiefensteuermaschine, und der Kolben legt die Ruderblätter nach unten. Der Torpedo tritt ins Wasser ein und steuert die Solltiefe an. Der hydrostatische Druck wächst, und bei Erreichen der Solltiefe gelangen die Ruderblätter in Nullage. Durch seine Masse und Geschwindigkeit untersteuert der Torpedo die Solltiefe. Der hydrostati-

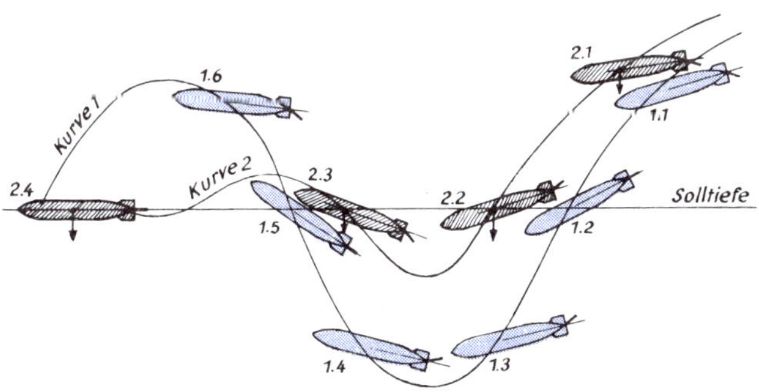

Bild 78
Einsteuerverhalten des Torpedos
Kurve 1 – ohne Pendel;
Kurve 2 – mit Pendel

sche Druck bringt die Druckplatte und damit den Schieber nach vorn. Preßluft gelangt hinter den Kolben, und die Tiefenruder werden nach oben gelegt. Der Torpedo steuert von unten die Solltiefe an, übersteuert diese, und erst dann können die Ruderblätter nach unten gelegt werden. Dieser Vorgang würde sich ständig wiederholen, der Torpedo in Form einer sinusförmigen Schwingung um die Solltiefe pendeln. Das aber verhindert das Pendel, es übernimmt die Feinregelung. Bereits beim Erreichen der Solltiefe werden die Ruderblätter stützend in die entgegengesetzte Richtung gelegt, und dadurch wird die Steuerkurve abgeflacht. Sie hat das Aussehen einer gedämpften Schwingung (Bild 78, Kurve 2).

Läuft der Torpedo auf der Solltiefe, liegen die Ruderblätter in Nullage («freier Winkel»).

Wird nun der Torpedo kopf- oder hecklastig, dreht er sich um das senkrecht hängende Pendel, das sofort auf der Solltiefe einen stützenden Ruderblattausschlag bewirkt.

Ausgehend von dem bisher Dargelegten soll nun die Tiefensteuerung mit der Funktion der Rudersperrvorrichtung anhand von zwei Beispielen betrachtet werden.

Der technische Zusammenhang ergibt sich aus dem Zusammenwirken zwischen Tiefenfeder – Druckplatte und dem Kolben der Tiefensteuermaschine. Indem man den Kolbenhub zeitlich begrenzt, sind vorerst keine der eingestellten Tiefe entsprechenden Ruderblattausschläge möglich. Betrachten wir zunächst den Schuß eines Seezieltorpedos von einem Überwassertorpedoträger und nehmen an, daß an der Rudersperrvorrichtung folgende Werte eingestellt wurden:

– Sperrlage	– 10 mm
– Sperrstrecke nach oben	100 m
– Sperrstrecke nach unten	120 m

Der Torpedo tritt mit einem Ruderblattausschlag von –10 mm ins Wasser ein und steuert die eingestellte Tiefe flach an. Übersteuert er die eingestellte Tiefe, so sind nach 100 m Laufstrecke volle Ruderblattausschläge nach oben möglich. Der Torpedo wird also nach oben in Richtung der Solltiefe gezwungen. Erst nach Ablauf von 120 m wären volle Ruderblattausschläge nach unten möglich, die jedoch durch den Torpedo nicht mehr in Anspruch genommen werden, da er bereits etwa auf der Solltiefe läuft.

Beim Schuß eines Seezieltorpedos von einem Unterwassertorpedoträger werden beispielsweise folgende Werte eingestellt:

– Sperrlage	+ 11 mm
– Sperrstrecke nach oben	100 m
– Sperrstrecke nach unten	80 m

Der Torpedo muß in diesem Falle 100 m laufen, und die Ruderblätter sind während dieser Zeit auf 11 mm im Ausschlag nach oben begrenzt. Er steuert von unten die eingestellte Tiefe an. Übersteuert er die eingestellte Tiefe, so sind nach Ablauf von 80 m volle Ruderblattausschläge nach unten möglich, obwohl die Rudersperrung noch nicht voll abgelaufen ist. Der Torpedo wird also in Richtung der Solltiefe nach unten gezwungen. Nach Ablauf von 100 m wären auch volle Ruderblattausschläge nach oben möglich, die der Torpedo jedoch in diesem Falle nicht mehr in Anspruch nimmt.

In Abhängigkeit vom Torpedoträger und vom jeweiligen Torpedotyp mußten für die Rudersperrvorrichtung günstige Einstellungen in aufwendigen praktischen Versuchen gefunden werden. Von diesen Einstellungen wird das Einsteuerverhalten des

Torpedos wesentlich beeinflußt und damit auch das gesamte System der autonomen Tiefensteuerung.

Schlußfolgernd kann man feststellen, daß in der Gegenwart autonome Tiefensteuersysteme in allen Seezieltorpedos zur Anwendung kommen und daß sie universell ausgelegt sind.

4.1.2. Kurssteuerung

Der Torpedo muß, um das Ziel zu treffen, nicht nur in der Tiefe, sondern auch in der Richtung gesteuert werden.

In der Anfangszeit hatten die Torpedos zunächst keine Steuergeräte für die Beibehaltung des Kurses. Demzufolge traten bei den Torpedoeinsätzen erhebliche seitliche Abweichungen am Ziel auf. Bei minimalen Schußentfernungen wirkte sich dieser Versatz geringfügig aus. Da jedoch die Anwender eine größere Schußentfernung forderten, war es notwendig, ein Gerät zu konstruieren, das den Torpedokurs steuerte.

Die theoretischen Grundlagen zur Lösung des Problems hatte zwar der französische Physiker *L. Foucault* gefunden, aber es fehlten praktische Anwendungsbeispiele. Im Jahre 1879 schlug der russische Oberst *A. Spakowski* erstmals ein Projekt zur Anwendung eines Gyroskops für die Kurssteuerung von Torpedos vor. Ob es damals in Rußland verwirklicht wurde, ist nicht bekannt. 1890 erfuhr *Whitehead* von einem primitiven Gyroskop, dem «Petrovitsch», und beschaffte sich ein derartiges Modell aus Rußland.

Im Jahre 1895 entwickelte dann der ehemalige Leutnant der österreichisch-ungarischen Marine, *L. Obry*, ebenfalls ein Gyroskop. Diese ausgefeilte Konstruktion bestand aus einem etwa 800 g schweren Schwungrad von 7 bis 8 cm Durchmesser, das durch eine Feder auf etwa 2 400 U/min gebracht wurde. Das Schwungrad, Schlüssel zum Gyroskop, wendete auch *Whitehead* an. Ein Schieber steuerte die Preßluftzufuhr zu einer Rudermaschine, wodurch die Seitenruder gelegt wurden. Die Genauigkeit der Torpedolaufbahn verbesserte sich auf 0,5° Seitenabweichung.

Da aber dieses Gyroskop den Anforderungen noch nicht genügte, bemühten sich Wissenschaftler und Konstrukteure um seine Verbesserung. Die deutsche Firma Schwartzkopff entwickelte ein eigenes Modell – das «Kaselowski»-Gerät. Es stellte eine Alternative zu *Obrys* Gyroskop dar. In einigen Torpedotypen der kaiserlichen deutschen Marine wurden sogenannte «Zweikreisel» eingebaut. Die zwei Kreisel wirkten nacheinander und verbesserten so die Geradlaufeigenschaften der Torpedos.

Im Jahre 1902 erprobte man das erste pneumatisch angetriebene Kreiselgerät, das eine Laufzeit von 6 bis 8 min hatte. Trotz dieser relativ langen Laufzeit, verlor der Kreiselrotor schnell seine Drehzahl und damit seine Stabilität. Im Jahre 1911 löste man das Problem einer konstant hohen Drehzahl des Kreiselrotors endgültig. Preßluft brachte den Kreiselrotor schnell auf eine hohe Drehzahl, und Nachblaseluft trieb ihn während der gesamten Torpedolaufzeit an. Die konstante Drehzahl konnte für eine Arbeitsdauer von 12 bis 14 min gehalten werden.

Man erprobte auch das elektrische Nachdrehen des Kreiselrotors. Auf der Antriebswelle des Torpedos wurde ein Generator angebracht, dessen elektrische Energie für eine konstant hohe Drehzahl ausreichte.

Im Jahre 1910 garantierte die Firma Whitehead für ihre Torpedos eine seitliche

Abweichung von nicht mehr als 0,6 % des absolvierten Weges bei 1000 m Laufstrecke, von 0,75 % bei 2000 m Laufstrecke und von 0,83 % bei 3000 m Laufstrecke.

Die zu diesem Zeitpunkt erreichten Geradlaufgenauigkeiten der Torpedos ließen es zu, die Torpedoschußentfernung zu vergrößern. Da in der Gegenwart die Kreiselgeräte ihre Bedeutung zur automatischen Stabilisierung des Torpedokurses keinesfalls verloren haben, sollen nachfolgend die wichtigsten Grundlagen der Kreiseltheorie behandelt werden.

Die Definition des Kreisels lautet:
«Unter einem Kreisel versteht man einen starren Körper, der in einem Punkt drehbar gelagert ist. Er hat somit drei rotatorische Freiheitsgrade.» [9]

Im Torpedo wird als Kreisel ein schwerer, symmetrischer Rotationskörper verwendet. Seine drei Achsen schneiden sich im Kreiselschwerpunkt, und die Bewegungsgröße der Summe aller Massepunkte des Rotors ist gleich Null.

Der Drehimpuls (L) des Kreisels (Drallvektor) ergibt sich aus dem Produkt von Trägheitsmoment (J) und der Winkelgeschwindigkeit (ω).

$$L = J \cdot \omega \,[\mathrm{Nms}]. \tag{11}$$

Das Trägheitsmoment (J) ist der Trägheitswiderstand eines rotierenden Körpers gegen die Änderung seiner Rotationsgeschwindigkeit. Es ist abhängig von der Masse (m) und dem Quadrat ihres Abstandes (r^2) von der Drehachse.

$$J = m \cdot r^2 \,[\mathrm{kgm^2}]. \tag{12}$$

Um den Bezugswert eines rotierenden Körpers zu finden, bedient man sich der Winkelgeschwindigkeit (ω). Unter der Winkelgeschwindigkeit einer gleichförmigen Drehbewegung versteht man den Winkel (φ), um den die Drehung in der Zeiteinheit (t) erfolgt.

$$\omega = \frac{\varphi}{t} \left[\frac{1}{\mathrm{s}}\right]. \tag{13}$$

Die Richtung des Drallvektors wird nach der Korkenzieherregel bestimmt. Der Vektor ist auf den Beobachter gerichtet, der die Rotation des Kreisels als linksläufige Drehbewegung sieht.

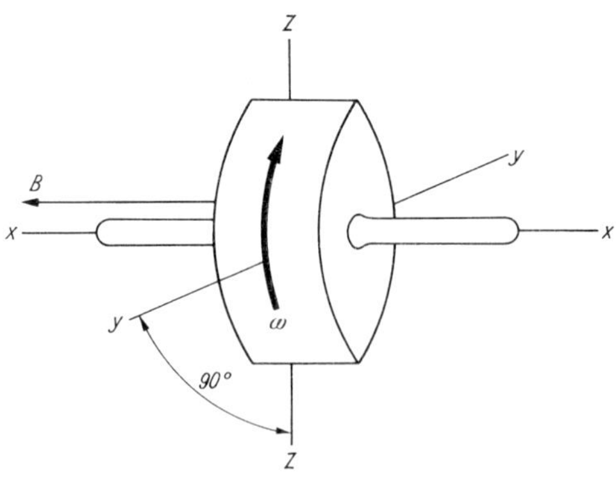

Bild 79
Freier Kreisel mit drei Achsen und Drallvektorendarstellung
X – Rotationsachse; Y – Empfindlichkeitsachse; Z – Präzessionsachse; ω – Winkelgeschwindigkeit; B – Drallvektor

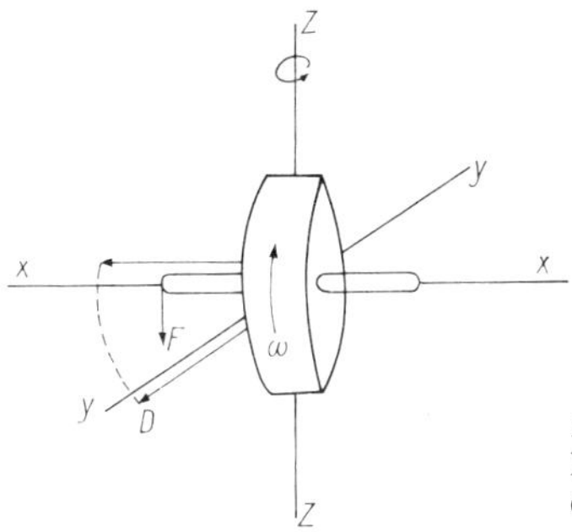

Bild 80
Präzessionsbewegung
des Kreisels

Die Rotationsachse des Kreisels (x-Achse) fällt mit dem Drallvektor zusammen. Man nennt das Achsenende, auf das der Drallvektor weist, auch Pol des Kreisels. Wenn ein Kreisel mit hoher Drehzahl läuft und keine äußeren Kräfte ihn um eine seiner drei Achsen zu kippen versuchen, verhält er sich nach dem **ersten Kreiselgesetz**:
Ein schnell rotierender Kreisel behält bei entsprechender Winkelgeschwindigkeit seine Richtung im Raum bei, sofern keine äußere Kraft auf seine Achsen wirkt.

Das bedeutet also, daß die Rotationsachse des Kreisels im Raum die ihr beim Anlassen gegebene Richtung unverändert beibehält. Daraus folgt, daß Parallelverschiebungen (Tiefensteuerbewegungen, seitlicher Versatz durch Seegang und Strömung, Krängungsbewegungen, translative Bewegungen) um die Rotationsachse und die Empfindlichkeitsachse keinen Einfluß auf die Richtungsstabilität des Kreisels ausüben.

Wie verhält sich nun der Kreisel unter der Einwirkung äußerer Kräfte?

Wirkt eine Kraft auf eine Achse eines mit hoher Drehzahl rotierenden Kreisels, so ist festzustellen, daß der Kreisel nicht entsprechend der angreifenden Kraft abkippt, sondern daß eine Bewegung senkrecht zur Richtung der angreifenden Kraft (F) einsetzt. Diese Bewegung des Kreisels wird als Präzessionsbewegung, kurz Präzession, bezeichnet. Diese Erscheinung drückt das **zweite Kreiselgesetz** aus:

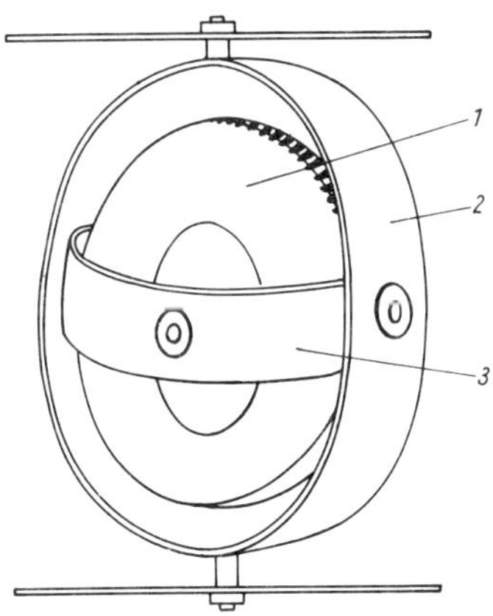

Bild 81
Kardanische Aufhängung eines Kreisels
1 – Kreiselrotor; 2 – äußerer Kardanring;
3 – innerer Kardanring

Versucht eine äußere Kraft den Kreisel zu kippen, so ist die Kreiselachse bestrebt, auf kürzestem Wege die Richtung der Nebenachse einzunehmen, auf die das Moment der Kraft wirkt. Somit kommt es zur Präzession des Kreisels.

Wenn beispielsweise eine äußere Kraft (*F*), die das Drehmoment (*D*) hervorruft, an der x-Achse des Kreisels angreift, so ist die Richtung des Drehmoments auf den Betrachter gerichtet, und er beobachtet diese Bewegung wiederum linksläufig (Bild 80). Das Ende der Achse, auf das das Drehmoment weist, wird als Pol der Kraft bezeichnet. Die Präzession ergibt sich dann nach der Polregel, die besagt, daß der Pol des Kreisels bestrebt ist, sich auf kürzestem Weg dem Pol der Kraft zu nähern. Aus dem Gesagten folgt, daß das zweite Kreiselgesetz bereits dann zu wirken beginnt, wenn durch geringe Einflüsse (Staubablagerungen, fehlerhafte Überprüfungen, Überschreiten der Kontrolltermine, große Temperaturschwankungen, zu starkes Einölen, Verschmutzungen) eine Seite des Kreiselkörpers schwerer als die andere wird. Dadurch wirkt eine äußere Kraft auf die Hauptachse, und es setzt die unerwünschte Präzession ein. Der Kreisel wandert aus der ihm beim Schuß verliehenen Richtung, er kann die Kursstabilität des Torpedos nicht realisieren. Daraus folgt, daß Kreiselgeräte empfindliche Bauteile sind, die ihre Funktion nur erfüllen können, wenn die strengen Lagerungs- und Wartungsbedingungen strikt eingehalten werden und beim Umgang mit ihnen große Sorgfalt gezeigt wird.

Nach ihrer Verwendung werden Kreisel in drei Gruppen – Steuerkreisel, Integrierkreisel und Differenzierkreisel – unterteilt.

Für die Kurssteuerung des Torpedos kommen nur Steuerkreisel in Frage. Sie haben drei Freiheitsgrade, die durch eine kardanische Aufhängung des Kreisels realisiert werden. Der Kreisel kann sich also um seine drei Achsen frei drehen.

Bei den in Torpedos angewendeten Kreiselgeräten handelt es sich also nicht um richtungsuchende, sondern um richtunghaltende Kreisel, deren Hauptachse (x-Achse) die ihr beim Anlassen gegebene Richtung beibehält. Damit eine genügend hohe Stabilität des Kreisels erreicht wird, muß die Drehzahl des Rotors zwischen 20 000 und 30 000 U/min liegen und seine Masse genügend groß sein. Außerdem muß die Masse möglichst außen angeordnet sein. Diese Bedingung führte zu der typischen Form des Kreiselrotors.

Unter den Bedingungen des modernen Seegefechts müssen Kreiselgeräte folgende

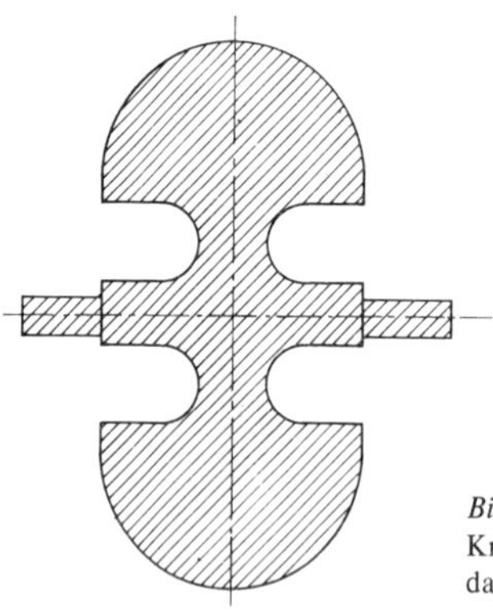

Bild 82
Kreiselrotor in Schnittdarstellung

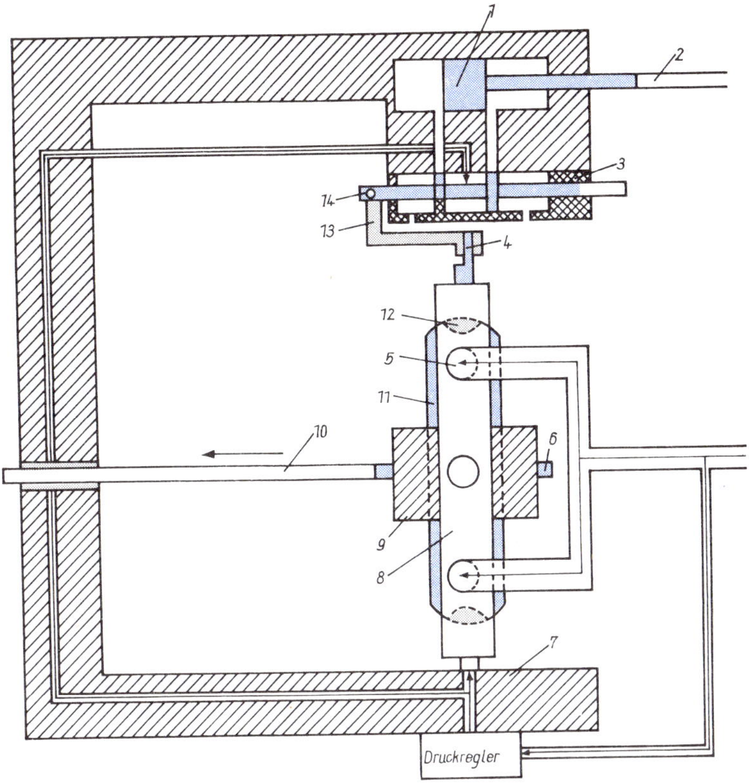

Bild 83 Prinzipieller Aufbau eines Kreiselgerätes
1 – Kolben der Steuermaschine; 2 – Gestänge zu den Seitenrudern; 3 – Schneckenrad für die Winkeleinstellung; 4 – Exzenter; 5 – Anblasedüsen; 6 – Kreiselwelle; 7 – Gehäuse; 8 – äußerer Kardanring; 9 – innerer Kardanring; 10 – Paßstift; 11 – Kreisel; 12 – Taschen des Kreisels; 13 – Übertragungselement; 14 – Steuerschieber

Forderungen erfüllen:

- Genauigkeit im Geradlauf des Torpedos mit maximaler Abweichung von ±1% der zu durchlaufenden Strecke;
- einfacher Aufbau, sichere Funktion, wartungsarme Nutzung;
- Einsatzmöglichkeit durch alle Torpedoträger;
- der Kreiselrotor soll innerhalb von 0,4 s mehr als 10000 U/min erreichen. (Der Kreisel muß richtungsstabil sein, bevor der Torpedo die Führung im Torpedoausstoßrohr verliert. Alle Einflüsse, die den Torpedo beim Flug durch die Luft und beim Aufschlag auf die Wasseroberfläche aus dem Kurs bringen, muß das Kreiselgerät korrigieren können.)

Nachfolgend soll das Wirkungsprinzip eines Torpedos mit autonomer Kurssteuerung erläutert werden.

Der Geradlauf
Im Moment des Torpedoschusses wird der Kreiselrotor angeworfen. Ungefähr 0,4 s danach rotiert der Kreisel mit einer Drehzahl von etwa 10 000 U/min, die ausreichend sind, ihn stabil zu halten.

Die zum Druckregler gelangende Preßluft wird auf den Betriebsdruck von 1,5 MPa reduziert. Die Preßluft gelangt als Nachblaseluft in die Taschen des Kreisels und erhöht dessen Drehzahl in kurzer Zeit auf 20 000 bis 30 000 U/min. Diese Drehzahl wird dann über die gesamte Laufstrecke gehalten.

Weiterhin gelangt die Preßluft als Steuerluft in den Raum zwischen die Bunde des Steuerschiebers. Dadurch wird der Luft der Zutritt zum Kolben der Steuermaschine versperrt. Die Seitenruder liegen in Mittellage, und der Torpedo steuert einen geraden Kurs. Bricht der Torpedo aus dem geraden Kurs aus, so dreht sich der Torpedo um den in der Richtung stabilen Kreisel. Die Preßluft gelangt auf eine Seite des Kolbens der Steuermaschine, der die Seitenruder kursstützend legt. Der Torpedo steuert auf den befohlenen Kurs zurück. In dem Moment, wo der Torpedo den befohlenen Kurs wieder eingenommen hat, wird der Kolben der Steuermaschine nicht mehr durch Preßluft einseitig beaufschlagt, und der Fahrtstrom drückt das Seitenruder in die Mittellage.

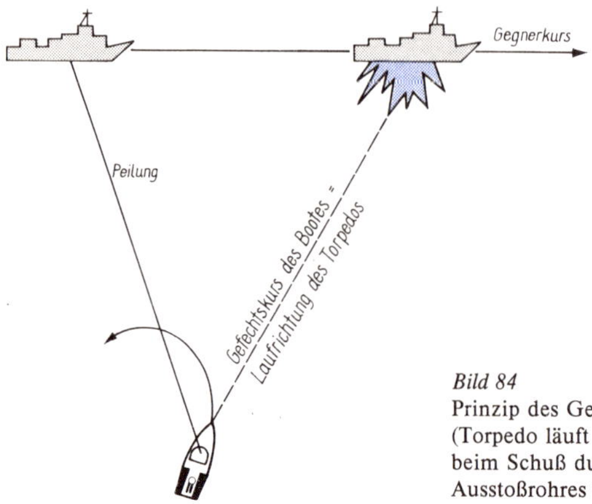

Bild 84
Prinzip des Geradlaufes
(Torpedo läuft in die Richtung, die ihm beim Schuß durch die Richtung des Ausstoßrohres verliehen wurde)

Das Boot bestimmt auf der Schußposition durch seinen Gefechtskurs die Laufrichtung des Torpedos. Wenn die Torpedorohre parallel zur Mittschiffslinie angeordnet sind, fallen der Gefechtskurs des Bootes und der Torpedokurs zusammen. Hier zeigt sich ein Nachteil im taktischen Einsatz der Torpedowaffe. Es tauchte sehr bald die Forderung auf, den Torpedo nicht nur als Geradläufer einzusetzen, sondern ihn auch unter einem Winkel schießen zu können.

Der Winkelschuß
Die Forderung nach dem Winkelschuß ergab sich aus folgenden Faktoren:
- Aus parallel oder unter einem bestimmten Winkel zur Mittschiffslinie fest angeordneten Torpedorohren mußte das Schießen mehrerer Torpedos gleichzeitig als Torpedofächer möglich sein (U-Boote, Torpedoschnellboote).

- Aus parallel zueinander angeordneten Torpedorohren in einem Torpedorohrsatz mußte das Schießen mehrerer Torpedos gleichzeitig als Torpedofächer möglich sein (Torpedoboote, Zerstörer).
- Das taktische Manöver des Torpedoträgers beim Torpedoschuß sollte möglichst einfach sein.

Folglich mußte konstruktiv die Möglichkeit geschaffen werden, bis zum Schuß in die Torpedos entweder von Hand oder automatisch Winkelwerte einzugeben. Technische Lösungsvarianten sahen zunächst die Einstellung des Winkels am Kreiselgerät des Torpedos selbst vor. Das hatte den Nachteil, daß Winkeleinstellungen nur vor dem Laden des Torpedos in das Torpedorohr vorgenommen werden konnten.

Erst 1935 war es konstruktiv gelungen, den Winkel bis zum Schuß von außen, über das Torpedorohr einzustellen oder zu verändern. An dieser Stelle muß vermerkt werden, daß, in Abhängigkeit vom Torpedoträger, noch im zweiten Weltkrieg das ballistische Verhalten des Torpedos nach dem Schuß einen starken Einfluß auf die Winkelschußgenauigkeit ausübte.

«Die ballistischen Versager waren besonders häufig beim Schuß vom Torpedoboot und Zerstörer nach voraus und achteraus. Dadurch war nicht nur die Treffwahrscheinlichkeit herabgesetzt, sondern es bestand gleichzeitig die Gefahr der Selbsttorpedierung.

Die ballistischen Versager ließen sich fast ausschließlich auf die Niedergangsballistik zurückführen. Selbst bei geringen Fahrtstufen wurde der Vor- und Achterausschuß mit und ohne Winkeleinstellung nicht beherrscht.

Lange Vorläufe und ein- oder mehrmaliges Durchbrechen der Oberfläche brachten vor allem untragbare Einsteuerversätze. Darüber hinaus beeinflußte eine teilweise

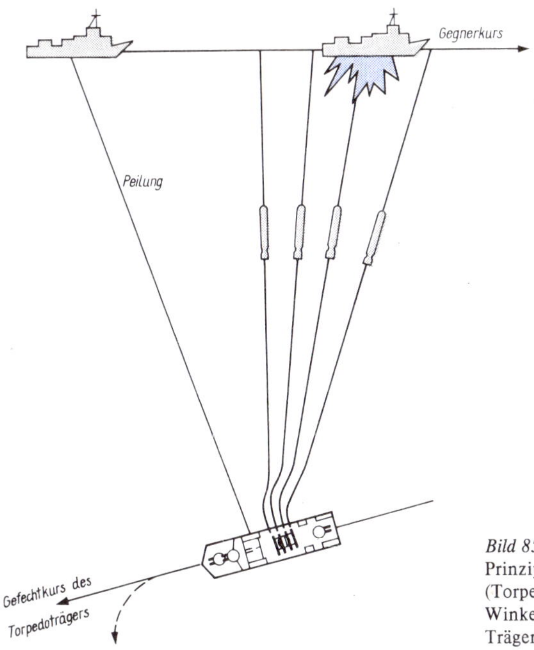

Bild 85
Prinzip des Winkelschusses (Torpedos laufen unterschiedliche Winkel, unabhängig vom Kurs des Trägers)

starke Anfangskrängung des Torpedos seine Einsteuerung. Zusammen mit dem Anstellwinkel im Niedergang entstand jeweils die Gefahr, daß der Kreisel des Geradlaufapparates umkippte: Irrläufer waren die Folge. Die Versager entstanden vielfach schon beim Eintauchen.

Der durch die Anordnung der Ausstoßrohre bedingte Eintritt des Torpedos ins Wasser verursachte vor allem die Störung. Sobald der Kopf des Torpedos vom Wasser erfaßt war, setzte der Bootsfahrt entsprechend eine mehr oder weniger starke Ablenkungsbewegung ein. Ihre Einflußgröße war weiterhin abhängig von der Rohrrichtung, der Eintauchgeschwindigkeit, dem Eintrittswinkel und der Wasseroberfläche. ... Auf die Ballistik des geraden Laufes, die nach der Tiefeneinsteuerung beginnt, wirkte sich vor allem der Kardanfehler aus. Er entstand dadurch, daß die Kreiselachse die räumliche Lage entsprechend der Schiffsbewegung beim Abschuß einnahm. Der Winkel zur Horizontalebene bedingt die Größe des Kardanfehlers. Die dadurch bedingte Kursabweichung des Torpedos bestimmte ebenfalls die Trefferaussicht.» [10]

Moderne Kreiselgeräte haben automatisch arbeitende Vorrichtungen zum Aufrichten der Kreiselachse im Falle ihres Abkippens, wodurch der Kardanfehler kompensiert wird.

Wie wirkt ein Kreiselgerät beim Winkelschuß?

Beim Torpedoschuß laufen die Vorgänge des Anwerfens, des Abschaltens und des Nachblasens ab. Die Steuerluft trifft sofort auf eine Seite des Kolbens der Steuermaschine, und die Seitenruder werden gelegt. Der Torpedo wird sofort nach seinem Eintritt ins Wasser zu einem Drehkreis gezwungen – er dreht sich um das in Schußrichtung verharrende Kreiselsystem.

Hat der Torpedo den eingestellten Winkel durchlaufen, drückt der Fahrtstrom das Seitenruder in Mittelstellung. Der Torpedo läuft einen geraden Kurs. Die Besonderheit dabei ist, daß die Kreiselwelle nicht mehr in Torpedolängsrichtung zeigt, sondern nach wie vor in Schußrichtung steht.

Bricht der Torpedo aus dem geraden Kurs aus, laufen die Steuervorgänge wie beim Geradlauf ab.

Im Bild ist erkennbar, daß das Boot auf der Schußposition mit seinem Gefechtskurs nicht an die Laufrichtung der Torpedos gebunden ist und durch unterschiedliche Winkeleinstellungen an jedem Torpedo ein Torpedofächer entsteht.

Die mechanische Programmsteuerung

Verfehlt ein mit dem geschilderten Kreiselgerät ausgerüsteter Torpedo das Ziel, so steuert er bis ans Ende seiner Reichweite einen geraden Kurs weiter, ohne nochmals den Gegnerkurs zu kreuzen. Durch die Ergänzung des Kreiselgerätes mit einer mechanischen Programmsteuerung, einem Manövergerät, ist es dem Torpedo möglich, ein vor dem Schuß eingestelltes Programm abzuarbeiten. Damit wurde erreicht, daß ein Torpedo, der das gegnerische Ziel auf der geraden Laufstrecke verfehlt hatte, ein solches Manöver (Schleifenlauf oder Kreislauf) durchführte, das ihn den Gegnerkurs erneut kreuzen ließ. Es entstanden also zusätzliche Treffmöglichkeiten.

Am Manövergerät wird vor dem Schuß ein Programm eingestellt, das während des Torpedolaufes automatisch auf das Kreiselgerät wirkt. Die während des Torpedolaufes vorgenommenen periodischen Verstellungen des Schneckenrades für die Winkeleinstellung haben die gleichen Folgen wie eine Winkeleinstellung vor dem Schuß. Die Seitenruder werden gelegt, indem Preßluft auf eine Kolbenseite wirkt und ein

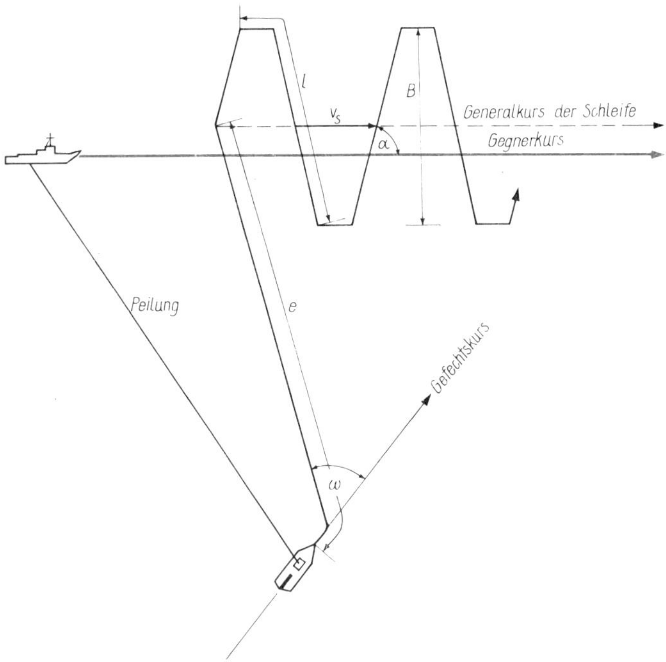

Bild 86 Beispiel des Laufes eines programmgesteuerten Torpedos
ω – Kreiselwinkel; e – gerader Vorlauf; l – Schleifenlänge; α – Schneidungswinkel;
v_S – Ausbreitungsgeschwindigkeit der Schleife; B – Breite der Schleife

Gestänge betätigt. Der Torpedo ändert seinen Kurs. Hat der Torpedo den Winkel durchlaufen, wird die Preßluftzufuhr gestoppt, und der Fahrtstrom drückt die Seitenruder in Mittelstellung. Der Torpedo läuft einen geraden Kurs, bis das Manövergerät einen neuen Winkel in das Schneckenrad für die Winkeleinstellung eingibt. Der Schleifenlauf des Torpedos setzt sich folglich aus aneinandergereihten Drehkreisen und geraden Laufabschnitten zusammen.
Die Programmsteuerung hat folgende Vorteile:
1. Die Treffwahrscheinlichkeit wird erhöht.
2. Der Torpedoschuß ist auch aus relativ ungünstigen Schußpositionen möglich.
3. Die taktischen Einsatzmöglichkeiten der Torpedowaffe werden erweitert.

Torpedos mit mechanischer Programmsteuerung sind seit dem zweiten Weltkrieg bekannt und bis heute im Einsatz. Die faschistische Kriegsmarine setzte die Programmsteuerung FAT (Feder-Apparate-Torpedo) und LUT (lageunabhängiger Torpedo) vor allem durch die U-Boote ein. Anfang November 1942 war für den Dampfgastorpedo G 7a ein Manövergerät fertiggestellt worden. Der Torpedo erhielt daraufhin die Bezeichnung G 7a FAT I. Folgende Manöver waren möglich:
- Schleife rechts oder links;
- Schleife kurz oder lang;
- Vorlauf von 500 bis 15 000 m, veränderlich von 500 zu 500 m.

Der Torpedo hatte eine Laufstrecke von 12500 m, die er mit 30 kn durchlief. Da dieser Torpedo eine Blasenbahn aufwies, ließ man ihn nur für den Nachteinsatz zu. Damit sollte verhindert werden, daß dieses neue Steuerverfahren aufgeklärt werden konnte.

Außerdem entschloß man sich auch zum Einbau eines Manövergerätes in den Elektrotorpedo G 7e. Der Torpedo G 7e FAT II wurde im März 1943 zum Einsatz freigegeben. Aufgrund seiner geringeren Reichweite brachte er im Gefechtseinsatz nicht den gewünschten Erfolg. Das traf besonders auf den Kreislauf zu, der als Abwehrschuß der U-Boote gegen anlaufende Zerstörer konzipiert war. Die LUT-Manövergeräte waren eine Weiterentwicklung der FAT-Manövergeräte.

Im folgenden werden die Einsatzmöglichkeiten und das Wirkungsprinzip am Beispiel des deutschen Elektrotorpedos vom Typ G 7e (T IIIa) mit dem Manövergerät LUT I erläutert. Der Torpedo wurde ab 1944 ausschließlich von U-Booten der faschistischen deutschen Kriegsmarine gegen die alliierten Geleitzüge eingesetzt. Bei diesem Torpedo konnte mit dem Manövergerät der gerade Vorlauf, unabhängig vom Torpedokurs, nach einer beliebigen Strecke in den Schleifenlauf umgewandelt werden. Der Generalkurs der Schleife und die Ausbreitungsgeschwindigkeit der Schleife waren auswählbar und mußten vor dem Torpedoschuß eingestellt werden. Außerdem war die Einstellung einer kurzen oder langen Schleife nach beiden Seiten gegeben. Die Ausbreitungsgeschwindigkeit der Schleife (v_S) konnte in weiten Grenzen beliebig gewählt werden. Es war deshalb eine gute Anpassung an die Gegnergeschwindigkeit (v_K) möglich. Der Torpedo konnte mit einer kleineren oder größeren Ausbreitungsgeschwindigkeit der Schleife gegenüber der Gegnergeschwindigkeit geschossen werden. Dadurch war es möglich, alle sich im Geleitzug befindlichen Schiffe mit gleichem Erfolg anzugreifen. Durch die Wahl der Ausbreitungsgeschwindigkeit der Schleife wurde erreicht, daß die Torpedos während des Schleifenlaufes gegen die Mitte des Geleitzuges liefen und so bis zum Ende ihrer Laufstrecke im Geleitzug blieben und mit hoher Wahrscheinlichkeit weitere Schiffe gefährdeten.

Der Schleifenlauf entstand durch die Aneinanderreihung von in ihrem Drehsinn wechselnden Kreisbögen und gleich langen Geradlaufstrecken. Die Kursänderungen wurden mit Hartruderlage absolviert. Der Drehkreisradius des Torpedos betrug nur 95 m.

Bild 86 zeigt das Torpedomanöver mit einer kurzen Schleife. Bei der langen Schleife war die gerade Strecke zwischen zwei Kursänderungen größer. Durch die Wahl des Schneidungswinkels (α) konnte die Ausbreitungsgeschwindigkeit der Schleife in den festgelegten Grenzen beliebig gewählt werden. Die untere Grenze der Ausbreitungsgeschwindigkeit der Schleife lag bei 5 kn für die lange Schleife und bei 10 kn für die kurze Schleife.

Der Generalkurs verlief in Richtung des Vektors der Ausbreitungsgeschwindigkeit der Schleife. Er wurde in der Regel so gewählt, daß er unabhängig von der Schußposition mit dem Gegnerkurs richtungsgleich war, wodurch der Torpedo den Gegnerkurs immer unter dem gleichen Schneidungswinkel kreuzte.

Mit einem Torpedo, in dem das LUT-Manövergerät eingebaut war, konnten der Geradlauf, der Winkelschuß und der Schleifenlauf nach Programm realisiert werden.

In den Torpedo mußten vor dem Schuß eingegeben werden:

- die Schleifenlänge (l; kurz oder lang),
- der gerade Vorlauf (e),
- der Schneidungswinkel (α),

– die Ausbreitungsgeschwindigkeit der Schleife (v_S).

Die Werte stellte man über Handräder an der LUT-Einstelltafel für jeden Torpedo gesondert ein. Von der Einstelltafel wurden die Werte mechanisch in das Manövergerät des Torpedos übertragen. Der gerade Vorlauf konnte beliebig befohlen werden (gerade Vorläufe unter 500 m waren gesperrt).

Allgemein war der gerade Vorlauf für alle Torpedos im Fächer einheitlich festgelegt, die Möglichkeit der Streuung im geraden Vorlauf war jedoch für jeden einzelnen Torpedo gegeben. Der Schneidungswinkel und die Ausbreitungsgeschwindigkeit der Schleife konnten bei entsprechender Notwendigkeit für die einzelnen Torpedorohre bzw. für die Torpedorohrpaare gesondert eingestellt werden. Die Möglichkeit, mit unterschiedlicher Ausbreitungsgeschwindigkeit der Schleife zu schießen, führte zu einer größeren Streuung der Torpedos im Geleitzug und erhöhte damit die Effektivität.

Folgende Streuungen waren beim Fächerschuß unter Verwendung des Manövergerätes möglich:
– Streuung im Winkel zwischen zwei benachbarten Torpedolaufbahnen,
– Streuung im geraden Vorlauf,
– Streuung in der Ausbreitungsgeschwindigkeit der Schleife,
– Fächer mit kombinierter Streuung (Kombinationen aus den o. g. Streuungen).

In der Regel schossen die U-Boote Fächer von zwei bis vier Torpedos auf die Geleitzüge. Es galt der Grundsatz, die gerade Vorlaufstrecke immer so groß zu wählen, daß sie den Kurs des Gegners zunächst im Bereich des geraden Vorlaufes schnitt. Erst danach sollte der Torpedo in den Schleifenlauf übergehen. Indem man die gerade Vorlaufstrecke um 200 bis 600 m vergrößerte, konnten Fehler in der Bestimmung der Gegnerelemente kompensiert werden, wodurch ein Schneiden des Gegnerkurses in jedem Fall gewährleistet war.

Gegenwärtig befinden sich in der Bewaffnung vieler Flotten unterschiedlichste Torpedotypen mit derartigen oder ähnlichen Schleifenlaufmöglichkeiten. Sie werden nicht nur durch U-Boote, sondern auch durch andere Torpedoträger eingesetzt. Die konstruktiven Lösungsvarianten unterliegen der Geheimhaltung, besonders wenn die Programmsteuerung mit einer Folgesteuerung kombiniert wird. Unabhängig davon, ob der Torpedo im Geradlauf, als Winkelschuß oder/und im Schleifenlauf geschossen wird, immer steht die Kreiselachse, unabhängig vom Torpedokurs, in Schußrichtung.

Abschließend sei zur autonomen Steuerung von Torpedos festgestellt, daß sie sich im Vergleich zur Folgesteuerung durch große Störsicherheit auszeichnet und mit relativ geringem Masse- und Volumenaufwand realisieren läßt. Ihr Nachteil besteht darin, daß alle erforderlichen Werte vor dem Schuß in den Torpedo eingegeben werden müssen und während des Torpedolaufes nicht mehr verändert werden können. Diesem Nachteil kann man durch den Masseneinsatz von Torpedos mit unterschiedlicher Programmgestaltung begegnen. In der Gegenwart errechnen Waffenleitanlagen auf den Torpedoträgern zweckmäßige Programme und stellen diese automatisch in die Torpedos ein.

Schon im zweiten Weltkrieg stellte man fest, daß es bei größeren Kursänderungen zu starker Krängung des Torpedos kam. Sie betrug bis zu 30°. Dabei trat der sogenannte Ruderwechsel ein. Ein Seitenruderausschlag übte einen zusätzlichen Einfluß auf den Tiefenlauf, ein Tiefenruderausschlag auf den Kurs aus. Dem begegnete man anfänglich durch die Vergrößerung des oberen Seitenruderblattes und durch das Anbringen von Dämpfungsflossen. Später sollte die «Dreiachsensteuerung» endgültig Abhilfe schaffen.

Heute hat jeder moderne Torpedo eine solche Dreiachsensteuerung. Er wird in der horizontalen und vertikalen Ebene gesteuert und zusätzlich um seine Längsachse stabilisiert. Ein Krängungsausgleichgerät überwacht als eigenständiger Regelkreis den Torpedo und korrigiert dessen Krängung über zusätzlich angebrachte Ruder.

4.2. Folgesteuerung

Bei der Folgesteuerung erhält der Torpedo nach seinem Ausstoß laufend Informationen über Veränderungen des Standortes und der Bewegungselemente des Zieles. Demzufolge ist es dem Torpedo möglich, auf der Grundlage von Korrektureingaben in die Steuergeräte seine Laufbahn zu verändern.

4.2.1. Fernsteuerung

Das Prinzip der Fernsteuerung besteht darin, daß unbemannte Fahrzeuge, Waffen usw. von einem entfernten Ort gesteuert werden. Die Steuerung erfolgt entweder durch

- die Übertragung von Steuerkommandos über Draht bzw. durch elektromagnetische oder akustische Wellen (Kommandosteuerung) oder durch
- Aussenden gerichteter elektromagnetischer Wellen, die zu einem Strahl gebündelt sind (Leitstrahlsteuerung).

Die Idee der Fernsteuerung von Torpedos entstand etwa zur gleichen Zeit wie die Anwendung eines Kreiselgerätes. Auch hier ging es letztlich darum, den Torpedo über eine relativ große Entfernung so genau wie möglich an das gegnerische Ziel heranzubringen.

In einem Bericht an das Seetechnische Komitee des zaristischen Rußlands schrieb der russische Oberst *Nemir*: «In Ehren überreiche ich dem Komitee eine Beschreibung ... einer durch mich vorgeschlagenen beweglichen Mine ... Das horizontale und das vertikale Ruder werden durch einen Elektromagneten in Bewegung versetzt. Die Leiter zum Elektromagneten in Form eines Kabels wickeln sich automatisch während der Bewegung der Mine von zwei Spulen ab: eine befindet sich direkt an der Mine, die andere an Land oder auf dem Schiff, im Ausstoßapparat. Die Steuerung erfolgt mit Hilfe von Tasten.» [11]

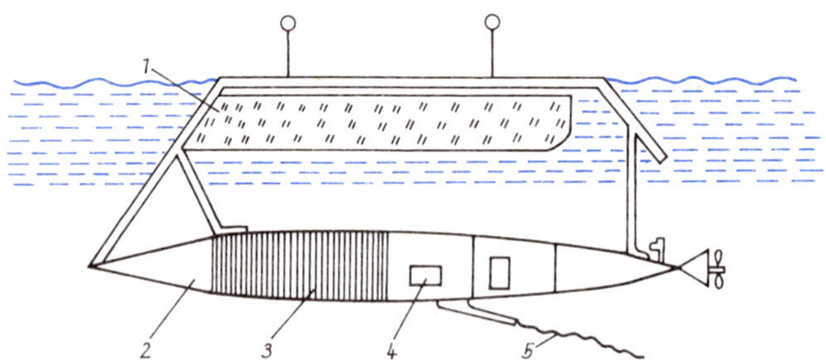

Bild 87
Torpedo von *Sims/ Edison* (USA)
1 – Schwimmer;
2 – Gefechtskopf;
3 – Kabelkammer;
4 – Motor;
5 – Kabel

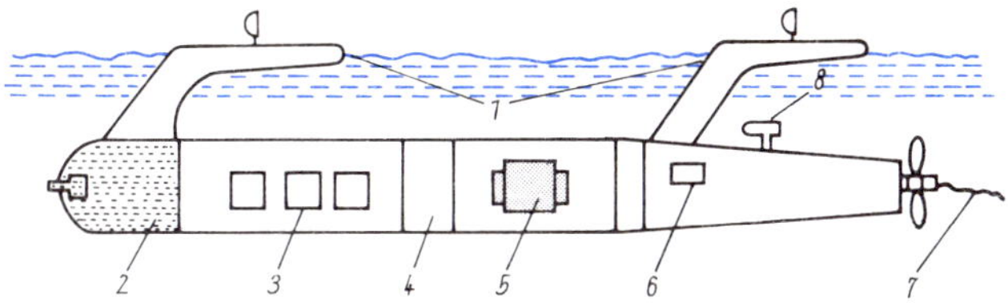

Bild 88 Torpedo von *Nordenfelt* (USA)
1 – Flossen mit Visier; 2 – Gefechtskopf mit Sprengladung und Zünder; 3 – Batteriekammer; 4 – Kammer mit Kabeltrommel; 5 – Elektromotor; 6 – Seitensteuermaschine; 7 – Kabel; 8 – Seitenruder

Die Idee von *Nemir* scheiterte jedoch an der ökonomischen und technischen Rückständigkeit Rußlands zu dieser Zeit.

Bekannt ist, daß im letzten Drittel des 19. Jahrhunderts steuerbare Torpedos von *Lay, Sims, Edison, Nordenfelt, Patrick, Victoria, Brennan* u. a. entwickelt wurden. Meist waren das drahtgesteuerte Torpedos, die jedoch nur unter bestimmten Bedingungen eingesetzt werden konnten. Im allgemeinen galten sie als eine Waffe der Küstenverteidigung.

Der Torpedo von *Lay* war 7,62 m lang, hatte einen Durchmesser von 914 mm und eine Masse von rund 2 t. Der Torpedo wurde durch das Verdampfen von flüssiger, in Flaschen mitgeführter Kohlensäure angetrieben und erreichte über einen Propeller eine Geschwindigkeit von 4 bis 6 kn. Über das 3 700 m lange Kabel konnte die Antriebsanlage in Gang gesetzt oder gestoppt und die Rudermaschine betätigt werden. Ein mit dem Torpedo verbundener Schwimmkörper trug zwei Visierstangen für die Fernsteuerung. 1872 führte *Lay* den Torpedo an der Torpedoschule der US Navy in Newport, Rhode Island, vor. Peru setzte eine ganze Anzahl dieser Torpedos im Chilenisch-Peruanischen Krieg (1879–1881) ein. Es zeigte sich aber, daß die Waffe noch zu langsam und nicht ausgereift war.

1880 bot eine Firma der USA den elektrisch angetriebenen, ferngesteuerten «Sims-Edison»-Torpedo an. [12] Dieser Torpedo beruhte auf der Grundidee von *Nemir.* Die wesentlichen Bestandteile waren der Schwimmer und der daran befestigte Torpedo. Der Schwimmer, ein aus Kupferblech hergestelltes, leichtes und kleines Boot von etwa 6 m Länge, hatte auf dem Deck zwei mit Flaggen oder Bällen versehene Stützen. Sie dienten als Visiereinrichtung. Der an Land befindliche Operateur

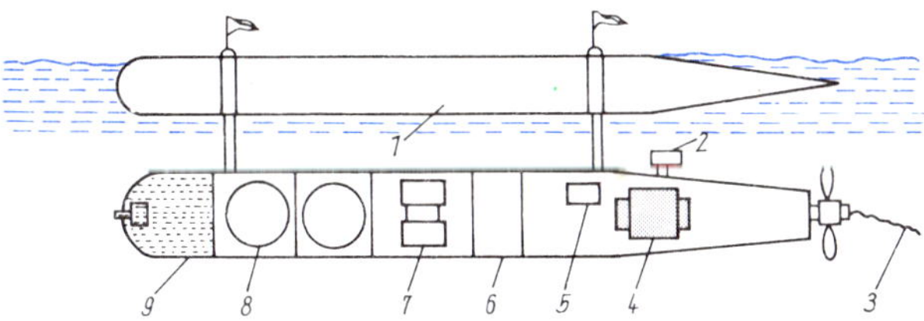

Bild 89 «Patrick»-Torpedo (USA)
1 – Schwimmer mit Visiereinrichtung; 2 – Seitenruder; 3 – Kabel; 4 – Elektromotor; 5 – Seitensteuermaschine; 6 – Kammer mit Kabeltrommel; 7 – Kohlensäureapparatur; 8 – Kohlensäuretank; 9 – Gefechtskopf mit Sprengladung und Zünder

konnte dadurch den Kurs des Torpedos bei seinem Lauf verfolgen und ihn auf den Gegner steuern. Damit der Torpedo nicht mit der Visiereinrichtung an Hindernissen hängenblieb, waren die Stützen mit Scharnieren versehen. Die Stützen klappten beim Berühren nach hinten um und richteten sich durch Federkraft danach wieder auf. Unter dem Schwimmer konnten Torpedos mit einer Länge bis zu 9 m und einem Durchmesser bis zu 640 mm befestigt werden. Im Torpedokopf war eine 100-kg-Sprengladung untergebracht. In der Kabelkammer befand sich das abrollbare Koaxialkabel, über dessen Zentralleiter die Ruderkommandos gegeben werden konnten. Über den Ringleiter wurde der Antriebsmotor mit einer Spannung von 300 V gespeist, die Stromstärke betrug 25 A. Die Reichweite dieses ferngesteuerten Torpedos betrug 1800 bis 4000 m. Das Kabel wickelte sich während des Laufes von einer Spule ab und trat an der Unterseite des Torpedos aus. Gleichzeitig mit der Übertragung der Elektroenergie zum Antrieb und zur Steuerung konnte auch die Sprengladung gezündet werden.

Ein weiterer, in den USA von *Nordenfelt* entwickelter Torpedo, hatte im Gegensatz zum «Sims-Edison»-Torpedo einen elektrischen Eigenantrieb. Die über die Wasseroberfläche ragenden Flossen dienten wiederum als Visiereinrichtung. Vor der Batteriekammer befand sich der Gefechtskopf mit dem Sprengstoff und dem Zünder. Hinter der Batterie war die Kammer mit der Kabeltrommel angeordnet. An diese schloß sich die Kammer mit dem Elektromotor an, die neben einer Vorrichtung für die Kurssteuerung auch den Tiefenapparat zum Steuern in verschiedenen Lauftiefen aufnahm. Der «Nordenfelt»-Torpedo war für den Einsatz bei Nacht zusätzlich mit zwei Lampen versehen.

Der «Patrick»-Torpedo wurde mit flüssiger Kohlensäure angetrieben, während die Steuerung elektrisch über ein Kabel realisiert wurde. Der Torpedo war mit einem Schwimmer versehen, der als Träger fungierte. Der Torpedo hatte eine getrennte Kabel- und Apparatekammer. Das Steuerkabel wurde von einer Kabelspule abgewickelt und verließ den Torpedo über die Hohlwelle der Antriebsmaschine.

In Deutschland entstand auf Anregung von *Wilhelm von Siemens* 1906 ein ferngesteuerter Torpedo. Im Gegensatz zu den US-amerikanischen Entwicklungen handelte es sich hier um einen funkferngesteuerten Torpedo.

Versuche mit ferngesteuerten Objekten unternahmen auch die französischen Ingenieure *Lalande* und *Deveaux* in den Jahren 1905/06. Sie konstruierten ein unbemanntes, funkferngesteuertes Kleinst-U-Boot mit einem Torpedorohr. Dieses Boot soll mit Erfolg auf der Reede von Antibes erprobt worden sein. Das Boot war ein volltauchfähiger, zigarrenförmiger Zylinder von etwa 11 m Länge, 1 m Durchmesser und etwa 7 t Masse. Es wurde von einem batteriegespeisten Elektromotor (Leistung 73 kW) mit 17 kn fortbewegt. Ein über dem Boot angebrachter kleiner Überwasserschwimmkörper sorgte für den erforderlichen Restauftrieb. In dem Schwimmkörper

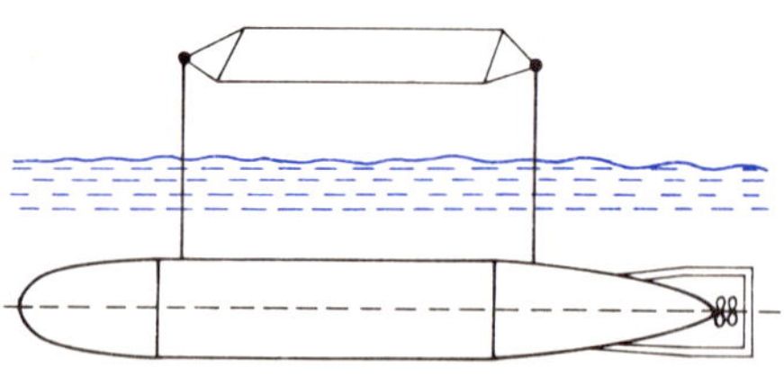

Bild 90
«Siemens»-Torpedo mit Überwasserantenne

waren auch die Antennen, Empfangsanlagen und Übertragungsgeräte untergebracht.

In den Folgejahren bemühte sich eine Vielzahl von Konstrukteuren, brauchbare Fernsteuersysteme zu entwickeln. Neben *Siemens* sind der Physiker *Wirth* und der Orgelfabrikant *Röver* zu nennen. Auch der schwedische Ingenieur-Offizier *Thörnblad* schuf ein Fernsteuersystem.

Bei all diesen Entwicklungen ging es nicht vordergründig darum, sie für den Einsatz in der Torpedowaffe zu schaffen, sondern allgemein um das Prinzip der Fernsteuerung. Die Entwicklungen eilten ihrer Zeit einfach und allein aus technischer Sicht voraus, so genial die Konstruktionen auch mitunter waren. Aus heutiger Sicht muß man einschätzen, daß mit diesen Entwicklungen Grundlagen für die weitere Vervollkommnung der Fernsteuerung geschaffen und die Anwendung in der Torpedowaffe erprobt wurde.

Bekannt geworden sind auch die Versuche von Prof. *Tietjens* mit einem ferngesteuerten, düsengetriebenen «Tragflächentorpedo», der jedoch nicht zum Einsatz kam. Bei diesem Gerät handelte es sich um einen Schwimmkörper, der teils aus Leichtmetall, teils aus Holz gefertigt war, über eine Sprengladung verfügte, einen Eigenantrieb und eine Empfangseinrichtung für die Steuer- und Arbeitskommandos hatte. Die Tragflächen und Antennen waren klappbar und konnten eingezogen werden. Der «Tragflächentorpedo» sollte von Schnellbooten oder Zerstörern in das Einsatzgebiet gebracht und etwa 15 bis 20 km vom Gegner entfernt zu Wasser gebracht werden. Der Start des Düsenantriebes und die Steuerung erfolgten dann drahtlos von einem Schiff oder Flugzeug aus. Mit zunehmender Fahrt hob sich der Torpedo aus dem Wasser und begann bei etwa 20 kn auf den Tragflächen zu gleiten. Als Höchstgeschwindigkeit sollen 65 kn erreicht worden sein. In 200 bis 100 m Entfernung vor dem Ziel wurde der Anstellwinkel der Steuertragfläche auf Kommando verändert, und der Torpedo steuerte die Tiefe wie ein normaler Torpedo an. Die Antenne brach beim Eintauchen ins Wasser ab.

Für den Einsatz durch U-Boote entwickelte das faschistische Deutschland den «Lerche»-Torpedo. Grundlage war der Torpedo G 7e, der einen Elektroantrieb hatte. Der Torpedo lief eine Höchstgeschwindigkeit von 30 kn. Eine passive Zielsucheinrichtung mit einem ferngesteuerten Richtmikrofon ließ sich um etwa 60° aus der Torpedolängsachse nach Backbord und Steuerbord schwenken. Ein durch das Hydrophon aufgenommenes Signal, z. B. das Schraubengeräusch eines Schiffes, nahm über ein mehradriges Kabel der Operateur auf dem U-Boot auf. Der Operateur richtete durch die Übertragung von Lenkkommandos den Torpedo auf das Ziel aus. Das Kabel hatte 6000 m Länge, bestand aus Hartkupfer mit einem Durchmesser von 0,45 mm, hatte eine Kunststoffisolation und wurde durch die Hohlwelle der An-

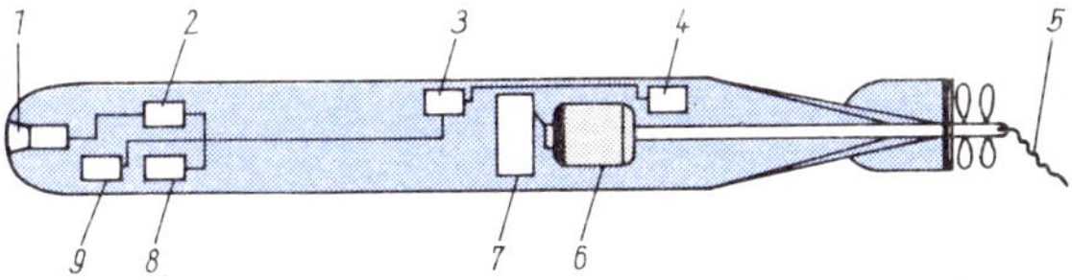

Bild 91 «Lerche»-Torpedo
1 – Hydrophon; 2 – Verstärker; 3 – Resonanzrelais; 4 – Steuermaschine; 5 – Kabel; 6 – Elektromotor; 7 – Kabeltrommel; 8 – Steuergenerator; 9 – Richtungswandler für Hydrophon

triebsmaschine abgespult. Die im Bereich der Treibschrauben vorhandene turbulente Strömung begünstigte das Abspulen.

Der Vorteil beim Einsatz dieses Torpedos durch U-Boote lag darin, daß sie gedeckt angreifen konnten. Der Angriff wurde durch Horchpeilung sichergestellt, ohne den Gegner durch das Sehrohr optisch sichten zu müssen. Die in großen Tiefen vorgetragene U-Boot-Attacke verringerte die Wirksamkeit der Abwehrmaßnahmen durch Überwasserschiffe. Im Krieg wurde dieser Torpedo nicht mehr eingesetzt.

Ein weiterer Torpedo mit Fernsteuerung auf Grundlage des Elektrotorpedos G 7e war der in den letzten Kriegsjahren durch Sperrbatterien und durch Kleinst-U-Boote des Typs «Seehund» zur Erprobung eingesetzte Torpedo NYK «Spinne». Die Steuerkommandos gelangten über einen 3 600 m langen Draht zum Torpedo. Da der Torpedo keine Blasenbahn aufwies, wurde im Torpedo ein Behälter untergebracht, aus dem während des Torpedolaufes ein Farbstoff ausströmte. Der Operateur konnte sich so über den Standort des Torpedos informieren und Steuerkommandos an den Torpedo übermitteln. Diese Version erforderte aber, daß der Operateur, ob an Bord oder an Land, einen möglichst hoch über der Wasseroberfläche gelegenen Standort und gute optische Sicht hatte. Da der Farbstoff, abhängig von der Lauftiefe des Torpedos, mehrere Sekunden bis zum Sichtbarwerden an der Wasseroberfläche benötigte, die Reichweite des Torpedos aufgrund der Drahtlänge beschränkt und das Steuerverfahren nur bei Tage realisierbar war, erlangte der Torpedo keine große Bedeutung, und er wurde nicht eingesetzt .

Die faschistische Kriegsmarine erprobte eine weitere Art der Fernsteuerung, wobei der Torpedo NY über Funk gesteuert wurde. Die Steuerung wurde mit Hilfe von elektromagnetischen Schwingungen im Langwellenbereich realisiert. Da die Langwellen nur bis zu einer Tiefe von etwa 25 m in das Seewasser eindringen, war dieses Unterfangen mit erheblichen Schwierigkeiten verbunden. Die folgenden Nachteile

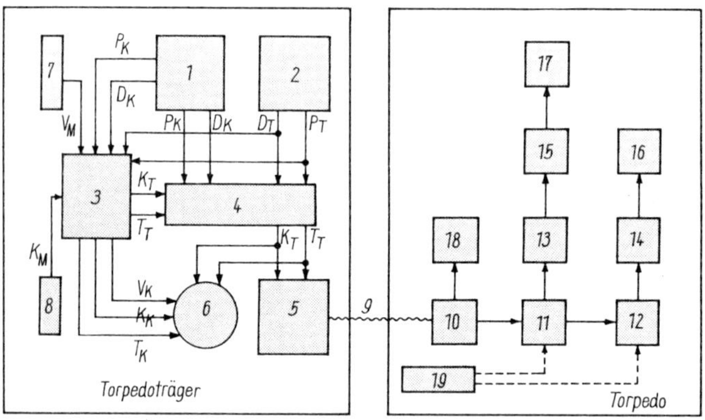

Bild 92 Prinzip einer Fernsteuerung mit Draht
1 – hydroakustische Station, Gegner; 2 – hydroakustische Station, Torpedo; 3 – elektronischer Rechner; 4 – Kommandoblock; 5 – Steuerpult; 6 – Bildschirm; 7 – Fahrtmeßanlage; 8 – Kreiselkompaß; 9 – Steuerdrähte; 10 – Verstärker; 11 – Kommandospannungsblock; 12 – Kursautomat; 13 – Tiefenautomat; 14 – Seitenrudermaschine; 15 – Tiefenrudermaschine; 16 – Seitenruder; 17 – Tiefenruder; 18 – Zünder; 19 – Zielsucheinrichtung

machen deutlich, warum diese Art der Fernsteuerung keine große Bedeutung erlangte.

- Die Steuerung kann relativ einfach durch Störsender behindert werden.
- Nur Langwellen vermögen in das Seewasser einzudringen.
- Das Volumen und die Masse der erforderlichen Geräte im Torpedo und auf dem Träger sind zu groß.

Aufbauend auf den gesammelten Erfahrungen, wurden in den Jahren nach dem zweiten Weltkrieg eine Vielzahl von Versuchen unternommen, um drahtgesteuerte Torpedos, insbesondere für die U-Boot-Abwehr, zu entwickeln und in die Bewaffnung zu übernehmen.

Anfang der 50er Jahre konstruierte man in den USA den ersten drahtgesteuerten Torpedo Mk 39. Der Steuerdraht war 9000 m lang, die Geschwindigkeit des Torpedos wurde mit 50 kn angegeben, und er hatte eine Abstandszündung.

Von diesem Zeitpunkt an ging die Entwicklung von drahtgesteuerten Torpedos rasch voran.

Es lassen sich drei Methoden der Drahtsteuerung unterscheiden:

1. Drahtsteuerung nach den Angaben der hydroakustischen Station des Torpedoträgers über die gesamte Torpedolaufstrecke;
2. Drahtsteuerung nach den Angaben der hydroakustischen Station des Torpedoträgers bis zum Auffassen des Zieles durch die Zielsucheinrichtung des Torpedos;
3. Drahtsteuerung nach den Angaben der hydroakustischen Stationen des Torpedos und des Torpedoträgers bis zum Auffassen des Zieles durch die Zielsucheinrichtung des Torpedos.

Die beiden letzten Methoden sind Kombinationen von Fern- und Zielsuchsteuerungen. Nachteile der einen Steuerungsart sollen durch die andere eingeschränkt oder aufgehoben werden.

Im folgenden wird das Arbeitsprinzip eines drahtgesteuerten UAW-Torpedos, der nach der zweiten Methode arbeitet, erläutert. Mit der hydroakustischen Station ortet der Torpedoträger das U-Boot. Die Peilung (P_K) und die Distanz (D_K) zum U-Boot werden dem elektronischen Rechner zugeführt. Von der Fahrtmeßanlage und der Kreiselkompaßanlage des Torpedoträgers gelangen die eigene Geschwindigkeit (v_M) und der eigene Kurs (K_M) in den Rechner. Dort werden der Kurs (K_K), die Geschwindigkeit (v_K) und die Tauchtiefe (T_K) des Gegners und der Kollisionspunkt zwischen Torpedo und Gegner berechnet. Das Ziel erscheint als Leuchtpunkt auf dem Bildschirm des Anzeigegerätes. Die Ausgangsdaten werden in den Torpedo eingegeben. Nach seinem Eintritt ins Wasser ortet die zweite hydroakustische Station den Torpedo. Sie führt dem Rechner die Peilung (P_T) und die Distanz (D_T) zu. Auf dem Bildschirm erscheint der Torpedo als zweiter Leuchtpunkt. Gegner- und Torpedodaten gelangen laufend in den Kommandoblock, der die Steuerkommandos erarbeitet, welche zum Steuerpult und gleichzeitig zum Bildschirm des Anzeigegerätes gelangen.

Die Steuerung des Torpedos auf dem Abschnitt der Annäherung an das Ziel kann der Operateur nach zwei Verfahren durchführen.

Beim **Verfolgungs- oder Deckungsverfahren** wird der Torpedo auf der Peilung zum Ziel geschossen. Der Operateur beobachtet auf dem Bildschirm die gegenseitige Lage von Ziel und Torpedo. Nach Bestimmen der zweiten Peilung zum Ziel wird der Torpedokurs korrigiert. Mit Knopfschaltern werden über den Draht Steuerkommandos

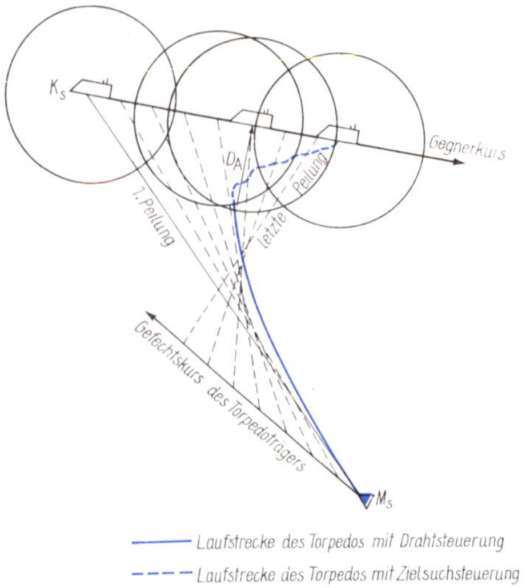

Bild 93
Verfolgungs- oder Deckungsverfahren
D_A – Auffassungsreichweite der Zielsucheinrichtung; M_S – Standort des Torpedoträgers im Moment des Schusses; K_S – Standort des Zieles im Moment des Schusses

an den Torpedo übertragen. Die Korrektur des Torpedokurses wird bis zum Auffassen des Zieles durch die Zielsucheinrichtung des Torpedos fortgesetzt. Die Auffassungsreichweite (D_A) der verschiedenen Torpedotypen ist unterschiedlich. Deshalb kann die Zielsucheinrichtung bereits arbeiten, obwohl der Torpedo noch über den Draht gesteuert wird. Es ist aber auch möglich, die Zielsucheinrichtung erst zuzuschalten, wenn der Torpedo zum Ziel den Abstand eingenommen hat, der einen sicheren Kontakt gewährleistet. Dann faßt der Torpedo das Ziel auf und bekämpft es.

Da dieses Verfahren alle Manöver des Gegners sofort berücksichtigt, nähert sich der Torpedo nicht auf kürzestem Wege. Deshalb muß er über eine genügend große Laufstrecke verfügen.

Beim **Vorhalte- oder Abfangverfahren** wird der Torpedo auf den berechneten Kollisionspunkt (C) geschossen. Auf dem Bildschirm erscheinen als Leuchtpunkte der Gegner und der Torpedo. Kommt es zu einer Abweichung vom vorausberechneten Kollisionspunkt (Gegner manövriert), wird ein neuer Kollisionspunkt (C') berechnet, dem Torpedo über den Steuerdraht ein Korrekturkommando übermittelt (Punkt M_1), und er wird auf den Punkt C' gesteuert. Bei diesem Verfahren wird der Torpedo nur so lange über Draht gesteuert, bis die Zielsucheinrichtung im Torpedo zu arbeiten beginnt (Punkt M_2). Die Zielsucheinrichtung ortet selbständig das Ziel, faßt es im Punkt M_3 auf und steuert den Torpedo ins Ziel. Die Laufzeit zum Ziel ist geringer. Es kann aber der Fall eintreten, daß bei gegnerischen Ausweichmanövern die Zielsucheinrichtung das Ziel nicht auffaßt.

Die Genauigkeit der Steuerung hängt von der Ortungsreichweite der hydroakustischen Station und der Genauigkeit der ermittelten Gegnerelemente ab. Die Steuerkommandos werden als Niederfrequenzimpulse über den Steuerdraht an den Torpedo übermittelt. Die Lauftiefe des Torpedos wird schrittweise um 3 bis 5 m und der Kurs um 2° bis 5° verändert.

Während des Torpedolaufes spult sich der Steuerdraht von einer Trommel, die im

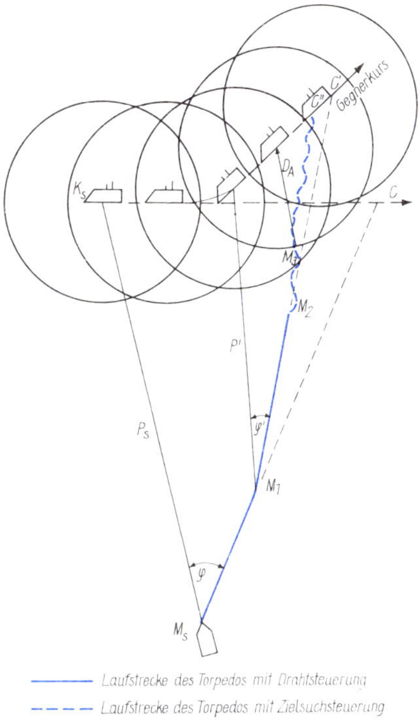

Bild 94
Vorhalte- oder Abfangverfahren
φ – Vorhaltewinkel; P_S – Schußpeilung;
C – Treffpunkt Torpedo/Ziel, wenn Ziel den Kurs nicht ändert; C' – Treffpunkt Torpedo/Zielkurs, Torpedo arbeitet ohne Zielsuchsteuerung; C'' – Treffpunkt Torpedo/Ziel, Torpedo arbeitet mit Zielsuchsteuerung

Heckabteil des Torpedos untergebracht ist, ab. Da sich nicht der gesamte Steuerdraht im Torpedo unterbringen läßt, hat der Torpedoträger eine zweite Trommel. Zur Gewährleistung der Bewegungsfreiheit des Torpedoträgers befindet sich die Trommel auf Überwasserschiffen gewöhnlich am Heck oder im Torpedoausstoßrohr. U-Boote stoßen die Trommel mit dem Torpedo aus und schleppen sie an einem etwa 30 m langen bewehrten Kabel mit.

Weiterentwickelte Drahtsteuersysteme sehen außer dem Rechner auf dem Torpedoträger einen weiteren Rechner im Torpedo vor. Das Trägerfahrzeug ortet vermutliche Ziele. Ein Rechner entscheidet durch Vergleich, ob ein Ziel:

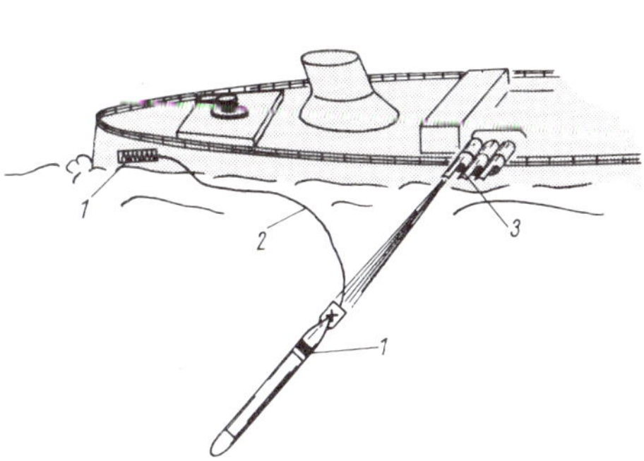

Bild 95
Anordnung der Kabeltrommel an Bord eines Überwasserschiffes
1 – Kabeltrommeln; 2 – Steuerdraht;
3 – Torpedoausstoßanlage

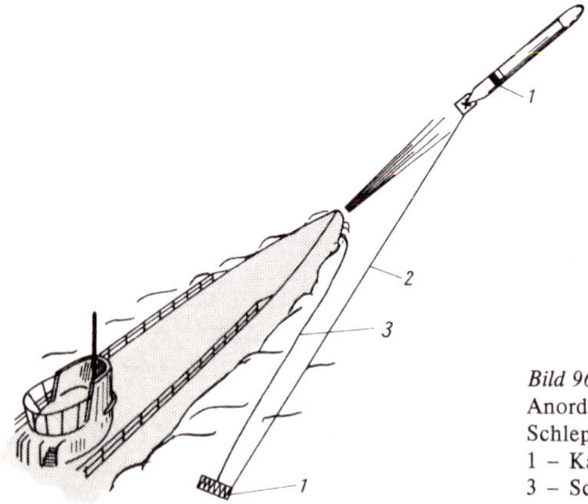

Bild 96
Anordnung der Kabeltrommel am Schleppkabel eines U-Bootes
1 – Kabeltrommeln; 2 – Steuerdraht; 3 – Schleppkabel

– ein echtes oder ein Scheinziel ist;
– bekämpft werden darf und nicht etwa ein eigenes Schiff ist;
– bekämpft werden kann oder zu weit entfernt oder zu ungenau geortet ist;
– bekämpft werden soll oder ein nicht «lohnendes» Ziel ist.

Der Operateur auf dem Trägerfahrzeug versorgt den Rechner mit allen erforderlichen Vorinformationen und führt mit Hilfe des Rechners den Torpedoangriff. Die erforderlichen Kommandos werden über die Übertragungsleitung an den Torpedo übermittelt. Wurde der Torpedo ausreichend dicht an den Gegner herangesteuert, faßt er

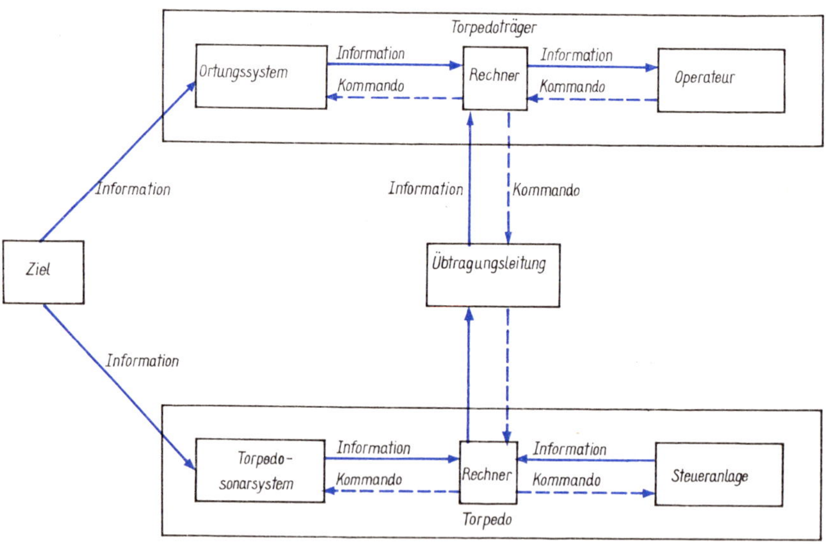

Bild 97 Prinzip einer weiterentwickelten Drahtfernsteuerung

das Ziel mit seiner Zielsucheinrichtung auf, erfaßt die Richtung und Entfernung zum Ziel sowie der Klassifizierung dienliche akustische Eigenschaften und führt eine Freund-Feind-Identifizierung durch. Alle Daten gehen über die Übertragungsleitung an das Trägerfahrzeug. Bricht die Übertragung ab, so übernimmt der Rechner im Torpedo in vereinfachter Form die Aufgaben des Trägerrechners und des Operateurs.

Daß die Fernsteuerung nicht nur mit Draht realisiert wird, zeigen eine Anzahl neuerer Entwicklungen. Als Beispiel soll die «Telemine» – der «schlafende» Torpedo – erläutert werden. Die «Telemine» entwickelte die Schweizer Firma Tek Sea. Das Gehäuse ist 5 m lang und hat einen Durchmesser von 55 cm. Es ist aus 3 mm starkem Aluminium gefertigt und außen mit einer 10 mm starken Neopren-Gummihaut beschichtet. Innen ist das Gehäuse mit Polyurethan-Material ausgekleidet. Damit soll der Torpedo an die akustische Dichte des Seewassers angeglichen werden.

Der Torpedo hat eine Gesamtmasse von 650 kg, die Ladungsmasse beträgt 170 kg. Die Silber-Zink-Batterien speisen einen E-Motor von 4,5 kW Leistung. Der Torpedo kann bis zu zwei Jahren in 150 m Wassertiefe auf dem Meeresboden «ruhen». Er wird durch ein akustisches Signal aus Entfernungen bis zu 40 km aktiviert. Durch Abwerfen von Ballast taucht er bis dicht unter die Wasseroberfläche auf, die Antennen durchstoßen die Wasseroberfläche. Der Torpedo kann an Bord von Flugzeugen, Überwasserschiffen oder U-Booten so programmiert werden, daß er einen Kurs mit höchstens fünf Kursänderungen bis ins Ziel verfolgt. Ein Flugzeug kann den Torpedo aus einer Höhe von 9 000 m und einer Entfernung von 500 km überwachen und steuern. Er soll bis zu 100 km Laufstrecke mit weniger als 20 kn, passiv arbeitend, laufen. 500 m vor dem Ziel taucht der Torpedo so weit auf, daß der Sensorbehälter aus dem Wasser herausragt. Die Fernsehkamera übermittelt Bilder an das Flugzeug, das seinerseits Lenksignale an den Torpedo übermittelt. Außerdem erfaßt die Funkmeßantenne das Ziel. Der Torpedo ist für hohen Seegang geeignet. Nach Auffassung des Herstellers ist die «Telemine» vor allem für die Küstenverteidigung geeignet. Fünf Torpedos kosten ohne Sprengladung 1,5 Mill. Dollar. [13]

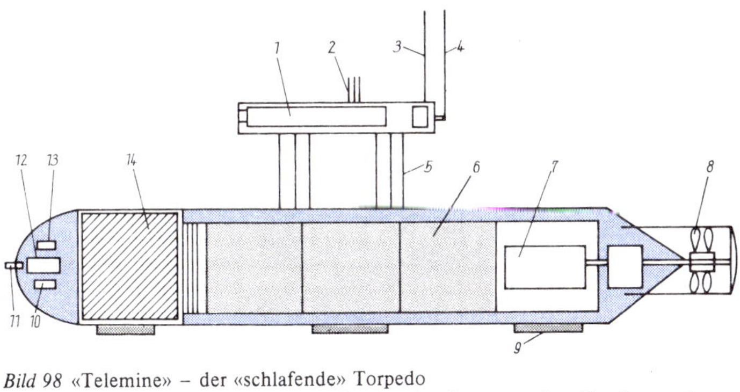

Bild 98 «Telemine» – der «schlafende» Torpedo
1 – Restlicht-Fernsehkamera; 2 – Funkmeßantenne; 3 – Empfangsantenne; 4 – Sendeantenne; 5 – verstellbare Stützen; 6 – Batterie; 7 – E-Motor; 8 – Treibschraube; 9 – Ballast; 10 – Sensor; 11 – Aufschlagzünder; 12 – Abstandszünder; 13 – Sensor; 14 – Ladung

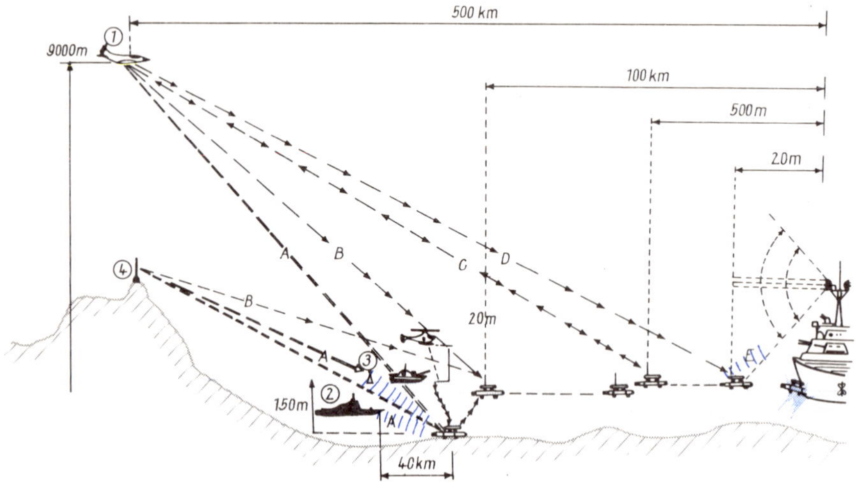

Bild 99 Funktionsschema der Einsatzphasen der Telemine
A – Aktivierung; B – Programmierung; C – Steuerung; D – Angriff; E – Endphasenlenkung
1 – Flugzeug; 2 – U-Boot; 3 – Boje; 4 – Bodenstation

Abschließend kann zur Fernsteuerung, jedoch insbesondere zur Drahtsteuerung gesagt werden, daß sie eine effektive Form der Steuerung darstellt. Die Torpedogeschwindigkeit wird durch sie nicht wesentlich eingeschränkt, da es gelang, dünne, feste und trotzdem elastische Drähte zu entwickeln, die in der Lauftiefe des Torpedos schweben. Weiterhin zeichnen sich drahtgesteuerte Torpedos durch ihre relativ hohe Störsicherheit und Treffwahrscheinlichkeit aus. Nachteilig wirkt sich der große technische Aufwand auf dem Träger und im Torpedo sowie die durch die Drahtlänge begrenzte Laufstrecke des Torpedos aus.

4.2.2. Zielsuchsteuerung

Unter Zielsuchsteuerung versteht man die Beeinflussung der Bewegungsrichtung des Torpedos durch einen im Torpedo angeordneten Komplex an Geräten, der auf physikalische Felder des Schiffes anspricht.

Unter den vielen physikalischen Feldern des Schiffes eignet sich das akustische Feld für die Zielsuchsteuerung von Torpedos am besten, da die Ausbreitungsbedingungen des Schalles im Seewasser günstig sind.

«Unter einem akustischen Schiffsfeld sollen im weiteren die unter Wasser meßbaren Schallgrößen, die sich von der Schallquelle Schiff im Wasser räumlich ausbreiten, verstanden werden.» [14]

In den 30er Jahren beschäftigten sich Wissenschaftler und Techniker in der Sowjetunion mit der Erforschung der akustischen Felder von Schiffen. 1934 war es einem Forscherkollektiv gelungen, einen Ultraschall-Geräusch-Peiler zu schaffen, dessen Erprobung positive Resultate brachte. Die Ergebnisse gestatten es, eine auf akustischer Basis passiv arbeitende Zielsucheinrichtung zu bauen, jedoch zwang der Krieg, die weiteren Arbeiten abzubrechen.

Nach der Klärung der physikalischen Grundlagen begann etwa 1934 die Entwicklung geeigneter Peilempfänger auch bei mehreren Firmen im faschistischen Deutschland. Bis 1939 entwickelten sie einige Labormuster, die 1940 verschiedenen Versuchen unterzogen wurden. Die weitere Entwicklung wurde ab 1941 durch die Bildung einer eigenen Abteilung für akustische Torpedos innerhalb der Nazi-Kriegsmarine intensiviert. Ein erstes Ergebnis war im Spätherbst 1942 der zielsuchende Torpedo T IV «Falke». Aus dem Elektrotorpedo G 7e hervorgegangen, sollte er gegen Handelsschiffe mit Geschwindigkeiten zwischen 8 bis 14 kn eingesetzt werden. Der Torpedo lief 7 500 m mit 20 kn. Die Masse des Sprengstoffes wurde auf 274 kg reduziert, wodurch Platz für die Zielsucheinrichtung entstand.

Ein weiterer zielsuchender Torpedo, der T V «Zaunkönig», war auf die Propellergeräuschamplitude der gegnerischen Geleitsicherungsschiffe abgestimmt. Im Gefechtskopf des T V befanden sich zwei Magnetostriktionsschwinger als Geräuschempfänger, die die vom fahrenden Gegnerschiff erzeugten Propellergeräusche aufnahmen, auswerteten und über ein autonomes Kreiselgerät auf die Steuermaschine des Torpedos übertrugen. Die Empfänger waren mit ihrer Richtcharakteristik so orientiert, daß der eine bevorzugt Geräusche aus etwa 30° Steuerbord und der andere aus 30° Backbord ortete. Bei Überwiegen der Geräusche auf einer Seite wurde das Seitenruder automatisch nach dieser Seite gelegt, so daß sich der Torpedo auf die Geräuschquelle einpegelte, um schließlich das gegnerische Schiff, in der Regel aus achterlichem Kurswinkel, zu treffen. Die Ortungsreichweite der passiv arbeitenden Zielsucheinrichtung betrug etwa 300 m. Der Torpedo lief 7 500 m mit 24,5 kn.

Eine Weiterentwicklung des Torpedos T V, der T XI «Zaunkönig 2», hatte ein verbessertes Steuersystem, das sich nicht so leicht durch nachgeschleppte Geräuscherzeuger stören ließ.

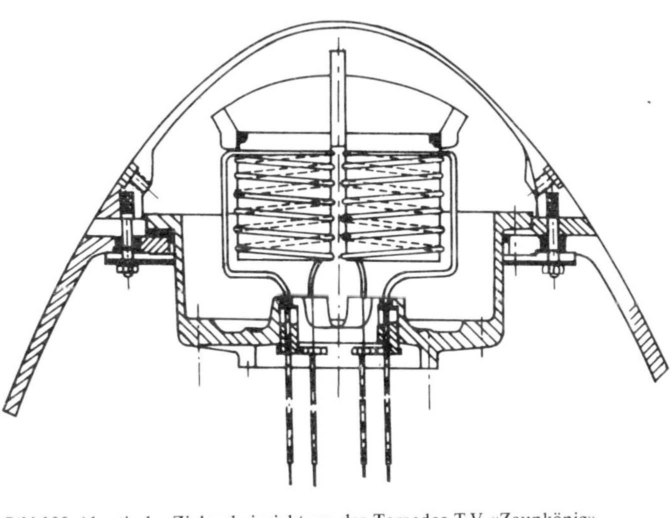

Bild 100 Akustische Zielsucheinrichtung des Torpedos T V «Zaunkönig»

Ein passives akustisches Steuersystem («Pfau») mit Kristallmikrofonen wurde ebenfalls erprobt. Im Gegensatz zum «Zaunkönig» wendete man hier das Phasendifferenzverfahren an. Die Entwicklungsarbeiten begannen etwa um 1937. Nach Kriegsbeginn wurden die Arbeiten jedoch zeitweise eingestellt.

Eine andere Zielsucheinrichtung hatte ein aktives akustisches Steuersystem («Geier»). Im Kopf des Torpedos befanden sich je zwei Sende- und Empfangsschwinger. Die Auffassungsreichweite war jedoch bedeutend geringer als beim «Zaunkönig».

Man findet in der Literatur Hinweise auf eine Reihe von speziellen Entwicklungen und Vorschlägen für Steuerverfahren, die jedoch keine Einsatzreife erlangten. Sie bildeten aber die Grundlage für Zielsucheinrichtungen der Nachkriegszeit und werden in der Gegenwart in verbesserter Form in einigen Torpedotypen angewendet. Hinter folgenden Kodenamen verbargen sich:

- «Ackermann» – Steuerung des Torpedos auf der Basis der unterschiedlichen Druckverhältnisse im Kielwasser,
- «Ibis» – Steuerung des Torpedos durch die Reflexion von Ultraschall am Kielwasser,
- «Märchen» – Steuerung des Torpedos durch die magnetische Feldverzerrung in der Umgebung des Schiffes,
- «Taube» – passiv-akustische Steuerung durch sehr tiefe Eigenfrequenzen (50 bis 100 Hz),
- «Fasan» – Übergang auf LUT-Steuerung beim Kielwasserdurchgang auf der Grundlage der Reflexion von Ultraschallimpulsen,
- «Kondor» – Steuerung durch eine Kombination von «Geier» und «Fasan» für Langstreckentorpedos.

Da gegenwärtig in den Torpedos der verschiedensten Flotten fast ausschließlich das akustische Schiffsfeld für die Zielsuchsteuerung genutzt wird, sollen dazu im folgenden einige Bemerkungen gemacht werden.

Entgegen der weitverbreiteten Annahme herrscht in den Tiefen des Meeres keine absolute Stille. Es gibt meßbare Geräusche, die die Natur selbst oder die Meeresbewohner hervorrufen (natürliches akustisches Feld). Außerdem wirkt der Mensch mit seiner Tätigkeit auf das Geräuschniveau ein. Das Geräuschniveau ist örtlich und zeitlich unterschiedlich. Oft ist es schwer, die Ursache der Geräusche festzustellen. Mit Sicherheit ist jedoch anzunehmen, daß in den Tiefwassergebieten des offenen Meeres nur die Bewegung bzw. Verschiebung der Wassermassen als einzige Ursache für das Meeresrauschen in Frage kommt.

Das Niveau des Rauschens, das in tiefem Wasser und in großem Abstand vom Ufer gemessen wurde, kann als unterer Grenzwert für praktisch auftretende Geräusche im Meer angesehen werden. Die Messungen des Meeresrauschens an den unterschiedlichsten Punkten des Meeres und unter den verschiedensten Bedingungen sind als statistische Angaben erfaßt. Im Bild sind sowohl die untere Grenze als auch der Einfluß des Seeganges auf das Schallspektrum im Wasser dargestellt. Zusätzlich wurde die Einwirkung des Menschen auf den Geräuschpegel in großen Häfen und in der Nähe von Schiffswerften dargestellt.

Ein sich im oder unter Wasser bewegender Körper (Überwasserschiff, U-Boot, Torpedo) ist eine künstliche Geräuschquelle, die sich vom allgemeinen Geräuschniveau des Meeres abhebt. Durch die Vibration des Schiffskörpers entstehen die Vibrationsgeräusche, durch die arbeitenden Propeller die Propellergeräusche und durch die

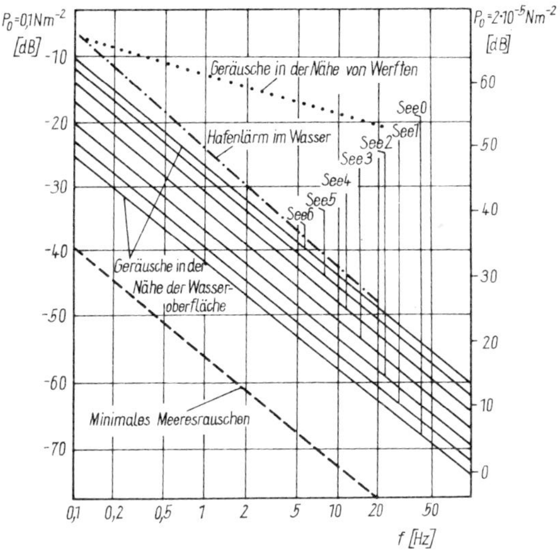

Bild 101
Geräuschspektrum des Meeres

Umströmung des Schiffskörpers die hydrodynamischen Geräusche. Die Gesamtheit der genannten Geräusche ergibt ein nutzbares Signal, das nach folgender Formel berechnet wird:

$$p_a = \sqrt{p_{av}^2 + p_{ap}^2 + p_{ah}^2} \text{ (Pa)}; \tag{14}$$

p_a Schalldruck des gesamten Schiffsfeldes,
p_{av} Druckanteil der Vibrationsgeräusche,
p_{ap} Druckanteil der Propellergeräusche,
p_{ah} Druckanteil der hydrodynamischen Geräusche.

Vibrationsgeräusche
Die im Betrieb befindlichen Haupt- und Hilfsmaschinen verursachen im Schiffskörper erhebliche Schwingungen, die über die Fundamente und die Schiffsaußenhaut ins Seewasser übertragen werden. Die Geräusche der unterschiedlichen Anlagen sind sehr differenziert in ihren Frequenzen. Bei elektrischen Motoren dominieren hohe Frequenzen, bei Pumpen und Dieselmotoren niedrige Frequenzen. Hauptquelle der niedrigen Frequenzen sind jedoch die großen Flächen des Schiffskörpers selbst, da der Seegang und die anprallenden Wellen die Schiffsverbände verbiegen und damit Schwingungen erzeugen, die als Schallwellen abgestrahlt werden. Die Frequenzen dieser Schwingungen liegen hauptsächlich im Hörschallbereich, können aber auch im Infra- oder Ultraschallbereich liegen.

Propellergeräusche
Infolge der Rotation der Propeller entsteht im Raum zwischen dem Propeller und dem Heck des Schiffes ein sich periodisch änderndes Druckfeld. Diese Druckänderung führt zur Ausprägung hoher Frequenzen. Bei starker Ausprägung der Frequenz spricht man davon, daß der Propeller «singt». Schwache Propellerprofile neigen eher zum Singen als stärker gehaltene.

Der Hauptanteil der Propellergeräusche entsteht jedoch infolge der Kavitation an den Propellerflügeln. Die hohe Geschwindigkeit der Wasserteilchen am Profil erzeugt einen Unterdruck, der so anwachsen kann, daß im Wasser gelöste Luftteilchen als Luftblasen auftreten und das Wasser selbst in kleinsten Mengen in Wasserdampf übergeht. Kleine Wasserdampfbläschen lagern sich an den Luftblasen an, die bei Druckabfall wieder in den Aggregatzustand Wasser übergehen bzw. gelöst werden. Unmittelbar im letzten Moment ihrer Existenz, wenn der Durchmesser der Bläschen gegen Null geht, wird ein Schallspektrum hoher Intensität abgestrahlt. Eine Frequenzanalyse der Kavitationsgeräusche führte 1952 *M. Harrison* durch, die 1956 *R. H. Mellen* fortsetzte. *Mellen* erzeugte mit einer drehenden Scheibe von 15 mm Durchmesser im Wasser Kavitationserscheinungen und hat das Spektrum gemessen. Entsprechend dem Durchmesser der Bläschen kann ein Frequenzspektrum von 330 Hz bis zu 330 kHz entstehen. Die im allgemeinen hochfrequenten Schallschwingungen erleiden durch die Eigenschaften und Beimengungen des Wassers trotz ihrer hohen Intensität erhebliche Ausbreitungsverluste und können deshalb nur in einem streng begrenzten Bereich genutzt werden.

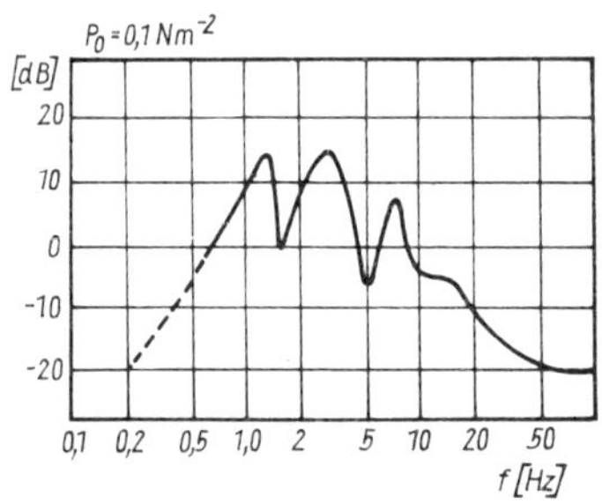

Bild 102
Spektrum der Kavitationserscheinungen

Hydrodynamische Geräusche

Bewegt sich ein Körper im Wasser, entsteht entlang seiner Konturen in der Grenzschicht eine Veränderung der Geschwindigkeit und des Druckes. In der Grenzschicht zwischen Schiffskörper und Wasser bilden sich Abrisse und Verwirbelungen. Ein Teil der dabei entstehenden Energie wird als Schalldruck abgestrahlt. Es entsteht ein breites Schallspektrum. Die Intensität des Schalls ist in hohem Maße von der Oberflächengüte, von der strömungstechnischen Auslegung des Schiffskörpers und dem Vorhandensein notwendiger Vorsprünge und Öffnungen am Schiffskörper abhängig. Es dürfte verständlich sein, daß jeder Schiffstyp und darüber hinaus jedes einzelne Schiff andere Geräusche ins Seewasser abstrahlt. Die Geräusche sind abhängig von den Hauptabmessungen, von der Form des Unterwasserschiffes und von den installierten Anlagen sowie den Manövern des Schiffes.

Das Bild 103 zeigt das charakteristische Schallspektrum eines Schiffes und die Ursachen des Entstehens. Anhand des Bildes ist erkennbar, daß das Spektrum in den niedrigen Frequenzen diskret ist. In einigen Frequenzen ist der Schalldruck vorhanden, in anderen fehlen die Drücke vollständig, oder sie sind gering.

Es wurde eine genaue Untersuchung der niedrigen Frequenzen im gemessenen Schallspektrum vorgenommen und in Bild 104 dargestellt. Die genannte Tendenz ist deutlich erkennbar. In den Frequenzen über 1 000 Hz geht das Schiffsgeräusch in ein

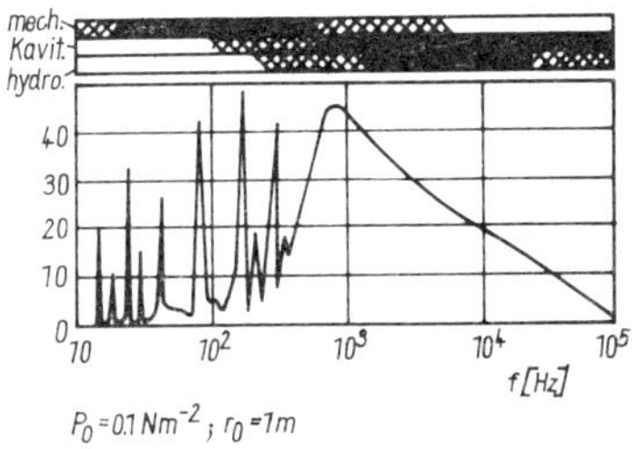

Bild 103
Charakteristisches Schallspektrum des Schiffes

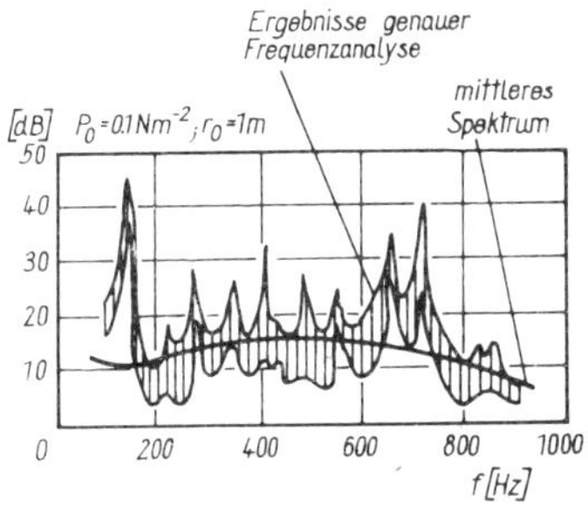

Bild 104
Frequenzen im gemessenen Schallspektrum

kontinuierliches Spektrum über. Ursache dafür ist die Kavitation und das hydrodynamische Rauschen. Die höchsten Drücke sind im Frequenzbereich von 100 bis 800 Hz zu beobachten. Über 1 000 Hz fällt der Druck mit 1,8 bis 2,0 dB je Oktave ($p_0 = 0{,}1\ N/m^2$).

Die Abhängigkeit der Schiffsgeräusche von der Schiffsgröße ist in Bild 105 dargestellt. Man erkennt, daß in bestimmten Grenzen große Schiffe ein höheres Geräuschniveau haben als kleinere. Die Abhängigkeit des Schallspektrums von der Schiffsgeschwindigkeit zeigt das Bild 106. Die Messungen wurden an einem Kreuzer von 20 000 ts Wasserverdrängung vorgenommen. Er wurde im Geschwindigkeitsbereich von 7,2 bis 24 kn vermessen. Im Bild erkennt man, daß im niedrigen Geschwindig-

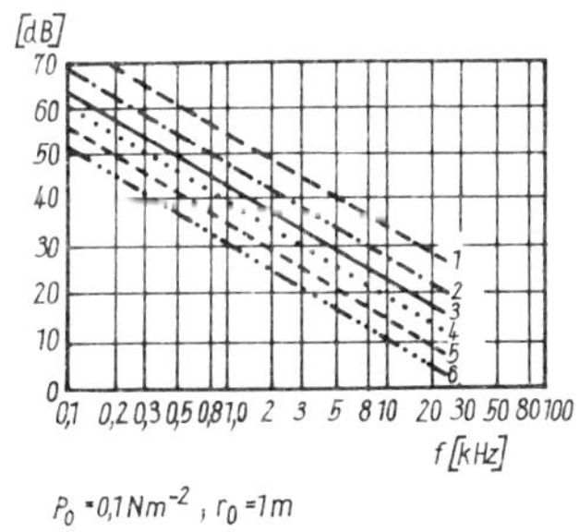

Bild 105 Abhängigkeit der Schiffsgeräusche von der Größe des Schiffes
1 – Linienschiff mit 95 dB Schallpegel; 2 – Kreuzer mit 88 dB; 3 – Zerstörer mit 82 dB;
4 – Passagierschiff mit 81 dB; 5 – Küstenschutzschiff mit 76 dB; 6 – Transporter mit 71 dB

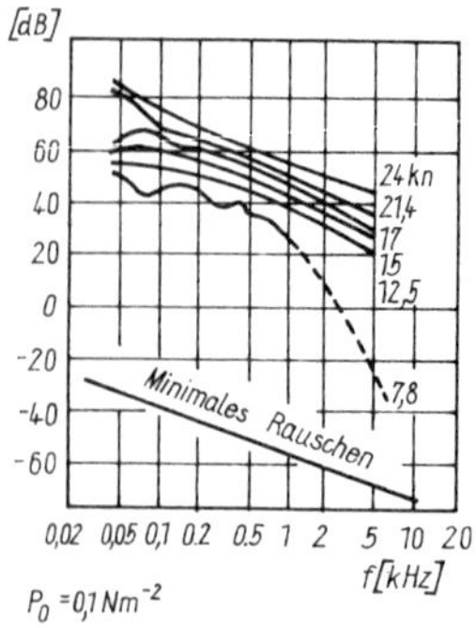

Bild 106
Abhängigkeit des Schallspektrums von der Schiffsgeschwindigkeit

keitsbereich die Drücke in hohen Frequenzbändern deutlich abfallen. Das ist eine Auswirkung des Rückganges der Kavitationserscheinungen an den Propellern. Die Drücke in den niedrigen Frequenzen sind nicht so geschwindigkeitsabhängig. Das akustische Schiffsfeld läßt sich in Form einer Richtcharakteristik darstellen. Dabei kann das Schiff für niedrige Frequenzen (unter 1 kHz) annähernd als Halbkugelstrahler angesehen werden. Bei praktischen Messungen in höheren Frequenzbereichen stellt man mehr oder weniger ausgeprägte Richtcharakteristika fest. Es gibt Richtungen um das Schiff, in denen der Schalldruck auf größere Entfernungen wirkt, und Richtungen, in denen er bei gleicher Entfernung bedeutend kleiner ist. Für alle Schiffe kann als charakteristisch angesehen werden, daß der Schall in zwei definierte Richtungen mit hoher Intensität und in zwei andere Richtungen mit geringer Intensität abgestrahlt wird.

Ein klares Minimum des Schalldruckes liegt in Kursvorausrichtung vom Schiff. Hierbei wirkt der Schiffskörper als Dämpfungsglied.

Ein zweites Minimum kann man im Kielwasser des Schiffes beobachten. Hier wirkt die starke Verwirbelung des Wassers abschwächend auf die abgestrahlte Energie. Ausgeprägte Maxima der Richtcharakteristika liegen in den Richtungen 15° bis 30° voraus und achteraus an beiden Bordseiten.

Handelt es sich um ein Mehrschraubenschiff, so ist eine räumliche Verschiebung der Richtcharakteristik möglich, da sich die Propellergeräusche unterschiedlich auswirken.

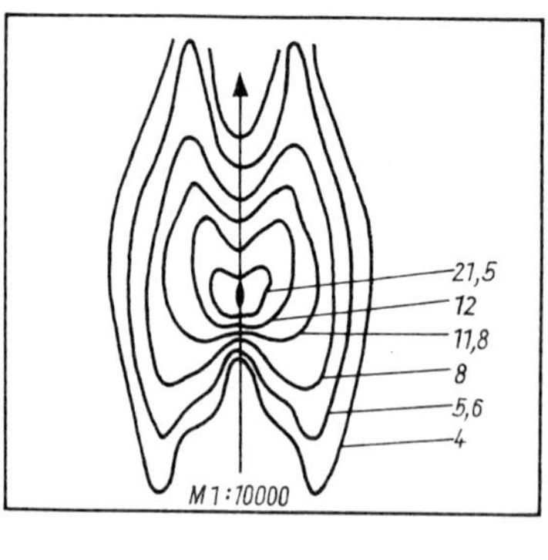

Bild 107
Richtcharakteristik eines Schiffes

In der Praxis ist es kompliziert, Richtcharakteristika von Schiffen zu erstellen. Wie bereits erwähnt, ergibt sich für jeden Schiffstyp bzw. sogar für jedes Schiff ein unterschiedliches Bild. In Bild 107 ist die Richtcharakteristik eines Einschraubenschiffes mit idealer Verteilung dargestellt. Die Linien um das Schiff sind Linien gleichen Schalldruckes. Deutlich sind die Maxima und Minima zu erkennen. Das ist in der Praxis nicht so eindeutig. Manchmal treten in Vorzugsrichtungen Maxima und auch Minima auf, die nur schwer oder gar nicht zu erklären sind.

Abschließend sei festgestellt, daß bei allen sich im Wasser bewegenden Körpern ein akustisches Feld vorhanden ist. Es läßt sich zwar mit großem technischem Aufwand durch konstruktive und schwingungsdämpfende Maßnahmen verringern, ganz beseitigen läßt es sich aber nicht. Es bleibt ein Nutzsignal, das etwa 20 bis 40 dB über dem minimalen Meeresrauschen liegt. Damit ist das Schiffsfeld klassifizierbar und kann für die Zielsuchsteuerung von Torpedos genutzt werden.

Nach der Ausnutzung des akustischen Feldes werden Zielsuchsteuerungen wie folgt klassifiziert:
- aktive Zielsuchsteuerung,
- passive Zielsuchsteuerung,
- kombinierte Zielsuchsteuerungen.

Das Prinzip der **aktiven** Zielsuchsteuerung besteht darin, daß der Torpedo akustische Impulse (Primärimpulse) aussendet und die vom Ziel reflektierten Impulse (Sekundärimpulse) wieder aufnimmt. Nach Umwandlung dieser Impulse sprechen die Steuerorgane an.

Das Prinzip der **passiven** Zielsuchsteuerung besteht darin, daß der Torpedo auf die vom Ziel ausgestrahlten akustischen Impulse anspricht.

Kombinierte Zielsuchsteuerungen arbeiten aktiv und passiv. Sie können mit einer Fernsteuerung zusammenwirken.

Unabhängig von der Ausnutzung des akustischen Feldes, der Konstruktion sowie dem taktischen Einsatz müssen Zielsuchsteuerungen folgende Funktionen erfüllen:
- das Ziel im Bereich der Auffassungsreichweite der Zielsucheinrichtung suchen und auffassen;
- die Lage des Zieles bezüglich der Torpedolängsachse bestimmen;
- die Übereinstimmung der Längsachse des Torpedos mit der Richtung zum Ziel automatisch herbeiführen und den Torpedo auf das Ziel steuern;

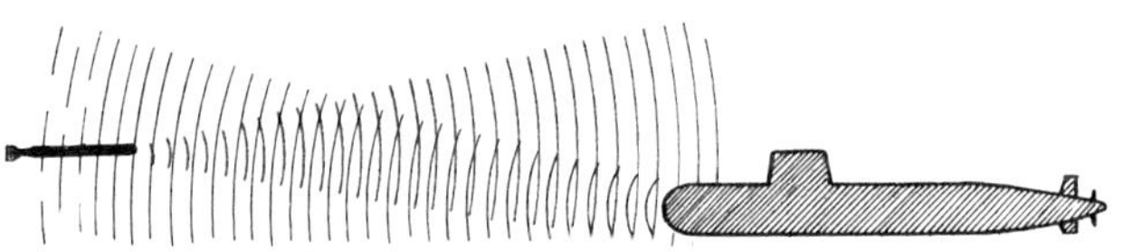

Bild 108
Prinzip der aktiven Zielsuchsteuerung

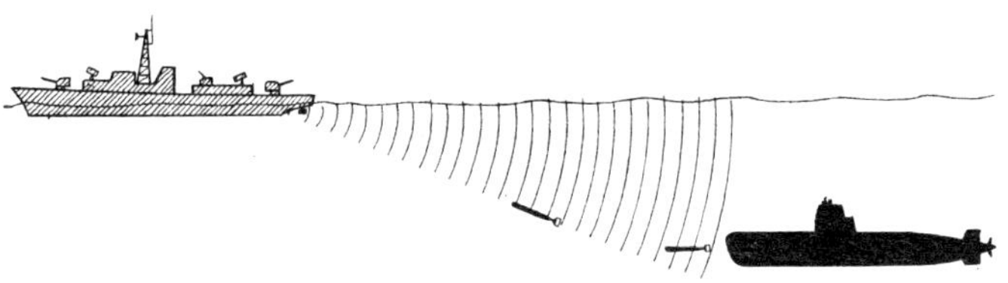

Bild 109
Prinzip der passiven Zielsuchsteuerung

- den Torpedokurs während der Annäherung an das Ziel periodisch überprüfen und Korrekturen automatisch eingeben, die einen Torpedodurchgang am Ziel sichern, so daß die Zündeinrichtung ansprechen kann;
- eine Wiederholungssuche gewährleisten, wenn der Kontakt zum Ziel verlorenging oder unterbrochen wurde;
- den Torpedo auf einer solchen Suchtiefe steuern, die günstige Bedingungen für die Arbeit der Zielsuchsteuerung bietet.

Um diese Funktionen wahrnehmen zu können, sind eine Vielzahl unterschiedlicher Geräte erforderlich, die im Zusammenwirken die Zielsuchsteuerung des Torpedos gewährleisten. Insgesamt werden an den Gerätekomplex einer Zielsuchsteuerung folgende Forderungen gestellt:
- genügend große Auffassungsreichweite zum Ziel in einem möglichst großen Suchsektor;
- hohe Genauigkeit der Steuerung des Torpedos auf das Ziel;
- hohe Zuverlässigkeit der Arbeit aller Geräte;
- hohe Störfestigkeit der Geräte;
- möglichst geringe Auswirkungen auf die Geschwindigkeit, Laufstrecke und Ladungsmasse des Torpedos.

Einige dieser Forderungen werden im folgenden näher betrachtet. Unter der **Auffassungsreichweite** (r_a) ist der größte Abstand zwischen Torpedo und Ziel zu verstehen, bei dem die Zielsucheinrichtung das Ziel ausmacht und den Torpedo auf das Ziel steuert. Um eine hohe Treffwahrscheinlichkeit zu gewährleisten, wird eine möglichst große Auffassungsreichweite angestrebt. Dabei ist entscheidend, daß die Auffassungsreichweite in einem möglichst großen Suchsektor relativ konstant ist.

Als **Suchsektor** (Ω) wird der Winkel bezeichnet, in dessen Grenzen die Zielsucheinrichtung in der Lage ist, ein Ziel aufzufassen. Gewöhnlich ist der Suchsektor symmetrisch zur Torpedolängsachse angeordnet. Er ergibt sich aus der Anzahl und der Anordnung der einzelnen Empfangsstellen im Torpedo. Jede dieser Empfangsstellen

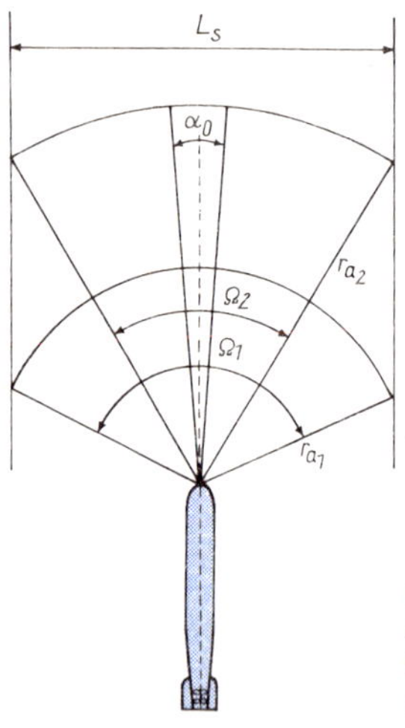

Bild 110
Abhängigkeit der Breite der Suchzone L_S von der Auffassungsreichweite r_a und dem Suchsektor Ω.
α_0 – toter Winkel der Zielsucheinrichtung

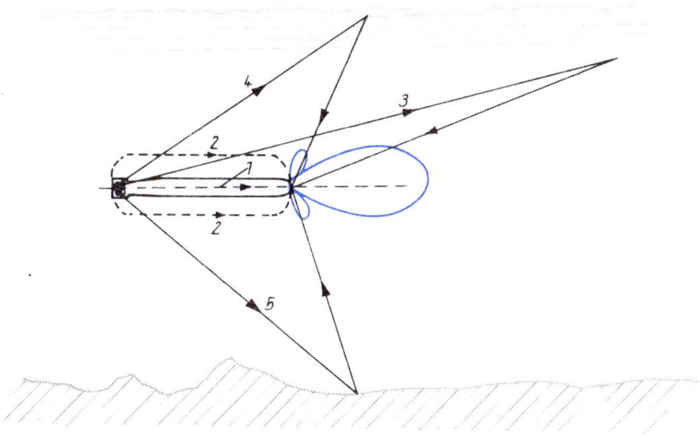

Bild 111 Mögliche Störungen der Zielsucheinrichtungen
1 – Schwingungen des Torpedos; 2 – Diffraktion der Schallwellen am Torpedokörper; 3 – Reflexion der Schallwellen an Wasserschichten unterschiedlicher Temperatur, Dichte u. a.; 4 – Reflexion der Schallwellen an der Wasseroberfläche; 5 – Reflexion der Schallwellen am Meeresboden

hat eine Richtcharakteristik, die sowohl in horizontaler als auch in vertikaler Ebene wirkt. Dabei werden mögliche Fehler durch eine Überlappung der einzelnen Richtcharakteristika der Empfangsstellen kompensiert.

Der Forderung nach einem möglichst großen Suchsektor steht die Forderung nach einer hohen Störfestigkeit entgegen. Bei zu groß gewähltem Suchsektor können neben dem Echtziel auch auftretende Störungen und Scheinziele aufgefaßt werden. Wird die erforderliche Auffassungsreichweite in einem großen Suchsektor gewährleistet, kann das zu einer Verringerung der Steuergenauigkeit führen. Auffassungsreichweite und Suchsektor bestimmen die Breite der **Suchzone** (L_S). Bei unterschiedlicher Kombination von Auffassungsreichweite und Suchsektor kann die gleiche Breite der Suchzone erreicht werden.

Die Größe des Suchsektors in der vertikalen Ebene ist unter zwei Gesichtspunkten festzulegen. UAW-Torpedos müssen mit ihrem vertikalen Suchsektor das in der Tiefe manövrierende U-Boot erfassen können. Folglich muß der vertikale Suchsektor relativ groß sein. Seezieltorpedos hingegen benötigen einen wesentlich kleineren vertikalen Suchsektor. Da der Einfluß von Störgeräuschen entsprechend der Lauftiefe des Torpedos unterschiedlich ist, wird angestrebt, den vertikalen Suchsektor so klein wie möglich zu halten.

Störgeräusche können wie folgt die Zielsucheinrichtung beeinflussen:
- durch Übertragung von Schwingungen bzw. Vibrationen des Torpedokörpers;
- durch die Diffraktion der Schallwellen am Torpedokörper (unter Diffraktion versteht man die Beugung bzw. Störung der geradlinigen Fortpflanzung von Wellen durch Hindernisse);
- durch die Reflektion der Schallwellen an Wasserschichten mit unterschiedlicher Dichte, Temperatur u. a.;
- durch die Reflexion der Schallwellen am Meeresboden und an der Wasseroberfläche.

Diese Störungen wirken, abhängig von der Richtcharakteristik der Empfangseinrichtung, mit unterschiedlicher Intensität ein. Auch die Torpedogeschwindigkeit übt Einfluß auf die Auffassungsreichweite aus. Je höher die Torpedogeschwindigkeit ist, desto stärker machen sich Störgeräusche an der Empfangseinrichtung bemerkbar, und es sinkt die Auffassungsreichweite.

Die Forderung nach einer hohen **Steuergenauigkeit** ist schwer zu realisieren. Die Ursachen liegen in der Empfindlichkeit der Elemente der Zielsucheinrichtung, in den Signalverzugszeiten zwischen den Baugruppen der Zielsucheinrichtung und den Steuergeräten sowie in der Manövrierfähigkeit des Torpedos insgesamt begründet. Die Genauigkeit der Richtungsbestimmung und demzufolge die Genauigkeit der Erarbeitung entsprechender Kommandos durch die Zielsucheinrichtung wird durch den toten Winkel (α_0) bestimmt. Im toten Winkel ist die Zielsucheinrichtung nicht in der Lage, die Richtung zum Ziel genau zu ermitteln. Ist der tote Winkel groß, so ergibt sich ein breites Spektrum von möglichen Richtungen zum Ziel, und der Torpedo könnte in jeder dieser Richtungen gesteuert werden. Deshalb strebt man an, diesen Winkel, unter Beibehaltung aller anderen Bedingungen der Zielauffassung, so gering wie möglich zu halten. Es muß auf jeden Fall erreicht werden, daß der Torpedo das Ziel auffassen kann und die Richtung zum Ziel genau ermittelt wird. Der Torpedo hat das Ziel in dem Abstand zu passieren, daß seine Zündeinrichtung anspricht. Auch der Drehkreisradius des Torpedos übt Einfluß auf die Steuergenauigkeit des Torpedos aus.

Unter der **Zuverlässigkeit** versteht man die Fähigkeit der Zielsucheinrichtung, ihre Funktionen über einen vorgesehenen Zeitraum unter allen Einsatzbedingungen zu erfüllen. Dazu gehören die Einhaltung aller technischen und Nutzungskennziffern während der Lagerung, der technischen Wartung, des Transports und besonders während des Gefechtseinsatzes. Trotz Vibrationen der Anlagenteile des Torpedos und in der näheren Umgebung (Detonationen im Seewasser, unterschiedliche Größe des Nutz- und Störpegels u. a.) muß der Torpedo seine Gefechtsaufgabe erfüllen können. Es darf vor allem zu keiner Ablenkung des Torpedos vom vorgesehenen Kurs durch das Einwirken von künstlich geschaffenen oder natürlichen Störungen kommen.

In diesem Zusammenhang spricht man auch von der **Störfestigkeit** der Zielsucheinrichtung. Alle Maßnahmen, die das Eindringen von Störungen in die Zielsucheinrichtung verhindern sollen, dürfen sich aber nicht negativ auf die Auffassungsreichweite auswirken. Eine höhere Störfestigkeit erreicht man, indem der Suchsektor begrenzt und elektrische oder elektronische Schutzschaltungen eingesetzt werden. Auch der Einsatz kombinierter Zielsucheinrichtungen erhöht die Störfestigkeit.

Durch den Einbau der ersten Zielsucheinrichtungen wurden die taktisch-technischen Hauptparameter der Torpedos wie Geschwindigkeit, Laufstrecke, Lauftiefe, Sprengstoffmasse und Gesamtmasse nachteilig beeinflußt. Heute ist dieser Einfluß durch die Verwendung moderner Bauelemente mit geringem Volumenbedarf und kleiner Masse geringer.

Zielsuchsteuerungen werden nach folgenden Gesichtspunkten klassifiziert:
- nach dem Objekt des Einsatzes (Überwasserziel, Unterwasserziel);
- nach der Methode der Zielpeilung (Maximumpeilung, Vergleichspeilung);
- nach der Methode der Annäherung an das Ziel (Methode des Nachlaufens, Methode mit konstantem Vorhaltewinkel).

Gegen **Überwasserziele** ortet die Zielsucheinrichtung nur in der horizontalen

Ebene. Die Zielsucheinrichtung spricht auf akustische Impulse im Suchsektor an und gibt Steuerimpulse auf die vertikalen Ruderblätter.

Gegenüber **Unterwasserzielen** arbeitet die Zielsucheinrichtung in horizontaler und vertikaler Ebene. Die Steuerung kann in beiden Ebenen gleichzeitig, nacheinander getrennt oder in einer festgelegten Reihenfolge arbeiten. Die Steuerimpulse werden auf die horizontalen und vertikalen Ruderblätter übertragen.

Die Richteigenschaften von Schallwandlern, die als Sende- und Empfangseinrichtungen dienen, ermöglichen das Auffassen eines Zieles und damit auch die Bestimmung seiner Lage bezüglich der Längsachse des Torpedos. Die Richtwirkung eines elektroakustischen Schallwandlers wird durch seine Richtcharakteristik bestimmt. Man versteht darunter die Veränderung einer elektrischen Spannung am Eingang des Empfängers in Abhängigkeit von der Richtung zur Schallquelle. Unterschiedliche Richtwirkungen erreicht man durch eine unterschiedliche Anordnung der Schallwandler in der Sende- und Empfangseinrichtung. Es besteht die Möglichkeit, nur einen Empfänger in den Torpedo einzubauen oder eine Gruppe, bestehend aus mehreren Empfängern, die untereinander verschaltet sind. Entsprechend der Form der Richtcharakteristik ist auch die Peilung zum Ziel unterschiedlich.

Bei der **Maximumpeilung** wird der Schallwandler im Bereich des festgelegten Suchsektors gedreht. Stimmt das Maximum der Richtcharakteristik mit der Linie zwischen Torpedo und Ziel (*K*) überein, so spricht die Zielsucheinrichtung an, und nach der Verarbeitung der Information werden die Ruderblätter gelegt. Die Zielsucheinrichtung spricht jedoch erst dann an, wenn die im Schallwandler erarbeitete Signalspannung die Ansprechschwelle der Zielsucheinrichtung übersteigt. Wenn die Kurve *OABCO* das Gesetz der Veränderung der Signalspannung vom Ziel und der Kreisbogen *NM* die Ansprechschwelle der Zielsucheinrichtung darstellen, ist eine Peilung im Bereich des toten Winkels möglich. Bei Annäherung des Torpedos an das Ziel wächst aufgrund des Anstieges der Signalspannung (Kurve ODEFO) der Winkel. Die Genauigkeit der Richtungsbestimmung fällt ab, da $\alpha_0' > \alpha_0$ ist. Daraus kann man schlußfolgern, daß diese Methode der Peilung nur dann sinnvoll ist, wenn die Richtcharakteristik der Zielsucheinrichtung sehr spitz ist.

Bei der **Vergleichspeilung** wird die Richtung zum Ziel durch den Vergleich der Größen der elektrischen Spannungen, die durch zwei symmetrisch zur Torpedolängsachse angeordnete Schallwandler ermittelt werden, bestimmt. In Abhängigkeit von der Lage des Zieles zur Torpedolängsachse werden die empfangenen Spannungen unterschiedlich sein.

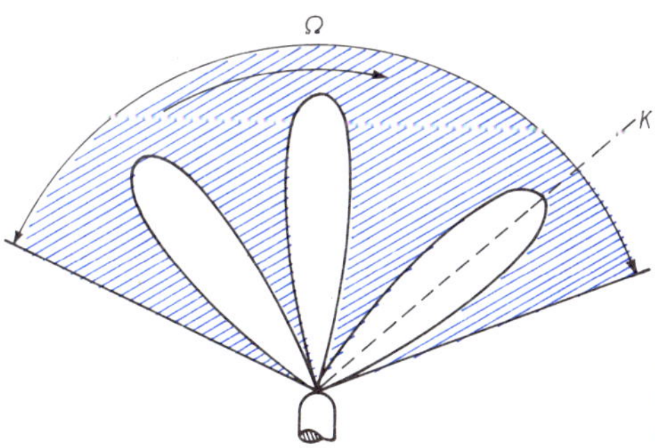

Bild 112
Prinzip der Maximumpeilung

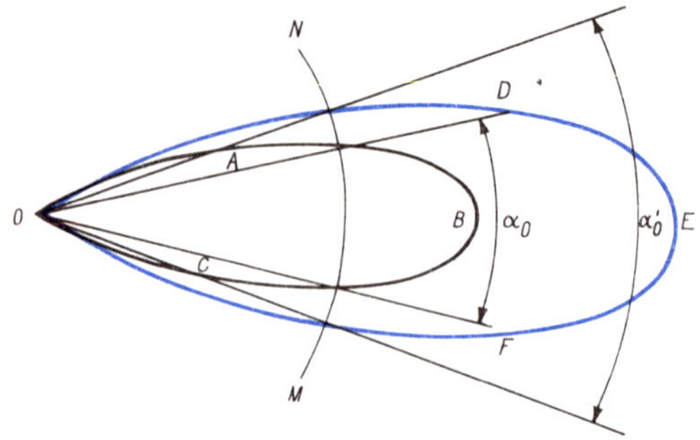

Bild 113
Abhängigkeit des toten Winkels α_0 von der Entfernung zwischen Torpedo und Ziel

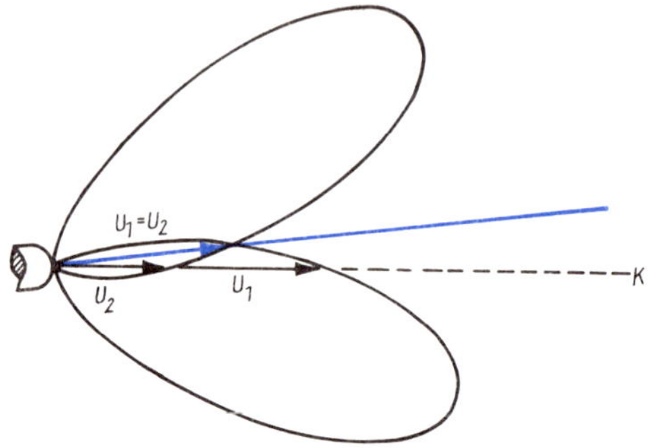

Bild 114
Prinzip der Vergleichspeilung

Die resultierende Spannung $U = U_1 - U_2$, die gleich dem Ansprechpegel sein muß, bestimmt die Seite, auf der das Ziel liegt. Ist $U_1 > U_2$, so liegt das Ziel Steuerbord von der Torpedolängsachse (Bild 114). Der Torpedo ändert seinen Kurs nach Steuerbord. Ist $U_1 = U_2$, so ist der Torpedo mit seiner Längsachse exakt auf das Ziel ausgerichtet.

Bei der **Methode des Nachlaufens** läuft der Torpedo auf der Peilung zum Ziel. Verändert sich die Peilung, so ändert der Torpedo seinen Kurs auf die neue Peilung. Er beschreibt eine Kurve, die als «Verfolgungskurve» bezeichnet wird (Bild 115). Der Torpedo nähert sich dem Ziel aus achterlichen Kurswinkeln – ein Abschnitt seiner Laufstrecke liegt in der Kielwasserspur des gegnerischen Schiffes. Das kann sich nachteilig auf die Zielsuchsteuerung auswirken. Es gibt aber auch Zielsuchsteuerungen, die auf die Kielwasserspur ansprechen.

Bei der **Methode mit konstantem Vorhaltewinkel** bewegt sich der Torpedo so auf das Ziel zu, daß der ermittelte Vorhaltewinkel (Winkel zwischen dem Kurs des Torpedos und der Peilung zum Ziel) über die gesamte Zeit der Annäherung erhalten bleibt (Bild 116). Der Vorteil dieser Methode besteht darin, daß der Torpedo nicht in die Kielwasserspur gerät, sondern sich dem Ziel in kürzester Zeit nähert.

Moderne Zielsucheinrichtungen können aufgrund der vielfältigen Einsatzbedingungen sehr unterschiedlich aufgebaut sein.

Dabei bilden die Sende- und Empfangseinrichtung, der Impulsgenerator, die Verstärkereinrichtung, die Kommandoanalysierschaltung, der Relaisblock, der Kursautomat, der Tiefenautomat, die Rudermaschinen und das Energieversorgungsgerät die Hauptbaugruppen.

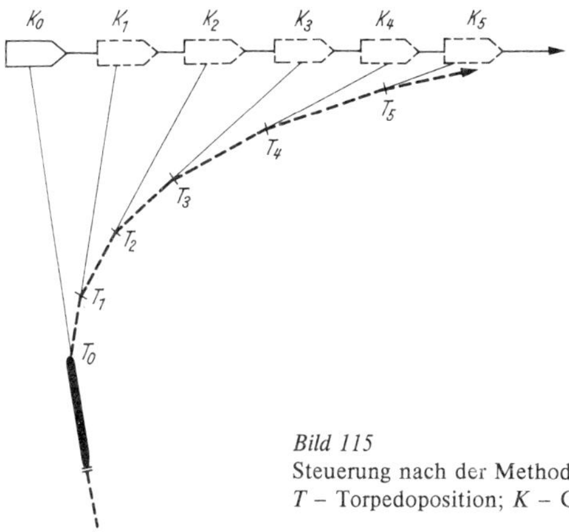

Bild 115
Steuerung nach der Methode des Nachlaufens (Hundekurve)
T – Torpedoposition; *K* – Gegnerposition

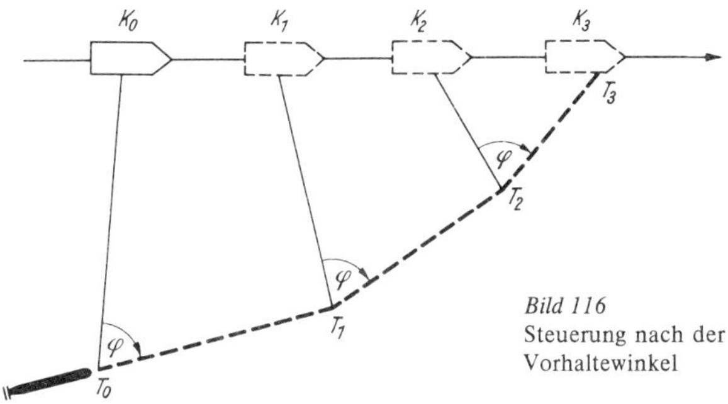

Bild 116
Steuerung nach der Methode mit konstantem Vorhaltewinkel

Jede Hauptbaugruppe erfüllt spezielle Aufgaben. Sie sind in der Regel in Blöcken zusammengefaßt.

Im folgenden werden die allgemeinen Wirkungsprinzipien unterschiedlicher Zielsucheinrichtungen erläutert.

In Bild 117 ist das Blockschaltbild einer **passiven Zielsuchsteuerung** gegen Überwasserziele, die nach der Vergleichspeilung arbeitet, dargestellt. Die vom Ziel abgestrahlten Geräusche erzeugen in den Empfängern unterschiedliche Spannungen. Befindet sich das Ziel Steuerbord von der Torpedolängsachse, so ist die Spannung im Empfänger 1 größer als im Empfänger 2. Die von den Empfängern aufgenommenen Geräusche werden mit einem Phasenunterschied in elektrische Spannungen umgewandelt. Der Phasenunterschied kann für die Steuerung nicht genutzt werden und wird darum im Phasen-Amplituden-Umwandler in einen Amplitudenunterschied umgewandelt. Da die in den Empfängern erzeugten Steuerspannungen sehr gering sind, werden sie in den Stufen des Verstärkers verstärkt. Ein elektrischer Kommutator zwischen Empfangseinrichtung und Verstärker läßt immer nur die Steuerspannung von einem Empfänger passieren und sperrt den anderen. Dann folgt der Wechsel. Gleichzeitig werden die Steuerspannungen vorverstärkt. Weil der Spannungsun-

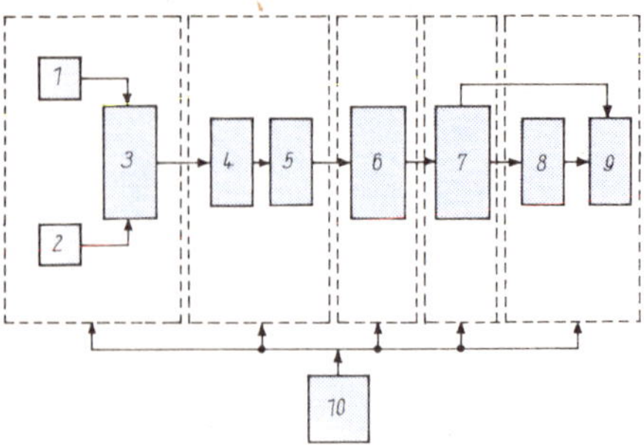

Bild 117 Blockschaltbild einer passiven Zielsuchsteuerung
1, 2 – Empfänger; 3 – Phasen-Amplitudenwandler; 4 – Kommutator; 5 – Verstärker; 6 – Kommandogeber; 7 – Relaisblock; 8 – Kursautomat; 9 – Rudermaschine; 10 – Energiequelle

terschied in Abhängigkeit von der Stärke der aufgenommenen akustischen Impulse (Entfernung Torpedo – Ziel) unterschiedlich ist, regelt der Verstärker automatisch, daß am Verstärkerausgang konstante Steuerspannungen anliegen. Außerdem selektiert der Verstärker das Frequenzspektrum der aufgenommenen Geräusche, um ein Ansprechen auf Störimpulse zu verhindern. Die verstärkten Steuerspannungen gelangen in die Kommandoanalysierschaltung. Dort werden die Steuerspannungen verglichen, und der Spannungsunterschied wird erarbeitet. Vorzeichen und Größe des Spannungsunterschiedes sind abhängig von der Lage des Zieles bezüglich der Torpedolängsachse.

Im Kommandogeber entsteht ein Signal, das zum Relaisblock gelangt. Dort arbeiten daraufhin die Relais, die den Torpedo zu einer Kursänderung veranlassen. Der Relaisblock schaltet die Rudermaschine vom Kursautomaten ab, der ja den Torpedo bis zu diesem Zeitpunkt auf einer bestimmten Laufbahn gesteuert hat. Die Rudermaschine legt die Seitenruder nach Steuerbord, bis seine Längsachse mit der Richtung zum Ziel übereinstimmt. In diesem Moment gibt es keinen Spannungsunterschied mehr, und die Ruderblätter gehen in Mittelstellung. Übersteuert der Torpedo die Richtung zum Ziel, so laufen die Vorgänge nach der anderen Seite ab. Der Torpedo vollführt so lange wechselseitige Drehkreise, bis keine Abweichung (Spannungsunterschied) zwischen der Richtung zum Ziel und der Torpedolängsachse mehr besteht. Die Energiequelle versorgt alle Baugruppen der Zielsucheinrichtung mit den erforderlichen Betriebsspannungen.

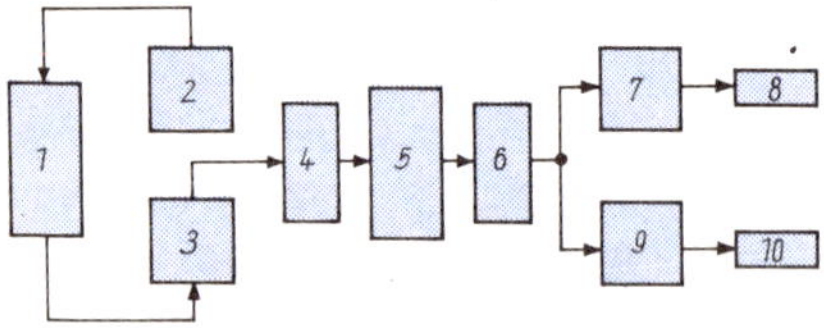

Bild 118 Blockschaltbild einer aktiven Zielsucheinrichtung
1 – Sende- und Empfangseinrichtung; 2 – Impulsgenerator; 3 – Verstärker; 4 – Kommutator; 5 – Relaisblock; 6 – Kommandogeber; 7 – Kursautomat; 8 – Rudermaschine (Kurs); 9 – Tiefenautomat; 10 – Rudermaschine (Tiefe)

In Bild 118 ist das Blockschaltbild einer **aktiven Zielsuchsteuerung** gegen Unterwasserziele, die mit der Maximummethode arbeitet, dargestellt. Charakteristisch für diese Zielsucheinrichtung ist ein Impulsgenerator, der leistungsstarke Impulse für den Sender erarbeitet, und daß die Suche und Steuerung in der horizontalen und vertikalen Ebene stattfinden. Der Torpedo wird zunächst vom Tiefenautomaten auf eine befohlene Lauftiefe gesteuert, in der er dann die Suche in beiden Ebenen ausführt.

Die vom Impulsgenerator erarbeiteten Impulse gelangen auf die Sende- und Empfangseinrichtung, in der sie in akustische Impulse umgewandelt und in das Seewasser abgestrahlt werden. Wird ein Ziel in der horizontalen Ebene erfaßt, gelangen die vom Ziel reflektierten Impulse auf die Sende- und Empfangseinrichtung und von dort zum Verstärker. Der Impulsgenerator ist für die Zeit des Empfanges gesperrt. Im Verstärker werden die Spannungen verstärkt und über den Kommutator im Relaisblock an die Relais gebracht, die in der horizontalen Ebene arbeiten. Der Kommandogeber erarbeitet entsprechende Kommandos, die über den Kursautomaten an die Rudermaschine gelangen. Der Torpedo richtet sich in der Horizontalen auf das U-Boot aus. Kommt es im vertikalen Teil der Richtcharakteristik zu einer Auswanderung des Zieles aus dem Maximum, so ist das ein Zeichen dafür, daß sich Torpedo und U-Boot in unterschiedlichen Tiefen bewegen. Die erarbeiteten und verstärkten Spannungen gelangen in der Relaiseinrichtung an die Relais, die in der vertikalen Ebene arbeiten. Die vom Kommandogeber erarbeiteten Signale gelangen über den Tiefenautomaten an die Rudermaschine. Der Torpedo richtet sich in der Vertikalen auf das U-Boot aus und behält den Kurs auf das Ziel in der horizontalen Ebene bei. Diese Manöver verlaufen im weiteren immer wechselnd horizontal und vertikal, wobei das Ziel immer durch das Maximum erfaßt wird.

Relativ neu sind **Zielsucheinrichtungen, die auf die Kielwasserspur** gegnerischer Überwasserschiffe **ansprechen**. Das Prinzip basiert auf einer Phasenverschiebung zwischen den abgestrahlten und den empfangenen akustischen Impulsen, die das mit Luftbläschen angereicherte Kielwasser reflektiert.

Der Sender erregt den Strahler, der den akustischen Impuls an das Seewasser abgibt. Gleichzeitig verläuft der Impuls vom Sender zum Phasendetektor. Die von der Kielwasserspur reflektierten akustischen Impulse nimmt ein Mikrofon auf, und sie gelangen über den Verstärker ebenfalls in den Phasendetektor. Dort findet ein Phasenvergleich statt. Proportional zur Größe des Phasenwinkels zwischen Sende- und Empfangsimpuls entsteht eine Gleichspannung, die in den Schutzfilter gelangt. Hier

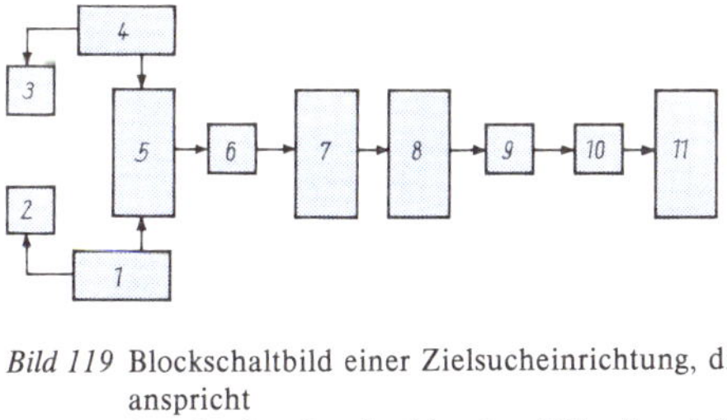

Bild 119 Blockschaltbild einer Zielsucheinrichtung, die auf die Kielwasserspur eines Überwasserschiffes anspricht
1 – Sender; 2 – Strahler; 3 – Mikrofon; 4, 7 – Verstärker; 5 – Phasendetektor; 6 – Schutzfilter; 8 – Detektor; 9 – Integrator; 10 – Triggerkreis; 11 – Block der Steuerung

werden Störimpulse unterdrückt und nur die Impulse einer Phasenmodulation, die eine festgelegte Größe überschreiten, durchgelassen. Die nutzbaren Impulse werden im Verstärker verstärkt und in einem zweiten Detektor umgeformt. Die am Ausgang erhaltene Gleichspannung ist proportional den positiven Spitzenwerten der Empfangsimpulse. Kommt über den Integrator ein Impuls mit festgelegter Mindestzeit, schließt der Triggerkreis den Block der Steuerung an, und der Torpedo wird durch entsprechende Ruderlagen in der Kielwasserspur des U-Bootes gesteuert.

Eine derartige Anlage ist im amerikanischen Torpedo Mk 45 F mod. 1 installiert. Auf dem ersten Abschnitt läuft der Torpedo wahlweise mit oder ohne Drahtsteuerung, auf dem letzten arbeitet die Zielsucheinrichtung.

Ohne Drahtsteuerung wird der Torpedo am günstigsten aus einer achterlichen Position auf das Ziel geschossen. Nach der Einnahme des eingestellten Kurses und einer Tiefe von 38 m läuft der Torpedo in Richtung des vorausberechneten Kollisionspunktes. Vor Erreichen der eingestellten Aufschlagentfernung geht der Torpedo auf die eingestellte Angriffstiefe, die je nach Überwasserziel zwischen 2 und 15 m einstellbar ist, und die Zielsucheinrichtung schaltet sich zu. Das Kielwasser kann bis zu 2 000 m hinter dem Heck des Gegners durch die Zielsucheinrichtung ausgemacht werden. Hat die Zielsucheinrichtung das Kielwasser aufgefaßt und der Torpedo das erste Mal das Kielwasser gekreuzt, wird er durch ein Manövergerät zu einer Kursänderung veranlaßt. Unter einem Winkel von 30° steuert der Torpedo eine sinusförmige Laufbahn in Richtung des gegnerischen Schiffes. Die Zielsucheinrichtung erarbeitet Korrekturen, und der Torpedo steuert mit immer kleiner werdender Amplitude ins Ziel.

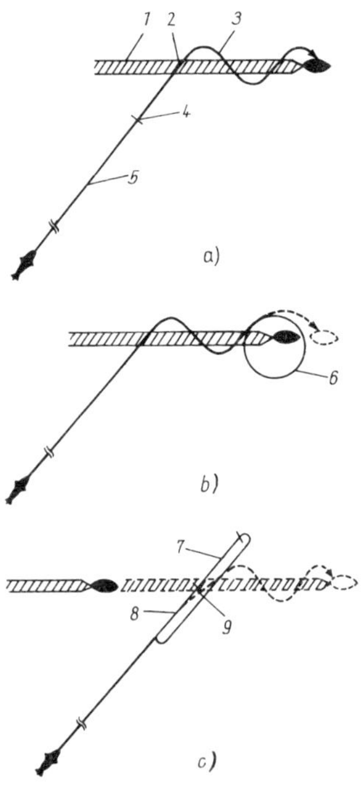

Bild 120
Zielsuchsteuerung nach der Kielwasserspur
a – Laufbahn mit Auffassen der Kielwasserspur; b – Laufbahn bei Verlust der Kielwasserspur; c – Laufbahn beim Kreuzen des Zieles vor dem Bug
1 – Kielwasserspur; 2 – errechneter Treffpunkt; 3 – Zielsuchsteuerung in der Kielwasserspur; 4 – Einschaltpunkt der Zielsucheinrichtung; 5 – Laufstrecke bis zum errechneten Treffpunkt; 6 – Kreislauf bei Kontaktverlust; 7 – Weiterlaufstrecke; 8 – Punkt des erneuten Auffassens der Kielwasserspur; 9 – Weiterlaufstrecke auf Gegenkurs

Verfehlt der Torpedo das Ziel, so leitet das Manövergerät einen Kreislauf des Torpedos ein, der entweder zum Auftreffen auf das Ziel oder zum erneuten Auffassen der Kielwasserspur führt. Kreuzt der Torpedo den Kurs des Gegners vor dem Bug und die Zielsucheinrichtung faßt das Kielwasser nicht auf, so setzt er seinen Kurs entsprechend der eingestellten Weiterlaufstrecke fort, wendet um 180° und läuft auf Gegenkurs die doppelte Weiterlaufstrecke zurück. Dieses Manöver läuft so lange, bis die Zielsucheinrichtung das Kielwasser erfaßt und die Steuerung, wie oben beschrieben, wirkt, bzw. bis die Laufstrecke des Torpedos erschöpft ist. Mit Drahtsteuerung kann der Torpedo schrittweise zu Kursänderungen von 2° nach Backbord oder Steuerbord veranlaßt und die Aufschlagentfernung in Schritten von 91 m verändert werden. Bei zu großen Unregelmäßigkeiten im Lauf kann der Antrieb des Torpedos über den Steuerdraht abgestellt werden, und der Torpedo sinkt aufgrund seines negativen Auftriebes auf den Meeresboden.

Abschließend sei festgestellt, daß die Zielsuchsteuerung eine effektive Steuerung von Torpedos ist, insbesondere wenn sie kombiniert (aktiv/passiv) arbeitet. Zielsucheinrichtungen erfordern einen hohen technischen Aufwand, um hohe Zuverlässigkeit und Störfestigkeit zu gewährleisten. Da in der Gegenwart alle bekannt gewordenen Zielsucheinrichtungen auf akustischer Basis arbeiten, entsteht für den Gefechtseinsatz ein entscheidender Nachteil. Ab etwa 30 kn Geschwindigkeit schwillt der Schallpegel der Torpedoantriebsanlage derart an, daß die Zielsucheinrichtung nicht mehr zuverlässig arbeitet. Die Tendenz geht deshalb zum Einsatz universeller Steuerungen, die, je nach Gefechtsituation, autonome, fern- und zielsuchende Elemente automatisch einsetzen. So werden heute moderne Torpedos ferngesteuert mit hoher Geschwindigkeit an den Gegner herangeführt. Sie gehen in Zielnähe auf die Geschwindigkeit herab, die das Arbeiten der Zielsucheinrichtung gestattet. Haben sie Kontaktverlust zum Ziel, steuern sie nach einem Programm oder erhalten Werte von einem Rechner, bis der Kontakt wiederhergestellt ist.

Die Kopplung der Zielsucheinrichtungen mit Trägheitssteuersystemen ist ebenfalls möglich. Hauptteile eines solchen Steuersystems sind Trägheitssteuersysteme, Zielsucheinrichtung und ein im Torpedo untergebrachter Mikrorechner mit Korrelator, in dessen Speicher die Informationen über das Zielgebiet und die wahrscheinlichen Ziele eingegeben werden. Auf der Basis hochintegrierter Schaltkreise wurden bereits unifizierte Rechner geschaffen, die beim Einsatz von zwei Mikroprozessoren eine Arbeitsgeschwindigkeit von 350 000 Operationen je Sekunde erreichen.

Das Modulprinzip ermöglicht es einerseits, die elektronischen Systeme schnell zu modernisieren, und andererseits, den Aufwand für Umrüstung und Nutzung zu senken. Die Entwicklung von programmierten Speichern mit elektrisch veränderlichen Informationen gestattet die selektive Programmierung eines oder mehrerer Mikroprozessoren. Entsprechend der Veränderung des Zielcharakters können Korrekturen eingegeben werden.

Moderne Zielsucheinrichtungen können vom Meeresboden und von der Wasseroberfläche reflektierte Echosignale unterscheiden und eignen sich deshalb auch für den Einbau in Torpedos, die in Flachwassergebieten eingesetzt werden sollen.

5. Torpedoausstoß- und -abwurfeinrichtungen

Die Entwicklung des Torpedos war von Anfang an mit speziellen Einrichtungen für den Einsatz der Waffe auf dem Torpedoträger verbunden. Jede Weiterentwicklung bzw. Neuerung am Torpedo mußte sich zwangsläufig auch an der Ausstoß- bzw. Abwurfeinrichtung widerspiegeln.

Berührungspunkte für diese enge Verbindung zwischen dem Torpedo und seiner Armierung sind:

- Kaliber, Länge und Masse des Torpedos;
- Lagerung und Halterung des Torpedos bis zum Schuß;
- Beheizung des Torpedos;
- Eingabe von Schießwerten in den Torpedo bis unmittelbar vor dem Schuß;
- Überprüfungen an bestimmten Baugruppen des Torpedos;
- Anlassen der Torpedoantriebsmaschine beim Schuß;
- Forderung nach dem spurlosen bzw. flammenlosen Torpedoausstoß;
- Führung des Torpedos beim Ausstoß und Verleihen einer bestimmten Richtung;
- Schutz des Torpedos vor mechanischen Beschädigungen und vor Korrosion;
- Verleihung einer entsprechenden Torpedoausstoßgeschwindigkeit.

Wie die Entwicklung des Torpedos selbst beeinflußte auch die Entwicklung der verschiedenen Torpedoträger die Ausstoß- und Abwurfeinrichtungen. Zwangsläufig mußte sich ein Überwasserausstoßrohr von einem Unterwasserausstoßrohr bzw. einer Torpedoabwurfeinrichtung unterscheiden.

In der über hundertzwanzigjährigen Geschichte der Torpedobewaffnung wurden eine Vielzahl von unterschiedlichen Torpedoausstoß- und -abwurfeinrichtungen entwickelt, gebaut und eingesetzt.

Generell unterscheidet man in der Gegenwart zwischen Torpedoausstoßrohr, Torpedorohrsatz und Torpedoabwurfeinrichtung.

Unter einem **Torpedoausstoßrohr** (im weiteren **Torpedorohr** genannt) versteht man eine einzelne, starr oder schwenkbar angeordnete Einrichtung zum Ausstoß des Torpedos. Torpedorohre werden in der Regel auf Schnellbooten und UAW-Schiffen/Booten starr, unter einem Winkel von 6° bis 15°, an den Bordseiten angeordnet. Diese Aufstellung gewährleistet, daß die Torpedos beim Schuß, auch bei voller Fahrt des Trägers, von diesem freikommen (TS-Boote der Volksmarine, Küstenschutzschiffe der Volksmarine, TS-Boote der Königlich-Schwedischen Marine vom Typ «Spica»).

Eine weitere Aufstellungsart auf Schnellbooten ist die Anordnung der Torpedorohre parallel zur Mittschiffslinie für den Achteraus-Ausstoß (KTS-Boote der Volksmarine, RS-Boote der Bundesmarine der BRD vom Typ 143).

Auf mittleren Überwasserschiffen werden Torpedorohre schwenkbar in den Seitengängen, seltener auf dem Achterschiff, in der Regel für den Einsatz von UAW-Torpedos aufgestellt (Raketenzerstörer Typ «Hamburg», U-Jagd-Boote Typ «Thetis» der Bundesmarine der BRD).

Bild 121
Anordnung der Torpedorohre auf einem TS-Boot der Volksmarine

Ein **Torpedorohrsatz** besteht aus zwei bis sechs Torpedorohren, die neben- oder übereinander, zu einer Gruppe zusammengefaßt, starr oder schwenkbar, angeordnet sind.

Schwenkbare Torpedorohrsätze befinden sich auf mittleren und großen Überwasserschiffen entweder mittschiffs oder bei zu großer Schiffsbreite bzw. störenden Aufbauten an den Bordseiten.

Starre Torpedorohrsätze sind typisch für U-Schiffe/Boote.

Bild 122
Torpedorohr auf dem Raketenzerstörer der Bundesmarine der BRD HESSEN (Typ «Hamburg»)

Bild 123
Anordnung von zwei Vierlingsrohrsätzen mittschiffs auf einem britischen Zerstörer

Bild 124
Drillingstorpedorohrsatz für die französischen UAW-Torpedos L 4 und L 5

Bild 125
Torpedoabwurfeinrichtung auf dem TS-Boot Typ «Brave» (4 Torpedos)

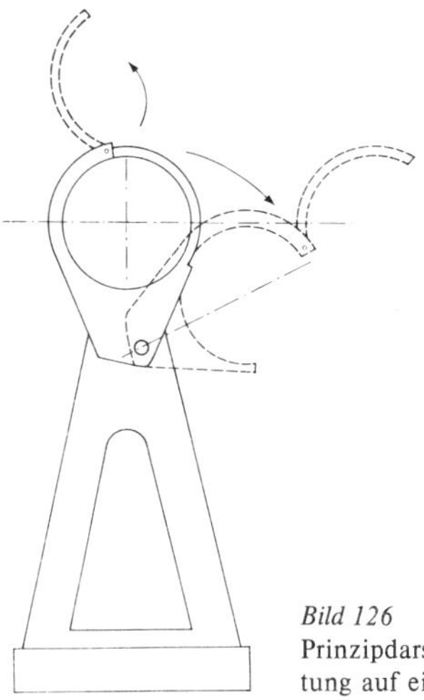

Bild 126
Prinzipdarstellung einer Torpedoabwurfeinrichtung auf einem TS-Boot

Eine **Torpedoabwurfeinrichtung** ist eine starr oder beweglich angeordnete Einrichtung zur Halterung und zum Abwurf der Torpedos. Abwurfeinrichtungen können bei kleinen Überwasserkräften starr und beweglich an Oberdeck, in der Regel an den Bordseiten, angeordnet sein (britische TS-Boote Typ «Brave»).

Abwurfeinrichtungen sind an Flugzeugen in der Regel unter den Tragflächen angeordnet, der Torpedoabwurf aus dem Bombenschacht ist möglich (UAW-Flugzeuge der Typen «Nimrod» und «Atlantik»). An Hubschraubern befinden sie sich entweder seitlich des Rumpfes oder unter den Tragflächenstummeln (Hubschrauber der Typen «Sea King» und «Lynx»).

Bild 127
Seitlich des Rumpfes angeordnete Torpedoabwurfeinrichtung des Hubschraubers Typ «Sea King» mit einem Torpedo Mk 46

5.1. *Torpedoausstoß- und -abwurfeinrichtungen von Überwasserkräften*

Bereits 1867 erprobte *Whitehead* ein Torpedorohr auf dem Kanonenboot GEMSE. Es handelte sich dabei um ein Torpedorohr, das im Bug des Bootes unterhalb der Wasserlinie lag, eine Länge von 5,75 m hatte und aus zwei gußeisernen Teilen bestand. Das Hinterteil lag im Bootsinneren und nahm den Torpedo in sich auf. Es wurde von hinten durch den Bodenverschluß und vorn durch eine Falltür verschlossen. Der vordere Teil des Rohres war als Gitter gearbeitet und ragte aus dem Vorsteven heraus. Der Torpedo wurde mit Preßluft (Druck 3,3 MPa), die auf einen Kolben mit Schubstange einwirkte, aus dem Rohr gedrückt.

Weiterhin entwickelte *Whitehead* eine **Hand-Lanciereinrichtung**, die ohne großen Aufwand nachträglich auf allen vorhandenen Schiffen installiert werden konnte. Mit dieser Einrichtung sollte das Lancieren des Torpedos (gezielter Schuß) ermöglicht werden. Diese Einrichtung konnte je nach Lage seitlich am Schiff/Boot oder auch unter dem Kiel befestigt sein. Die Lanciereinrichtung war ein Gitterrahmen aus Holz oder auch Metall, aus der der in Betrieb gesetzte Torpedo selbständig «auslief».

In Deutschland wurden Dampfbarkassen mit **Lancierrohren** für «Whitehead»-Torpedos armiert. Die offenen, metallenen Rohre waren an den Bordseiten der Barkasse angebracht. Mit einem einfachen Hebelmechanismus hielt man sie mit den Torpedos über Wasser, und erst kurz vor dem Schuß wurden sie ins Wasser abgesenkt. Der Torpedo lief durch Betätigen einer Abzugsleine, die den Öffnungshebel legte, mit eigener Kraft aus dem Rohr. Nachteilig wirkte sich beim Einsatz aus, daß das Schiff oder die Barkasse beim Schuß die Fahrt vermindern oder gar stoppen mußte, damit der Torpedo von der Lanciereinrichtung freikam. Aus diesem Grunde kehrte man wieder zu den stabilen, fest eingebauten Unterwasserrohren zurück. Diese Rohre waren nun bereits entweder voraus oder achteraus gerichtet und hatten einen vorderen und hinteren Deckel. Vor dem Schuß wurden die Rohre geflutet, und Preßluft stieß die Torpedos aus.

Etwa um 1875 gelang es, eine **Überwasser-Lanciereinrichtung** zu entwickeln. Sie wurde in der Regel im Bugteil des Schiffes/Bootes unter dem Oberdeck installiert. Durch die Überwasser-Lanciereinrichtung vermied man aufwendige Umbauten am Schiff/Boot für die Unterbringung der Unterwasserrohre. Außerdem verringerte sich die Gefahr, daß der Torpedo beim Schuß in Kielrichtung bei zu hoher Fahrtstufe durch das schießende Schiff/Boot überlaufen würde. Gleichzeitig traten aber auch Probleme in der Hinsicht auf, daß der unter einem beliebigen Winkel zur Fahrtrichtung ausgestoßene Torpedo in dem Moment von der vorgesehenen Richtung abgelenkt wurde, bei dem er mit dem Kopf ins Wasser eintauchte, der achtere Teil des Torpedos sich jedoch noch in der Luft befand.

Ende Oktober 1878 unternahm das britische Schiff GLATTON Versuche des Torpedoschießens in Vorausrichtung. Das Rohr war etwa 2,9 m über der Wasserlinie und in einer Entfernung von etwa 3 bis 6 m hinter dem Vorsteven aufgestellt. Gute Resultate erzielte man in Schußrichtungen von etwa 20° bis 30° zur Kiellinie. Schoß man den Torpedo unter einem geringeren Winkel, so überlief ihn das etwa 8 kn laufende Schiff, oder er wurde abgelenkt. Eine ähnliche Anlage erhielt auch das russische Torpedoboot SOROKA. Das Rohr befand sich im Bugteil des Bootes und hatte einen negativen Neigungswinkel von 5° bis 7°. Der Torpedo wurde hier mit Preßluft ausgestoßen.

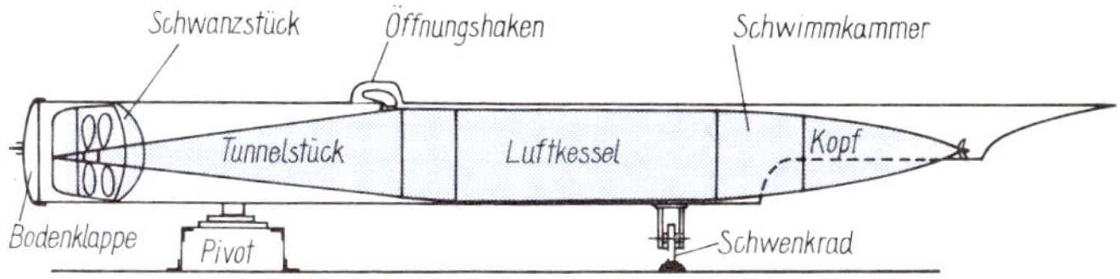

Bild 128 Torpedorohr mit «Löffel» (um 1877)

Diese Art der Überwasser-Lanciereinrichtungen bewährte sich aber nicht. Deshalb erarbeitete *Whitehead* in enger Zusammenarbeit mit Offizieren der deutschen Torpedo-Versuchs- und Prüfungskommission ein **Überwasserausstoßrohr**. Es konnte fest oder schwenkbar, als Bug-, Heck- oder Breitseitrohr direkt an Oberdeck aufgestellt werden. Der Torpedo wurde mit Preßluft unter einem spitzen oder stumpfen Winkel zur Fahrtrichtung aus dem Rohr gestoßen. Die ersten Ausstoßrohre dieses Typs erprobte die Marine im Sommer 1877 auf dem Torpedodampfer ZIETEN. Sie hatten vorn den sogenannten Löffel. Damit gewährleistete man eine Führung des Torpedos im Rohr und einen sicheren Eintritt des Torpedos ins Wasser. Am Torpedo selbst waren Führungswarzen angebracht, die in einer entsprechenden Führungsnut des Rohres gleiten konnten. Das verhinderte ein Verdrehen des Torpedos im Rohr bei der Lagerung und beim Schuß. Außerdem brachte man im Rohr eine Armatur an, die das Absperrventil des Torpedos öffnete, wenn der Torpedo beim Ausstoß mit dem Öffnungshebel gegenstieß. Der mitgeführte Vorrat an Preßluft reichte für vier aufeinanderfolgende Schüsse. Für kleinere Boote entfiel damit ein Verdichter. Hierin ist auch die Ursache zu sehen, daß man im weiteren Verlauf der Entwicklung bei Überwasserausstoßeinrichtungen zum Pulverausstoß kam.

Aus Veröffentlichungen geht hervor, daß beispielsweise bei dem für den See-Einsatz vorgesehenen Boot Nr. 1 der französischen Marine, das je ein Bug- und ein Heckausstoßrohr besaß, der Torpedoausstoß durch einen dampfgetriebenen Stößel erfolgte. Auch die britische Marine experimentierte mit dem Dampfausstoß von Torpedos. An Bord einiger Boote befanden sich mit Führungsschienen versehene Mulden (Gleitbahnen), aus denen der Torpedo mit Hilfe eines Dampfzylinders und eines Kolbens bei voller Fahrt des Bootes ausgestoßen werden konnte.

Bekannt wurde auch ein Vorschlag des Amerikaners *A. T. Chester*, der vorsah, den Torpedo in einem mittschiffs liegenden Schacht zu fahren und den Torpedo durch Öffnen einer Bodenklappe zu Wasser zu bringen.

Um die Jahrhundertwende installierten fast alle Flotten die von der Firma Whitehead und Co. in Fiume gebauten Ausstoßeinrichtungen auf ihren Schiffen und Booten.

Die Firma Whitehead und Co. baute zu dieser Zeit:

- Überwasserausstoßrohre mit Preßluft- und später auch mit Pulverausstoß;
- Unterwasserausstoßrohre mit Preßluftausstoß;
- gitterförmige Lanciereinrichtungen, aus denen der Torpedo durch den eigenen Antrieb ablief;
- eine von der englischen Firma Thornycroft entwickelte, besonders für kleinere Überwasserschiffe geeignete Einrichtung, die den Torpedo an Klappdavits ins Wasser fierte und dieser nach Slippen einer Haltevorrichtung mit eigener Kraft ablief.

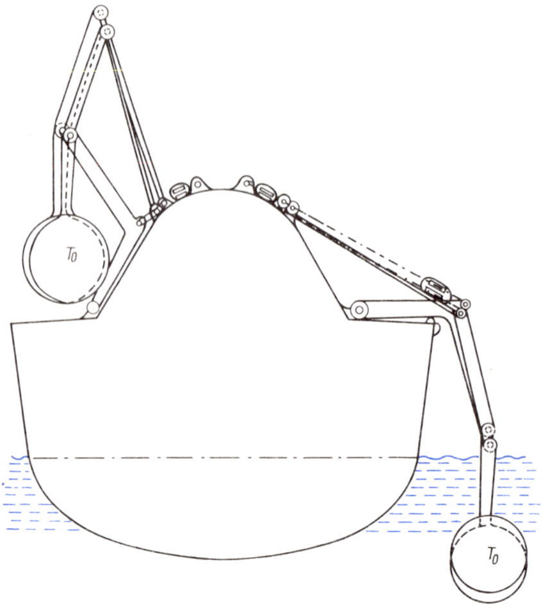

Bild 129
Torpedo-Lanciereinrichtung von *Thornycroft* für kleine Überwasserschiffe (um 1900)

In den Folgejahren trieben die einzelnen Länder die Entwicklungen von Torpedoausstoß- und -abwurfeinrichtungen selbständig und in unterschiedlichen Richtungen voran.

Auf kleinen Überwassertorpedoträgern hatten sich im Verlaufe des ersten Weltkrieges drei Arten von Torpedoausstoß- bzw. -abwurfeinrichtungen, die Heckgleit- oder -ablaufbahnen, die seitlichen Abwurfeinrichtungen und die Bugtorpedorohre durchgesetzt.

Die **Heckgleit- oder -ablaufbahn** war eine verhältnismäßig einfache Konstruktion. Sie wurde auf den britischen «Coastel Motor Boat» (CMB) installiert. Der Torpedo lag mit dem Kopf nach vorn auf dem Achterschiff in einer Gleitbahn. Die am Heck des Bootes angebrachten Führungsschienen führten den Torpedo so lange, bis er vom Boot frei war. Der Torpedo wurde mit dem Schwanzstück voran über das Heck des Bootes ausgestoßen. Aufgrund der hohen Gleitgeschwindigkeit, die der Torpedo beim Schuß von einem Gaskolben erhielt, sprang die Antriebsmaschine des Torpedos selbständig an. Sobald sich der Torpedo im Wasser befand, mußte das Boot «hart» abdrehen, um vom Torpedo wegzukommen. Nachteile waren die ungeschützte Lage des Torpedos in der Gleitbahn und die Gefahr des Rammens des Bootes durch den Torpedo.

Seitliche Abwurfeinrichtungen verwendete vorwiegend die italienische Marine. Sie waren auf den «Motobarca Armata Svano Silurante» (MAS-Booten) installiert. Die Torpedos lagerten in an beiden Bordseiten angebrachten abklappbaren Rahmen. Zum Abwurf klappte der Rahmen ab, und der Torpedo wurde geslippt. Das war insbesondere bei Seegang nicht ganz ungefährlich. Nachteilig wirkte sich der Abwurf nur eines Torpedos aus, da dies zu einer einseitigen Entlastung und damit zu einer

Bild 130
Italienisches MAS-Boot mit seitlichen Abwurfeinrichtungen für zwei Torpedos (erster Weltkrieg)

mehr oder weniger starken Krängung des Bootes führte. Auch bei diesen Abwurfeinrichtungen war der Torpedo den Witterungseinflüssen ausgesetzt.

Bugtorpedorohre hatten insbesondere die deutschen Luftschiffsmotoren-Boote (LM-Boote). Der Einbau war sehr aufwendig, aber aus taktischer Sicht günstig, weil damit der Rechtvoraus-Schuß möglich war. Der Torpedo lagerte außerdem im Rohr und war somit gegen Witterungseinflüsse und Beschädigungen geschützt. Das Torpedorohr befand sich anfangs am Bug mittschiffs. Dieser Einbau führte jedoch zu erheblichen Belastungen des Vorschiffes. Weiterhin kam es bei diesen mit hoher Geschwindigkeit laufenden Booten zu Schwierigkeiten im Niedergangs- und Einsteuerverhalten des Torpedos.

Alle größeren Flotten arbeiteten angestrengt an der Beseitigung der bei einzelnen Torpedoausstoß- und -abwurfeinrichtungen vorhandenen Nachteile.

Etwa um 1936 «schoß» ein in Großbritannien entwickeltes «Motor Torpedo Boat» (MTB) einen Torpedo aus Öffnungen im Heck des Bootes. Die Torpedos lagerten auf Gleitschienen im Motorenraum. Nach hinten wegzuklappende Gerüste, die auf dem Oberdeck lagerten, verlängerten die Ablaufbahn. Bei einer plötzlichen Beschleunigung des Bootes lief der Torpedo infolge des Schwerkraft- und Massenträgheitsmoments mit dem Schwanzstück voran auf den Schienen ins Wasser. Die Gleitbahn innerhalb des Bootskörpers gab dem Torpedo nun zwar Schutz vor dem Wetter, aber nahm wertvollen Raum in Anspruch. Deshalb ging die britische Marine dazu über,

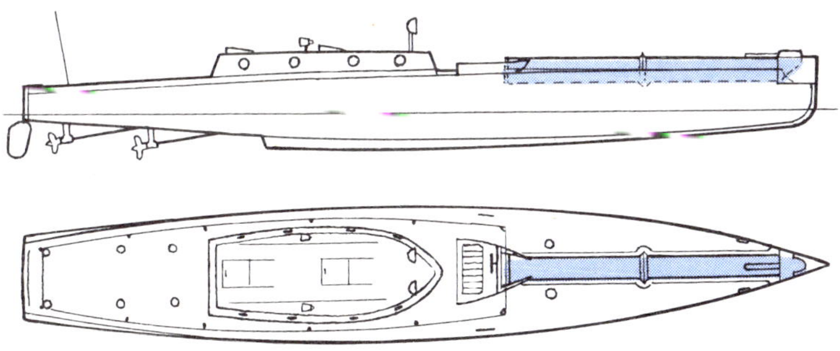

Bild 131 Italienisches Boot mit Bugtorpedo

Bild 132
Britische TS-Boote Typ MTB mit abklappbaren Gleitschienen (um 1936)

abnehmbare Torpedorohre an Oberdeck zu installieren. Auf einem von der Firma Vosper gebauten Boot wurden diese Rohre seitlich von den Brückenaufbauten unter einem Winkel von 10° zur Mittschiffslinie aufgestellt.

Auf den italienischen MAS-Booten wurden ab 1929 neue, von Kapitän *Minisini* entwickelte Abwurfeinrichtungen installiert. Die Torpedos lagerten in Halterungen auf einem fahrbaren Wagen, der sich quer zur Schiffslängsachse auf Schienen bewegen ließ. In Ruhelage waren die zwei Wagen etwa mittschiffs angeordnet. Zum Abwurf wurden die Wagen durch Preßluft bis zur Bordseite bewegt, die Halterung für den Torpedo wurde geslippt und damit der Torpedo über die Bordwand abgeworfen. Der Wagen wurde von seitlichen Stoppern gebremst. Diese neue Abwurfeinrichtung ermöglichte eine für das Masseträgheitsmoment und damit für das Seeverhalten des Bootes günstige Mittschiffsverlagerung des Torpedos in Ruhelage und auch einen sicheren Abwurf bis zu einer Bootsgeschwindigkeit von 40 kn.

Bild 133
Italienisches MAS-Boot mit beweglichen Torpedoabwurfeinrichtungen für zwei Torpedos (um 1930)

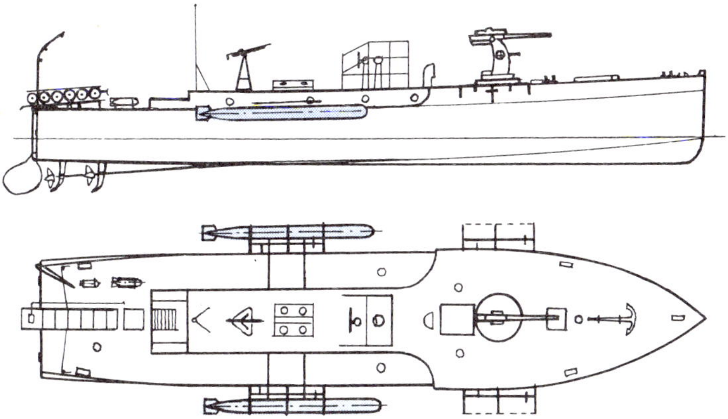

Bild 134 Seitliche Anbringung der Torpedos auf italienischen Booten

Auch die italienische Marine ging dann ab 1937 zum Einbau von Ausstoßrohren über. Auf dem als Versuchsboot gebauten MAS 551-SPERIMENTALE wurden zwei Torpedorohre auf dem Achterdeck angeordnet. Die Rohrmündung zeigte nach achtern. Zum Nachladen von Torpedos konnten die Rohre etwas geschwenkt werden. Bemerkenswert für diese Torpedorohre war, daß die Torpedos mit dem Kopf in Fahrtrichtung des Bootes im Rohr lagen. Beim Ausstoß durch Pulvergase kam aber der Torpedo mit dem Schwanzstück zuerst ins Wasser und nahm dann durch den eigenen Antrieb Fahrt voraus auf, d. h., ein Rechtvoraus-Schuß war möglich. Die erfolgreichen Versuche bildeten die Grundlage für Ausstoßeinrichtungen auf den Kleinstschnellbooten des Typs MTS. Auf diesen Booten, die ab 1940 im Bestand der italienischen Marine waren, befanden sich die zwei Ausstoßrohre allerdings nicht, wie noch auf dem Versuchsboot SPERIMENTALE, auf dem Achterdeck, sondern lagerten innerhalb des Bootskörpers, seitlich des Motors. Den Ausstoß realisierte ein Preßluft-Teleskopstößel.

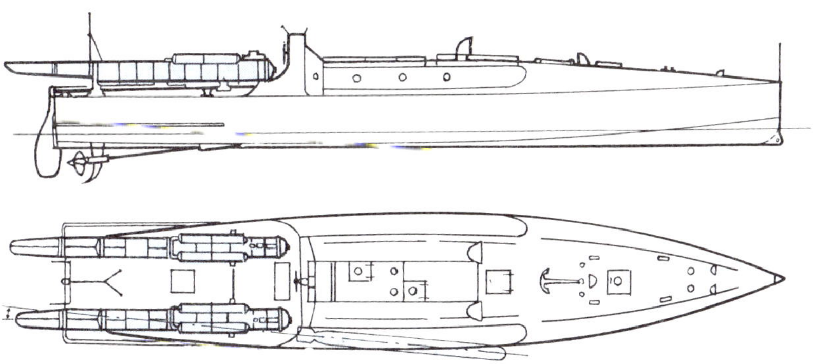

Bild 135 Italienisches MAS 551 – SPERIMENTALE mit Rohren für den Heckausstoß (um 1939)

Interessant ist das in den USA entwickelte «Shearer»-Boot. Es hatte neben Seitenabwurfeinrichtungen bzw. abnehmbaren Torpedorohren eine unter Deck befindliche, aus zwei Abteilungen bestehende Torpedoeinrichtung. Die vordere Abteilung konnte geflutet werden und nahm den zum Schuß klargemachten Torpedo auf. Der Torpedo verließ diesen Raum mit eigener Kraft, indem eine Verschlußklappe von der Brücke aus geöffnet wurde. Die hintere Abteilung war nicht zu fluten. In ihr lagerten zwei Reservetorpedos, die beim weiteren Einsatz durch eine wasserdichte Luke in die vordere Abteilung umgelagert werden konnten.

Die in Frankreich entwickelten VT-Boote (Vedette Torpilleur) hatten ebenfalls Heckablaufbahnen nach britischem und seitliche Abwurfeinrichtungen nach italienischem Vorbild an Bord. Gleichzeitig wurde an eigenen Seitenabwurfeinrichtungen des Systems «AC Loire» gearbeitet.

Die in der Sowjetunion gebauten leichten Torpedoträger der Typen G 5, G 6, G 8 und D 3 nutzten für den Einsatz der Torpedos ebenfalls Ablaufbahnen am Heck, seitlich angeordnete Abwurfeinrichtungen auf dem Achterdeck und im Heck der Boote angeordnete Torpedorohre. Später wurden die Torpedorohre an Oberdeck an den Bordseiten aufgestellt.

Deutschland wertete die Erfahrungen mit den LM-Booten des ersten Weltkrieges gründlich aus und berücksichtigte sie beim Bau der Schnellboote (S-Boote). Man entschloß sich nach vielen Versuchen, die Torpedorohre an Oberdeck auf dem Vorschiff, starr, an den Bordseiten und unter einem geringen Winkel zur Mittschiffslinie aufzustellen. Aufgrund der vielen Erprobungen hatte sich in deutschen Marinekreisen die Ansicht durchgesetzt, daß mit dem Rechtvoraus-Schuß eine günstige Variante für den Einsatz der Torpedos gefunden worden war. Für die deutschen S-Boote war es typisch, daß die Torpedorohre in der Folgezeit in der Back, also im Bootskörper, installiert wurden. Damit ergab sich ein sicherer Schutz des Torpedos vor Witterungseinflüssen. Im Verlaufe des zweiten Weltkrieges kamen zusätzlich zu den in der Back angeordneten Torpedorohren zwei Ausstoßrohre auf dem Achterschiff hinzu, die für den Einsatz von Torpedos T V vorgesehen waren. Neben den S-Booten baute Hitlerdeutschland auch LS-Boote (Leichte Schnellboote) mit Torpedobewaffnung. Auf diesen LS-Booten waren zwei Hecktorpedorohre parallel im Bootskörper angeordnet. Beim Einsatz der Torpedos von den LS-Booten ergab sich die Frage, ob die Torpedos als Heckschuß nach dem Abdrehen vom Ziel, also mit dem Kopf voran, oder beim Anlauf des Bootes in Zielrichtung, mit dem Schwanzstück voran, nach achtern ausgestoßen werden sollten. Die Konstrukteure entschieden sich letztlich für den Ausstoß mit dem Schwanzstück voran. Der Torpedo lief dann unter dem abdrehenden Boot auf den Gegner zu. Diese Art des Ausstoßes ge-

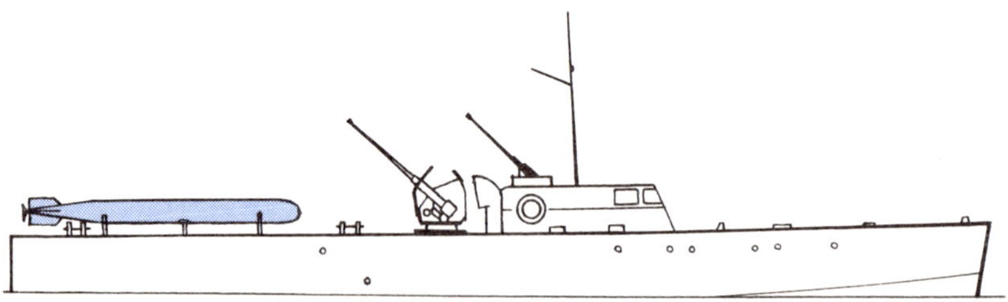

Bild 136 Seitlich angeordnete Torpedoabwurfeinrichtungen auf dem sowjetischen TS-Boot Typ D 3 (um 1940)

Bild 137
TS-Boot der faschistischen deutschen Kriegsmarine mit zwei Torpedorohren im Bug

währleistete eine günstige Niedergangsballistik des Torpedos und vom taktischen Gesichtspunkt eine schnelle Einnahme der Schußposition.

In der Gegenwart sind auf kleinen Torpedoträgern zwei, vier oder auch sechs Überwasserrohre an Oberdeck aufgestellt. Die Torpedos werden in den häufigsten Fällen in Vorausrichtung, entweder mit Preßluft oder durch Pulvergase einer Ausstoßpatrone, ausgestoßen.

Ein Torpedorohr, das auf der Basis des **Pulverausstoßes** arbeitet, besteht vom grundlegenden Aufbau her aus mehreren Baugruppen. Es ist meist eine zylindrische Schweißkonstruktion (Aluminium-Legierungen oder auch andere Materialien), die aus mehreren miteinander verschraubten Teilen besteht. Um die Festigkeit des Rohres zu erhöhen, sind außen Versteifungsrippen angebracht. Es kann im vorderen Teil gerade oder schräg abschließen. Der Mündungsverschluß ist der Rohrmündung angepaßt und verhindert das Eindringen von Seewasser und unterstützt eine wirkungsvolle Beheizung des Ausstoßrohres.

Im Rohrinneren befinden sich Führungsschienen, Liderungsringe und eine Sicherungsleiste. In den Führungsschienen gleitet der Torpedo im Rohr beim Be- und Entladen und während des Schusses. Die Liderungsringe verhindern den Durchtritt

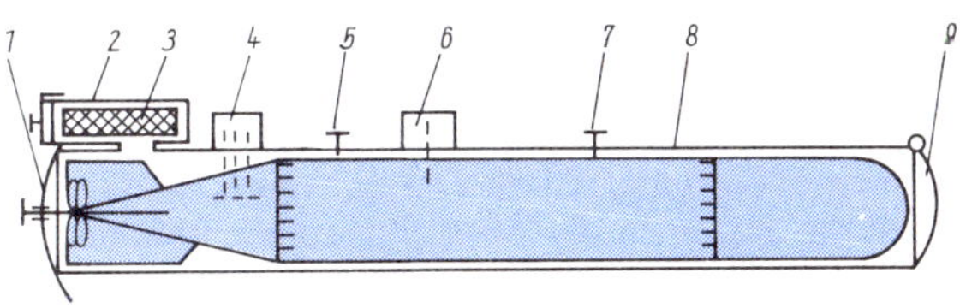

Bild 138 Überwassertorpedorohr mit Pulverausstoßvorrichtung
1 – Bodenverschluß; 2 – Pulverausstoßvorrichtung; 3 – Pulverausstoßpatrone; 4 – GA-Stellzeug; 5 – Öffnungsbolzen; 6 – Tiefenstellzeug; 7 – Haltebolzen; 8 – Rohr; 9 – Mündungsverschluß

der Pulvergase zwischen Torpedo und Rohr während des Ausstoßes. Die Sicherungsleiste vereitelt ein Drehen des Flügelrades bei Torpedos, die einen Trägheitsschlagbolzen haben. Im Rohr ist weiterhin das elektrische Heizungssystem untergebracht. Die einzelnen Heizelemente sind über das gesamte Rohr verteilt und miteinander verbunden. Außen am Rohr führen Gasleitungen die Pulvergase von der Pulverausstoßvorrichtung zum Haltebolzen und zu den Geradlaufapparat- (GA-) und Tiefenstellzeugen.

Die Rohrwandung weist verschiedene verschließbare Öffnungen auf, durch die einzelne Armaturen kontrolliert werden können und die den Zugang zum Torpedo gewährleisten.

Am Rohr befinden sich weiterhin mehrere Festsetzschrauben oder -spindeln, die den Torpedo zum einen auf die untere Führungsschiene drücken und zum anderen am Schwanzstück arretieren.

Der **Haltebolzen** hält den Torpedo an seiner Hängewarze im Ausstoßrohr bis zum Moment des Schusses. Im Augenblick des Ausstoßes treten Pulvergase durch die Gasleitung in das Gehäuse des Haltebolzens. Sie treffen auf einen Kolben und drükken diesen nach oben – damit ist der Torpedo freigegeben.

Der **Öffnungsbolzen** betätigt den Öffnungshebel des Torpedos im Moment des Schusses. Er ragt starr in das Rohr hinein. Beim Ausstoß prallt der Öffnungshebel des Torpedos gegen den Öffnungsbolzen und wird durch ihn gelegt – die Antriebsmaschine beginnt zu arbeiten.

Das **Tiefenstellzeug** bildet die Verbindung zwischen der Waffenleitanlage und dem Tiefenapparat des im Rohr befindlichen Torpedos. Es gewährleistet die Eingabe der durch die Waffenleitanlage errechneten Werte bis zum Schuß und trennt die Einstellspindel vom Stellkopf des Tiefenapparates im Moment des Schusses. Das geschieht, wenn die Pulvergase, die durch die Gasleitung zugeführt werden, im Tiefenstellzeug auf einen Kolben treffen, der sich dadurch nach oben bewegt und die Spindeln vom Stellkopf trennt. Eine Sperrklinke arretiert Kolben und Einstellspindeln in oberster Stellung. Am Tiefenstellzeug ist zusätzlich eine Vorrichtung vorhanden, die bei Ausfall der Waffenleitanlage eine Eingabe von Werten in den Torpedo mit Hand ermöglicht.

Das **GA-Stellzeug** stellt die Verbindung zwischen der Waffenleitanlage und dem Geradlaufapparat (GA) des im Rohr befindlichen Torpedos dar. Die Funktion ist die gleiche wie beim Tiefenstellzeug.

In der **Pulverausstoßvorrichtung** wird die Pulverladung kombiniert (elektrisch und mechanisch) gezündet. Dazu hat die Ausstoßpatrone im Boden zwei kombinierte Zündschrauben, die sowohl auf Schlageinwirkung durch einen Schlagbolzen als auch auf einen Abfeuerstrom durch einen elektrischen Kontaktstift reagieren. Zwei Paßstifte im Innern der Pulverausstoßvorrichtung fixieren die richtige Lage der Ausstoßpatrone.

Der Schlagbolzen kann mit Hand am Rohr, aber auch vom zentralen Gefechtsstand durch eine elektromechanische Abfeuerung freigegeben werden, indem ein Elektromagnet ihn auf mechanischem Wege entarretiert. Der Schlagbolzen schlägt auf die Zündschraube, wodurch sich das Pulver in der Ausstoßpatrone entzündet.

Die elektrische Abfeuerung wird vom zentralen Gefechtsstand ausgelöst. Elektrische Spannung gelangt auf die Zündschraube – die Ausstoßpatrone zündet. Die sich entwickelnden Pulvergase strömen über eine Düse und ein Sieb hinter den Torpedo und schieben ihn nach vorn aus dem Ausstoßrohr. Die Ausstoßgeschwindigkeit be-

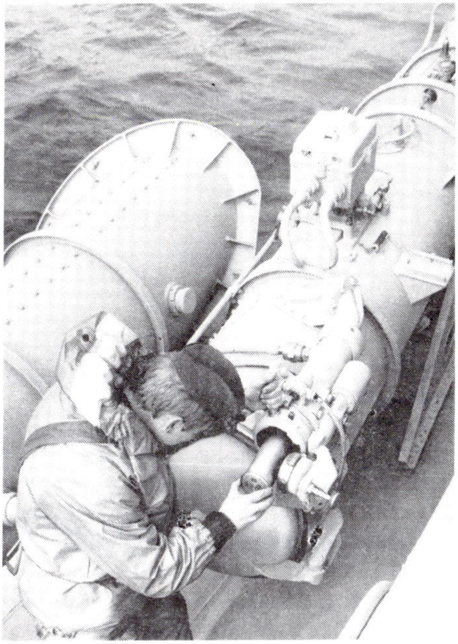

Bild 139
Einsetzen der Ausstoßpatrone in die Pulverausstoßvorrichtung

trägt 15 bis 25 m/s. Gleichzeitig gelangen die Pulvergase über die Gasleitungen an die o. g. Baugruppen des Ausstoßrohres.

Um die Abfeuerung zu unterbinden, falls der Bodenverschluß des Ausstoßrohres oder der Verschluß der Pulverausstoßvorrichtung nicht vollständig verschlossen sind, gibt es elektrische und mechanische Sicherungen.

Ein Torpedorohr, das auf **pneumatischer Basis** arbeitet, verfügt prinzipiell über die gleichen Baugruppen. Anstelle der Pulverausstoßvorrichtung mit Pulverausstoßpatrone ist als Baugruppe eine Luftflasche mit Auslöseventil vorhanden. Mit Öffnen des Auslöseventils strömt Preßluft aus der Luftflasche in das Rohrinnere und schiebt den Torpedo aus dem Rohr. Gleichzeitig gelangt Preßluft durch Luftleitungen an entsprechende Armaturen am Rohr, die den Torpedo freigeben.

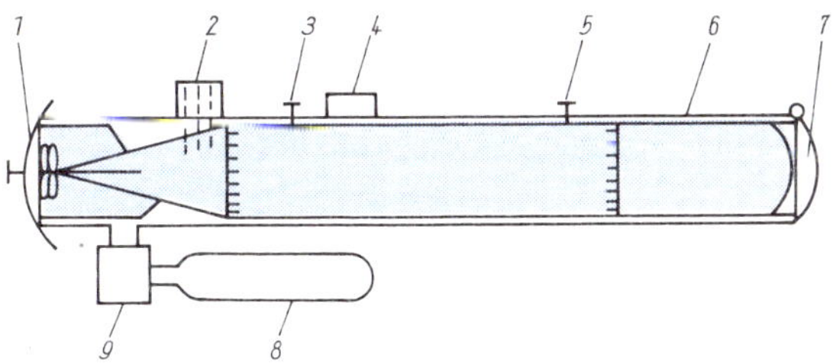

Bild 140 Pneumatisches Überwassertorpedorohr
1 – Bodenverschluß; 2 – GA-Stellzeug; 3 – Öffnungsbolzen; 4 – Tiefenstellzeug; 5 – Haltebolzen; 6 – Rohr; 7 – Mündungsverschluß; 8 – Luftflasche; 9 – Auslöseventil

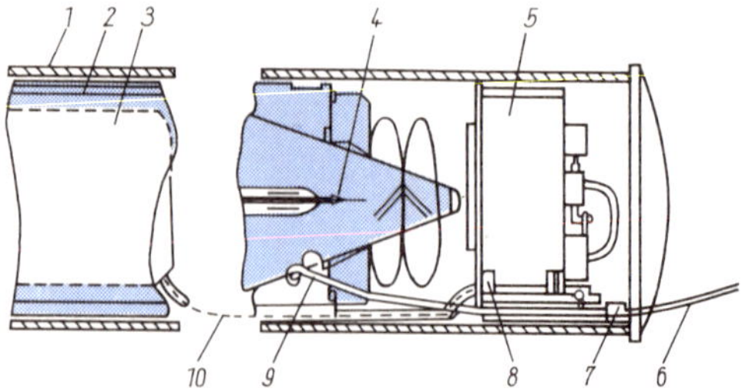

Bild 141 Torpedorohr für drahtgelenkte Torpedos
1 – Torpedorohr; 2 – Heckabteil; 3 – Kabeltrommel im Torpedo; 4 – Stabilisator; 5 – Container mit Kabeltrommel im Ausstoßrohr; 6 – Kabel zur Waffenleitanlage; 7 – Stecker; 8 – Stecker zur Verbindung der Steuerkabel; 9 – Kabel zur Eingabe der Ausgangsdaten; 10 – Steuerkabel

An der weiteren Vervollkommnung der Torpedorohre wird intensiv gearbeitet. Dabei stehen vor allem der universelle Einsatz von Torpedos und der Anschluß an Waffenleitanlagen und andere bordeigene Anlagen im Vordergrund. Eine schnelle Umbzw. Nachrüstung von Torpedos sind weitere Kriterien der Entwicklungsarbeiten.

Das Torpedorohr Mk 23 mod. 2 (USA) ist sowohl für den Ausstoß von Torpedos des Kalibers 533,4 mm (Seezieltorpedos) als auch des Kalibers 482 mm (UAW-Torpedos) zu verwenden. Dazu werden Blendringe in das Rohr eingeschoben, die das Kaliber verringern. Im Abfeuerstromkreis ist eine Blockierung vorhanden, die den Ausstoß des Torpedos nur dann ermöglicht, wenn der hintere Deckel verschlossen und der vordere geöffnet ist.

Das Torpedorohr Mk 25 (USA) kann, neben herkömmlichen, auch drahtgesteuerte Torpedos aufnehmen. Im hinteren Deckel des Rohres ist eine Öffnung vorhanden, durch die das Kabel vom Steuerpult der Waffenleitanlage zu den Kabeltrommeln im Torpedo und im Ausstoßrohr läuft. Die Kabeltrommel im Rohr befindet sich in einem Container, der zusammen mit dem Torpedo ausgestoßen wird. Der Container mit der Kabeltrommel wird an einer etwa 30 m langen Kabeltrosse vom schießenden Schiff geschleppt.

Auf der französischen Marineausstellung 1982 wurden **Abschußbehälter** verschiedener Typen für Torpedos mit einem Kaliber von 533 mm vorgestellt. So kann der Abschußbehälter vom Typ VAL K 66 A, bereits zusammen mit dem drahtgesteuerten Torpedo F 16 P bestückt, an Bord gegeben und an Oberdeck aufgestellt werden. Der Behälter besteht aus drei Sektionen, hat eine Länge von 6,83 m und eine Leermasse von 2,3 t. Er ist aus einer Leichtmetallegierung hergestellt und wärmeisoliert. Eine im Behälter vorhandene Lüftungsanlage, die an die bordeigene Klimaanlage angeschlossen werden kann, garantiert eine Innentemperatur von 0 °C bis 30 °C bei Außentemperaturen im Bereich von −25 °C bis 70 °C. Der Behälter wird komplett mit Verkabelung, Druckluftversorgung usw. geliefert und ist schnell an die E-Anlage, die Klimaanlage und die Waffenleitanlage des Schiffes anzuschließen. Abgefeuert wird entweder über die am Behälter befindliche Bedieneinrichtung von Hand oder ferngesteuert von der Feuerleitkonsole des zentralen Gefechtsstandes. Der Abschußbehälter wird entweder im Stützpunkt mit neuen Torpedos oder an Bord mit Reservetorpedos aufgefüllt.

Mit der Entwicklung des Überwasserausstoßrohres gegen Ende des 19. Jahrhunderts wurde es auch möglich, größere Überwasserschiffe mit Torpedos auszurüsten. Die Torpedoboote erhielten anfangs das Überwasserausstoßrohr fest als Bug- oder Heckrohr. Später folgten dann auch schwenkbare einzelne Breitseitrohre.

Bald schon wurden die Einzelrohre durch das von der Firma Yarrow eingeführte Zwillingsrohr ergänzt. Bei dieser Torpedoausstoßeinrichtung handelte es sich um den ersten **Torpedorohrsatz**. Die beiden nebeneinander liegenden Torpedorohre waren um einen geringen Winkel gespreizt. Damit erreichte man eine Streuung und hoffte, die Treffwahrscheinlichkeit beim Fächerschuß zu erhöhen. Außerdem sollte eine gegenseitige Behinderung der beiden gleichzeitig geschossenen Torpedos, besonders beim Einsteuern, vermieden werden.

Auch auf den deutschen Torpedobooten des ersten Weltkrieges kamen Zwillingsrohrsätze zum Einsatz. Die beiden, mit einer Stange verbundenen Rohre, konnten um einen relativ großen Winkel gespreizt werden. Die Torpedos liefen, um diesen Winkel versetzt, auf den Gegner zu. Da der Rohrsatz auf der Mittschiffslinie angeordnet war, konnten die Torpedos nach beiden Bordseiten geschossen werden. Beim Be- und Entladen von Torpedos mußten die Rohre eine Zurr- oder Ruhestellung einnehmen.

Bild 142
Schwenkbares, mittschiffs angeordnetes Torpedorohr auf dem Torpedoboot G 110 der kaiserlichen deutschen Marine

Zur Abwehr der Torpedoboote wurden die Zerstörer entwickelt. Anfänglich nur mit Artilleriegeschützen ausgerüstet, entwickelten sie sich relativ rasch selbst zu Torpedoträgern. Waren es anfangs Zwillingsrohrsätze, so ergab sich im Verlaufe der Zeit aufgrund der taktischen Forderungen die Notwendigkeit, Rohrsätze mit drei, vier oder auch fünf Rohren an Bord unterzubringen.

Noch mußten die Torpedos aber bereits mit der entsprechenden Winkcleinstellung in jedes Rohr geladen werden. Da das vom taktischen Gesichtspunkt nachteilig war, schuf man die Möglichkeit, Winkel von außen über das Rohr in den Torpedo einzugeben. Dazu wurde auf dem Rohrsatz ein Rohrmeisterstand angeordnet, der mit Handrädern zur Eingabe des GA-Winkels, des Streuwinkels, der Lauftiefe und zum Richten versehen war. Außerdem lagerten im Rohrmeisterstand die Preßluftflaschen. Später wurde im Rohrmeisterstand auch das LUT-Stellzeug untergebracht.

Aber nicht nur die typischen Überwassertorpedoträger wie Schnellboote, Torpedo-

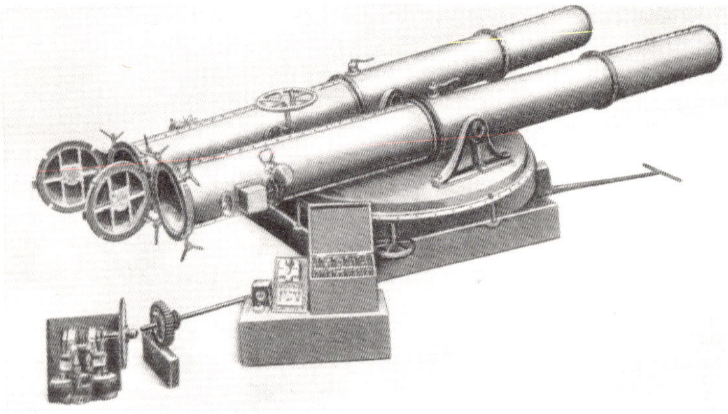

Bild 143
Zwillings-
torpedorohr-
satz

boote und Zerstörer hatten eine wirksame Torpedoarmierung, sondern fast alle mittleren und großen Überwasserschiffe konnten im ersten und zweiten Weltkrieg Torpedos einsetzen. Die Ansichten über den Gefechtswert von Torpedos waren von jeher auf diesen Fahrzeugen sehr unterschiedlich.

War auf Kriegsschiffen im ersten Weltkrieg noch das einzelne Torpedorohr vorherrschend, so dominierte im zweiten Weltkrieg der Torpedorohrsatz.

Nach dem zweiten Weltkrieg armierten die Flotten selbst raketentragende Überwasserschiffe mit Torpedos und den entsprechenden Ausstoßeinrichtungen. Die Rohrmeisterstände wurden liquidiert, da Waffenleitanlagen die Ausgangsdaten auf elektrischem Weg in die Torpedos eingeben.

Weiterhin wurden UAW-Schiffe (U-Boot-Abwehrschiffe) gebaut, die Träger von UAW-Torpedos sind. Unabhängig von diesem neuen Schiffstyp wurden aber auch andere Überwasserschiffe auf UAW-Torpedobewaffnung umgerüstet. Als ein typisches Beispiel für einen modernen Torpedorohrsatz zur Bekämpfung von U-Booten/Schiffen soll der amerikanische Torpedorohrsatz Mk 32 vorgestellt werden.

Dieser Torpedorohrsatz ist auf allen mittleren und großen Überwasserschiffen der Seestreitkräfte der USA, Großbritanniens, der BRD, Italiens und anderer NATO-Staaten vorhanden. Auf UAW-Kreuzern und Zerstörern sind zwei derartige Torpedorohrsätze in Seitenaufstellung an Oberdeck angeordnet. Mit dem Torpedorohrsatz Mk 32 werden insbesondere die kleinkalibrigen UAW-Torpedos Mk 44 und Mk 46 verschossen.

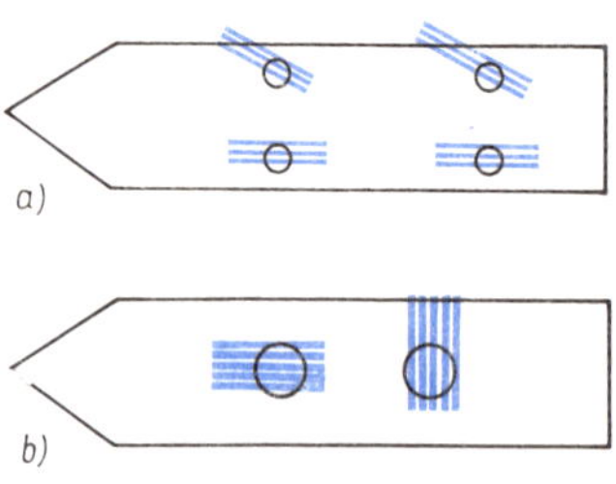

Bild 144
Unterschiedliche Anordnung der Torpedorohrsätze
a – vier Drillingsrohrsätze an den Bordseiten;
b – zwei Fünflingsrohrsätze mittschiffs

Bild 145
Drillingsrohrsatz mit Rohrmeisterstand auf einem Zerstörer der faschistischen deutschen Kriegsmarine

Der Torpedorohrsatz besteht aus drei Torpedorohren, die auf einer schwenkbaren Plattform angeordnet sind. Zwei der Rohre liegen nebeneinander, und das dritte Rohr ist in der Mitte darüber gelagert. Jedes der Rohre stößt unabhängig voneinander die Torpedos mit Preßluft aus. Der Schuß wird entweder vom zentralen Gefechtsstand oder am Rohrsatz für das betreffende Ausstoßrohr von Hand ausgelöst. Der Rohrsatz hat eine elektrische Heizungsanlage, die von Thermoreglern gesteuert wird.

Der Rohrkörper sowie der vordere und der hintere Deckel jedes Rohres sind aus glasfaserverstärkter Plaste gefertigt, wodurch die Masse für die gesamte Einrichtung geringer wird. Gummiabdichtringe gewährleisten einen hermetischen Verschluß der Deckel. Auf dem hinteren Teil jedes Rohres kann eine Preßluftflasche mit Ventil angebracht sein. Sie ist nur bei den Schiffen vorhanden, die über keine spezielle Einrichtung zur Erzeugung von Preßluft verfügen. Auf Schiffen mit eigenen Verdichtern wird die erzeugte Luft direkt über das Ventil in den hinteren Teil des Rohres geleitet und damit der Torpedo aus dem Rohr geschoben. Am hinteren Deckel ist eine wasserdichte Steckverbindung angebracht, die über ein Kabel den im Rohr befindlichen Torpedo mit der Waffenleitanlage verbindet. Im Moment des Torpedoausstoßes wird das Kabel, das in das Heckabteil des Torpedos führt, automatisch vom Torpedo getrennt. Der schwenkbare Torpedorohrsatz ist an der Plattform mit einer Blockie-

Tabelle 4: Anzahl der Torpedorohre (TR) auf mittleren und großen Überwasserkriegsschiffen in beiden Weltkriegen

Schiffstyp	Erster Weltkrieg	Zweiter Weltkrieg
Panzerkanonenboot	2	–
Küstenpanzerschiff	4	–
Linienschiff	6	–
Kleiner Kreuzer	2...3	4...16
Großer Kreuzer	4...6	4...12
Schlachtschiff	–	2... 8

Bild 146
Der Exerziertorpedo MW 30 wird in den Drillingsrohrsatz Mk 32 geladen

rungsvorrichtung ausgerüstet, die einen Torpedoschuß verhindert, wenn der Schwenkwinkel des Rohrsatzes größer als 110° ist.

Speziell für die italienische Marine wurde der Torpedorohrsatz «ILAS 3» gebaut. Er ist für den Ausstoß von UAW-Torpedos der Typen Mk 44, Mk 46 und A 244-S vorgesehen. Dieser Rohrsatz ist als Ersatz für den Mk 32 gedacht. Auch hier wird Preßluft für den Ausstoß genutzt. Der Torpedorohrsatz «ILAS 3» wurde bereits auf den Fregatten der Typen «Maestrale» und «Lupo» und auf den Korvetten der Typen «Esmeraldas» und «Wadi» installiert.

Auch in der britischen Marine soll eine durch die Firma Plessey entwickelte neue Torpedoausstoßeinrichtung, die die Bezeichnung «Shipborne Torpedo Weapon System 1» (STWS-1) trägt, den amerikanischen Torpedorohrsatz Mk 32 ablösen.

5.2. Torpedoausstoß- und -abwurfeinrichtungen von Unterwasserkräften

Die ersten Unterwasserausstoßeinrichtungen wurden auf Überwasserschiffen aufgestellt und erprobt. Als es dann in der zweiten Hälfte des 19. Jahrhunderts auf der Grundlage der Idee von *Wilhelm Bauer* 1850 gelang, zunächst Tauchboote und dann U-Boote zu bauen, lag der Gedanke nahe, auch diese Fahrzeuge mit Torpedos auszurüsten.

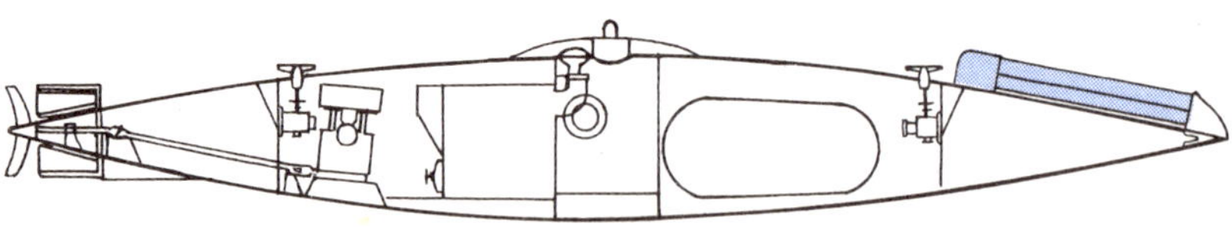

Bild 147 Anordnung des Torpedorohres außerhalb des Druckkörpers am Bug des türkischen «Nordenfelt»-U-Bootes (um 1887)

Auf den ersten tauchfähigen Booten installierte man die Torpedorohre, ähnlich wie bei den Überwasserfahrzeugen, am Bugteil, außerhalb des Druckkörpers.

So erhielt das auf der Kieler Howaldtwerft mit der Bau-Nr. 333 gebaute *Leps*sche Tauchboot ein **Torpedoablaufrohr** im Bugteil, aus dem der Torpedo durch eigenen Antrieb ablief. Der Mündungsdeckel dieses Rohres konnte aus dem Inneren des Bootes beiseite gedreht werden.

Das von den Franzosen *Gustave Zédé* und *Romanzotti* im Jahre 1888 gebaute U-Boot GYMNOTE erhielt 1892 ein im Bug untergebrachtes Torpedorohr für «Whitehead»-Torpedos (Kaliber 356 mm), die schon mit Preßluft ausgestoßen wurden. Da die Preßluft aber mit dem Torpedo aus dem Rohr gelangte und sich demzufolge eine Gasblase bildete, die an die Wasseroberfläche aufstieg, war ein gedeckter Einsatz des Torpedos nicht möglich. Außerdem trat eine Masseveränderung im U-Boot auf, die es in eine ungünstige Trimmlage brachte. Deshalb trafen in französischen Marinekreisen zu damaliger Zeit auch Einwände gegen das im Bug montierte Ausstoßrohr auf.

Während einer Modernisierung der GYMNOTE im Jahre 1898 wurde deshalb auf das Bugtorpedorohr verzichtet, und das U-Boot erhielt zwei **Abwurfkragen**, an jeder Seite des Kommandoturms einen. Diese Erfindung stammte von dem russischen Konstrukteur *Drzewiecki.* Die Torpedos befanden sich in Nischen der Außenhaut oder auf waagerechten Halterungen außen am Rumpf und wurden von einer Slippvorrichtung gehalten. Der Abwurfkragen hatte eine Schlinge, die den Torpedo zusätzlich am Schwanzstück hielt. Vor dem Schuß wurde die Slippvorrichtung gelöst und der Torpedo über einen Mechanismus um einen Winkel von etwa 15° bis 30° gedreht. Jetzt hielt ihn nur noch die Schlinge am Schwanzstück. Der angreifende Fahrtstrom drehte den Torpedo weiter. Stimmte die Torpedoachse mit der gewünschten Schußrichtung überein, wurde die Schlinge gelöst und gleichzeitig der Öffnungshebel am Torpedo gelegt. Der Torpedo lief dann mit eigenem Antrieb ab.

Über diesen «Drzewiecki»-Abwurfkragen heißt es in einem zeitgenössischen Bericht: «Wenn das Gerät arbeitet, macht es einen ordentlichen Eindruck. Für einen Torpedoschützen ist es faszinierend, aus einer Luke 3 m unter Wasser zuzusehen, wie sich der Torpedo fortbewegt. Die Spannung aber, ob er im richtigen Winkel ausgeklinkt worden ist, gibt dem Erlebnis erst die richtige Würze.» [15]

Der Vorteil des Abwurfkragens bestand darin, daß der Masseverlust nach dem Torpedoschuß nicht mehr so stark auf das Trägerfahrzeug einwirkte. Auch entfiel die starke Gasblasenbildung. In der Praxis zeigte sich jedoch, daß die Abwurfkragen häufig durch Seetang und Treibgut unbrauchbar wurden. Der Winkelmechanismus erwies sich in seiner Bedienung ebenfalls als sehr unsicher.

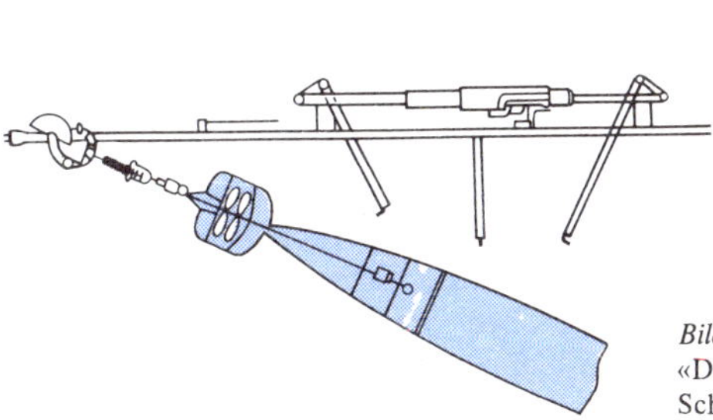

Bild 148
«Drzewiecki»-Abwurfkragen mit Torpedo in Schußstellung

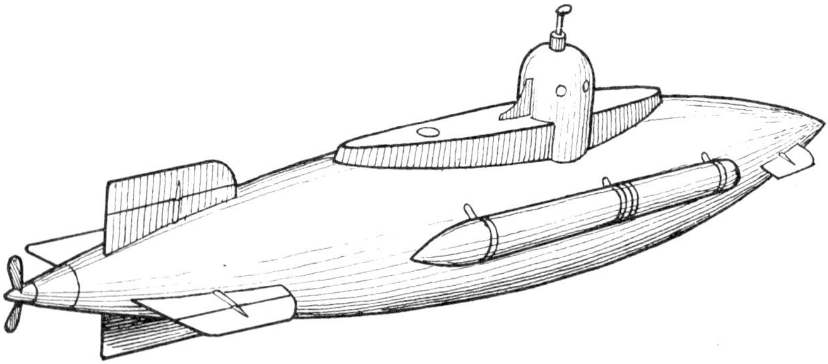

Bild 149 U-Boot FORELLE mit außerhalb des Druckkörpers angeordneten Torpedorohren

So schrieb im Jahre 1917 der Kommandant des österreichischen U-Bootes U-14 in sein Gefechtstagebuch: «Die Drzewiecki-Torpedorahmen sind im Prinzip genial, werden aber bei der derzeitigen Ausführung nie sicher funktionieren. Der Torpedo ist zu lange der Witterung ausgesetzt und es ist nicht möglich ihn in See zu konservieren. Die Luft kann nur bei ruhiger See aufgepumpt werden.» [16] Mit derartigen Abwurfkragen waren eine Vielzahl von U-Booten bis etwa ins Jahr 1925 ausgerüstet.

Interessant ist auch die Anordnung der Torpedorohre auf dem nach den Plänen des spanischen Ingenieurs *d'Equevilley-Montjustin* gebauten Versuchs-U-Boot FORELLE. Außerhalb des Bootskörpers waren am Rumpf an jeder Bordseite ein Ausstoßrohr für Torpedos mit einem Kaliber von 450 mm angebracht. Auch hier kam Preßluft zum Einsatz, die durch eine Leitung in das Rohr strömte. Der Mündungsverschluß, in Form eines halbrunden Deckels, wurde von einem Elektromotor geöffnet und verschlossen. Unmittelbar nach dem Ausstoß nur eines Torpedos krängte das U-Boot bis zu 20°, da das Seewasser nicht sofort das Rohr füllte.

Vor und auch während des ersten Weltkrieges wurden dann die Torpedoausstoßeinrichtungen im Bootsinneren untergebracht. Dabei lag bereits zu damaliger Zeit ein Teil des Torpedorohres im Druckkörper des Bootes. Die Anzahl und die Anordnung der Ausstoßeinrichtungen auf den U-Booten waren äußerst unterschiedlich.

So gab es zu dieser Zeit U-Boote mit einem bis drei Bugtorpedorohren; mit zwei oder vier Bug- und einem oder zwei Hecktorpedorohren; mit zwei Butorpedorohren und zwei oder vier Abwurfkragen; mit vier Bugtorpedorohren und zwei oder vier mittschiffs nach der Seite gerichteten Torpedorohren.

Die Torpedorohre waren im U-Boot entweder in Längsrichtung oder unter einem entsprechenden Seitenwinkel starr installiert oder zu Torpedorohrsätzen zusammengefaßt. Anzahl und Anordnung im Rohrsatz waren ebenfalls unterschiedlich. Im Bugrohrsatz konnten zwei Ausstoßrohre entweder übereinander oder nebeneinander angeordnet sein, im Heckrohrsatz in der Regel nebeneinander. Eine Besonderheit zeigte sich auf einem schwedischen U-Boot im Bugrohrsatz: Zwei Ausstoßrohre lagen nebeneinander, und das dritte Rohr war in der Mitte darüber installiert. Rohrsätze mit vier Ausstoßrohren hatten zwei Steuerbord- und zwei Backbord-Rohre übereinander.

Der beim Preßluftausstoß an die Wasseroberfläche tretende Luftschwall machte ein gedecktes Handeln des U-Bootes nur unter bestimmten Bedingungen (nachts oder bei schlechter Sicht) möglich. Diese Bedingungen wiederum wirkten sich auf die Taktik des angreifenden U-Bootes aus. Es mußte verhindert werden, daß beim Ausstoß der Torpedos Luft aus dem Rohr trat. In der Zeit zwischen den beiden Weltkriegen unternahm man deshalb viele Versuche, um diese Misere zu beseitigen.

Eine Möglichkeit des schwallosen Torpedoschusses bestand darin, daß der vom Seewasser umgebene Torpedo mit **eigener Kraft** das Rohr verließ. Zu diesem Zweck mußten die Abmessungen der Ausstoßrohre, besonders ihre Durchmesser, vergrößert werden. Nur so stand genügend Wasser für den erforderlichen Vortrieb des Torpedos an den Treibschrauben zur Verfügung. Die relativ große Menge Seewasser, die beim Fluten in das Rohr eindrang, beeinflußte die Trimmlage des U-Bootes. Um das auszuschließen, wurden die U-Boote nach vielen Versuchen mit Torpedozellen ausgerüstet. Das zum Fluten in dieser Zelle gespeicherte Wasser gelangte vor dem Torpedoschuß in das Rohr.

Eine andere Möglichkeit des schwallosen Torpedoschusses wurde mit dem **Kolben-Torpedorohr** auf den U-Booten der faschistischen deutschen Kriegsmarine praktiziert. Hierbei war der Torpedo durch einen Kolben von der in das Rohr einströmenden Preßluft getrennt. Dieses Prinzip findet noch in der Gegenwart Anwendung. Ein Kolben-Torpedorohr besteht vom grundlegenden Aufbau her ebenfalls aus Baugruppen.

Das Rohr ist druckfest ausgeführt und besteht in der Regel aus drei genieteten oder geschweißten Teilen, die miteinander verschraubt sind. Die beiden vorderen Rohrteile liegen außerhalb des Druckkörpers. Sie sind mit Außenspanten versehen, um die Knickbeanspruchung gegenüber dem Außendruck abzufangen. Der hintere Rohrteil lagert im Druckkörper. Ist der Mündungsdeckel geöffnet, so wird dieser Teil vom Druck, der in der jeweiligen Tauchtiefe herrscht, beansprucht. Das vordere Rohrende schließt der Mündungsdeckel ab. Der Mündungsdeckel und die Verkleidungskappe werden vor dem Schuß mechanisch oder hydraulisch über die Verblokkungsstange nach außen geöffnet. Das hintere Rohrende verriegelt der ins Bootsinnere zu öffnende Bodenverschluß. Im Bodenverschluß befinden sich ein Manometer zum Messen des Druckes im Rohr bei geöffnetem Mündungsdeckel und eine Fest-

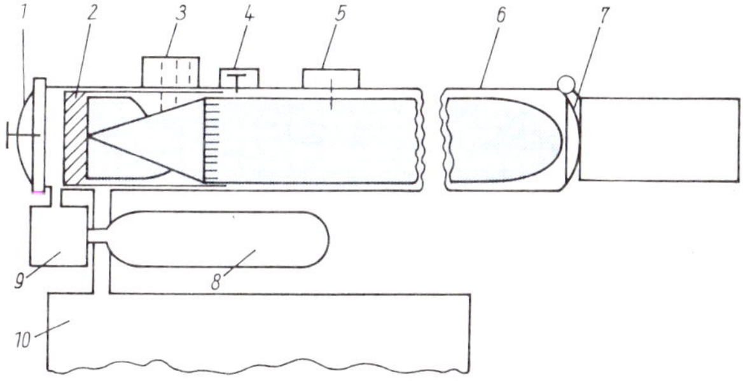

Bild 150 Pneumatisches Kolbentorpedorohr
1 – Bodenverschluß; 2 – Ausstoßkolben; 3 – GA-Stellzeug; 4 – Halte- und Öffnungsbolzen; 5 – Tiefenstellzeug; 6 – Rohr; 7 – Mündungsverschluß; 8 – Luftflasche; 9 – Abzugseinrichtung; 10 – Torpedozelle

setzspindel, die als hinteres Widerlager für den Ausstoßkolben dient. Das Verblokkungsgestänge verhindert ein Öffnen des Bodenverschlusses bei geöffnetem Mündungsverschluß und umgekehrt. Im weiteren ist das Rohr wie ein Überwasserausstoßrohr aufgebaut. Halte- und Öffnungsbolzen, GA- und Tiefenstellzeug gleichen im Aufbau und in der Funktion ebenfalls denen der Überwasserausstoßrohre.

Der **Ausstoßkolben** trennt den im Hüllwasser des Rohres liegenden Torpedo von der im Moment des Schusses aus der Luftflasche zugeführten Preßluft. Er wird nach dem Laden des Torpedos von hinten in das Rohr geschoben und dichtet den Raum dahinter hermetisch ab. Beim Ausstoß schlägt je nach Tauchtiefe des U-Bootes im Druck unterschiedlich dosierte Preßluft auf den Kolben, bewegt diesen und damit den Torpedo in Richtung der Rohrmündung. Der Torpedo kann mit einer Ausstoßgeschwindigkeit von etwa 10 m/s das Rohr verlassen. Der Ausstoßkolben wird kurz vor Erreichen der Rohrmündung abgefangen. Das nach dem Schuß in das Rohr einströmende Seewasser drückt den Kolben wieder nach hinten, und die hinter dem Kolben stehende Preßluft wird ins Bootsinnere abgeleitet.

Die **Abzugseinrichtung** löst den Schuß aus. Sie ist mechanisch über die Verbindungsstange mit dem Halte- und Öffnungsbolzen verbunden. Weiterhin steht sie über Abzugsstange, Mitnehmer für das Abzugsventil und Abzugsventil mit der Luftflasche in Verbindung. Wird das Abzugsventil geöffnet, gelangt die in der Luftflasche gespeicherte Preßluft hinter den Ausstoßkolben. Der Schuß wird mit einem elektromagnetischen Abzug vom zentralen Gefechtsstand aus oder von Hand am Rohr ausgelöst.

Bild 151
Torpedoübernahme auf einem U-Boot der USA-Marine

Aus der **Torpedozelle** mit Be- und Entwässerungseinrichtung wird Hüllwasser dem Rohr vor dem Schuß zugeführt und dient zur Entwässerung des Rohres nach dem Schuß. Ist der Druckausgleich zwischen Rohr- und Außenwasser hergestellt, wird der Mündungsdeckel mit Verkleidungskappe geöffnet. Nun ist das Rohr klar zum Schuß. Damit nach dem Torpedoschuß keine Masseveränderung eintritt, wird das in das Rohr eingedrungene Seewasser nach Schließen des Mündungsdeckels in die Torpedozelle entwässert. Jetzt kann auch wieder der Bodenverschluß geöffnet und ein neuer Torpedo geladen werden. Die Größe der Torpedozelle richtet sich nach der Anzahl der zu bewässernden Torpedorohre, nach der Anzahl der Reservetorpedos an Bord und nach der Menge des Hüllwassers, das für jedes Rohr benötigt wird. Die Torpedozelle ist an Bord des U-Bootes so angeordnet, daß sich keine

Bild 152
Torpedoübernahme nach dem Vorderladeprinzip

Trimmveränderungen ergeben. Das Hüllwasser wird von der Torpedozelle in das Rohr und umgekehrt durch Niederdruckluft gefördert.

Im Verlaufe des zweiten Weltkrieges und insbesondere danach wurden die Unterwasserausstoßrohre weiterentwickelt. Gegenwärtig gibt es folgende Ausstoßarten:
- «schwalloser» pneumatischer Ausstoß mit oder ohne Kolben;
- Ausstoß mit hydraulisch bewegtem Kolben;
- mechanischer Ausstoß, bei dem der Torpedo mit Seilen ausgeschleudert wird;
- Ausstoß mit Hilfe von Druckwasser.

Für den Einsatz von drahtgesteuerten Torpedos aus den Unterwasserausstoßrohren ist im Bodenverschluß eine Steckverbindung angebracht, die den Steuerdraht mit dem Zuführungskabel von der Waffenleitanlage verbindet. Der Trend zum Einsatz von Torpedos verschiedener Kaliber auch durch die U-Boote ist erkennbar.

Im Vergleich zum modernen dieselelektrisch angetriebenen U-Boot ist auf den raketentragenden, kernkraftgetriebenen U-Schiffen ein Rückgang der Anzahl der Torpedorohre festzustellen. Dafür ist aber die Zahl der mitgeführten Reservetorpedos größer. So haben die US-amerikanischen U-Schiffe durchschnittlich nur vier bis sechs Torpedorohre, aber bis zu 40 Torpedos an Bord.

U-Boote übernehmen Torpedos im allgemeinen durch ein Luk, das oberhalb des Torpedoraumes liegt und schräg den Druckkörper durchdringt. Auf U-Booten, auf denen nicht genügend Platz für ein Luk ist, herrscht das Vorderladeprinzip vor. Der Torpedo wird dann von vorn in das entsprechende Rohr geschoben.

In der Literatur findet der Leser auch den Begriff «Torpedoausstoßanlage». Er umfaßt aber nicht nur das Torpedorohr bzw. den Torpedorohrsatz, sondern darüber hinaus die Geräte, die die Werte der Waffenleitanlage in den Torpedo übertragen, die Lade- und Entladeeinrichtung sowie die Werkzeuge und Ersatzteile.

5.3. *Torpedoabwurfeinrichtungen der Marinefliegerkräfte*

Ähnlich wie bei den Über- und Unterwasserkräften mußte nach der Aufstellung von Marinefliegerkräften im ersten Weltkrieg eine Verbindung zwischen dem Torpedo und dem Flugzeug hergestellt werden.

Bei den ersten Torpedoflugzeugen handelte es sich um mit Schwimmern ausgerüstete Flugzeuge, die den Torpedo unter dem Rumpf trugen. Andere Torpedoflugzeuge hatten die Aufhängung zwischen Rumpf und Fahrwerk. Den Torpedo hielten zwei halbkreisförmige Krallen, die im Moment des Abwurfs von Hand geslippt wurden. Gleichzeitig sollte der Torpedo angelassen werden, damit er im Wasser seinen Lauf aufnehmen konnte. Um den Torpedo jedoch abwerfen zu können, mußte das Fahrwerk nach dem Start abgeworfen werden, weil die an einer durchgehenden Achse befestigten Räder störten. Die Flugzeuge landeten auf Kufen.

Etwa ab 1921 war das Fahrwerk zweiteilig, womit das Abwerfen des Fahrwerks entfiel. Solange die Abwurfhöhen und -geschwindigkeiten des Torpedos vom Flugzeug aus gering waren, konnte der Torpedo einfach ins Wasser fallen. Dabei traten in der Regel keine Probleme hinsichtlich der Bruchfestigkeit und des Einsteuerverhaltens auf. Mit zunehmender Einsatzhöhe und größeren Abwurfgeschwindigkeiten gab es beim Übergang des Torpedos aus der Luft ins Wasser, besonders an den Stoßstellen Kopf – Kessel und Kessel – Heckabteil, Bruchgefahr. Weiterhin kam es bei hohen Eintrittsgeschwindigkeiten des Torpedos ins Wasser aufgrund der Bildung einer Luftschleppe und damit Unwirksamwerden der Ruderblätter zu Umlenkerscheinungen, die den Torpedo zum «Grundgänger», «Oberflächenspringer» oder «Bajonettläufer» (durch Windeinfluß während des Fluges versetzt von der gewünschten Eintrittsrich-

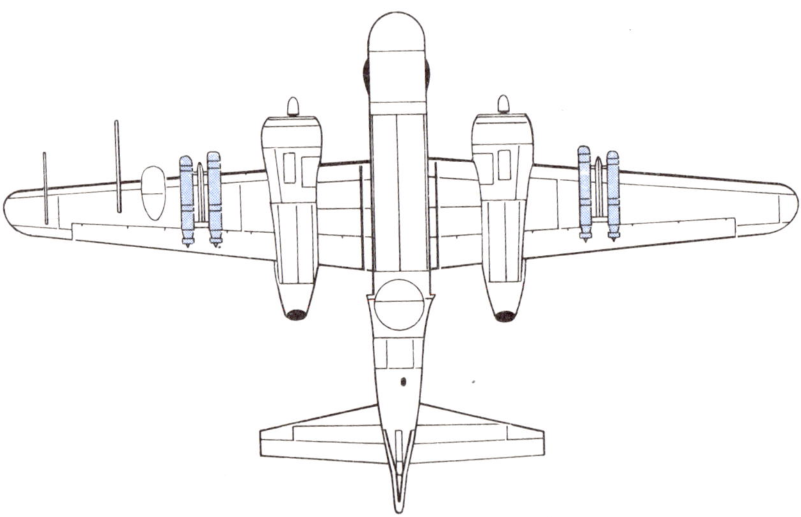

Bild 153 Anordnung von vier Torpedos unter den Tragflächen des amerikanischen Flugzeuges vom Typ S-2D «Tracker»

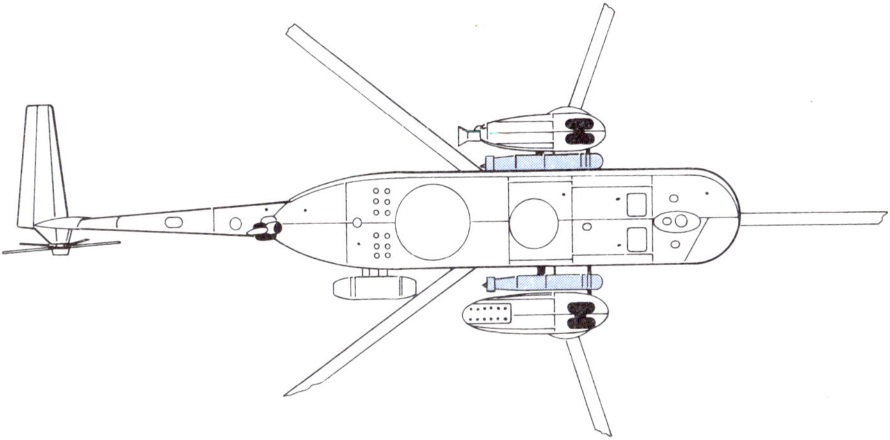

Bild 154 Anordnung von zwei Torpedos am Rumpf des Hubschraubers Typ SH-3H «Sea King» der US-Marine

tung laufender Torpedo) werden ließ. Auch die Temperatureinflüsse in großen Höhen (−50 °C) wirkten sich bei langen Anflügen, insbesondere auf den Tiefenapparat (Vereisung) negativ aus. Die Lage des Torpedos während seines Fluges (etwa 100 bis 500 m) war ebenfalls von entscheidender Bedeutung.

Um die Beanspruchungen durch die wirkenden Kräfte zu mindern, wurden Prallplatten und Umlenkflächen am Kopf des Torpedos oder Luftleitwerke (Windfahnen, Luftleitwerke mit und ohne Bremsfallschirm, Luftleitwerke mit Querrudersteuerung und Laufbahnregler) am Heck des Torpedos erprobt. Diese Maßnahmen bewirkten eine Stabilisierung des Torpedos um seine Längsachse, einen konstanten Anstellwinkel der Torpedolängsachse zur Tangente der Flugbahn und eine ausreichende Dämpfung beim Wassereintritt. Diese Zusatzteile lösten sich beim Aufprall auf die Wasseroberfläche, und dabei startete gleichzeitig der Antrieb des Torpedos.

Die Aufhängung unter dem Rumpf wurde bis zum zweiten Weltkrieg beibehalten.

Bild 155 Torpedo TP 42 an einem schwedischen Hubschrauber

Bild 156
Torpedo «Sting Ray» im Bombenschacht eines Testflugzeuges vom Typ «Canberra»

Neben den halbkreisförmigen Krallen kamen ringförmige Konstruktionen, ähnlich denen der Abwurfeinrichtungen auf den Booten, sowie Lastenträger hinzu.

Bei den ringförmigen Konstruktionen der Aufhängung lag der Torpedo in einer Vertiefung des Flugzeugrumpfes, ein oder zwei Stahlbänder waren um den Torpedo gelegt und endeten in einem Slipphaken am Rumpf. Im Moment des Abwurfes lösten sich die Slipphaken automatisch.

Am Lastenträger hatten die Hängewarzen des Torpedos ihren Halt.. Stopper vor und hinter den Hängewarzen hielten den Torpedo sicher in der Aufhängung. Zum Abwurf nahm das Torpedoflugzeug eine Neigung nach vorn ein, der vordere Stopper wurde gelöst, und der Torpedo glitt aus der Schiene. Damit war auch gleichzeitig die Führung des Torpedos beim Abwurf realisiert.

Die außen am Rumpf oder unter den Tragflächen befestigten Torpedos bildeten einen bedeutenden Luftwiderstand. Eine stromlinienförmige Kappe am Kopf des Torpedos war auch nur eine Übergangslösung. Im Verlaufe des zweiten Weltkrieges wurden die Torpedos dann im Rumpfinneren, im Bombenschacht, untergebracht. Damit wurde der Luftwiderstand entscheidend verringert. Diese Variante hatte außerdem den Vorteil, daß nun auch die Torpedoschießwerte von Hand bis unmittelbar vor dem Abwurf in den Torpedo eingegeben werden konnten. Da im Verlaufe des zweiten Weltkrieges die Forderung nach Abwurf der Torpedos auch aus noch größeren Höhen auftrat, mußten geeignete Maßnahmen eingeleitet werden. Dabei kam es insbesondere darauf an, die Fallkurve des Torpedos so zu gestalten, daß die Torpedolängsachse tangential zum Fallweg verlief. Weiterhin mußte der Aufprall auf die Wasseroberfläche gedämpft werden, damit die Torpedos nicht beschädigt wurden. Gleichzeitig mußte das Niedergangsverhalten des Torpedos beim Einsteuern auf seine Lauftiefe günstig gestaltet werden. In der Folge erhielten deshalb die Torpedos Fallschirme oder andere Bremseinrichtungen und eine Dreiachsensteuerung.

Die gegenwärtigen Marineflugzeuge tragen die Torpedos entweder im Bombenschacht oder unter den Tragflächen an Gleitschienen. An Marinehubschraubern ist die Befestigung an den Tragflächenstummeln oder seitlich des Rumpfes ebenfalls an Lastenträgern, seltener im Bombenschacht üblich. Da sowohl die Marineflugzeuge als auch die Hubschrauber mit Waffenleitanlagen ausgerüstet sind, können die Schießwerte auf elektrischem Wege bis unmittelbar vor dem Abwurf in die Torpedos eingegeben werden.

6. Torpedoträger

Nach der erfolgreichen Einführung der ersten brauchbaren Torpedos in die Kriegsflotten entstand in den 70er und 80er Jahren des vorigen Jahrhunderts die Frage nach geeigneten Trägerfahrzeugen. Diese Fahrzeuge sollten möglichst schnell und überraschend auf kurze Distanz an den Gegner heranlaufen, den Torpedo schießen und sich anschließend in kürzester Zeit und unbeschädigt vom Gegner lösen. Entsprechend dem technischen Entwicklungsstand kamen als geeignete Torpedoträger zur damaligen Zeit nur Überwasserfahrzeuge in Betracht. Nach den entsprechenden Versuchen erlangten diese Fahrzeuge bald die Einsatzreife und hielten Einzug in die Kriegsflotten.

Obwohl sich die Entwicklung der U-Boote bis ins 17. Jahrhundert zurückverfolgen läßt, entstand erst in den 90er Jahren des vorigen Jahrhunderts das U-Boot als einsatzbereiter Torpedoträger und wurde bald darauf in den Bestand der Kriegsflotten aufgenommen.

Am Vorabend und zu Beginn des ersten Weltkrieges erkannten die Militärs den Wert des Flugzeuges als neue bedeutende Errungenschaft der Technik, und es begannen die verstärkte Entwicklung, der Bau und die militärische Erprobung von Flugzeugen. Dabei erwogen sie auch, das Flugzeug als Torpedoträger einzusetzen. Die damit im Zusammenhang stehenden technischen Probleme konnten während des Krieges teilweise gelöst werden, so daß noch im Verlaufe des ersten Weltkrieges das Flugzeug, neben den Überwasserschiffen und U-Booten, als dritter Torpedoträger zum Einsatz kam.

Jeder Torpedoträger hat andere Voraussetzungen für den Einsatz der Torpedos. Die Geschwindigkeit, die Schlinger- und Stampfbewegungen im Seegang, die Stellung der Torpedorohre und Abwurfvorrichtungen, die Ausstoß- bzw. Abwurfgeschwindigkeit, die Fallhöhe, der Eintrittswinkel des Torpedos ins Wasser, die Windstärke, der Seegang u. a. m. beeinflussen die Niedergangsballistik und das Einsteuerverhalten des Torpedos maßgeblich. Deshalb ist es notwendig, mit jedem neuen Träger den Torpedo gründlich zu erproben und den Träger «einzuschießen».

Im Verlaufe der Entwicklung wechselten die Ansichten über die Bedeutung der einzelnen Torpedoträger aus technischen und taktischen Gründen häufig. In der heutigen Zeit werden Torpedos nach wie vor von Überwasser-, Unterwasser- und Marinefliegerkräften eingesetzt. Der Schwerpunkt des Einsatzes hat sich jedoch eindeutig auf die Bekämpfung von Unterwasserkräften, besonders der kernkraftgetriebenen raketentragenden U-Schiffe, verlagert.

6.1. Überwasserkräfte

6.1.1. Torpedoboote

Nach dem nordamerikanischen Bürgerkrieg (1861–1865) setzten viele Flotten die Entwicklung von Spieren- und Schlepptorpedos fort. Zum Einsatz waren umgebaute Dampfbarkassen und Schlepper vorgesehen, und selbst Ruderboote waren damit ausgerüstet. In der Folgezeit gestaltete man die Spierentorpedos ein- und ausfahrbar und nahm mehrere Spierentorpedos an Bord, um gegebenenfalls Angriffe wiederholen zu können. Vornehmlich britische Firmen begannen dann in den 70er Jahren mit der Entwicklung spezieller, den besonderen Anforderungen des Spierentorpedoeinsatzes angepaßter Trägerfahrzeuge. 1874/75 stellte die englische Yarrow-Werft vier Spierentorpedoboote für Argentinien fertig (Wasserverdrängung 11 ts, Länge 16,8 m, Breite 2,1 m, Leistung der Dampfmaschine 48 kW, Geschwindigkeit 14 kn). Mit einem Spierentorpedo bewaffnet, waren die Boote für die Verteidigung der Rio-de-la-Plata-Mündung vorgesehen. Spezielle Spieren- und Schlepptorpedoboote wurden noch bis in die 80er Jahre hinein gebaut und teilweise später auf «Whitehead»-Torpedos umgerüstet. Im Russisch-Türkischen Krieg (1877/78) scheiterten jedoch die meisten Angriffe der russischen Spieren- und Schlepptorpedoboote. Oftmals versagte die Waffe, oder der Gegner erkannte rechtzeitig die angreifenden Boote und wehrte sie ab oder versenkte sie mit Gewehr- und Geschützfeuer. Im Ergebnis des Krieges rückten die mit «Whitehead»-Torpedos ausgerüsteten Boote, die sich dem Gegner beim Angriff nicht mehr auf weniger als 10 m nähern mußten, stärker in den Mittelpunkt des Interesses. Besonders die Länder, die aus ökonomischen Gründen keine Panzerflotten unterhalten konnten, sahen in den Torpedobooten ein Mittel, mit dem sich bei vergleichsweise geringem Aufwand eine effektive Küstenverteidigung realisieren ließ. Die großen Flotten dagegen setzten mehr auf ihre schwerbestückten Panzerschiffe. So kam es, daß britische und deutsche Werften ihre ersten echten Torpedoboote vornehmlich für ausländische Auftraggeber bauten. Zu Beginn der 80er Jahre begannen aber auch diese Flotten mit der Indienststellung von Torpedobooten. Die britische Marine begann 1877 mit der Erprobung der von der Thornycroft-Werft gelieferten LIGHTNING. Dieses Fahrzeug, das nach abgeschlossener Erprobung ein Bug-Torpedorohr und zwei seitliche Abwurfvorrichtungen für 356-mm-«Whitehead»-Torpedos erhielt, zählt zu den ersten echten, autonom ein-

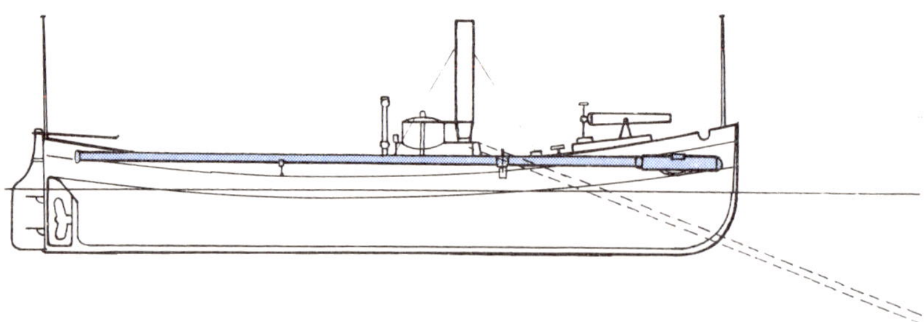

Bild 157 Dampfschlepper der Nordstaaten mit Spierentorpedo im amerikanischen Bürgerkrieg (1861–1865)

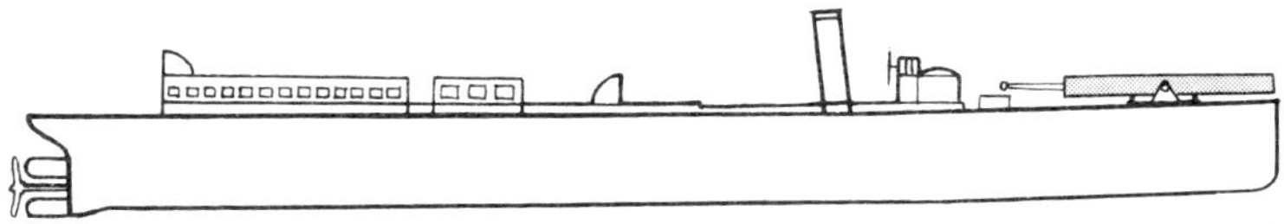

Bild 158 Britisches «Thornycroft»-Torpedoboot LIGHTNING mit einem Bugtorpedorohr (um 1877)

setzbaren Torpedobooten. Die LIGHTNING (Wasserverdrängung 27 ts, Länge 25,6 m, Breite 3,3 m, Tiefgang 1,15 m) war ausschließlich mit Torpedos bewaffnet. Der Antrieb bestand aus einer 2-Zylinder-Compoundmaschine, die 285 kW leistete und dem Boot während der Probefahrt bei 256 U/min eine Geschwindigkeit von 18,75 kn verlieh. Zur Dampferzeugung diente ein Lokomotivkessel mit künstlichem Zug, als Brennstoff führte sie 8 t Kohle mit. Die von *Thornycroft* bei der LIGHTNING gewählte Anordnung des Ruders vor dem Propeller wirkte sich nachteilig auf den Drehkreis des Bootes aus, so daß *Thornycroft* ab Boot Nr. 10 (die LIGHTNING wurde später in Nr. 1 umbenannt) das Ruder hinter dem Propeller anordnete. Auf der Grundlage der LIGHTNING gaben 1878/79 die britischen Seestreitkräfte weitere 19 Boote in Auftrag. Dabei erhielten neben *Thornycroft* auch fünf weitere Werften Bauaufträge, eine Verfahrensweise, die typisch für die britische Marine werden sollte.

Die für die Royal Navy gebauten Torpedoboote wurden im weiteren bis zur Beendigung des Baus von Torpedobooten in zwei Klassen eingestuft. Als Torpedoboote I. Klasse wurden die Boote bezeichnet, die für den autonomen Einsatz vorgesehen waren. Sie waren größer, verfügten über einen größeren Fahrbereich und operierten von der Küste aus. Als Torpedoboote II. Klasse bezeichnete man die Boote, die an Bord spezieller Transporter oder größerer Kriegsschiffe in das Einsatzgebiet gebracht werden sollten. Ihre Seefähigkeit war geringer als die der Torpedoboote I. Klasse. Torpedoboote II. Klasse sollten dann im Rahmen der Flotte eingesetzt werden, wenn diese nicht im unmittelbaren Küstenbereich handelte und deshalb auf den Einsatz von Torpedobooten I. Klasse verzichtet werden mußte. Darüber hinaus konnten gegebenenfalls auch die größeren Beiboote der Linienschiffe und Kreuzer mit Torpedos bewaffnet werden und als Torpedoträger zum Einsatz kommen.

Auch die französische Marine führte eine Klassifizierung ihrer Torpedoboote ein. Entsprechend der vorgesehenen Verwendung wurden die Boote als Küstentorpedoboote oder Hochseetorpedoboote eingestuft. Daneben gab es noch eine geringe Anzahl kleinerer Boote («Vedette»-Boote), die wie die Torpedoboote II. Klasse der britischen Marine an Bord größerer Schiffe mitgeführt werden sollten. Ließ die französische Marine ihre Torpedoboote anfangs noch auf englischen Werften bauen, so erhielt ab 1877 auch die eigene Industrie Aufträge.

Die deutsche Flotte vergab relativ spät Bauaufträge für Torpedoboote. Unmittelbar nach Beendigung des Deutsch-Französischen Krieges (1870/71) begann der Bau mehrerer Spierentorpedoboote zu Experimentierzwecken. Der eigentliche Torpedobootsbau erhielt erst zu Beginn der 80er Jahre seinen Aufschwung. Dabei konnte auf die Erfahrungen der anderen Flotten zurückgegriffen werden, so daß der Torpedobootsbau in Deutschland relativ planmäßig verlief. Dieser Planmäßigkeit kam auch die in den 70er Jahren durchgeführte gründliche Erprobung der Torpedos zugute. Seitens der Marineführung bestand die Forderung, Boote auch unter schwierigen

Tabelle 5: Vergleichende Übersicht der taktisch-technischen Angaben von Hochseetorpedobooten um 1885

Land	Großbritannien	Frankreich	Deutschland
Typ	Nr. 25...Nr. 29	«Balny»	S 7...S 23
Länge (m)	38,9	40,8	37,7
Breite (m)	3,8	3,3	4,8
Tiefgang (m)	1,9	2,5	2,1
Verdrängung (ts)	68	66	98
Geschwindigkeit (kn)	20,0	20,0	20,3
Leistung (kW)	490	425	610
Fahrstrecke (sm/bei kn)	2 000/11	2 000/11	2 650/10
Besatzung	16	22	16
Torpedorohre	4 × 356	2 × 356	3 × 356
(Anzahl × Kaliber in mm)	(Deck)	(Bug)	(1 Bug, 2 Deck)
Artillerie	3 × 37	2 × 37	2 × 37
(Anzahl × Kaliber in mm)	(Rev. Kan.)	(Rev. Kan.)	(Rev. Kan.)

Wetterbedingungen in der Nord- und Ostsee einzusetzen. 1882/83 stellte die Werft A. G. Weser in Bremen die ersten sieben Torpedoboote fertig.

Diese Boote (Wasserverdrängung 56 ts, Länge 32,6 m, Breite 3,9 m, Tiefgang 2,0 m) gehörten zur «Schütze»-Klasse. Der Bootskörper entstand in der Querspantbauweise und war in sechs wasserdichte Abteilungen unterteilt. Als Material wurde hochfestes verzinktes Stahlblech verwendet. Die 2-Zylinder-Compoundmaschine (Leistung 370 kW) und der Lokkessel (Dampfdruck 1 MPa) waren in getrennten Abteilungen untergebracht. Es konnten 8,2 t Kohle gebunkert werden. Über einen dreiflügligen Propeller mit 1,6 m Durchmesser erreichte das Boot bei 365 U/min 17,9 kn. Bewaffnet waren die Fahrzeuge mit zwei Bug-Torpedorohren für 356-mm-Torpedos. Außer den in den Torpedorohren lagernden Torpedos konnten weitere zwei Reservetorpedos an Oberdeck mitgeführt werden. Darüber hinaus waren die Boote der «Schütze»-Klasse auf dem Achterdeck mit einer Revolverkanone bewaffnet, um sie verfolgende gegnerische Torpedoboote abwehren zu können. Die Besatzung bestand aus 13 Mann. Kommandant und Rudergänger waren vor überkommendem Seewasser sowie gegen Gewehrfeuer und Splitter durch einen Turm aus Stahlblech geschützt. Die im Sommer 1882 beginnenden Erprobungen verliefen erfolgreich, so daß die Boote 1883 als Torpedoboote I. Klasse in Dienst gestellt werden konnten. Ein Boot der Serie erhielt noch im Sommer 1883 an Stelle der 2-Zylinder-Compoundmaschine eine 3-Zylinder-Dreifach-Expansionsmaschine. Bei einem gegenüber den anderen Booten um 0,1 MPa höheren Dampfdruck wurden so die Maschinenleistung auf 440 kW und die Geschwindigkeit um mehr als 1 kn gesteigert. Die Dreifach-Expansionsmaschine sollte fortan den Standardantrieb der deutschen Torpedoboote bilden, bis sie nach der Jahrhundertwende schrittweise durch die leistungsfähigeren Dampfturbinen abgelöst wurden.

In den anderen Flotten mit eigenständigem Torpedobootsbau verlief die Entwicklung in ähnlicher Richtung.

Die Bootskörper der Torpedoboote waren im internationalen Schiffbau zumeist in der Querspantbauweise gefertigt und bestanden aus Stahlblechen, die eine Zerreißfestigkeit von 50 kg/mm^2 und darüber erreichten. Die Forderung nach hohen Geschwindigkeiten verlangte leichte Bootskörper, so daß die Blechstärken entsprechend gering gehalten werden mußten. Die minimal vertretbaren Stärken wurden in Versu-

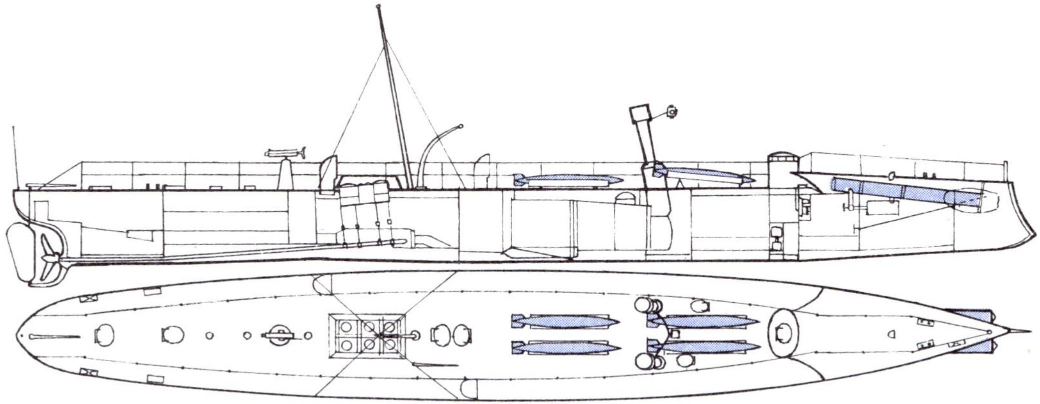

Bild 159 Deutsches Torpedoboot Typ «Schütze» mit zwei Bugtorpedorohren (um 1882)

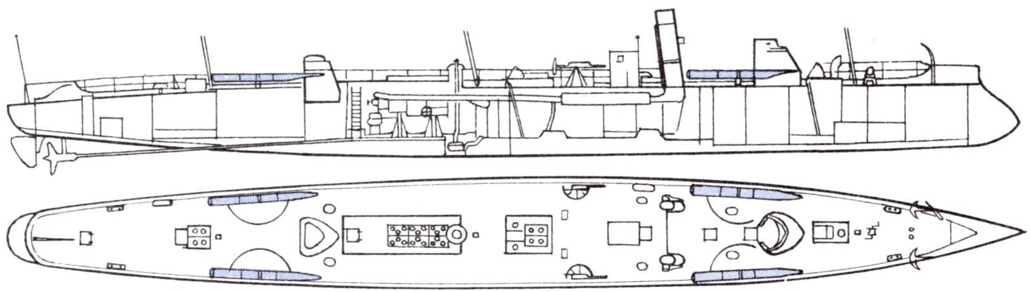

Bild 160 Französisches Hochseetorpedoboot der «Alarme»-Klasse (um 1892) mit vier an den Bordseiten aufgestellten, schwenkbaren Torpedorohren

chen ermittelt und lagen im Bereich von 2 bis 3 mm. Bei diesen dünnen Blechen mußte zwangsläufig ein besonderer Wert auf den Korrosionsschutz gelegt werden. Da die zur Verfügung stehenden Farben den Anforderungen des Korrosionsschutzes nicht genügten, wurde meist auf verzinktes Blech zurückgegriffen. Darüber hinaus forderte man die Kommandanten immer wieder auf, entsprechende Korrosionsschutzmaßnahmen durchzusetzen. Versuchsweise entstanden auch Bootskörper aus Messingblech oder Bronze. Sie waren aber zu teuer und konnten den Ansprüchen an die Festigkeit nicht gerecht werden. Später gebaute Boote aus Aluminium waren trotz stärkeren Materials bedeutend leichter als vergleichbare Stahlboote. Da die Korrosionsbeständigkeit hier aber unbefriedigend blieb, setzte sich international der Stahlkörper im Torpedobootsbau durch.

Die Festigkeit der Bootskörper erhöhte sich mit einer abgerundeten Gestaltung des Oberdecks, daß zugleich ein schnelles Abfließen des beim geringen Freibord der Boote häufig überkommenden Wassers ermöglichte. Die vom Vorsteven bis zum Turm des Kommandanten ansteigende Walback erhöhte die Seefähigkeit der Boote und stellte für den Kommandanten und den Rudergänger einen gewissen Schutz dar. Zugleich nahm sie die darunterliegenden, zum Bug hin geneigten Torpedorohre auf.

Im Interesse der Schwimmfähigkeit war man bestrebt, den Bootskörper mit Schotten in mehrere Abteilungen zu unterteilen und dabei größere Räume zu vermeiden. So wuchs die Anzahl der wasserdichten Abteilungen von anfänglich sechs auf zehn bis zwölf an. Grundsätzlich trennte Maschinenraum und Kesselraum ein wasserdichtes Schott. Später aufkommende Mehrkesselanlagen erhielten separate Kesselräume. Alle Abteilungen waren mit Lenzeinrichtungen versehen. Auch die seitlich der Kesselräume gebunkerte Kohle stellte einen Schutz der zumeist ungepanzerten Boote vor Treffern der leichten Artillerie dar.

Bis Ende der 80er Jahre war fast ausschließlich eine Antriebsanlage eingebaut, die auf einer Propellerwelle arbeitete. In dieser Zeit setzte sich auch die leistungsfähigere und wirtschaftlichere 3-Zylinder-Dreifach-Expansionsmaschine gegenüber der 2-Zylinder-Compoundmaschine durch. Die Anordnung der Ruder und Propeller erwies sich zunächst als problematisch. Die Anordnung der Propeller hinter dem Ruder («Thornycroft»-Boote bis 1880 und «Yarrow»-Boote) ergab zwar eine geringfügig höhere Geschwindigkeit, dafür aber schlechtere Steuereigenschaften. Die auf französischen und deutschen Werften gebauten Boote hatten die Ruder hinter dem Propeller. Diese Maßnahme verbesserte die Steuereigenschaften erheblich. *Yarrow* rüstete seine Boote ab 1878 mit einem zusätzlichen, einziehbaren Bugruder aus, das später auch andere Werften übernahmen. Der Drehkreisdurchmesser mit Bug- und Heckruder verringerte sich fast um die Hälfte gegenüber dem Drehkreisdurchmesser, der

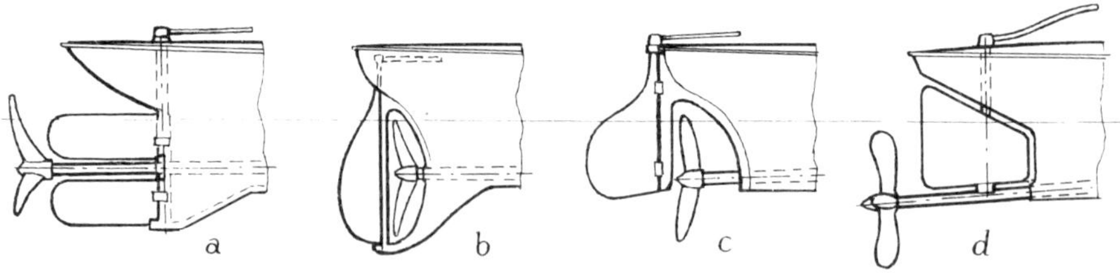

Bild 161 Ruder- und Propelleranordnung verschiedener Torpedoboote
a – frühe Boote von *Thornycroft*; b – französische und deutsche Boote; c – «Thornycroft»-Boote ab 1880; d – Boote von *Yarrow*

beim Fahren nur mit Heckruder erreicht wurde. Da die Boote gegebenenfalls beim Angriff gegnerische Netzsperren überlaufen sollten, machte sich ein besonderer Schutz der Ruder- und Propelleranlagen erforderlich. Französische und deutsche Boote erhielten eine nach unten um den Propeller herumgezogene Hacke. Diese schützte den Propeller weitestgehend auch bei eventuellen Grundberührungen.

Als Ende der 80er Jahre mit den größer werdenden Torpedobooten höhere Antriebsleistungen erforderlich wurden, ging man bei den Hochseetorpedobooten von der Einwellen- zur Zweiwellenantriebsanlage über, wobei jeder Welle eine Antriebsmaschine zugeordnet wurde. Die nach der Jahrhundertwende in Großbritannien gebauten Torpedoboote I. Klasse hatten sogar Dreiwellenantriebsanlagen. Wie fast alle früheren unter Dampf fahrenden Kriegsschiffe waren auch die Torpedoboote des vorigen Jahrhunderts meist mit einer Hilfsbesegelung ausgestattet. Einerseits konnte mit ihrer Hilfe das Boot bei ausgefallener Maschinenanlage noch Fahrt machen, andererseits sollte bei längeren Märschen die auf den kleinen Booten nicht gerade reichlich bemessene Kohle gespart werden. So wurden zu Beginn der 80er Jahre einige Boote von Großbritannien ins Schwarze Meer bzw. über den Atlantik nach Südamerika übergeführt – erstere mit Maschinenkraft, letztere mit Hilfsbesegelung. Eine beachtliche Leistung, die Zeugnis über die doch recht gute Seetüchtigkeit der kleinen Boote ablegt.

Die Bewaffnung der Torpedoboote bestand anfangs nur aus Torpedorohren. Das Kaliber steigerte sich von 356 mm über 381 mm bis auf 450 mm um die Jahrhundertwende. Über eine Artilleriebewaffnung verfügten die ersten Boote nicht. Die Flottenführungen erkannten aber bald, daß zumindest zur Abwehr gegnerischer Torpedoboote eine entsprechende Bewaffnung notwendig war. Mitte der 80er Jahre erhielten die Boote eine oder zwei Revolverkanonen, wobei das Kaliber 37 mm am häufigsten auftrat. Später hatten dann die Geschütze Kaliber von 47 mm, 50 mm, 65 mm und 76 mm. Größere Kaliber waren aufgrund der mit dem Kaliber schnell wachsenden Geschützmasse nicht üblich, zumal die Torpedos in jedem Fall die Hauptbewaffnung der Torpedoboote blieben. Eine weitere Kalibersteigerung trat erst mit den Torpedobootzerstörern ein.

Ab 1885/86 begannen die Flotten allmählich, die Torpedoboote erheblich zu vergrößern. Das geschah entgegen der ursprünglichen Forderung, für den Gegner möglichst kleine Ziele darzustellen. Mit der Vergrößerung verbesserten sich jedoch die See-Eigenschaften der Boote, die Bewaffnung konnte verstärkt werden, und die größeren Kohlevorräte erweiterten den Fahrbereich. Nicht zuletzt verbesserten sich die bis dahin völlig unzureichenden Lebensbedingungen der Besatzungen an Bord, was wiederum einen längeren Seeaufenthalt zuließ. Die vergrößerte Zielfläche, die die Boote nun bildeten, kompensierten die größeren Schußentfernungen, die die verbesserten Torpedos ermöglichten. Im Zuge dieses allgemeinen Trends wurden ältere Hochseetorpedoboote zu Küstentorpedobooten herabgestuft.

1888 bis 1892 baute die französische Werft Chantiére de la Loire vier Boote der «Alarme»-Klasse (Wasserverdrängung 175 ts, Länge 47,2 m, Breite 4,8 m, Tiefgang 2,9 m, Geschwindigkeit 20 kn). Angetrieben wurden sie von einer 4-Zylinder-Vierfach-Expansionsmaschine mit einer Leistung von 1 170 kW. Den notwendigen Dampf mit einem Druck von 1,1 MPa erzeugten zwei Lokkessel. Der Fahrbereich sollte bei einem Kohlevorrat von 40 t und einer Geschwindigkeit von 10 kn etwa 2 000 sm betragen. Die Bewaffnung umfaßte vier einzelne, schwenkbar auf den Seitendecks aufgestellte 356-mm-Torpedorohre und zwei 47-mm-Geschütze.

Tabelle 6: Vergleichende Übersicht der taktisch-technischen Angaben von Hochseetorpedobooten um 1900

Land	Großbritannien	Frankreich	Deutschland
Typ	Nr. 107...Nr. 108	«Trombe»	S 82...S 87
Länge (m)	48,8	46,5	48,2
Breite (m)	5,2	5,2	5,2
Tiefgang (m)	2,6	2,5	2,6
Verdrängung (ts)	180	186	170
Geschwindigkeit (kn)	25,4	26,6	25,3
Leistung (kW)	2 170	3 100	1 580
Fahrstrecke (sm)	–	2 500/10 kn	1 460/12 kn
Besatzung	32	30	29
Torpedorohre (Anzahl × Kaliber in mm)	3 × 457 (1 Bug, 2 Deck)	3 × 381 (Deck)	3 × 457 (1 Bug, 2 Deck)
Artillerie (Anzahl × Kaliber in mm)	3 × 47	2 × 47	1 × 50

Die deutsche Marine gab sogenannte Torpedodivisionsboote in Auftrag. Diese Boote waren größer als die üblichen Torpedoboote und sollten als Führerboote der in Divisionen strukturell zusammengefaßten Torpedoboote fungieren.
Zum Gefechtseinsatz kamen Torpedoboote in größerem Umfang erstmals im Chinesisch-Japanischen Krieg (1894/95). In der Nacht vom 5. zum 6. Februar 1895 griff die japanische 1. Torpedobootsdivision mit dem Torpedoboot KOTAKA («Yarrow»-Boot, Länge 50,6 m, Breite 5,7 m, Tiefgang 1,5 m; Bewaffnung: 6 × 381-mm-TR, 4 × 37-mm-Rev. Kan.) als Führerboot und den Torpedobooten Nr. 7, 11, 12, 13 und 23 (7 bis 13 «Schneider»-Boote, Länge 35 m, Breite 3,3 m, Tiefgang 1 m; Bewaffnung: 2 × 381-mm-TR, 2 × 37-mm-Rev. Kan.) einen chinesischen Stützpunkt an und versenkten trotz heftigen Abwehrfeuers drei chinesische Kriegsschiffe, darunter einen Kreuzer.

Im Russisch-Japanischen Krieg (1904/05) setzten beide Seiten Torpedoboote in großem Umfang ein. Während die Torpedoboote der russischen Flotte jedoch gegnerische Torpedoboote vorrangig mit Artillerie bekämpften, führten die japanischen Boote in erster Linie Torpedoangriffe auf die russischen Panzerschiffe durch. In der Seeschlacht vor Tsushima im Mai 1905 zwischen der japanischen Flotte und dem aus der Ostsee herangeführten II. Pazifischen Geschwader der russischen Flotte kam

Bild 162
«Thornycroft»-Torpedoboot Nr. 2 mit Bugtorpedorohr (um 1879)

Bild 163
Deutsches Torpedoboot S 51 mit einem mittschiffs angeordneten, schwenkbaren Torpedorohr (um 1888)

es zum konzentrierten Einsatz japanischer Torpedoboote. In den Abendstunden des 27. Mai griffen die Boote der japanischen 10., 15., 17. und 18. Torpedobootsflottille die bereits in vorangegangenen Aufeinandertreffen zerstreuten russischen Schiffe an. Dabei erhielten vier russische Panzerkreuzer Torpedotreffer und sanken nach weiteren Treffern am 28. Mai. Die Japaner verloren drei Torpedoboote, drei weitere wurden beschädigt.

Die Torpedowaffe und ihre Träger bewährten sich somit in den Kampfhandlungen um die Jahrhundertwende. Es wurden aber ebenfalls sowohl im technischen als auch im taktischen Bereich viele Mängel sichtbar, die nur durch eine weitere technische und taktische Vervollkommnung der Torpedowaffe ausgemerzt werden konnten. Der Torpedobootsbau wurde in den bedeutendsten Flotten bis zum ersten Weltkrieg fortgesetzt. Mit dem Einsatz von Dampfturbinen als Antriebsanlagen konnte die Geschwindigkeit der Boote am Vorabend des ersten Weltkrieges auf annähernd 30 kn gesteigert werden. Die Verwendung von 533-mm-Torpedos mit verbessertem Antrieb, vergrößerter Ladung und genauerer Steuerung erhöhte die Kampfkraft der Boote. Insgesamt wurden bis zum Ausbruch des Krieges weltweit etwa 2 000 Torpedoboote in Dienst gestellt. Davon allein in der französischen Flotte 443 Boote und in der britischen Flotte 228 Boote. Deutschland, das bis 1898 über 130 Boote für die Flotte be-

Bild 164
Norwegisches Torpedoboot Typ «Seal» mit zwei mittschiffs angeordneten, schwenkbaren Torpedorohren (um 1901)

reitstellte, ging anschließend zum Bau großer Torpedoboote über. Von der Größe eigentlich schon zu den Zerstörern gehörend, wurden sie in den Flottenlisten der kaiserlichen deutschen Marine als Torpedoboote geführt.

Im Verlaufe des ersten Weltkrieges konnten die Torpedoboote die in sie gesetzten Erwartungen nicht in vollem Umfang erfüllen. Für Tagangriffe waren, wie es sich 1916 während der Skagerrakschlacht erwies, die Erfolgsaussichten der Boote infolge der gewachsenen Abwehrkraft der Kreuzer und Linienschiffe gering. Dagegen konnte in Nachtangriffen bei Ausnutzung des Überraschungsmoments die Waffe erfolgreich eingesetzt werden.

Nach dem ersten Weltkrieg wurde der Torpedobootsbau nur noch in geringem Umfang fortgesetzt. Mit den Schnellbooten, Zerstörern und U-Booten waren Torpedoträger entstanden, die das Torpedoboot als den klassischen Torpedoträger verdrängten. Zu den letzten Booten ihrer Klasse zählten die von 1939 bis 1941 vom Stapel gelaufenen faschistischen deutschen Torpedoboote T 13 bis T 21 (Wasserverdrängung 1 100 ts, Länge 85,2 m, Breite 8,9 m, Tiefgang 3,1 m, Geschwindigkeit 34,5 kn). Zwei Dampfturbinen mit einer Gesamtleistung von 21 300 kW trieben die Boote an. Bewaffnet waren sie mit zwei 533-mm-Drillingsrohrsätzen, einem 105-mm-Geschütz und mehreren 20-mm-Flak. Zur Besatzung gehörten 119 Mann. Nach dem zweiten Weltkrieg, in dem Torpedoboote letztmalig zum Einsatz kamen, wurden keine Boote mehr gebaut. Das Torpedoboot verschwand aus den Flotten und mußte moderneren Trägermitteln weichen.

6.1.2. Zerstörer und Fregatten

Als zu Beginn der 80er Jahre des 19. Jahrhunderts die Zahl der in Dienst gestellten Torpedoboote stetig zunahm und zugleich die technische Vervollkommnung der Torpedos voranschritt, wurde die neue Waffe auch für größere Kriegsschiffe zur potentiellen Gefahr. Besonders Großbritannien, die zur damaligen Zeit herrschende Seemacht, verfolgte mißtrauisch den raschen Ausbau insbesondere der französischen und russischen Torpedowaffe. Die Frage, wie die Torpedoboote bzw. Torpedos abzuwehren seien, gewann zunehmend an Bedeutung. Neben passiven Abwehrmitteln standen auch Fahrzeuge zur Debatte, deren Hauptaufgabe darin bestehen sollte, die angreifenden Torpedoboote zu jagen und zu vernichten, bevor sie die Schußposition erreichten. Über Größe und Bewaffnung dieser Torpedobootjäger gingen die Ansichten zwischen den Flotten und auch innerhalb der Marineführungen auseinander. Klar war nur, daß diese Fahrzeuge den Torpedobooten artilleriemäßig überlegen und in der Geschwindigkeit zumindest gleichwertig sein mußten. Eine sich sofort anbietende Lösung war der Bau von Torpedobooten mit verstärkter Artilleriebewaffnung. Diese Möglichkeit nutzte Großbritannien, das dazu einige Torpedoboote mit einer 76-mm-Kanone anstelle der Torpedorohre ausrüstete. Die 37-mm-Revolverkanonen verblieben an Bord.

Eine weitere Klasse von Torpedoabwehrfahrzeugen waren die **Torpedokreuzer**, die Anfang der 80er Jahre entstanden und etwa bis zur Jahrhundertwende in einigen Ländern gebaut wurden. Torpedokreuzer hatten eine Wasserverdrängung zwischen 1 200 und 3 000 ts und waren teilweise mit über 20 Geschützen der Kaliber 37 bis 152 mm bewaffnet. Darüber hinaus waren sie auch mit Torpedorohren ausgerüstet, um ihrerseits Torpedoangriffe auf größere Kriegsschiffe durchführen zu können.

Letztlich bewährten sie sich aber nicht, da sie für die ihnen eigentlich zugedachte Aufgabe nicht manövrierfähig genug waren.

Auch die ab 1885 gebauten **Torpedokanonenboote**, strenggenommen eine verkleinerte Form der Torpedokreuzer, entsprachen den gestellten Anforderungen nicht.

Schließlich war es der **Torpedobootzerstörer**, der sich um die Jahrhundertwende als geeignetes Abwehrfahrzeug erwies. Zu seiner Entwicklung führte die sich insbesondere in der britischen Admiralität Anfang der 90er Jahre durchsetzende Meinung, daß zur Abwehr von Torpedobooten am besten ein Fahrzeug geeignet sei, das diesen in der Grundkonzeption nahekam. Es mußte jedoch größer und seefähiger sein, eine verstärkte Artillerie haben und selbständig Torpedoangriffe durchführen können, wobei als Hauptaufgabe die Bekämpfung gegnerischer Torpedoboote zu stehen hatte. Nachdem die Grundkonzeption der Marineführung vorlag, beschloß sie den Bau des ersten britischen Torpedobootzerstörers. Anhaltspunkte gaben in konstruktiver Hinsicht die auf deutschen Werften gebauten Divisionsboote. In der Ausschreibung für die Werften wurde neben einer starken Artilleriebewaffnung eine Probefahrtgeschwindigkeit von mindestens 27 kn verlangt. Entsprechend der üblichen Praxis wurden den Werften Konventionalstrafen auferlegt, falls die geforderte Geschwindigkeit nicht erreicht werden sollte. Diese betrugen im konkreten Fall 250 Pfund Sterling für jeweils 0,25 kn unter 27 kn und 500 Pfund Sterling für jeweils 0,25 kn unter 26 kn. Ende 1892 konnten die Bauaufträge vergeben werden, und bereits ein Jahr später begann die Yarrow-Werft mit den See-Erprobungen des ersten Torpedobootzerstörers HAVOCK. Diese schnelle Bauzeit läßt sich damit erklären, daß die Werft auf die beim Torpedobootsbau gesammelten Erfahrungen zurückgreifen konnte.

Die HAVOCK (Wasserverdrängung 240 ts, Länge 54,9 m, Breite 5,6 m, Tiefgang 1,6 m) ähnelte äußerlich stark einem Torpedoboot und hatte auch die für diese Klasse typische Walback. Bewaffnet war sie mit einem 66-mm- und drei 57-mm-Geschützen. Außerdem hatte sie drei Torpedorohre Kaliber 457 mm – ein Bugrohr und einen schwenkbaren Zwillingsrohrsatz an Oberdeck. Der Bootskörper war mit 13 Querschotten in 14 wasserdichte Abteilungen unterteilt. Der Kommandostand des Kommandanten war leicht gepanzert (12 mm), ansonsten war das Boot ungepanzert. Der Mannschaftsraum befand sich unter der Walback, die Unteroffiziere, Maschinisten und Offiziere hatten ihre Unterkünfte achtern. Insgesamt bestand die Besatzung aus 43 Mann. Angetrieben wurde die HAVOCK von zwei 3-Zylinder-Dreifach-Expansionsmaschinen mit zusammen 2 950 kW Leistung. Mit 60 t Kohle an Bord sollte bei 10 kn Geschwindigkeit eine Fahrstrecke von 3 550 sm erreicht werden. Die Höchstgeschwindigkeit betrug für das mit zwei Lokkesseln ausgerüstete Boot 26,8 kn. (Die Vertragsgeschwindigkeit war wegen der Lokkessel auf 26 kn herabgesetzt worden.) Das Schwesterboot HORNET erreichte mit acht Wasserrohrkesseln bei sonst gleicher Maschinenanlage eine Geschwindigkeit von 27,6 kn. Damit zeigten sich beide Boote den in Dienst stehenden Torpedobooten in der Geschwindigkeit und der Artilleriebewaffnung eindeutig überlegen.

Nachdem sich in britischen Flottenübungen der mit dem Torpedobootzerstörerbau eingeschlagene Weg als richtig erwiesen hatte, gaben in der zweiten Hälfte der 90er Jahre auch alle anderen größeren Flotten Torpedobootzerstörer in Auftrag. Lediglich die kaiserlich-deutsche Flotte ging zum Bau «großer Torpedoboote» über. Diese Fahrzeuge waren in der Größe und Geschwindigkeit durchaus mit den Torpedobootzerstörern vergleichbar, erreichten sie aber in der Artilleriebewaffnung nicht.

Die Mehrzahl dieser großen Torpedoboote war mit drei 50-mm- oder zwei 88-mm-Geschützen bewaffnet. Erst die ab 1913 gebauten großen Torpedoboote erhielten mit den drei 88-mm-Geschützen eine etwas stärkere Bewaffnung.

Um die Jahrhundertwende hatten die meisten Flotten bereits Torpedobootzerstörer bzw. **Zerstörer**, wie sie in Vereinfachung des Wortes bald genannt wurden, in Dienst. Im Russisch-Japanischen Krieg waren die Zerstörer neben den Torpedobooten bereits die am häufigsten beschäftigten Kampfschiffe beider Seiten. Neben der Abwehr gegnerischer Torpedoboote wurden die Zerstörer selbst zu Torpedoangriffen eingesetzt. Darüber hinaus hatten sie Vorposten-, Aufklärungs-, Minenleg- und Sicherungsaufgaben zu erfüllen. Die ersten erfolgreichen Angriffe des Krieges fuhren japanische Zerstörer. Noch vor der offiziellen Kriegserklärung griffen Einheiten dreier japanischer Zerstörerdivisionen in der Nacht vom 8. zum 9. Februar 1904 die seit dem Abbruch der diplomatischen Beziehungen auf Reede vor Port Arthur vor Anker liegenden Schiffe des russischen I. Pazifischen Geschwaders an. Obwohl die russischen Vorpostenzerstörer die angreifenden Schiffe rechtzeitig erkannten, konnten diese den Angriff ungehindert durchführen. Da noch kein Kriegszustand bestand, hatten die russischen Zerstörer den Befehl, kein Feuer auf japanische Schiffe zu eröffnen, sondern diese lediglich zu melden. So konnten die vier japanischen Zerstörer der 1. Division AKATSUKI und KASUMI (Wasserverdrängung 303/415 ts, Länge 68,5 m, Breite 6,3 m, Tiefgang 1,7 m, Geschwindigkeit 31 kn; Bewaffnung: 2 × 457-mm-TR, 2 × 76-mm- und 4 × 57-mm-Geschütze) sowie ASACHIO und SHIRAKUMI, letztere etwas größer bei gleicher Bewaffnung, bis auf Schußdistanz an die unbeweglich liegenden russischen Schiffe heranlaufen und ihre Torpedos abfeuern. Zwei russische Linienschiffe und ein Panzerkreuzer erhielten Treffer. Die Schiffe blieben jedoch schwimmfähig und konnten später instand gesetzt werden. Die japanischen Zerstörer entkamen dem schnell einsetzenden russischen Abwehrfeuer. Diese völkerrechtswidrige Form der Eröffnung eines Krieges durch die japanischen Streitkräfte sollte sich übrigens knapp 38 Jahre später in Pearl Harbor wiederholen.

Bis zum ersten Weltkrieg wurden die Zerstörer kontinuierlich weiterentwickelt. Sie erreichten etwa 1 000 ts Wasserverdrängung und waren mit zwei bis fünf Torpedorohren der Kaliber 457 mm oder 533 mm sowie mit vier bis acht Geschützen vom Kaliber 47 bis 102 mm bewaffnet. Einigen Zerstörern standen durch die zunehmende Verwendung der Dampfturbine Antriebsleistungen von mehr als 20 000 kW zur Verfügung, womit sie bis zu 35 kn Geschwindigkeit erzielten. Die um 1914 übliche Zerstörergeschwindigkeit lag im Bereich von 27 bis 31 kn.

Typische Vertreter der im ersten Weltkrieg eingesetzten Schiffe waren die im Zeitraum 1909 bis 1910 gebauten 16 britischen Zerstörer der «Beagle»-Klasse (1913 in G-Klasse umbenannt). Die BEAGLE (Wasserverdrängung 950 ts, Länge 82 m, Breite 8,2 m, Tiefgang 2,5 m, Geschwindigkeit 27,2 kn) war 1909 vom Stapel gelaufen. Die Dampfturbinenanlage, die auf drei Wellen arbeitete, brachte eine Leistung von 10 500 kW. Der notwendige Dampf wurde in fünf Wasserrohrkesseln der Bauart «Yarrow» erzeugt; der Dampfdruck betrug 1,65 MPa. Nachdem einige vorher gebaute Zerstörer bereits Ölfeuerung hatten, ging man bei der «Beagle»-Klasse aus ökonomischen Gründen nochmals zur Kohlefeuerung über, eine Entscheidung, die in der britischen Marine wenig Beifall fand. Dafür waren die Schiffe gegenüber den Vorgängern der «Tribal»-Klasse robuster und zuverlässiger gebaut. Allerdings lag die Höchstgeschwindigkeit um etwa 6 kn niedriger. Mit reichlich 200 t Kohle in den

Bunkern sollten die Zerstörer bei 15 kn Geschwindigkeit eine Fahrstrecke von etwa 2 000 sm erreichen. Die Bewaffnung bestand aus zwei 533-mm-Torpedorohren sowie einem 102-mm- und drei 76-mm-Geschützen. Zum Schiff gehörte eine Besatzung von 96 Mann.

Bis zum Beginn des ersten Weltkrieges wurden weltweit über 800 Zerstörer gebaut, die großen Torpedoboote der deutschen Marine nicht einbezogen. Im Verlaufe des Weltkrieges erwiesen sich dann die Zerstörer als die universellsten Kampfschiffe, sie wurden gewissermaßen zum «Mädchen für alles». Zu den genannten Aufgaben der Zerstörer kam noch die U-Boot-Abwehr (UAW) hinzu. Mit fortschreitender Kriegsdauer wurde diese Aufgabe für die Zerstörer zu einer Hauptaufgabe, gegenüber welcher sogar die ursprünglich konzipierte Aufgabe – die Bekämpfung gegnerischer Torpedoboote – in den Hintergrund rückte. Vorrangig britische, französische und später auch US-amerikanische Zerstörer waren es, die den Gleitzugverkehr über den Atlantik in den Grenzen ihres Fahrbereiches zu sichern hatten. Auch die Bekämpfung von Küstenzielen durch die Schiffsartillerie begann bei der Einsatzplanung der Zerstörer eine Rolle zu spielen. Während des gesamten Krieges wurde der Zerstörerbau fortgesetzt, wobei die USA zum Großserienbau ihrer «Flush-Deck»-Zerstörer übergingen. Diese Flushdecker, von denen sie 273 bauten, sollten auch noch im zweiten Weltkrieg eine nicht unbedeutende Rolle spielen.

Nach dem ersten Weltkrieg hatten die Zerstörer vielfach die Aufgaben der Torpedoboote übernommen und begannen diese, bis auf wenige Ausnahmen, aus den Seestreitkräften zu verdrängen. Da die meisten Flotten eine größere Anzahl Zerstörer im Bestand hatten, verzichteten sie zunächst auf Neubauten. Zur systematischen Weiterentwicklung genügten wenige Versuchszerstörer. Eine Ausnahme bildete dabei die japanische Marine, die sich sofort nach Beendigung des ersten Weltkrieges konsequent auf die Erringung der Vorherrschaft im asiatischen Raum vorbereitete. Neben den schweren Überwasserschiffen schenkte sie dem Zerstörerbau besondere Aufmerksamkeit, und die taktisch-technischen Parameter wurden laufend verbessert, so z. B. durch die um 1925 eingeführten 609-mm-Torpedos. Die ersten Nachkriegszerstörer («Minekaze»-Klasse) stellte Japan bereits 1920 in Dienst.

Gegen Ende der 20er, Anfang der 30er Jahre begannen auch andere Länder, neue Zerstörer auf Kiel zu legen. In Frankreich waren es 1926 die Zerstörer der «Jaguar»-Klasse, in Großbritannien ab 1929 die A-Klasse und in den USA 1933 die «Farragut»-Klasse. Der junge Sowjetstaat hatte nach 1918 noch 17 Zerstörer der «Nowik»-Klasse im Bestand seiner Seestreitkräfte. In den schweren Jahren des Bürgerkrieges war an einen Neubau von Kriegsschiffen nicht zu denken. Erst 1926 konnte ein für sechs Jahre gültiges Bauprogramm für Kriegsschiffe angenommen werden, das aber noch keine Zerstörer enthielt. 1934 wurde dann mit dem Bau der ersten sowjetischen Zerstörer der «Gnewny»- und «Leningrad»-Klasse begonnen, denen ab 1939 die Zerstörer der «Ognewoi»-Klasse folgten. Zu Beginn des Großen Vaterländischen Krieges zählten 59 Zerstörer zum Bestand der sowjetischen Flotten, darunter sieben Großzerstörer. Im Verlaufe des Krieges stellte die Sowjetunion trotz der außerordentlich komplizierten Lage weitere 17 Zerstörer in Dienst. Deutschland waren im Versailler Vertrag zwölf Torpedoboote und zwölf Zerstörer zugestanden worden, deren Höchstverdrängung 800 ts betragen durfte. Während 1925 die ersten Torpedoboote auf Kiel gelegt wurden, begann der Zerstörerbau 1934. Bei Ausbruch des zweiten Weltkrieges standen der faschistischen Kriegsmarine 21 Zerstörer zur Verfügung.

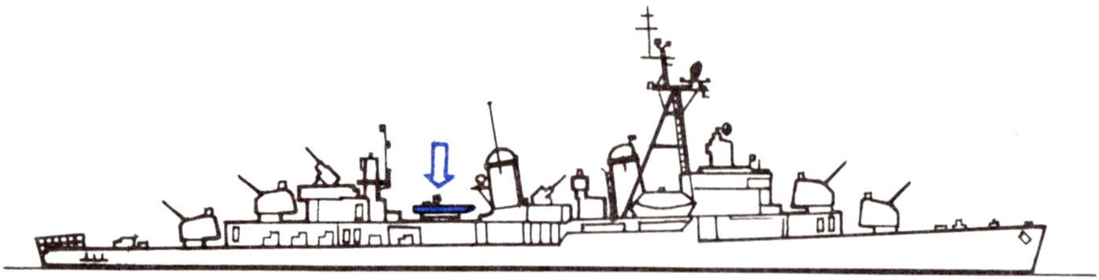

Bild 165 Zerstörer Typ «Fletcher»

Bis zum zweiten Weltkrieg hatten die Zerstörer eine Wasserverdrängung von 1 500 bis 2 500 ts, gegen Ende des Krieges nicht selten von 3 500 ts. Ihre Geschwindigkeit betrug 35 bis 40 kn, in Einzelfällen sogar darüber. Zur Erreichung dieser Geschwindigkeiten waren Dampfturbinenanlagen von 25 000 bis 50 000 kW Antriebsleistung erforderlich.

Die Torpedobewaffnung war auf sechs bis zehn Torpedorohre für Torpedos der Kaliber 533 bis 609 mm angewachsen. Sie sind in zwei bis drei Torpedorohrsätzen mit je drei bis fünf Torpedorohren schwenkbar an Oberdeck gruppiert gewesen. Außerdem hatten sie eine entsprechende Artilleriebewaffnung. Die Fahrstrecke der Zerstörer lag bei ökonomischen Fahrtstufen im Bereich von 4 000 bis 6 000 sm. Die Besatzungsstärke betrug zwischen 150 und 300 Mann.

Zu den während des zweiten Weltkrieges in großer Serie gebauten Zerstörern gehörten die der «Fletcher»-Klasse (Wasserverdrängung 2 800 ts, Länge 114,8 m, Breite 12 m, Tiefgang 4,4 m, Geschwindigkeit 37 kn). Von 1942 bis 1944 stellte die US-amerikanische Flotte insgesamt 179 Zerstörer dieser Klasse in Dienst, von denen jeder etwa 11 Mill. Dollar kostete. Zwei Getriebeturbinen erzeugten je 22 070 kW Leistung. Vier Wasserrohrkessel übernahmen die Dampferzeugung mit einem Betriebsdruck von 4,2 MPa. Bei einer ökonomischen Geschwindigkeit von 15 kn erreichten sie eine Fahrstrecke von etwa 6 700 sm. Die als Glattdecker konstruierten Fahrzeuge waren mit 14 Schotten in 15 wasserdichte Abteilungen unterteilt. Zur Bewaffnung gehörten zehn Torpedorohre Kaliber 533 mm in zwei in der Mittschiffslinie auf den Aufbauten stehenden Fünflingstorpedorohrsätzen. Die Artilleriebewaffnung bestand aus fünf 127-mm-Universalgeschützen in Einzellafetten und einer unterschiedlichen Anzahl von Fla-Geschützen der Kaliber 20 und 40 mm (später 76 mm). Die Bewaffnung der Zerstörer wurde durch Minen und Wasserbomben vervollständigt. Darüber hinaus verfügten die Fahrzeuge über eine Funkmeßanlage zur Seeraumbeobachtung, über eine hydroakustische Ortungsanlage und über eine Artilleriewaffenleitanlage und über 280 Mann Besatzung.

Wie effektiv die Torpedowaffe im zweiten Weltkrieg eingesetzt werden konnte, zeigte die Versenkung des nazideutschen Schlachtschiffes SCHARNHORST durch Zerstörer.

Die SCHARNHORST (Wasserverdrängung 38 900 ts, Länge 234,9 m, Breite 30 m, Tiefgang 9,1 m, Geschwindigkeit 31,5 kn; Bewaffnung: 9 × 280-mm-, 12 × 150-mm-, 10 × 105-mm-, 16 × 37-mm- und 24 × 20-mm-Geschütze, 6 × 533-mm-TR; max. Panzerung 36 cm; Besatzung 1 840 Mann) lief am Abend des 25. Dezember 1943 aus dem 35 sm südlich von Hammerfest (Norwegen) gelegenen Altafjord aus, um einen von der Luftaufklärung ausgemachten alliierten Geleitzug anzugreifen, der für die UdSSR vorgesehenes Kriegsmaterial transportierte. Die faschistische Luftaufklärung hatte aber die zur Sicherung eingesetzte, vom Geleitzug weit abgesetzt stehende «Force II», bestehend aus dem britischen Schlachtschiff DUKE OF YORK, einem Kreuzer und vier Zerstörern, nicht ausgemacht. Ebenfalls nicht erfaßt wurde das mit Westkurs laufende Gegengeleit mit der «Force I», einer aus drei Kreuzern und Zerstörern bestehenden Fernsicherung. Die die SCHARNHORST begleitenden fünf Zerstörer mußten wegen der außerordentlich schweren See bald entlassen werden. Hier machte sich ein wesentlicher Nachteil der faschistischen Zerstörer, die geringe Seetüchtigkeit, einmal mehr bemerkbar. Während die SCHARNHORST das Geleit suchte, erhielt sie Gefechtsberührung mit den drei Kreuzern der «Force I». Sowohl die britischen Kreuzer als auch das deutsche Schlachtschiff erzielten Artillerietreffer beim Gegner. Der SCHARNHORST gelang es jedoch, sich von der «Force I» zu lösen. Inzwischen verlegte die sich von Westen mit Höchstfahrt nähernde «Force II» der SCHARNHORST den Rückweg. Nachdem sie sich auf Gefechtsentfernung genähert hatte, eröffnete die DUKE OF YORK mit ihren überlegenen 356-mm-Geschützen das Feuer. Die SCHARNHORST erhielt einige Treffer, konnte aber, ihre höhere Geschwindigkeit ausnutzend, aus der Artilleriereichweite der DUKE OF YORK ablaufen. Da nun die Gefahr bestand, daß das angeschlagene faschistische Schlachtschiff entkam, setzte der britische Verbandschef seine vier Zerstörer zum Torpedoangriff ein. Die britischen Zerstörer, im Gegensatz zu den faschistischen wesentlich seetüchtiger, holten die ablaufende SCHARNHORST ein und erzielten in einem geschickt durchgeführten Angriff vier Torpedotreffer. Die SCHARNHORST blieb zwar bewegungsfähig, verlor aber so weit an Fahrt, daß das britische Schlachtschiff und die Kreuzer erneut auf Artilleriereichweite heranschließen konnten. Jetzt schossen die DUKE OF YORK und die vier Kreuzer die SCHARNHORST zu einem brennenden Wrack zusammen. Aber erst weitere (vermutlich zehn) Torpedotreffer der britischen Kreuzer und Zerstörer brachten das faschistische Schlachtschiff zum Sinken. Von der Besatzung überlebten nur 36 Mann den Untergang.

Die Zerstörer gehörten zu den aktivsten Kampfschiffen des zweiten Weltkrieges. Die Vielzahl von Gefechtsaufgaben, die sie zu erfüllen hatten, drückt sich auch in den Verlusten aus. Allein der Schutz ihrer Seeverbindungen kostete die Alliierten 161 Zerstörer. Die Gesamtverluste aller kriegführenden Staaten beliefen sich auf 852 Zerstörer, die Geleitzerstörer und großen Torpedoboote eingeschlossen.

Nach dem zweiten Weltkrieg wurde die Entwicklung der Zerstörer bis etwa Mitte der 50er Jahre in klassischer Richtung fortgesetzt. Neue Antriebsanlagen, elektronische Ortungsanlagen und vollautomatische, d. h. von Funkmeß-Waffenleitanlagen gerichtete Geschütze kennzeichnen diesen Zeitabschnitt. Die Bewaffnung mit Torpedorohren für Seezieltorpedos hatte sich gegenüber dem zweiten Weltkrieg kaum geändert. Ab Mitte der 50er Jahre war die Raketenwaffe so vervollkommnet, daß ihrem Einsatz auf Kampfschiffen nichts mehr im Wege stand. Während in der UdSSR die Schiff-Schiff- und Schiff-Luft-Raketen gleichermaßen entwickelt wurden, konzentrierten sich westliche Flotten lange Zeit fast ausschließlich auf die Luftabwehrraketen. Mit der Einführung der neuen Waffe erschien zugleich auch der Begriff des «Raketenzerstörers». Später wurden dann die Raketenzerstörer entsprechend ihren Hauptaufgaben in weitere Unterklassen unterteilt.

Den klassischen Dampfturbinenantrieb lösten, nachdem anfängliche Schwierigkeiten überwunden worden waren, zunehmend leistungsstarke Gasturbinen ab. In der Gegenwart ist der Gasturbinenantrieb, vielfach kombiniert mit dem Dieselantrieb, zu einem Standardantrieb der Zerstörer geworden. Da Gasturbinen einen relativ hohen Treibstoffverbrauch haben, besonders im Teillastbereich, werden für die ökonomischen Fahrtstufen die Dieselmotoren genutzt. Die Torpedobewaffnung der Zerstörer wurde ab etwa Mitte der 60er Jahre reduziert. Die großen Torpedorohrsätze für Seezieltorpedos verschwanden, statt dessen erhielten die Zerstörer zunehmend UAW-Torpedos, meist kleineren Kalibers. Das ergab sich aus der wachsenden Rolle, die den Zerstörern bei der Bekämpfung kernkraftgetriebener und raketentragender U-Boote und -Schiffe zukam. Die sowjetische Seekriegsflotte, die vorwiegend Mehrzwecktorpedos in der Bewaffnung hatte, behielt im wesentlichen das Torpedokaliber von 533 mm bei. Die UAW-Komponente wurde erweitert durch herkömmliche Wasserbomben, Salvenwerfer für reaktive Wasserbomben und Mehrfachstarter für die Kombination Rakete – Torpedo. Auf den Zerstörern der NATO-Flotten haben sich neben den Drillingstorpedorohrsätzen Mk 32 zum Verschuß von 324-mm-UAW-Torpedos vor allem die Achtfachstarter für die Raketen-Torpedo-Kombination «ASROC» als ein gewisser Standard durchgesetzt. (Eine Ausnahme bilden die französischen Seestreitkräfte, die die Raketen-Torpedo-Kombination «MALAFON» einsetzen.) Auch die Minenwaffe, heute selbst in größeren Wassertiefen einsetzbar, hat weiter an Bedeutung gewonnen. Jeder Zerstörer ist in der Lage, eine größere Anzahl Minen mitzuführen. Bordgestützte Hubschrauber können sowohl zur Aufklärung als auch zur U-Boot-Bekämpfung eingesetzt werden. Dazu verfügen sie über eigene Ortungsanlagen und eine entsprechende Bewaffnung. Die Anzahl der Geschütze wurde allmählich auf zwei bis vier Rohre der Kaliber 76 bis 127 mm verringert. Zur Abwehr von Seezielraketen werden die Zerstörer zunehmend mit leichten Geschützen der Kaliber 20 bis 30 mm und Feuergeschwindigkeiten je Rohr bis zu 6000 Schuß/Minute bewaffnet. Die Ausrüstung mit modernsten Ortungs- und Waffenleitanlagen sowie Führungssystemen ist ein weiteres Merkmal moderner Zerstörer.

Die heutigen Zerstörer erreichen mit teilweise über 6 000 ts Wasserverdrängung und Längen von 130 m bis über 150 m die Größe der Leichten Kreuzer des zweiten Weltkrieges. Hermetisch verschließbare Aufbauten ermöglichen es den Schiffen, selbst in aktivierten Seegebieten zu handeln. Die aus Massegründen häufig in der Leichtmetallbauweise hergestellten Aufbauten scheinen jedoch auch einen Nachteil zu haben, der während des Falkland-Konfliktes sichtbar wurde: Die bei Raketentreffern schnell ausbrechenden Brände können auch die Aufbauten erfassen und lassen sich mit den üblichen Mitteln und Methoden nur schwer unter Kontrolle bringen.

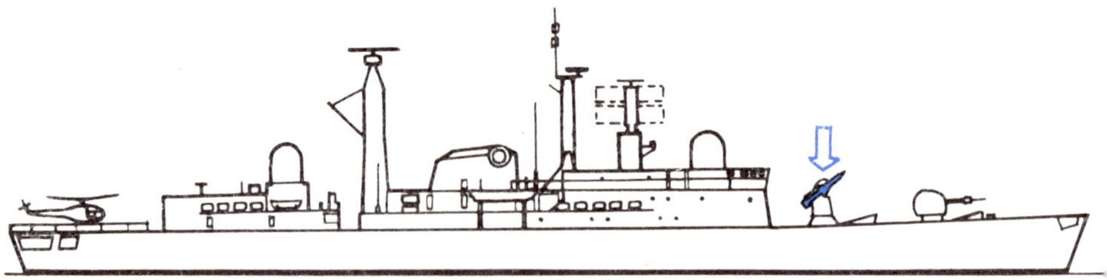

Bild 166 Britischer Raketenzerstörer Typ «Sheffield»

Tabelle 7: Übersicht über die Entwicklung der Zerstörer von den Anfängen bis zur Gegenwart

	Um 1900	Erster Weltkrieg	Zweiter Weltkrieg	Gegenwart
Wasserverdrängung (ts)	300...600	700...1 300	1 500...3 000	4 000...7 000
Länge (m)	50... 75	80... 100	100... 125	130... 160
Geschwindigkeit (kn)	26... 30	30... 35	35... 40	30... 36
Antriebsart	Dampfmaschine	Dampfturbine	Dampfturbine	Gasturbine, Dieselmotor
Antriebsleistung (kW)	3 500...6 000	18 000...30 000	25 000...50 000	45 000...75 000
Bewaffnung:				
Artillerie Rohre	4...8	4...8	8...12	2...6
Kaliber (mm)	37...76	47...102	20...150	30...127
Torpedorohre Anzahl	2...3	2...5	6...10	6...10
Kaliber (mm)	381...457	457...533	533...609	324...533
Raketenstarter	–	–	–	bis 8 S-S-R/UAW bis 8 S-L-R
Besatzung	50...80	80...150	140...300	250...400

Anmerkung: S-S-R/UAW – Schiff-Schiff-Raketen/Raketen-Torpedo-Kombinationen
S-L-R – Schiff-Luft-Raketen
Die Angaben stellen durchschnittliche Werte dar.

Die umfangreiche Verwendung synthetischer Materialien trägt ihr übriges dazu bei. Die Vernichtung des britischen Raketenzerstörers SHEFFIELD durch eine von einem argentinischen Jagdbomber gestartete Luft-Schiff-Rakete «Exocet» weist jedenfalls nachdrücklich auf diesen Fakt hin.

Neben den Zerstörern bildete sich zwischen den Weltkriegen die Klasse der Fregatten heraus. Dabei handelt es sich um Überwasserkampfschiffe, die vorwiegend zum Geleit- und Vorpostendienst, zur U-Boot- und Luftabwehr eingesetzt wurden. Mit der Einführung der Raketenwaffe erhielten die Fregatten auch zunehmend offensive Aufgaben, es entstand die Unterklasse der Raketenfregatten mit Mehrzweckaufgaben. Die Torpedowaffe ist an Bord der Fregatten vorzugsweise in Form der UAW-Torpedos und entsprechender Raketen-Torpedo-Kombinationen vertreten. Fregatten haben mit 1 000 bis 4 500 ts eine geringere Wasserverdrängung als die Zerstörer. Ihre Bewaffnung und Ausrüstung unterscheidet sich nicht wesentlich von der der Zerstörer.

Zu den modernen Fregatten gehören die Raketenfregatten vom Typ 122 «Bremen» der BRD-Seestreitkräfte. Das Typschiff wurde 1982 in Dienst gestellt. Der Schiffskörper, eine geschweißte Stahlkonstruktion, ist 128 m lang und 14,4 m breit. Der Tiefgang des ausgerüsteten Schiffes beträgt etwa 6 m, die Wasserverdrängung 3 800 ts. Auf dem Deck befinden sich drei getrennte Aufbauten. Die aus zwei Drillingsrohrsätzen für UAW-Torpedos Mk 46 mod. 2 bestehende Torpedobewaffnung befindet sich im Vorderteil des achteren Aufbaus. Die UAW-Komponente wird durch zwei bordgestützte Hubschrauber «Sea Lynx» ergänzt, deren Hangar sich ebenfalls im achteren Aufbau befindet. Die Fregatten sind weiterhin mit zwei Vierfachstartern für Schiff-Schiff-Raketen «Harpoon» (Reichweite 110 km) bewaffnet, die zwischen dem vorderen und mittleren Aufbau versetzt eingebaut sind. Auf dem Vorderteil des vorderen Aufbaus befinden sich zwei Vierfachstarter für Schiff-Luft-Raketen «Sea Sparrow» (Reichweite etwa 40 km), auf dem achteren Aufbau ein Nahbereichsraketenkomplex RAM-ASMD zur Abwehr von Raketen und Luftzielen in geringen Höhen (Reichweite 6 km). Die Artilleriebewaffnung besteht aus einem auf der Back installierten vollautomatischen 76-mm-Geschütz (Reichweite 15 km, Schußhöhe etwa 10 km, Feuergeschwindigkeit 85 Schuß/Minute). Den Hauptantrieb bilden zwei Gasturbinen von je 18 500 kW, die dem Schiff eine Höchstfahrt von 30 kn verleihen. Die Marschfahrt von 20 kn stellen zwei Dieselmotoren mit je 3 050 kW Leistung sicher, die Fahrstrecke beträgt dabei 4 000 sm. Die Fregatten Typ 122 «Bremen» sind mit dem automatisierten Führungssystem SATIR II ausgerüstet. Dieses System soll die Lagedarstellung, den zentralen Waffeneinsatz, den Informationsaustausch mit anderen Schiffen und Führungsstellen an Land sowie die Führung von Kampfschiffsgruppen gewährleisten. Darüber hinaus verfügen die Fregatten über weitere umfangreiche Über- und Unterwasserortungsmittel und andere elektronische Ausrüstungen. Die Fregatten Typ 122 «Bremen» sind vielseitig einsetzbare Kampfschiffe, die vorwiegend die Seeverbindungen in der Nordsee und den angrenzenden Seegebieten zu sichern sowie Geleitaufgaben zu erfüllen haben.

6.1.3. Torpedoschnellboote

Die schnelle Größenzunahme der Torpedoboote ab Mitte der 80er Jahre des vorigen Jahrhunderts, bedingt durch die Forderung nach stärkerer Bewaffnung, höherer Geschwindigkeit, besserer Seetüchtigkeit und größerer Reichweite, führte dazu, daß sie mehr und mehr ihren Vorteil verloren, sich dem Gegner unbemerkt nähern zu können. Verlangte die Dampfmaschine entsprechender Leistung relativ große Einbauräume, so konnten mit dem Ende des 19. Jahrhunderts einsatzreif werdenden Verbrennungsmotor auch auf kleinem Raum größere Antriebsleistungen realisiert werden. Es begann der Bau kleiner Boote mit relativ starken Motoren und dementsprechend hohen Geschwindigkeiten. Zunächst fand der neue Antrieb jedoch nur bei Rennbooten Verwendung. Überhaupt übten die um die Jahrhundertwende aufkommenden Motorbootrennen einen wesentlichen Einfluß auf die Entwicklung der Torpedoschnellboote (TS-Boote) aus. 1903 gewann das britische Motorboot NAPIER I beim Rennen von Monaco den erstmals vergebenen Harmsworth-Pokal, einen Wanderpreis für Rennboote. Mit 48 kW erreichte das Boot eine Geschwindigkeit von 18,9 kn. Bereits acht Jahre später gewann den Pokal das nordamerikanische Boot DIXIE IV mit 38,8 kn. Es war also nicht verwunderlich, daß sich Marinespezialisten Gedanken über die Verwendung des Motorbootes als Torpedoträger machten. Bereits 1904 wurde das erste nachweisbare, mit einem Bugtorpedorohr bewaffnete Motortorpedoboot des französischen Grafen *Recopé* fertiggestellt. Zu den vor dem ersten Weltkrieg gebauten Motortorpedobooten zählte ebenfalls das 1906 fertiggestellte Boot FIAT MUGGIANO (Wasserverdrängung 8,4 ts, Länge 12,25 m, Breite 2,7 m, Tiefgang 0,66 m, Höchstgeschwindigkeit 16 kn) aus Italien. Zwei hintereinander gekoppelte 59-kW-Motoren arbeiteten auf eine Welle. Der in der Rundspantform gebaute Bootskörper bestand aus verzinktem Stahlblech und war in fünf wasserdichte Abteilungen unterteilt. Als Bewaffnung führte das Motortorpedoboot neben zwei Torpedorohren für 356-mm-Torpedos eine 47-mm-Kanone und zwei MGs. Die Torpedorohre waren starr an den Bordseiten aufgestellt. Die Ruder- und Propelleranlage erinnerte stark an die der Torpedoboote.

Ein im Jahre 1907 von *Yarrow* gebautes, mit einem 457-mm-Torpedorohr bewaffnetes Boot erreichte mit fünf 44-kW-Motoren bereits eine Geschwindigkeit von 26,1 kn.

Bild 167
Motortorpedoboot von *Recopé* mit Bugtorpedorohr (um 1904)

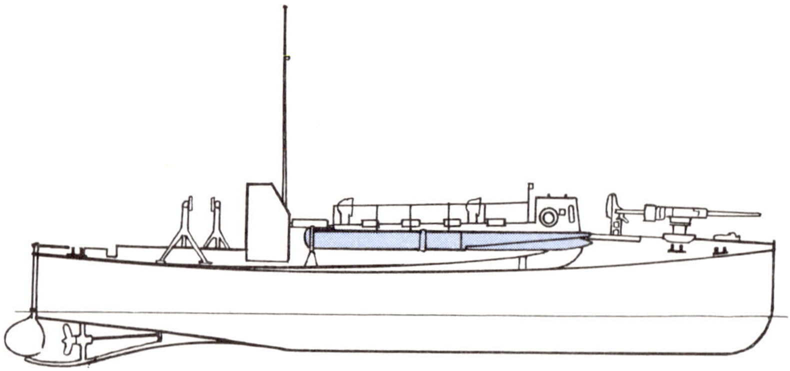

Bild 168 Italienisches Schnellboot Typ «Fiat Muggiano» mit zwei Torpedorohren (um 1906)

Für die Vorkriegszeit war typisch, daß die Motortorpedoboote, ähnlich wie früher die Torpedoboote II. Klasse, an Bord größerer Kriegsschiffe gegeben und von diesen im Bedarfsfall ausgesetzt werden sollten. Insgesamt blieb die Anzahl der bis 1914 gebauten Motortorpedoboote recht gering.

Im ersten Weltkrieg, in dem die Großkampfschiffe nicht in dem Maße wie erwartet zum Einsatz kamen, lebte der Gedanke zum Bau von Motortorpedobooten wieder auf. Die Beweggründe in den Flotten waren dabei unterschiedlich. Die britische Marine wollte die Boote gegen die deutsche Hochseeflotte einsetzen. Dazu sollten sie von Kreuzern bis an die deutschen Minensperren gebracht und dort abgesetzt werden. Infolge ihres geringen Tiefgangs war das Überlaufen der Sperren für die Boote mit einem vertretbaren Risiko möglich. Seitens der Kaiserlichen Flotte sollten die Schnellboote vorrangig gegen die britischen Monitore eingesetzt werden, die mit ihrer schweren Artillerie (bis zu 380 mm) die in Flandern stehenden deutschen Truppen beschossen. Die Monitore, die mit ihrem geringen Tiefgang in flachen Seegebieten operierten, konnten dort von Kriegsschiffen mit größerem Tiefgang nicht angegriffen werden. Die italienische Marine benötigte nach Kriegseintritt zur Sicherung ihrer Seeverbindungen schnelle Fahrzeuge, die gegen die deutschen und österreichischen U-Boote Verwendung finden sollten. Diese U-Jagd-Motorboote wur-

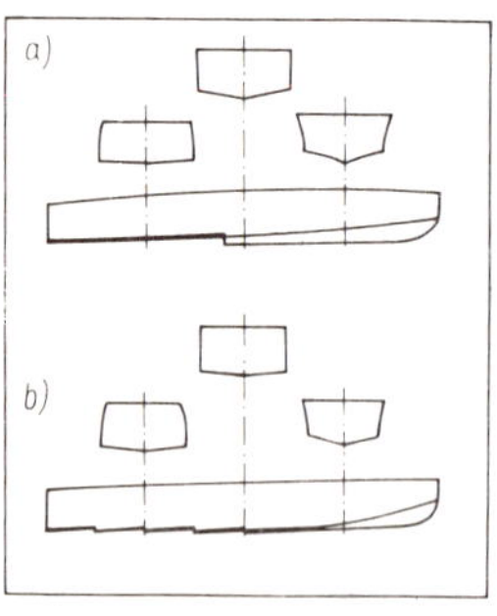

Bild 169
Gleitbootformen
a – Einstufenboot;
b – Mehrstufenboot

den ab 1916 zu Motortorpedobooten umgerüstet, um sie offensiv gegen die Flottenstützpunkte Österreichs einsetzen zu können.

Schiffbaulich wurden die Motortorpedoboote stark von den im Rennbootsbau gewonnenen Erkenntnissen beeinflußt. Man war sich darüber im klaren, daß mit dem üblichen Verdrängungsboot in Rundspantbauweise Geschwindigkeiten über 40 kn nur mit hohem Aufwand zu realisieren waren, da der Wasserwiderstand mit der dritten Potenz der Geschwindigkeit anwächst. Für höhere Geschwindigkeiten war das Gleitboot besser geeignet. Gleitboote sind im Verhältnis zur Länge ungewöhnlich breit. Durch das flache und breite Unterwasserschiff ergibt sich während der Fahrt ein dynamischer Auftrieb, so daß sich das Boot mehr oder weniger aus dem Wasser hebt und auf der Wasseroberfläche gleitet. Der Reibungswiderstand verringert sich, und die Gleitboote können gegenüber vergleichbaren Verdrängungsbooten höhere Geschwindigkeiten erreichen. Allerdings haben Gleitboote schlechtere See-Eigenschaften als Verdrängungsboote und müssen höheren Belastungen standhalten können. Bei hohen Fahrtstufen in grober See schlägt das Boot förmlich auf die Wellenkämme, wobei vertikale Beschleunigungen von mehr als 5g auftreten können. Dadurch werden sowohl das Material als auch die Besatzung stark beansprucht. Neben stufenlosen Gleitbooten wurden auch Ein- und Mehrstufen-Gleitboote gebaut. Nach dem zweiten Weltkrieg hat sich das stufenlose Gleitboot jedoch international durchgesetzt.

Die in der größten Stückzahl hergestellten britischen TS-Boote des ersten Weltkrieges waren die «55′-Thornycroft-CMB» (Coastal Motor Boat; Wasserverdrängung 12,2 ts, Länge 16,76 m, Breite 3,36 m, Tiefgang 1,0 m, Geschwindigkeit 40,4 kn). Angetrieben wurde die Mehrzahl der Boote von zwei 12-Zylinder-Otto-V-Motoren, die bei einer Drehzahl von 1 600 U/min eine Leistung von 275 kW abgaben. Die Masse

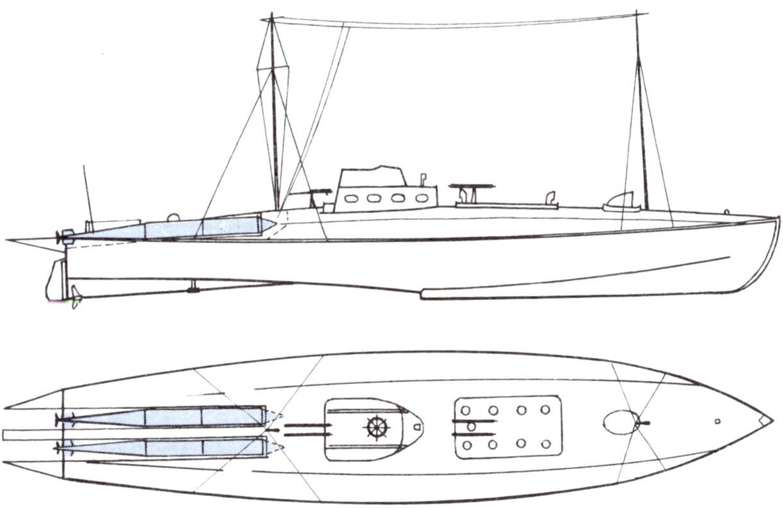

Bild 170 Britisches TS-Boot Typ CMB mit zwei Heckgleitbahnen (um 1916)

eines Motors betrug zur damaligen Zeit immerhin noch 1 165 kg. Für die Achterausfahrt hatte der Steuerbordmotor ein Wendegetriebe. Ein Benzinvorrat von 1 590 l ermöglichte bei 39 kn Dauergeschwindigkeit einen Fahrbereich von etwa 200 sm. Die Besatzung bestand aus fünf Mann. Die Boote waren mit zwei Heckgleitbahnen für 533-mm-Torpedos und vier MGs bewaffnet. Die Torpedos verließen mit dem Schwanzstück zuerst nach achtern die Gleitbahn. Das war technisch problemlos und fand bei allen britischen CMB des ersten Weltkrieges Anwendung.

Die deutschen LM-Boote (Luftschiffmotor-Boote) des ersten Weltkrieges waren mit einem 457-mm-Bugtorpedorohr bewaffnet. Die kaiserlich-deutsche Flotte, die ihre Boote meist mit drei 175-kW-Maybachmotoren ausrüstete, ging im Interesse einer besseren Seefähigkeit ab LM 14 wieder vom Gleitboot ab und kehrte zum Verdrängungsboot zurück. Die Geschwindigkeit der TS-Boote lag um 30 kn.

Die italienische Flotte zog für ihre MAS-Boote den Seitenabwurf der Torpedos vor. Der Abwurf aus Schwenkarmen war wenig aufwendig, im Seegang jedoch nicht ganz unproblematisch. Die 1917/18 gebauten Boote MAS 92 bis 102 (Wasserverdrängung 12,4 t, Länge 16,15 m, Breite 2,83 m, Geschwindigkeit 27 kn) waren mit zwei Abwurfeinrichtungen für 457-mm-Torpedos, einer 47-mm-Kanone oder zwei bis drei MGs und mehreren Wasserbomben bewaffnet. Mit zwei 184-kW-6-Zylinder-Ottomotoren erreichten sie mit 24 kn Geschwindigkeit einen Fahrbereich von 170 sm. Zur Geräuschdämpfung waren alle Boote serienmäßig mit einem Unterwasserauspuff versehen. Darüber hinaus waren sie mit zwei 3,7-kW-E-Motoren für geräuscharme 4-kn-Schleichfahrt ausgerüstet. Die Reichweite sollte dabei etwa 16 sm betragen. Zur Besatzung der Boote zählten acht Mann.

Im Verlaufe des ersten Weltkrieges hatten die TS-Boote mehrfach Gelegenheit, sich auszuzeichnen. Besonders die italienische Marine konnte auf einige Erfolge ihrer TS-Boote verweisen. Ihr größter taktischer Erfolg war die Versenkung des österreichisch-ungarischen Linienschiffes SZENT ISTVAN am 10. Juni 1918 durch MAS 15. Dem Schnellboot gelang es in der Morgendämmerung, mit kleiner Fahrtstufe unbemerkt bis auf etwa 300 m an das gegnerische Schiff heranzukommen und die 457-mm-Torpedos abzuwerfen. Beide Torpedos trafen das zu den modernsten österreichischen Schiffen gehörende Linienschiff (Wasserverdrängung 21 370 ts, Länge 151,4 m, Breite 27,3 m, Tiefgang 8,6 m, Geschwindigkeit 21 kn; Bewaffnung: 12 × 305-mm-, 12 × 150-mm-, 18 × 70-mm-Geschütze, 4 TR, max. Panzerung 28 cm) in Höhe des achteren Kesselraumes. Das Linienschiff kenterte und sank etwa 10 sm westlich der Adria-Insel Premuda. Die von MAS 21 gegen das Schwesterschiff TEGETTHOFF geschossenen Torpedos verfehlten indessen ihr Ziel. Beide TS-Boote konnten den verfolgenden Torpedobooten und Zerstörern entkommen.

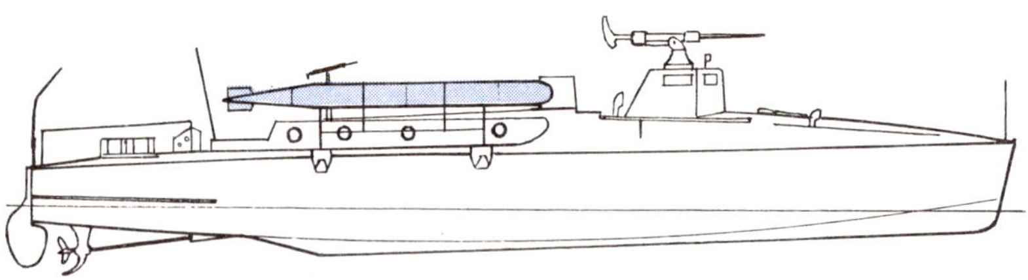

Bild 171 Italienisches MAS-Boot mit zwei seitlichen Abwurfeinrichtungen (um 1917)

Die Kriegserfahrungen zeigten, daß TS-Boote in der Dämmerung und nachts relativ gute Erfolgsaussichten hatten und als Torpedoträger besonders geeignet waren. Die Vor- und Nachteile der verschiedenen Bootsformen hatten sich in den Gefechtseinsätzen bestätigt. Die fast ausschließliche Verwendung von Benzinmotoren führte zu einer hohen Brandgefahr, die unter Beschuß noch stieg. Es hatte sich aber auch gezeigt, daß die Motoren wesentlich schneller «hochzufahren» waren als die Turbinen der Torpedoboote und Zerstörer – ein Grund dafür, weshalb die Schnellboote ihren Verfolgern häufig entkommen konnten. Eingeschränkt wurde der effektive Einsatz der Boote letztlich aber dadurch, daß keine Flotte über eine dem neuen Kampfmittel angepaßte Einsatztaktik verfügte.

In der Zeit nach dem ersten Weltkrieg unterlag der Bau von Schnellbooten keinen einschränkenden Bestimmungen (Washingtoner Abkommen 1922, Londoner Konferenz 1930), so daß TS-Boote Mitte der 20er Jahre wieder zunehmend an Interesse gewannen. Die französische und die sowjetische Flotte begannen in dieser Zeit ebenfalls mit der Entwicklung von TS-Booten. Allgemein wurden folgende Forderungen an die Neuentwicklungen gestellt: kleine Abmessungen, hohe Geschwindigkeit (mindestens 5 bis 10 kn schneller als Torpedoboote und Zerstörer), großer Fahrbereich, hohe Manövrierfähigkeit, geräuscharme Fahrt, sicher anspringende und schnell «hochdrehende» leichte und leistungsstarke Motoren, für das Küstenvorfeld und Randmeere ausreichende Seetüchtigkeit. In Verbindung mit den gestiegenen Ansprüchen an die Bewaffnung und an die Unterbringung der Besatzung führten die Forderungen zwangsläufig zu einer Vergrößerung der Boote. Für die Bootskörper fand vorwiegend Holz Anwendung, auch der Holz-Leichtmetall-Kompositbau war weit verbreitet.

Die zunehmende Differenzierung im Schnellbootsbau fand in der Einteilung in große und kleine TS-Boote (deutsche und italienische Marine) ihren Ausdruck. Entsprechend den Einsatzbedingungen und gesammelten Erfahrungen wurden die Boote als Verdrängungsboote oder Gleitboote gebaut. Für die deutsche Flotte war das große Verdrängungsboot typisch, für sowjetische und US-amerikanische Flotten das Gleitboot. Die italienische Flotte stellte dagegen sowohl Verdrängungs- als auch Gleitboote in Dienst. Mit Ausnahme der deutschen TS-Boote, auf denen schon bald schnellaufende Dieselmotoren zum Einsatz kamen, blieb der Benzinmotor auch weiterhin der Hauptantrieb der Schnellboote. Neben zwei bis vier Torpedorohren/-abwurfeinrichtungen für 457-mm- oder 533-mm-Torpedos wurden die Boote zunehmend mit leichter Artillerie bewaffnet. Diese benötigte man zur Abwehr gegnerischer Schnellboote und verstärkt auch zur Abwehr von Flugzeugen. Das Flugzeug war für Schnellboote eine nicht zu unterschätzende Gefahr.

Bis zum Ausbruch des zweiten Weltkrieges stellten die Flotten eine unterschiedliche Anzahl Schnellboote in Dienst. Die Anzahl der faschistisch-deutschen, britischen und französischen Boote war relativ gering. Die sowjetischen Flotten verfügten dagegen zu Beginn des Großen Vaterländischen Krieges über 269 Schnellboote. Einen Großteil davon stellten die ab 1930 in mehreren Serien gebauten Boote des Typs G 5 dar.

Die aus Leichtmetall gefertigten Einstufen-Gleitboote der Serie 9 (ab 1934; Wasserverdrängung 14 ts, Länge 19,1 m, Breite 3,33 m, Tiefgang 1,2 m, Geschwindigkeit 49 kn) hatten zwei Ottomotoren GAM-34 BS mit je 625 kW Leistung. Die Marschge-

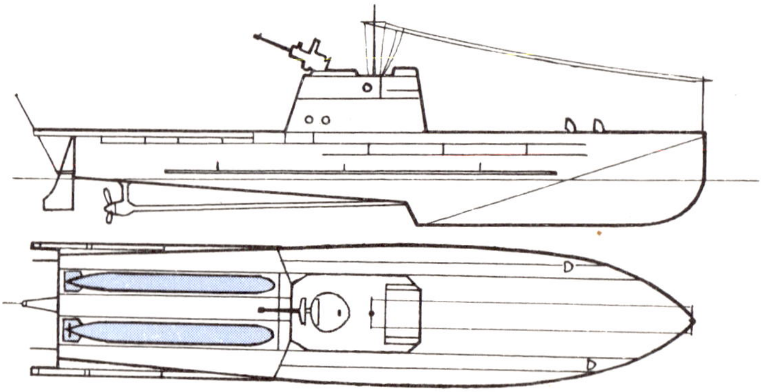

Bild 172 Sowjetisches TS-Boot Typ «Gant 5» mit zwei Hecktorpedorohren (um 1930)

schwindigkeit lag bei 35 kn, die dabei erreichbare Fahrstrecke betrug 250 sm. Die Bewaffnung bestand aus zwei 533-mm-Torpedos (Heckausstoß) und zwei MGs; bis zu 16 Wasserbomben konnten mitgeführt werden. Zur Besatzung zählten sieben Mann. 1941 wurde die Serienproduktion des Typs G 5 eingestellt, da das Duraluminium für den Flugzeugbau dringender gebraucht wurde. Auch die Produktion der inzwischen weiterentwickelten und auf 920 kW leistungsgesteigerten Motoren mußte zugunsten der Fertigung von Flugzeugmotoren abgebrochen werden.

Die faschistische deutsche Flotte, die bei Kriegsausbruch 20 TS-Boote in Dienst hatte, setzte den Schnellbootsbau bis 1945 fort. Dabei blieben die Hauptabmessungen der in der Kompositbauweise gefertigten Rundspantboote etwa konstant. Veränderungen betrafen in erster Linie die Antriebsanlage und Bewaffnung. Als Antriebsanlagen kamen fast ausschließlich schnellaufende Daimler-Benz-Dieselmotoren mit 12 bis 20 Zylindern in V-Bauart zum Einsatz. Die Höchstleistung der sowohl mit als auch ohne Aufladung betriebenen Motoren betrug 700 bis 2 200 kW.

Die ab 1943 gebauten TS-Boote S 139 bis S 150 (Typ S 100; Wasserverdrängung 100/117 ts, Länge 34,94 m, Breite 5,1 m, Tiefgang 2,9 m, Geschwindigkeit 42 kn) waren mit drei Motoren MB 501 A von je 1 840 kW Höchstleistung bei 1 630 U/min ausgerüstet. Bei einer Marschgeschwindigkeit von 35 kn betrug der Fahrbereich etwa 700 sm. Die Bewaffnung bestand aus zwei Bug-Torpedorohren für 533-mm-Torpedos, zwei nachladbare Reservetorpedos wurden an Oberdeck gelagert. Zur Selbstverteidigung verfügten die Boote über zwei automatische 20-mm-Geschütze. Ab 1944 variierte die Artilleriebewaffnung der Schnellboote allerdings stark.

Schnellboote wurden während des Krieges in den Küstengebieten der Nord- und Ostsee, des Kanals, des Mittelmeeres, des Schwarzen Meeres und des Nordmeeres eingesetzt. Auch in den Inselbereichen des Pazifiks waren sie vertreten. Die zu erfüllenden Aufgaben waren vielfältiger als ursprünglich den Booten zugedacht. Sie kamen als Torpedoträger gegen größere Kriegsschiffe, aber auch gegen Handelsschiffe zum Einsatz. Weitere Aufgaben waren Sicherungs- und Geleitaufgaben, die Teilnahme an Kommandounternehmen, Minenlegaufgaben und Transportaufgaben bei Anlandungen/Evakuierungen. Schnellboote mit verstärkter Artilleriebewaffnung kamen auch als Artillerieträger zum Einsatz.

Nach Beendigung des zweiten Weltkrieges stagnierte der Schnellbootsbau. Eine Ausnahme bildete die sowjetische Seekriegsflotte, die ihre Schnellbootsverbände kontinuierlich ausbaute und Ende der 50er Jahre zum Bau von Raketenschnellbooten überging, ohne jedoch den Bau von TS-Booten zu vernachlässigen. Bedingt durch ihre geographische Lage, begannen auch andere Ostseeanliegerstaaten in den 50er Jahren ihre Schnellbootsverbände aufzubauen und ständig zu modernisieren. Einige Flotten, so auch die USA-Marine, stellten nach dem Krieg keine größeren Schnellbootsverbände mehr auf, sondern beschränkten sich auf Versuchsbauten. Die ab Mitte der 50er Jahre verstärkt neu in Dienst gestellten Schnellboote waren größer als die Boote des zweiten Weltkrieges und erreichten Wasserverdrängungen von über 200 ts. Erforderlich wurde diese Vergrößerung nicht zuletzt durch die umfangreiche elektronische Ausrüstung sowie durch die verstärkte Bewaffnung. Für die TS-Boote wurden vier bis sechs Torpedorohre und Geschütze bis zum Kaliber 76 mm typisch. Waffenleitanlagen und drahtgesteuerte Torpedos erlaubten es, die Schußentfernungen auf 5 000 m und darüber zu vergrößern. Die Boote konnten somit beim Angriff außerhalb der Reichweite der leichten Artillerie des Gegners bleiben. Der Dieselmotor hatte sich als Antriebsanlage durchgesetzt; ab Mitte der 50er Jahre entwickelte Großbritannien ein Gasturbinen-Schnellboot. Nach entsprechenden Forschungen und Versuchen gingen 1960 die ersten beiden Gasturbinen-TS-Boote in Dienst.

Zu den großen TS-Booten, die nach dem Krieg gebaut wurden, gehören die zwölf schwedischen TS-Boote vom Typ «Norrköping» (auch als «Spica II» bezeichnet). Die in den 70er Jahren vom Stapel gelaufenen Boote haben eine Einsatzverdrängung von immerhin 235 ts und sind 43,6 m lang. Zum Entwurf der in der Rundspantbauweise aus Stahl hergestellten Bootskörper wurde ein Computer herangezogen. Sechs 533-mm-Torpedorohre für drahtgesteuerte Torpedos stellen eine für TS-Boote starke Torpedobewaffnung dar. Zur Luft- und Schnellbootsabwehr verfügen die Boote über ein vollautomatisches 57-mm-Geschütz. Die Antriebsanlage besteht aus drei Gasturbinen mit insgesamt 9 500 kW Leistung. Die mit drei Verstellpropellern ausgerüste-

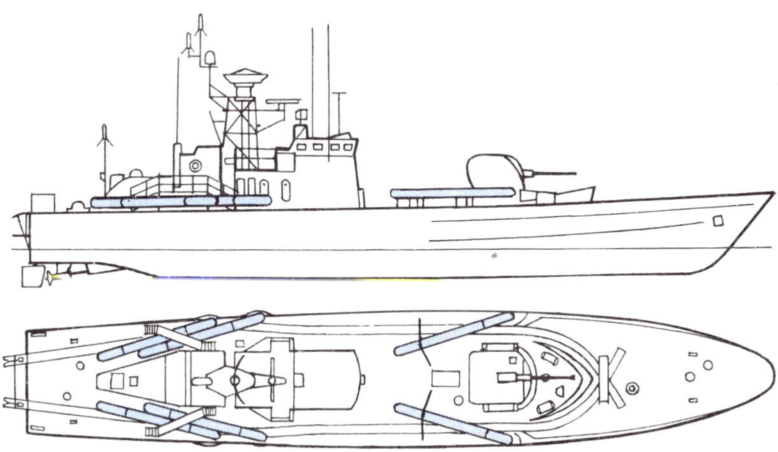

Bild 173 Schwedisches Gasturbinen-TS-Boot Typ «Norrköping» mit sechs Torpedorohren

Tabelle 8: Entwicklung der Schnellboote vom ersten Weltkrieg bis zur Gegenwart

	Erster Weltkrieg	Zweiter Weltkrieg	Gegenwart
Wasserverdrängung (ts)	5...15	20...100	100...400
Länge (m)	10...15	15...35	30...50
Geschwindigkeit (kn)	25...35	35...45	35...50
Antriebsart	Ottomotor	Otto-/Dieselmotor	Dieselmotor, Gasturbine
Antriebsleistung (kW)	200...500	1 500...5 500	5 000...11 000
Bewaffnung:			
Artillerie Rohre	1...3	2...4	1...4
Kaliber (mm)	MG	20...40	20...67
Torpedorohre Anzahl	1...2	2...4	2...6
Kaliber (mm)	356...457	457...533	324...533
Raketenstarter	–	–	2...8 S-S-R
Besatzung	3...10	10...30	20...40

ten Boote erreichen eine Höchstgeschwindigkeit von 40,5 kn. Zur Besatzung gehören 28 Mann.

Vergleicht man die Schnellboote der Gegenwart mit denen des zweiten Weltkrieges, fällt auf, daß die Geschwindigkeit nur unwesentlich stieg. Bei vertretbarem Aufwand kann die Höchstgeschwindigkeit der Verdrängungsboote auf etwa 40 bis 45 kn, die der Gleitboote auf etwa 50 bis 55 kn gesteigert werden. Hier bieten Tragflügelboote neue Möglichkeiten. Bereits vor dem zweiten Weltkrieg experimentierten die Sowjetunion und das faschistische Deutschland mit Tragflügelbooten, um höhere Geschwindigkeiten zu erzielen. Das Herausheben des Schiffskörpers aus dem Wasser führt zu einer gegenüber den Gleitbooten weiteren Verringerung des Wasserwiderstandes. Bei gleichen Abmessungen und gleicher Antriebsleistung sind Tragflügelboote deshalb schneller und haben darüber hinaus ein besseres Seeverhalten als Gleitboote. Sie können selbst bei grober See, bei der Gleitboote mit der Fahrt heruntergehen müssen (Vertikalbeschleunigung), ihre Geschwindigkeit halten. Der genannte Effekt kann mit teilgetauchten oder mit vollgetauchten Tragflügeln realisiert werden. Während sich vollgetauchte Tragflügel vollständig unter Wasser befinden, durchbrechen teilgetauchte Tragflügel die Wasseroberfläche. Vollgetauchte Tragflü-

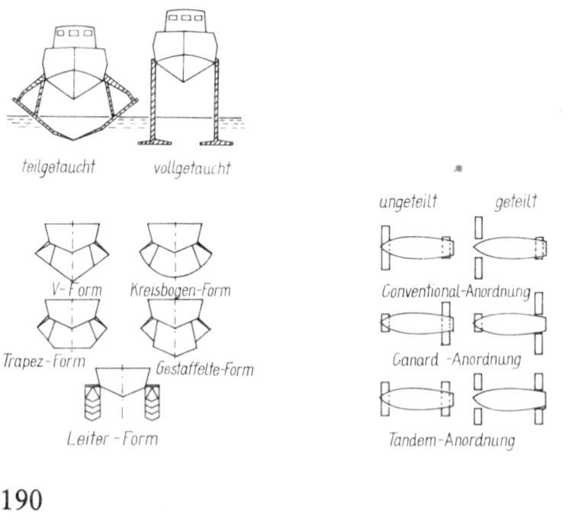

Bild 174
Tragflügelformen und -anordnungen

Bild 175
Sowjetisches Tragflügel-TS-Boot mit vier Torpedorohren

gel sind technisch komplizierter, erlauben den Einsatz der Boote aber bei größeren Wellenhöhen. Die Form und Anordnung sowie das Profil der Tragflügel kann sehr unterschiedlich sein.

Im Gegensatz zu den Vollgleitern, deren Tragflügel am Bug und am Heck angeordnet sind, verfügen Halbgleiter nur über Bugtragflügel. Das Heck der Halbgleiter gleitet wie bei einem normalen Gleitboot direkt auf der Wasseroberfläche.

Als einsatzbereite Torpedoträger fanden Tragflügelboote erst ab den 60er Jahren Verwendung. Große Serien sollen jedoch nicht mehr gebaut worden sein, der Trend geht mehr zum Raketen-Tragflügel-Schnellboot. Die 1969 als Einzelboot der US-amerikanischen Flotte in Dienst gestellte PLAINVIEW zählt mit 320 ts Wasserverdrängung zu den größten für militärische Zwecke gebauten Tragflügel-Schnellbooten. Der 64,1 m lange und 12,3 m breite Bootskörper entstand in der Leichtmetallbauweise nach Prinzipien des Flugzeugbaus. Bei ausgeklappten Tragflügeln (vollgetaucht) vergrößert sich die Gesamtbreite des Bootes auf 21,6 m. Die Tragflügel sind hydraulisch ein- und ausklappbar und sollen den Einsatz bis zu einer Wellenhöhe von etwa 4,5 m ermöglichen. Von zwei 11 000-kW-Gasturbinen angetrieben, erreicht das Tragflügel-Schnellboot eine Höchstgeschwindigkeit von über 50 kn. Für die Marschfahrt von 15 kn (Verdrängungsfahrt bei eingeklappten Tragflügeln) stehen zwei 440-kW-Dieselmotoren zur Verfügung, die auf einen separaten Propeller arbeiten. Als Bewaffnung führt die PLAINVIEW zwei 324-mm-Drillingsrohrsätze Mk 32 für UAW-Torpedos. Das Einzelboot soll vorwiegend Testzwecken für die Entwicklung von 80-kn-Schnellbooten dienen.

Obwohl der Bau von Tragflügel-Schnellbooten schon zu recht guten Ergebnissen geführt hat, kann international die Forschung und Entwicklung in dieser Richtung als noch nicht abgeschlossen betrachtet werden. Das gilt auch für Luftkissenfahrzeuge, über deren Verwendung als Torpedoträger kaum Angaben vorliegen. Generell hat es den Anschein, daß Tragflügel- und Luftkissen-Fahrzeuge vorzugsweise mit Raketen bewaffnet werden und sie deshalb als Torpedoträger eine untergeordnete Rolle spielen.

6.1.4. Schwere Überwasserkräfte

Die schweren Überwasserschiffe gehörten zu den ersten Kriegsschiffen, die mit der neuen Waffe Torpedo ausgerüstet wurden. Allerdings war man sich nicht so recht im klaren, wie die Schiffe diese Waffe zum Einsatz bringen sollten und welche Stellung ihr an Bord zukam. Zunächst wurden die Torpedorohre an Oberdeck aufgestellt. Gewichts- und Stabilitätsprobleme gab es dabei auf den großen Schiffen nicht, und über Platzmangel konnte man sich ebenfalls nicht beklagen. Bald sah man jedoch in der Konzentration von Sprengstoff an Oberdeck eine Gefahr für das eigene Schiff. Es wurde die Ansicht vertreten, daß ein Treffer in den Torpedogefechtskopf zur Katastrophe für das eigene Schiff führen könnte – eine angesichts der damals verwendeten Sprengstoffe nicht ganz haltlose Befürchtung. Deshalb ordnete man im weiteren die Torpedorohre unterhalb der Wasserlinie an, und somit waren sie vor gegnerischem Artilleriefeuer ausreichend geschützt. Vorerst wurde ein Torpedorohr im Bug eingebaut. Die taktischen Vorstellungen gingen dahin, daß beim Angriff erst der Bugtorpedo geschossen und anschließend mit der im damaligen Kriegsschiffbau üblichen Ramme zum Rammstoß angesetzt werden sollte. Später stellte man dann auch in den Breitseiten Unterwasser-Torpedorohre auf. Der Einsatz der Unterwasser-Breitseitrohre gestaltete sich etwas schwieriger. Der Torpedo konnte, sofern das Schiff beim Schuß Fahrt durchs Wasser machte, beim Verlassen des Rohres unter der Einwirkung des Fahrtstromes dort verklemmen, zumindest aber aus dem Kurs gebracht werden. Mit der Einführung ausschiebbarer Führungsstangen wurden dann bessere Treffergebnisse erzielt.

Bis zum ersten Weltkrieg war es auch in der kaiserlichen deutschen Flotte üblich, Großkampfschiffe mit Torpedorohren zu bewaffnen. Alle Linienschiffe und Großen Kreuzer erhielten meist fünf fest eingebaute Unterwasser-Torpedorohre, davon eins im Bug und vier als Breitseitrohre. Zu den Schiffen mit Torpedobewaffnung gehörten die 1911/12 fertiggestellten Linienschiffe der «Helgoland»-Klasse. Die Großkampfschiffe hatten eine Wasserverdrängung von 24 300 ts und erreichten eine Geschwindigkeit von 20 kn. Die Hauptbewaffnung bestand aus zwölf 305-mm-Geschützen, die mittlere Artillerie aus vierzehn 150-mm-Geschützen. In der Wasserlinie betrug die maximale Stärke der Panzerung 30 cm.

Im Verlaufe des ersten Weltkrieges ergab sich dann jedoch für die Großkampfschiffe aller kriegführenden Staaten so gut wie keine Möglichkeit, ihre Torpedos einzusetzen. Die Schußentfernung und Treffgenauigkeit der schweren Artillerie hatten sich dermaßen erhöht, daß eine Annäherung der eigenen an gegnerische Großkampfschiffe auf Torpedoschußdistanz fast unmöglich wurde.

Viele Flotten, darunter auch die nordamerikanische, verzichteten fortan darauf, ihre schweren Überwasserschiffe mit Torpedos zu bewaffnen. Andere Flotten, darunter auch die britische und ab den 30er Jahren die faschistisch-deutsche, stellten schwere Überwasserschiffe sowohl mit als auch ohne Torpedobewaffnung in Dienst. Der 1916 fertiggestellte und 1939 modernisierte Schlachtkreuzer REPULSE (Wasserverdrängung 36 800 ts, Länge 242,6 m, Breite 31,3 m, Tiefgang 9,8 m, Geschwindigkeit 32 kn) war mit acht 533-mm-Torpedorohren in zwei Vierlingsrohrsätzen bewaffnet. Die Hauptbewaffnung bestand aus sechs 381-mm-Geschützen. Darüber hinaus war es mit 15 × 102- und 24 × 40-mm-Geschützen ausgerüstet. Vier Getriebeturbinen leisteten insgesamt 88 260 kW. Die Stärke der Seitenpanzerung, die bei Schlachtkreu-

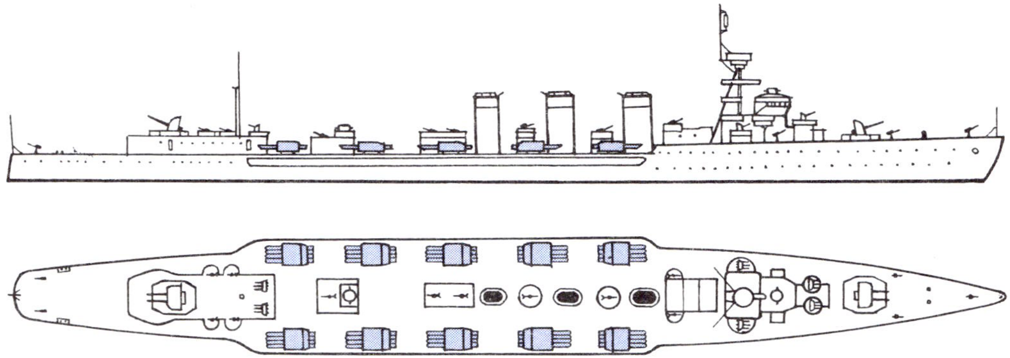

Bild 176 Japanischer Kreuzer KITAKAMI mit 40 Torpedorohren in zehn Vierlingsrohrsätzen (nach Umbau 1941 zum Torpedokreuzer)

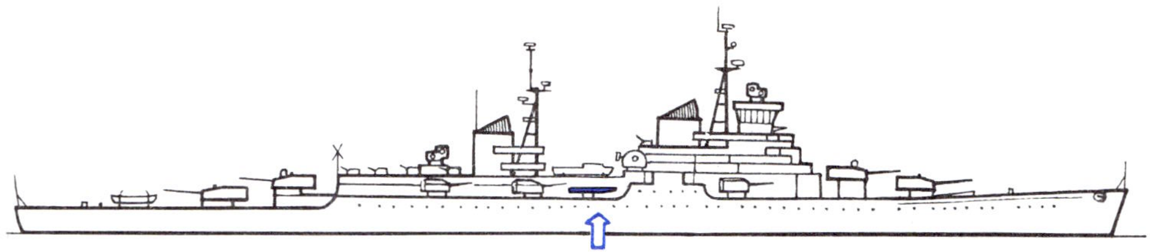

Bild 177 Sowjetischer Kreuzer Typ «Swerdlow» mit zehn Torpedorohren in zwei Fünflingsrohrsätzen (1953)

zern geringer war als bei Schlachtschiffen, betrug 23 cm. Am 10. Dezember 1941 wurde die REPULSE gemeinsam mit dem Schlachtschiff PRINCE OF WALES (Wasserverdrängung 44 600 ts, Länge 227 m, Breite 31,4 m, Tiefgang 10,4 m, Geschwindigkeit 29 kn; Bewaffnung: 10 × 356-mm-, 16 × 133-mm-, 48 × 40-mm- und 7 × 20-mm-Geschütze, max. Panzerung 35,6 cm) von japanischen Torpedo- und Bombenflugzeugen im Südchinesischen Meer versenkt. Die REPULSE erhielt innerhalb kurzer Zeit fünf Torpedotreffer in die Backbordseite und kenterte. Auch die PRINCE OF WALES sank infolge von Torpedotreffern, erhielt aber auch einige Bombentreffer. Auf den britischen Schiffen verloren insgesamt 840 Seeleute ihr Leben. Die Anfang der 30er Jahre fertiggestellten drei Panzerkreuzer der «Deutschland»-Klasse waren ebenfalls mit acht 533-mm-Torpedorohren in zwei Vierlingsrohrsätzen bewaffnet. Diese Torpedorohrsätze befanden sich auf dem abgesetzten Achterschiff unter einer Verkleidung. Die Panzerschiffe sollten die Torpedos zur Versenkung aufgebrachter Handelsschiffe gegnerischer Staaten verwenden. Aus dem gleichen Grund rüstete man während des zweiten Weltkrieges auch die Schlachtschiffe SCHARNHORST und GNEISENAU mit zwei Drillingsrohrsätzen nach. Es hatte sich herausgestellt, daß die Versenkung von Handelsschiffen mit Torpedos einfacher war und schneller erfolgte als mit Artillerie. Zu den Kriegsschiffen mit der stärksten Torpedobewaffnung überhaupt gehörten die in den 20er und 30er Jahren gebauten Schweren Kreuzer Japans. So war der Schwere Kreuzer MOGAMI u. a. auch mit 16 Torpedorohren in vier Vierlingsrohrsätzen bewaffnet. Die Japaner hatten auch den 1920 gebauten Kreuzer KITAKAMI 1941 zum «Torpedokreuzer» umgebaut. Als solcher war er u. a. mit 40 (!) 609-mm-Torpedorohren in zehn Vierlingsrohrsätzen bewaffnet. Das Schiff hat sich aber wahrscheinlich als Torpedokreuzer nicht bewährt und wurde deshalb 1944 erneut umgebaut, diesmal zum Träger von bemannten Torpedos «Kaiten» (vgl. auch Abschnitt 6.4.).

Auch nach dem zweiten Weltkrieg wurden und werden Kreuzer und Raketenkreuzer mit Torpedos bewaffnet. Während in den NATO-Flotten die Drillingstorpedorohrsätze Mk 32 für 324-mm-UAW-Torpedos (z. B. Mk 46) und der Achtfachstarter für die UAW-Raketen-Torpedo-Kombination «ASROC» die typische Torpedobewaffnung darstellen, behielt die sowjetische Seekriegsflotte im wesentlichen das 533-mm-Kaliber auf ihren großen Überwasserschiffen bei, aus denen sowohl Seeziel- als auch UAW-Torpedos verschossen werden können. Selbstverständlich verfügen die sowjetischen Kampfschiffe auch über Startanlagen für UAW-Raketen-Torpedo-Kombinationen. Hubschrauber, die u. a. mit Torpedos bewaffnet werden können, gehören ebenfalls zur Standardausrüstung moderner Raketenkreuzer.

Zu den Kreuzern der 50er Jahre gehört die sowjetische «Swerdlow»-Klasse (Wasserverdrängung 17 000 ts, Länge 210 m, Breite 21,6 m, Tiefgang 7,2 m, Geschwindigkeit 32 kn; Bewaffnung: 12 × 152-mm-, 12 × 100-mm- und 32 × 37-mm-Geschütze, 2 × Fünfling-533-mm-TR-Sätze). Die Antriebsleistung beträgt 81 000 kW. Einige Schiffe wurden später modernisiert und erhielten auf Kosten der 152-mm-Geschütze eine Raketenbewaffnung, so daß sie heute als Raketenkreuzer klassifiziert werden. Die Torpedobewaffnung wurde beibehalten. Einige Schiffe dieses Typs übernahmen die Rolle eines Führungskreuzers oder blieben als Schulschiffe Artillerieträger.

Zu den modernsten Raketenkreuzern der US-amerikanischen Flotte zählen die 1976 bis 1980 in Dienst gestellten vier kernkraftgetriebenen Schiffe des Typs «Virginia» (Wasserverdrängung 11 000 ts, Länge 177,3 m, Breite 18,9 m, Tiefgang etwa 9 m,

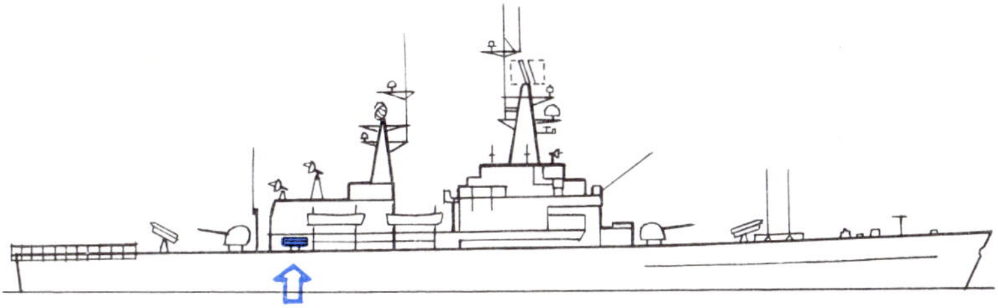

Bild 178 US-amerikanischer Kreuzer Typ «Virginia» mit sechs Torpedorohren in zwei Drillingsrohrsätzen Mk 32 für UAW-Torpedos

Geschwindigkeit etwa 30 kn). Die zwei Getriebeturbinen – der notwendige Dampf wird vom Kernreaktor erzeugt – leisten zusammen 51 500 kW. Auf dem Vorschiff und dem Achterschiff befinden sich je ein vollautomatisches 127-mm-Geschütz und ein Raketen-Doppelstarter Mk 26. Mit diesem können wahlweise Schiff-Luft-Raketen «Standard MR», Schiff-Schiff-Raketen «Harpoon» oder UAW-Raketen-Torpedo-Kombinationen «ASROC» verschossen werden. Zusätzlich sind die Raketenkreuzer seitlich der achteren Aufbauten mit zwei Drillingstorpedorohrsätzen Mk 32 ausgerüstet. Im Achterschiff befindet sich ein Hangar mit Hebebühne für zwei Bordhubschrauber.

Moderne Kreuzer mit einer Wasserverdrängung um 10 000 ts haben neben ihrer Artillerie- und Raketenbewaffnung eine Torpedobewaffnung, die fast ausschließlich aus UAW-Torpedos besteht.

Raketenkreuzer sind aufgrund ihrer technischen Parameter in der Lage, im Zusammenwirken mit Über- und Unterwasserkräften sowie Marinefliegerkräften unter allen Bedingungen und auf allen Meeren taktische oder operative Kampfhandlungen zu führen.

6.2. Unterwasserkräfte

Erstmals wurde ein tauchfähiges Unterwasserfahrzeug im Jahre 1624 erwähnt. Als Antriebskraft stand ausschließlich die Muskelkraft des Menschen zur Verfügung, so auch bei dem 1775 vom Amerikaner *David Bushnell* gebauten Ein-Mann-Tauchboot TURTLE (Schildkröte). Selbstverständlich war es noch nicht mit einem Torpedo bewaffnet. Es sollte mit Hilfe eines Bohrers unter dem gegnerischen Schiff eine Sprengladung anbringen. Weitere Schritte auf dem Weg zum einsatzfähigen U-Boot waren die NAUTILUS *Robert Fultons* aus dem Jahre 1800 und der 1850 vom bayerischen Korporal *Wilhelm Bauer* konstruierte und gebaute BRANDTAUCHER. Waren aber sowohl die NAUTILUS als auch der BRANDTAUCHER noch auf die menschliche Muskelkraft als Antriebskraft angewiesen, so hatte die 1863 vom Stapel gelaufene PLONGEUR (Taucher) bereits einen 4-Zylinder-Druckluftmotor. Zur Speicherung der Druckluft war das 42,7 m lange Fahrzeug mit 23 Stahlflaschen ausgerüstet.

Das erste U-Boot der Welt jedoch, das ein gegnerisches Schiff versenkte, war die ebenfalls 1863 gebaute, aber noch mit Muskelkraft angetriebene HUNLEY der Südstaaten im amerikanischen Bürgerkrieg. Das nach seinem Erfinder benannte Boot wurde von acht Mann, die gemeinsam eine gekröpfte Schraubenwelle drehten, ange-

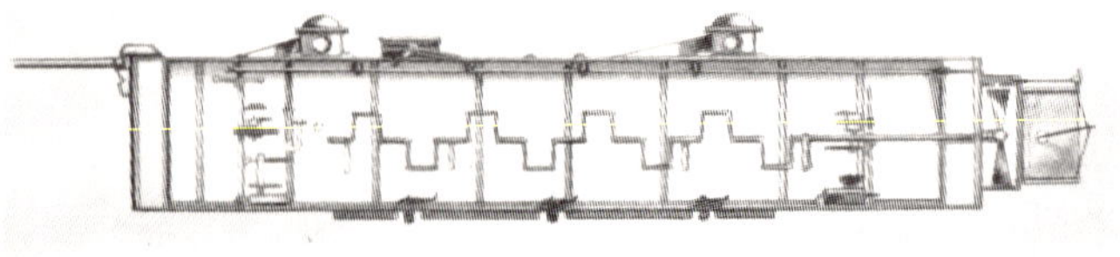

Bild 179 Mit Muskelkraft angetriebenes U-Boot der amerikanischen Südstaaten (1863)

trieben. Das völlig geschlossene Fahrzeug hatte am Bug ein Tiefenruder, mit dem es unter Wasser gehalten werden konnte. Die elliptische Hülle bestand aus genieteten Eisenblechen. Der Kommandant steuerte das Boot vom Vorschiff aus und konnte dazu durch die Sichtfenster seines kleinen Kommandoturms sehen. Vorn und achtern befanden sich Ballasttanks, die zum Auftauchen mit Handpumpen gelenzt werden mußten. Bewaffnet war die HUNLEY mit einer Art Spierentorpedo, der beim Rammen des Gegners in dessen Bordwand steckenbleiben sollte und erst beim Zurückziehen des U-Bootes mit einer Reißleine gezündet wurde.

Im 19. Jahrhundert wurden viele technische Probleme gelöst, die mit dem U-Boot-Bau im Zusammenhang standen. 1834 baute und erprobte der russische Marineingenieur *Schilder* das erste Periskop (Sehrohr). Damit war es möglich, gedeckt aus der Unterwasserlage heraus den Gegner zu suchen und anzugreifen. 1866 gelang es erstmals, das Wasser mit Druckluft aus den Tauchzellen des U-Bootes auszublasen. Auch die bezüglich der Tiefensteuerung auftretenden Fragen konnten geklärt werden. Das Hauptproblem der U-Boot-Entwicklung sollte jedoch das Antriebsproblem bleiben, hingen doch vom Antrieb und damit von der Geschwindigkeit und Reichweite des U-Bootes – sowohl über als auch unter Wasser – wesentlich die taktischen Einsatzmöglichkeiten ab. Bis zur Mitte des 19. Jahrhunderts war das mit Muskelkraft betriebene Tauchboot vorherrschend. Versuche mit Uhrwerksantrieben schlugen fehl. Ab Mitte des 19. Jahrhunderts wurde dann zunehmend mit dem Druckluft- und dem Dampfantrieb experimentiert. Bei letzterem wurde während der Überwasserfahrt in einem Kessel Dampf gespeichert und damit während der Unterwasserfahrt die Maschine betrieben. Beide Verfahren ermöglichten nur relativ kurze Unterwasser-Fahrstrecken und konnten auf Dauer den Anforderungen nicht genügen. Der Leutnant der spanischen Marine *Isaac Peral* war es dann, der 1886 das erste elektrisch angetriebene U-Boot baute. Das unter seiner Leitung fertiggestellte und mit einem Bugtorpedorohr versehene Boot hatte zwei 22-kW-Antriebsmotoren und drei weitere 3,5-kW-E-Motoren für die Lenzpumpen. Zwar fand die PERAL im rückstän-

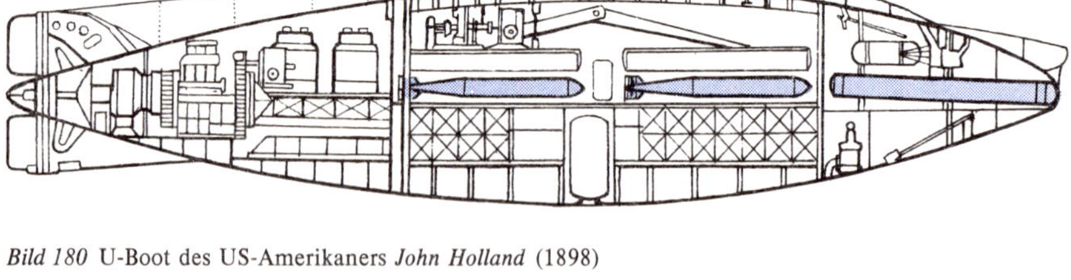

Bild 180 U-Boot des US-Amerikaners *John Holland* (1898)

digen Spanien keinen Anklang, aber ihr neuartiges Antriebssystem wies den Weg für die Entwicklung künftiger U-Boote. Die Idee wurde schnell in Frankreich und auch in den USA aufgegriffen. 1893 lief in Toulon die nach ihrem Konstrukteur benannte GUSTAVE ZÉDÉ vom Stapel. Der 153 kW leistende Elektroantrieb des 48,5 m langen U-Bootes konnte aber nicht befriedigen. In den USA war es *John Holland*, der 1898 das erste wirklich brauchbare U-Boot baute. Das über Wasser 75 ts verdrängende Boot war 16,4 m lang, der Durchmesser des zigarrenförmigen Rumpfes betrug 3,12 m. Bewaffnet war das Boot mit einem 457-mm-Bugtorpedorohr und drei Torpedos (zwei Reserve). Unter Wasser erreichte es mit einem 30-kW-E-Motor eine Geschwindigkeit von 5,5 kn, über Wasser mit einem 4-Zylinder-Ottomotor (37 kW Leistung) dagegen 7 kn. Bei Bedarf konnte der Ottomotor mit einem Generator gekoppelt werden, um die Batterien wieder aufzuladen.

Das von *Holland* gewählte Antriebssystem – Verbrennungsmotor für die Überwasserfahrt und E-Motor für die Unterwasserfahrt – finden wir auch heute noch bei modernen, konventionell angetriebenen U-Booten.

Nach der Jahrhundertwende, der Torpedo hatte sich als Waffe inzwischen durchgesetzt, begannen auch andere europäische Flotten beschleunigt mit der Entwicklung und dem Bau von U-Booten. Die britische Admiralität war bis dahin auf ihre Schlachtflotte eingeschworen und zeigte sich ziemlich desinteressiert am Bau von U-Booten. Sie betrachtete die neuen Boote als eine Schiffsklasse, die eines britischen Offiziers nicht würdig sei. Erst unter dem Eindruck der nordamerikanischen und französischen U-Boot-Entwicklung zeichnete sich ein Umdenken ab. Nachdem die englische Firma Vickers die Lizenz zum Bau von «Holland»-Booten erworben hatte, gingen noch im Dezember 1900 fünf dieser Boote in Auftrag. Im weiteren wurde dann der britische U-Boot-Bau verstärkt vorangetrieben, so daß der Eindruck entstehen mußte, das zuvor gezeigte Desinteresse sei vorgetäuscht worden. Alle bis 1910 gebauten britischen Boote waren mit einem Petroleummotor für Überwasserfahrt (bis 440 kW) und einem E-Motor für Unterwasserfahrt (bis 150 kW) ausgerüstet. Als Bewaffnung waren zwei 457-mm-Torpedorohre typisch.

Die deutsche Flotte gab im Jahre 1905 ihr erstes U-Boot in Auftrag, nachdem bereits vorher drei U-Boote für Rußland gebaut worden waren. Das als U 1 bezeichnete Boot lief 1906 vom Stapel und ähnelte den drei für Rußland gebauten U-Booten. Für alle vier Boote stand vermutlich ein neues französisches U-Boot Pate. U 1 hatte, wie das bereits 1899 fertiggestellte französische U-Boot NARVAL, einen Zweihüllenrumpf. Dabei war der Druckkörper mit einer zweiten, strömungsgünstigen äußeren Hülle umgeben. Im Zwischenraum konnten Kraftstoff- und Ballastwasserzellen untergebracht werden. Mit zwei 145-kW-Schwerölmotoren, die auf zwei Propeller wirkten, erreichte das 42,4 m lange und rund 240 ts verdrängende U-Boot eine Überwassergeschwindigkeit von 10,7 kn. Ein 295-kW-E-Motor ermöglichte eine Unterwassergeschwindigkeit von 8,7 kn. Die Bewaffnung bestand aus einem 457-mm-Bugtorpedorohr.

Die erste größere Serie deutscher U-Boote lief in den Jahren 1910 bis 1912 vom Stapel. Die als «Desiderata»-Klasse bezeichneten Boote U 5 bis U 18 kamen während des gesamten ersten Weltkrieges zum Einsatz (Wasserverdrängung 505/636 ts über/unter Wasser, Länge 57,3 m, Geschwindigkeit 13,5/10 kn über/unter Wasser; Bewaffnung: 1 × 50-mm-Geschütz, 4 × 457-mm-TR – davon zwei im Bug und zwei im Heck). Die Antriebsanlage bestand aus zwei Schwerölmotoren für die Überwasserfahrt und einem E-Motor für die Unterwasserfahrt. Zur Gestaltung der Antriebsanla-

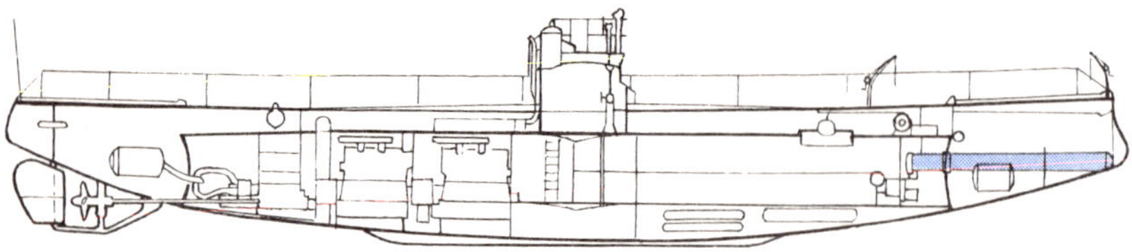

Bild 181 Russisches U-Boot MINOGA – das erste U-Boot mit Dieselantrieb (1906)

gen gab es in den verschiedenen Flotten bis zum ersten Weltkrieg unterschiedliche Ansichten. Im französischen U-Boot-Bau hielt man lange Zeit am Dampfantrieb für die Überwasserfahrt fest. Als nachteilig erwies sich dabei unter anderem die große Tauchzeit. Die britische Marine gab dem Ottomotor den Vorzug. Bei diesem Antrieb bestand jedoch immer die Gefahr einer Explosion der Kraftstoffdämpfe, und es passierten in der Tat einige schwere Unfälle. Auf den deutschen Booten kam vorrangig der Schwerölmotor zum Einsatz. Zwar bestand bei diesem kaum eine Explosionsgefahr, aber die Motoren waren technisch anfällig und hinterließen obendrein eine weithin sichtbare und damit demaskierende Rauchfahne. Nachdem jedoch um 1910 der Dieselmotor seine Einsatzreife für den Seebetrieb erlangt hatte, bot er sich förmlich als Antriebsmotor für U-Boote an, fielen doch die genannten Nachteile beim Dieselmotor im wesentlichen weg. Schrittmacherdienste beim Einsatz des Dieselmotors auf U-Booten leistete ausgerechnet die Flotte des rückständigen zaristischen Rußlands. Das erste U-Boot mit Dieselantrieb war die 1905 gebaute MINOGA, deren beide Dieselmotoren aber noch unzuverlässig arbeiteten.

Wesentlich erfolgreicher war die 1908 gebaute russische AKULA, die zu den bestbewaffneten Vorkriegsbooten zählte. Angetrieben wurde sie von drei 220-kW-Dieselmotoren für 10,5 kn Überwasserfahrt und einem 220-kW-E-Motor für 6,5 kn Unterwasserfahrt. Die Bewaffnung bestand aus vier 457-mm-TR (2 Bug, 2 Heck) und vier außen angebrachte Torpedoabwurfvorrichtungen, ebenfalls für 457-mm-Torpedos.

In Großbritannien ging man 1910, in Frankreich 1911 und in Deutschland 1913 zum Bau von Diesel-Elektro-U-Booten über. Die U-Boote blieben aber nach wie vor im eigentlichen Sinne nur Tauchboote. Sie konnten nur so lange unter Wasser laufen, bis die in den Akkumulatoren gespeicherte Energie verbraucht war. Die Fahrzeit unter Wasser hing dabei wesentlich von der Geschwindigkeit ab. Bei ökonomischen Fahrtstufen konnten sich die U-Boote durchaus einige Stunden unter Wasser fortbewegen, bei Höchstfahrt reichte die gespeicherte Energie jedoch nicht einmal eine Stunde aus. Das U-Boot mußte dann zum Nachladen der Akkumulatoren auftauchen. Beim Nachladen wurde gewöhnlich der E-Motor als Generator geschaltet und vom Dieselmotor angetrieben. Für die Dauer der Nachladezeit, die sich über einige Stunden erstrecken konnte, waren die U-Boote sehr verwundbar. Deshalb wurden die Akkumulatoren meist in der Nacht geladen, bei Notwendigkeit blieb das U-Boot bis zum Einbruch der Dunkelheit auf Grund liegen. Das war natürlich nur dort möglich, wo die Wassertiefe die zulässige Tauchtiefe des U-Bootes – im ersten Weltkrieg durchschnittlich 50 m – nicht überschritt. Erst die ab 1944 im faschistischen Deutschland gebauten U-Boote vom Typ XXI erhielten einen erweiterten Unterwasser-Fahrbereich und leiteten damit den Übergang vom Tauchboot zum U-Boot ein.

In konstruktiver Hinsicht und in der Bewaffnung unterschieden sich die U-Boote des ersten Weltkrieges nicht wesentlich voneinander. Das Zweihüllenboot hatte sich in fast allen Flotten durchgesetzt. Die Bewaffnung bestand aus zwei bis sechs Torpedorohren bzw. Abwurfvorrichtungen für 457-mm- oder 533-mm-Torpedos. Darüber hinaus waren die Boote mit einem oder zwei Geschützen der Kaliber 50 bis 100 mm ausgerüstet. Der Kommandoturm, unter dem sich die Zentrale befand, war ein typisches Merkmal der U-Boote geworden. Von der Zentrale aus führte der Kommandant sein Boot. In ihr befanden sich die wichtigsten nautischen Geräte einschließlich des ausfahrbaren Periskops und des Tiefenmessers. Auch die Seiten- und Tiefenruder wurden von der Zentrale aus bedient. Nach vorn schlossen sich gewöhnlich die Unterkünfte und der Bugtorpedoraum an. Besonders bei kleineren U-Booten bildeten sie auch eine Einheit. Nach achtern schloß sich der Zentrale der Dieselmotorenraum und der E-Maschinenraum an. Den Abschluß bildete der Hecktorpedoraum. Die Torpedorohre ragten mit ihren Verschlüssen in die Torpedoräume hinein. Bei nach außen verschlossenen und entwässerten Torpedorohren konnten die Verschlüsse geöffnet und Torpedos nachgeladen werden.

Der Tauchvorgang eines U-Bootes wird durch Fluten der Tauchtanks eingeleitet. Die Tauchtanks sind über die gesamte Länge des U-Bootes verteilt und aus Sicherheitsgründen nochmals unterteilt. Die Tauchtanks können zwischen der inneren und äußeren Hülle des U-Bootes oder als sogenannte Satteltanks beiderseits der äußeren Hülle angeordnet sein. Satteltanks, die bei modernen U-Booten nicht mehr verwendet werden, sind bei älteren Booten deutlich als Verdickung an den Bordwänden erkennbar.

Befindet sich das U-Boot unter Wasser, erfolgt die Tiefensteuerung mit Hilfe des Tiefenruders. Seit dem ersten Weltkrieg war es üblich, U-Boote mit zwei Tiefenruderpaaren auszurüsten. Um bei grober See Beschädigungen zu verhindern, wurde das vordere Tiefenruderpaar meist so konstruiert, daß es während der Überwasserfahrt bei- oder eingeklappt werden konnte. Die Anordnung der Tiefenruder ist sowohl am Bug oder Heck als auch am Turm möglich. Moderne U-Boote, die eine größere Unterwassergeschwindigkeit erreichen, verfügen in der Regel nur noch über ein Tiefenruder. Bei Fahrtstufen unter 2 kn ist es jedoch äußerst kompliziert, das Boot auf der Solltiefe zu halten.

Zu Beginn des ersten Weltkrieges befanden sich U-Boote im Bestand aller wichtigen Flotten. Typische Vertreter der damals eingesetzten Boote waren die zwischen 1912 und 1917 gebauten 57 Einheiten (zwei für Australien) der E-Klasse, die bei Ausbruch des Krieges die modernsten britischen U-Boote waren (Wasserverdrängung über Wasser 660 ts – getaucht 800 ts, Länge 55,2 m, Breite 6,9 m, Geschwindigkeit 16/10 kn). Sie wurden von zwei 590-kW-Dieselmotoren über und zwei 310-kW-E-Motoren unter Wasser angetrieben. Bewaffnet waren die Boote mit fünf Torpedorohren vom Kaliber 457 mm. Von diesen Torpedorohren waren zwei im Bug, zwei mittschiffs und eins im Heck eingebaut. Die Mittschiffsrohre befanden sich an jeder Bordseite quer in den breiten Satteltanks. Vor dem Kommandoturm stand ein 76-mm-Geschütz. Eines der Boote (E 22) erhielt erstmalig einen Hangar, in dem zwei Wasserflugzeuge untergebracht werden konnten.

Die bei Kriegsausbruch in Dienst befindlichen U-Boote waren in der Mehrzahl nicht für den Hochsee-Einsatz geeignet. Dazu waren sie zu klein, hatten einen zu geringen Fahrbereich und See-Eigenschaften, die diesen Einsatzbedingungen wenig gerecht wurden. Erst neuere Serien waren für den Hochsee-Einsatz vorgesehen, standen aber noch nicht in ausreichender Anzahl zur Verfügung. Damit im Zusammenhang steht sicherlich auch die Tatsache, daß eigentlich keine Marineführung über eine taktische Einsatzkonzeption verfügte, die dem neuen Seekriegsmittel gerecht geworden wäre. In erster Linie gedachte man die Boote zur Verteidigung der eigenen Küste vor einem überlegenen Angreifer oder zur Sicherung eigener Flottenkräfte im Küstenvorfeld einzusetzen.

Insgesamt wurde den U-Booten im Seekrieg nur eine zweitrangige Rolle zugebilligt, die Erfüllung offensiver Aufgaben traute man ihnen nicht zu. Das änderte sich erst, als am 5. September 1914 das deutsche U-Boot U 21 den britischen Kreuzer PATHFINDER vernichtete, dem am 22. September 1914 die Versenkung der drei britischen 12 000-ts-Panzerkreuzer ABOUKIR, HOGUE und CRESSY durch U 9 («Desiderata»-Klasse) folgte.

Die Royal Navy hatte auf einen Schlag durch ein bisher unterschätztes Seekriegsmittel in wenig mehr als einer Stunde drei Panzerkreuzer und über 2 000 Seeleute verloren. Das U-Boot hatte trotz aller Umstände, die den Angriff begünstigten, nachdrücklich unter Beweis gestellt, daß in Zukunft im Seekrieg mit ihm zu rechnen war.

Insgesamt versenkten U-Boote im Verlaufe des ersten Weltkrieges 156 Kriegsschiffe, darunter zehn Linienschiffe und 20 Kreuzer. Die kaiserliche deutsche Marine stellte während des Krieges zu den Vorkriegsbooten weitere 346 U-Boote in Dienst und verfügte damit über die zahlenmäßig größte U-Boot-Flotte der Welt. Vordringliche Aufgabe der deutschen U-Boote war aber nicht die Bekämpfung feindlicher Kriegsschiffe, sondern der Handelskrieg gegen Großbritannien. Durch die Seeblockade sollte Großbritannien wirtschaftlich in die Knie gezwungen werden. Obwohl für Großbritannien die Situation zeitweise sehr ernst war, konnten die deutschen U-Boote die Aufgabe letztlich nicht erfüllen, obwohl der ab 1917 uneingeschränkte U-Boot-Krieg, der die warnungslose Versenkung gegnerischer Handelsschiffe vorsah, geführt wurde, der einen völkerrechtswidrigen Akt darstellte. Den zweifellos beachtlichen Versenkungserfolgen standen 178 U-Boot-Verluste entgegen. Über 5 000 deutsche U-Boot-Fahrer fanden im ersten Weltkrieg den Tod. Gegen Ende des Krieges hatten sich entsprechend den unterschiedlichen Bedingungen und Aufgaben in den Operationsgebieten drei Unterklassen von U-Booten herausgebildet: kleine U-Boote für den Einsatz im Küstenvorfeld, mittlere U-Boote für den Einsatz in Randmeeren und große U-Boote (U-Kreuzer) für den Hochsee-Einsatz.

Erreichten die großen U-Boote über Wasser Fahrbereiche von weit mehr als 10 000 sm, so lagen die Fahrbereiche der kleinen und mittleren U-Boote selten über

Tabelle 9: Vergleichende Übersicht der taktisch-technischen Angaben von U-Booten des ersten Weltkrieges

	Kleines U-Boot	Mittleres U-Boot	Großes U-Boot
Land	Deutschland	USA	Großbritannien
Typ	UB II	R-Klasse	J-Klasse
ÜW/UW-Deplacement (ts)	263/292	569/680	1 210/1 820
Länge (m)	36,1	56,8	84,0
ÜW/UW-Leistung (kW)	210/205	880/695	2 650/1 030
ÜW/UW-Geschwindigkeit (kn)	9/5,8	13,5/10,5	19,5/9,5
Torpedorohre (Anzahl × Kaliber in mm)	2 × 500	4 × 533	6 × 457
Artillerie (Anzahl × Kaliber in mm)	1 × 50	1 × 76	2 × 102
Besatzung	23	33	44

4 000 sm. Unter Wasser legten die Boote je nach Ladezustand der Akkumulatoren und Geschwindigkeit 30 bis 100 sm zurück. Die maximale Tauchtiefe der Boote betrug gegen Ende des ersten Weltkrieges etwa 80 m. Im britischen und französischen U-Boot-Bau wurde mit Dampfturbinenantrieben experimentiert, ohne daß sich diese durchsetzen konnten. Der Diesel-Elektro-Antrieb blieb über Jahre hinaus das vorherrschende Antriebssystem. Mittlere und große U-Boote konnten bereits eine größere Anzahl Reservetorpedos mitführen. Um trotzdem Torpedos zu sparen, wurden aufgebrachte Handelsschiffe bis zur Erklärung des uneingeschränkten U-Boot-Krieges oftmals mit Artillerie versenkt. Zu diesem Zweck hatten die deutschen U-Kreuzer bereits Geschütze Kaliber 150 mm. Auch spezielle Minen-U-Boote wurden in Dienst gestellt. Einige Minen-U-Boote waren zusätzlich mit Torpedorohren bewaffnet.

Nach dem ersten Weltkrieg zogen die Seemächte unterschiedliche Schlußfolgerungen aus dem U-Boot-Einsatz. Während in Frankreich, Italien und Japan die U-Boot-Entwicklung gefördert wurde, vernachlässigte man diese in den USA und in Großbritannien. Deutschland war der Bau von U-Booten durch den Versailler Vertrag verboten worden, aber er wurde umgangen. In der UdSSR nahm der U-Boot-Bau seit der Wiederaufnahme des Kriegsschiffbaus einen besonderen Platz ein, entsprachen doch die relativ kleinen Fahrzeuge den ökonomischen Möglichkeiten des jungen Staates.

In technischer Hinsicht wurden die Boote in Detailfragen verbessert. Sie erhielten eine strömungsgünstigere Form und stärkere Antriebsanlagen. Die USA begannen 1928, den Druckkörper in geschweißter Ausführung herzustellen, wodurch die Boote eine größere Tauchtiefe erreichen konnten und Wasserbombendetonationen besser standhielten. Auch der «Schnorchel» wurde im U-Boot-Bau eingeführt. Dabei handelt es sich um einen Luftmast, durch den die Dieselmotoren des in Sehrohrtiefe laufenden U-Bootes die zur Verbrennung notwendige Luft ansaugen konnten. «Schnorchelnd» konnten die U-Boote wesentlich größere Fahrstrecken unter Wasser zurücklegen, ohne die Batteriekapazität angreifen zu müssen. Der 533-mm-Torpedo wurde zur typischen Hauptbewaffnung der U-Boote.

In Frankreich wurde 1934 mit der 2 880/4 300 ts verdrängenden SURCOUF ein U-Boot in Dienst gestellt, das mit zwei 203-mm-Geschützen außerordentlich stark bewaffnet war. Die Torpedobewaffnung des 110 m langen Bootes bestand aus sechs 550-mm-Bugtorpedorohren und einem schwenkbaren Vierer-Torpedorohrsatz an Oberdeck für 400-mm-Torpedos. Darüber hinaus hatte es einen Hangar für ein Wasserflugzeug. Das Boot, das für seine Zeit eine beachtliche Konstruktion darstellte, ging nach einer Kollision mit einem USA-Frachter am 18. Februar 1942 im Golf von Mexiko verloren.

Von der Grundkonzeption her ähnelte die Mehrzahl der bei Ausbruch des zweiten Weltkrieges zur Verfügung stehenden U-Boote den Booten des ersten Weltkrieges. Die Unterwassergeschwindigkeiten und -reichweiten lagen nicht wesentlich höher. Die Tauchtiefe hatte sich durchschnittlich auf 100 m vergrößert. Die Bewaffnung bestand aus fünf bis zehn 533-mm-Torpedorohren und einem oder zwei Geschützen, deren Kaliber selten 102 mm überstieg. Die Einteilung in große, mittlere und kleine U-Boote war im Prinzip beibehalten worden. Lediglich die japanische Flotte gab, von wenigen Typen abgesehen und bedingt durch den weiträumigen pazifischen See-

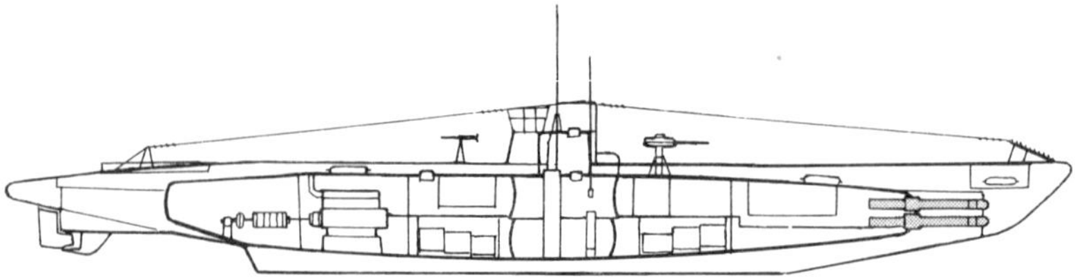

Bild 182 U-Boot Typ VII der faschistischen deutschen Kriegsmarine (1940)

schauplatz, nur U-Kreuzer in Auftrag. Zu diesen gehörten auch die 20 Einheiten des Typs B 1, die ab 1939 gebaut wurden (Wasserverdrängung 2 584/3 654 ts, Länge 109,2 m; Bewaffnung: 6 ×533-mm-Bugtorpedorohre – 17 Torpedos –, 1 × 140-mm- und 2 × 25-mm-Geschütze). Zwei 4 560-kW-Dieselmotoren verliehen den Booten die für U-Boote hohe Überwassergeschwindigkeit von 23,5 kn, unter Wasser liefen sie mit einem 1 470-kW-E-Motor dagegen nur 8 kn. Ein kleines Aufklärungsflugzeug konnte im Hangar mitgeführt werden.

Die Japaner besaßen mit dem Typ J 1 vermutlich auch den U-Kreuzer des zweiten Weltkrieges, der mit fast 24 000 sm die größte Reichweite aller U-Boote hatte.

Auf dem atlantischen Seeschauplatz waren unter den U-Booten die in mehreren Serien gefertigten Boote des Typs VII zahlenmäßig am stärksten vertreten. In erster Linie war es diesen Booten zugedacht, die Seeverbindungen Großbritanniens zu unterbrechen. Die Boote dieses Typs waren die Standard-U-Boote der faschistischen Kriegsmarine. Abgeleitet aus dem Typ U B III aus dem Jahre 1917 – unter Umgehung der Bestimmungen des Versailler Vertrages im Ausland weiterentwickelt –, wurden insgesamt 721 Boote der verschiedensten Versionen gebaut. Die größte Stückzahl erreichten die Boote des Typs VII C, von denen ab 1940 616 Einheiten in Serie gebaut wurden. Die Boote (Wasserverdrängung 770/1 070 ts, Länge 66,4 m, Breite 6,2 m, zul. Tauchtiefe 150 m, Geschwindigkeit 17/8 kn; Bewaffnung: 5 × 533-mm-TR – 4 Bug, 1 Heck –, 1 × 88-mm-Geschütz, mehrere 37-mm- oder 20-mm-Flak) zählten zu den mittleren U-Booten. An Bord konnten insgesamt 14 Torpedos mitgeführt werden. Die Unterbringungsbedingungen der Besatzung auf den Booten des Typs VII waren äußerst beengt. Die VII C-Boote hatten Satteltanks und gegenüber den Vorläufern VII A und VII B stärkere Maschinen. Die beiden Die-

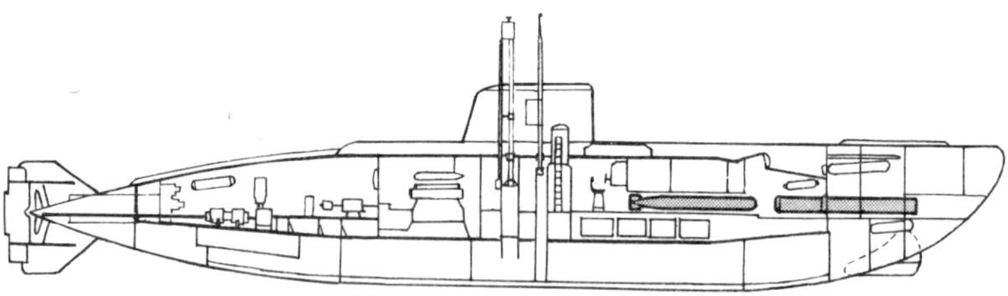

Bild 183 «Walter»-U-Boot Typ XVII B

selmotoren leisteten jeweils 1 030 kW, der E-Motor dagegen nur 550 kW. Ab 1941/42 wurden die Boote des Typs VII C mit einem verstärkten Druckkörper ausgestattet, wodurch sich die Tauchtiefe auf 250 m erhöhte. 1943 wurden alle Boote umgebaut; die wesentlichste Veränderung war der Einbau eines Schnorchels. Die alliierte U-Boot-Abwehr, gestärkt durch die Ausrüstung der Flugzeuge und Schiffe mit Funkmeßgeräten, zwang die faschistischen U-Boote zur Ausrüstung mit mehreren leichten 20-mm-Flak. Darüber hinaus erhielten sie gepanzerte Kommandotürme, um den Besatzungen wenigstens einen geringen Schutz vor dem Bordwaffenbeschuß gegnerischer Flugzeuge zu geben.

Der Nachteil der Boote bestand in ihrer relativ geringen Reichweite. Um diesen Nachteil zumindest teilweise auszugleichen, wurden die Boote bei Bedarf in See mit Treibstoff versorgt. Dazu waren spezielle U-Tanker, aber auch Überwasserkräfte im Einsatz.

Die in der Rudeltaktik angreifenden *Dönitz*schen U-Boote versenkten noch im April 1943 600 000 BRT alliierten Schiffsraum. Aber bereits im Mai 1943 wendete sich das Blatt. Die langfristigen Arbeiten der Alliierten an neuen Funk-, Funkmeß- und Unterwasserortungsanlagen wurden wirksam. Den U-Booten, deren Warngeräte die im Zentimeterbereich arbeitenden neuen Funkmeßanlagen der alliierten U-Jäger und Flugzeuge nicht mehr anzeigten, gelang es kaum noch, unentdeckt zu handeln. Durch UAW-Maßnahmen setzten die Alliierten allein im Mai 1943 38 U-Boote der faschistischen Kriegsmarine außer Gefecht. Die faschistische Seekriegsleitung hatte den U-Boot-Krieg im Atlantik endgültig verloren. Die Überlegenheit der U-Boot-Ab-

Bild 184
U-Boot Typ XXI (1944)

wehr führte zur Forderung nach U-Booten mit hoher Unterwassergeschwindigkeit und größerer Unterwasserfahrstrecke. Eine Möglichkeit dazu bot das «Walter»-U-Boot vom Typ XVII. Der hohe Treibstoffverbrauch hielt die Reichweite bei Höchstfahrt von 26 kn in den bescheidenen Grenzen von 80 sm. Allerdings befand sich das «Walter»-Verfahren nach wie vor im Versuchsstadium. So kam man auf die Idee, den gut durchkonstruierten Rumpf des U-Bootes vom Typ XVIII («Walter»-Verfahren) für ein Boot mit Diesel-Elektro-Antrieb zu verwenden. Der entstandene U-Boot-Typ XXI (Wasserverdrängung 1 621/2 100 ts, Länge 76,6 m, Breite 8 m, Geschwindigkeit 15,6/16,8 kn), lief erstmals am 17. Juli 1944 vom Stapel, aber von den insgesamt 125 gebauten Einheiten gelangten bis zur Kapitulation des faschistischen Deutschlands nur zwei Boote zum operativen Einsatz. Die Boote konnten in Sehrohrtiefe «schnorchelnd» eine Geschwindigkeit von etwa 12 kn laufen. Die Bewaffnung bestand aus sechs 533-mm-Bugtorpedorohren und zwei Drehtürmen mit 20-mm- oder 37-mm-Fla-Waffen. Insgesamt führte dieser Typ 23 Torpedos mit, die mit Hilfe eines neuartigen mechanischen Nachladesystems in kurzer Zeit nachgeladen werden konnten.

Im Verlaufe des zweiten Weltkrieges wurden durch alle Unterwasserkräfte 14,6 Mill. BRT Handelsschiffsraum versenkt, womit sie die «erfolgreichste» Waffengattung der Seestreitkräfte waren. Neben den Handelsschiffen vernichteten die U-Boote auch 226 Kriegsschiffe, darunter drei Schlachtschiffe, 13 Flugzeugträger und 28 Kreuzer. Allerdings lagen die U-Boot-Verluste weitaus höher als im ersten Weltkrieg. Den 265 Gesamtverlusten des ersten Weltkrieges standen 1 137 im zweiten Weltkrieg vernichtete U-Boote gegenüber, davon allein 785 faschistische deutsche Boote.

Nach dem zweiten Weltkrieg wurde der Weiterentwicklung der U-Boote größte Aufmerksamkeit geschenkt. Die bis Anfang der 50er Jahre fortgesetzten Experimente mit dem «Walter»-Antrieb wurden aber, nicht zuletzt wegen der Gefährlichkeit dieses Verfahrens, zu unterschiedlichen Zeiten bald eingestellt. Das U-Boot vom Typ XXI stand dagegen Pate für eine ganze Reihe Nachkriegsentwicklungen konventionell angetriebener U-Boote. Die Formgebung wurde weiter verbessert, und die an Oberdeck üblichen Geschütze verschwanden. In Verbindung mit dem strömungsgünstiger gestalteten Turm konnte mit diesen Maßnahmen der Wasserwiderstand herabgesetzt werden. Verbesserte Batterien ermöglichten eine höhere Unterwassergeschwindigkeit und -fahrstrecke. Letztlich mußten die Boote aber nach wie vor zum Aufladen der Batterien auftauchen – sie blieben damit Tauchboote, wenn auch mit wesentlich günstigeren taktisch-technischen Parametern als vor dem zweiten Weltkrieg. Erst der Kernkraftantrieb machte die U-Boote zu «echten» Unterwasserschiffen, deren Tauchzeit nicht mehr durch die technischen, sondern durch die physischen und psychischen Möglichkeiten des Menschen begrenzt wird. In den 50er Jahren unternahmen in erster Linie die USA fieberhafte Anstrengungen, die Kernkraft für den U-Boot-Antrieb nutzbar zu machen. Im Kernreaktor kann über einen längeren Zeitraum Wärmeenergie erzeugt werden, durch die in einem geschlossenen Kreislauf zirkulierendes Wasser verdampft wird. Die mit dem Wasserdampf angetriebenen Turbinen erreichen Leistungen von über 15 000 kW. Das erste in Dienst gestellte Atom-U-Boot war die am 31. Januar 1954 vom Stapel gelaufene NAUTILUS der Seestreitkräfte der USA. Sie hatte eine Wasserverdrängung von 3 530/4 040 ts und war mit sechs Bugtorpedorohren bewaffnet. Da für die ohnehin schon relativ

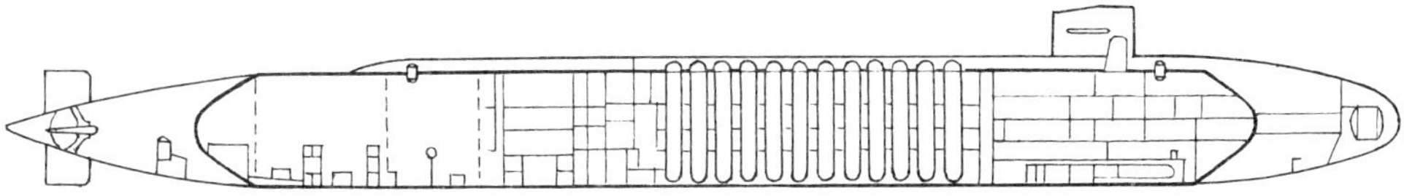

Bild 185 Kernkraftgetriebenes Raketen-U-Schiff der US Navy Typ «Ohio»

platzaufwendigen Kernenergie-Antriebsanlagen zum Schutz der Besatzung zusätzliche Abschirmmaßnahmen erforderlich waren, wurden die kernkraftgetriebenen U-Boote zwangsläufig größer. Die Bewaffnung der Schiffe mit Raketen, die Kernsprengköpfe tragen können, erhöhte ihre Schlagkraft gewaltig. Erstmalig wurden U-Schiffe in die Lage versetzt, Schläge auf Objekte in der Tiefe des gegnerischen Territoriums zu führen. Die Entwicklung der mit strategischen Raketen bewaffneten kernkraftgetriebenen U-Schiffe der USA gipfelt gegenwärtig in der «Ohio»-Klasse (Wasserverdrängung 16 600/18 700 ts, Länge 171 m, Breite 12,8 m, Geschwindigkeit 25 kn). Anfang der 80er Jahre wurde das erste U-Schiff dieser Klasse an die US Navy übergeben. Die Hauptbewaffnung besteht aus 24 «Trident-I»-Raketen. Darüber hinaus sind die U-Schiffe auch mit Torpedorohren Kaliber 533 mm zur Selbstverteidigung ausgerüstet. Es kann vorausgesetzt werden, daß die als notwendiges Gegenstück gebauten sowjetischen U-Boote der «Taifun»-Klasse den «Ohio» in nichts nachstehen.

Es erscheint nicht notwendig, näher erläutern zu müssen, daß in einem möglichen Krieg raketentragende U-Schiffe vernichtet werden müssen, bevor sie ihre strategischen Raketen abgefeuert haben. Diese Aufgabe fällt in erster Linie den kernkraftgetriebenen Angriffs-U-Schiffen zu. Mit Torpedos bewaffnet, sind diese kleiner und schneller als die Raketen-U-Schiffe und erreichen gewöhnlich eine größere Tauchtiefe. Typische Vertreter der kernkraftgetriebenen Angriffs-U-Schiffe sind die zwischen 1969 und 1981 gebauten sechs britischen U-Schiffe des Typs «Swiftsure» (Wasserverdrängung 4 000/4 500 ts, Länge 82,9 m, Breite 9,8 m, Geschwindigkeit 30 kn). Ein Rolls-Royce-Druckwasser-Reaktor erzeugt den Dampf für eine 14 700 kW leistende Dampfturbine. Die Bewaffnung besteht aus fünf 533-mm-Bugtorpedorohren, vorrangig für Torpedos «Tigerfish» Mk 24, aber auch andere NATO-Torpedos gleichen Kalibers. Die maximale Tauchtiefe des U-Schiffes wird mit 400 m angegeben. Darüber hinaus ist es wie alle modernen U-Schiffe/Boote mit umfangreichen elektronischen Navigations-, Ortungs-, Feuerleit- und Führungssystemen ausgerüstet. Der glatte Schiffskörper ist tropfenförmig gestaltet und ermöglicht dadurch die hohe Unterwassergeschwindigkeit. Die sonst bei vergleichbaren U-Schiffen am Turm üblichen Tiefenruder fehlen. Das vordere Tiefenruderpaar ist wie bei älteren U-Booten am Bug beiklappbar angeordnet.

Auch die sowjetischen Seestreitkräfte verfügen über U-Boote analoger Zweckbestimmung. 1963 machte das U-Boote «Leninski Komsomol» auf sich aufmerksam, als es die Eiskappe des Nordpolarmeeres unterquerte.

Trotz aller Vorteile der nuklear angetriebenen U-Schiffe/Boote werden auch weiterhin Diesel-Elektro-U-Boote gebaut. Zum einen sind sie wesentlich billiger als kernkraftgetriebene U-Schiffe, zum anderen gibt es viele Seegebiete, in denen die kleineren konventionellen U-Boote viel effektiver eingesetzt werden können als die

Bild 186
U-Jagd-U-Boot
LENINSKI KOMSOMOL
am Nordpol

großen. Letztere können in Küstengewässern kaum eingesetzt werden. U-Boote sind heute die schlagkräftigste Waffengattung der Seestreitkräfte, die sowohl taktische als auch strategische Aufgaben erfüllen können. Das kernkraftgetriebene U-Boot ist aufgrund seiner hohen Unterwassergeschwindigkeit und seiner effektiven Ortungsmittel in der Lage, Überwasserschiffe einzuholen, unter günstigen Bedingungen unbemerkt zu begleiten und gegebenenfalls zu vernichten. Der Nachweis wurde während des Falkland-Konfliktes durch das britische kernkraftgetriebene Angriffs-U-Boot CONQUEROR erbracht, das den argentinischen Kreuzer GENERAL BELGRANO mit Torpedos versenkte.

6.3. Marinefliegerkräfte

Am Morgen des 17. Dezember 1903 gelang den Brüdern *Wilbur* und *Orville Wright* der erste erfolgreiche Flug mit einem steuerbaren Motorflugzeug. Von den Militärs zuerst noch skeptisch betrachtet, wurde nach und nach die Bedeutung des Flugzeuges für die künftige Kriegführung erkannt. Die ersten militärischen Einsätze, u. a. der erste Bombenabwurf, erfolgten bereits 1911 während der italienischen Aggression gegen Libyen. Am 14. November 1910 startete der US-Amerikaner *Eugene Ely* von Bord des Leichten Kreuzers BIRMINGHAM und eröffnete damit gewissermaßen die Geschichte der Marinefliegerkräfte. Zwei Monate später verlief auch der Versuch einer Landung auf dem Panzerkreuzer PENNSYLVANIA zufriedenstellend. Trotz dieser offensichtlichen Erfolge wurde die Entwicklung der Marinefliegerkräfte bis zum ersten Weltkrieg nur zögernd fortgesetzt, die Überbetonung des Schlachtflottengedankens wirkte sich hemmend aus. Die zu Beginn des Krieges verfügbaren, gebrechlichen, aus stoffbespannten Holzgerippen bestehenden Flugzeuge waren dann auch keine Kampfflugzeuge im eigentlichen Sinne und konnten als solche kaum verwendet werden. Wenige Monate nach Kriegsbeginn wuchs das Interesse an brauchbaren Flugzeugen jedoch sprunghaft an, und die nun plötzlich zur Verfügung stehenden personellen und materiellen Ressourcen führten zu technisch ausgereiften Flugzeugen.

Der Gedanke, den Torpedo mit dem Flugzeug einzusetzen, geht eigentlich auf das Jahr 1909 zurück. Der Brite *Sopwith* konnte sein Flugzeug zwar nicht fertigstellen, gab aber wesentliche Anregungen zum Bau der ersten Torpedobomber. Wie das

Bild 187 Italienischer Bomber Typ Ca 46 «Caproni», modifiziert für den Abwurf eines Torpedos

Schnellboot war auch das Flugzeug schnell und manövrierfähig und war für die gegnerische Abwehr ein schwer zu treffendes Ziel. Somit lag der Gedanke nahe, das Flugzeug als Torpedoträger zu verwenden, und der Torpedo zählte tatsächlich zu den ersten Waffen, mit denen die Marineflugzeuge ausgerüstet wurden. Trotz aller technischen Probleme, die sowohl aus der begrenzten Tragfähigkeit der Flugzeuge als auch aus den besonderen Einsatzbedingungen des Torpedos erwuchsen, konnten bereits im Verlaufe des ersten Weltkrieges Torpedoflugzeuge erfolgreich eingesetzt werden.

Als erstes Flugzeug in der Geschichte des Seekrieges versenkte ein britisches Wasserflugzeug vom Typ «Short 184» am 12. August 1915 in den Dardanellen ein Schiff. Dazu war der Doppeldecker von dem britischen Flugzeugtender BEN-MY-CHREE gestartet worden. Die «Short 184» wurde während des Krieges in über 600 Exemplaren gebaut, war aber kein spezielles Torpedoflugzeug. Ihre eigentliche Aufgabe bestand in der Seeaufklärung. Auch die anderen Flotten setzten modifizierte Bomber als Torpedoflugzeuge ein. Dazu gehörte die «Caproni» Ca 5, die zu den besten Bombern Italiens zählte. Anstelle der üblichen Halterung für Bomben wurde eine Abwurfvorrichtung für einen Torpedo angebaut. Das ab 1918 in mehr als 250 Stück gebaute Flugzeug wurde von drei 220-kW-6-Zylinder-Reihenmotoren angetrieben und erreichte eine Höchstgeschwindigkeit von knapp 160 km/h. Die Waf-

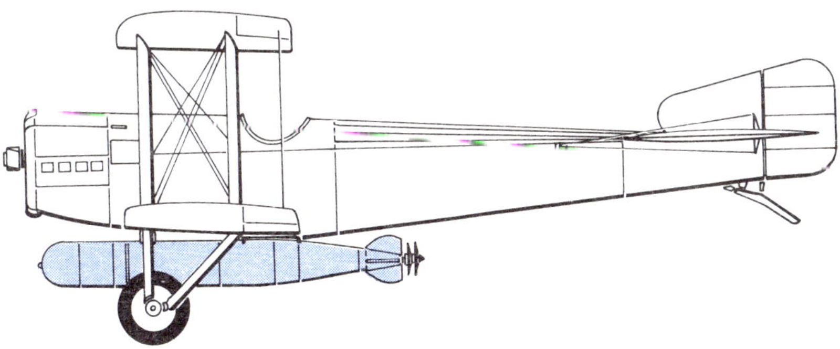

Bild 188 Britisches Torpedoflugzeug Typ Sopwith T 1 «Cuckoo» (1918)

fenzuladung betrug 900 kg, was gerade für einen Torpedo ausreichte. Darüber hinaus waren die Flugzeuge mit zwei MGs ausgerüstet. Das erste Flugzeug, das von vornherein als Torpedoflugzeug entwickelt wurde, war die ab 1918 eingeführte Sopwith «Cuckoo», ein trägergestütztes Radflugzeug (Länge 8,7 m, Spannweite 14,25 m, Startmasse 1620 kg). Mit nicht weniger als 200 Flugzeugen dieses Typs plante der britische Flottenchef, Admiral *Beatty*, einen massierten Angriff auf deutsche Flottenstützpunkte und Kriegsschiffe. Die bis zum 31. Oktober 1918 ausgelieferten 61 Maschinen wurden aber bis Kriegsende nicht mehr einsatzklar. Die in der üblichen Bauweise – Holzgerippe mit Stoffbespannung – gefertigten Torpedoflugzeuge trieb ein 147-kW-8-Zylinder-Reihenmotor an, mit dem sie eine Höchstgeschwindigkeit von 158 km/h und eine Gipfelhöhe von 3690 m erreichten. Etwa vier Stunden betrug die maximale Flugdauer, und bewaffnet waren sie mit einem 453 kg schweren 457-mm-Torpedo Mk IX, der unter dem Rumpf angehängt wurde. Da sich dieser Torpedo nicht bewährte, die Flugzeuge vom Typ «Cuckoo» aber keine größere Last transportieren konnten, wurde ein Nachfolgemuster benötigt. Die daraufhin konstruierte Blackburn «Blackburd» konnte einen Torpedo von 636 kg Masse transportieren (Mk VIII).

Im Gegensatz zur britischen Marine hatten die deutsche und die US-amerikanische Flotte, die nicht über Flugzeugträger verfügten, nur Schwimmerflugzeuge im Einsatz.

In der Zeit zwischen den Weltkriegen entwickelte sich die Flugzeugindustrie stürmisch weiter. Behielt man zu Beginn der 20er Jahre die Holzbauweise mit Stoffbespannung noch bei, so vollzog sich dann der allmähliche Übergang zur Leichtmetallbauweise. Die robusteren Flugzeuge waren zur Aufnahme größerer Waffenzuladungen geeignet. Auch in der Motorentechnik wurden rasch Fortschritte erzielt. Gegen Ende des ersten Weltkrieges erreichten die stärksten Motoren bereits eine Leistung von etwa 300 kW (V-12-Motor «Liberty», USA), zehn Jahre später war die Leistung bereits verdoppelt worden.

Neben Großbritannien machten sich in der Zeit nach dem ersten Weltkrieg besonders die USA um die Entwicklung von Torpedoflugzeugen verdient. Auch die UdSSR begann Torpedoflugzeuge zu erproben, während Japan britische Maschinen

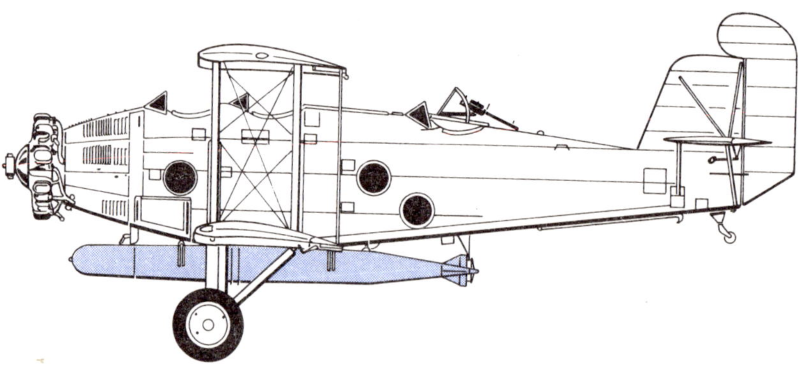

Bild 189 Torpedoflugzeug Typ T 4 M-1 «Martin» (1927)

in Lizenz baute («Mitsubishi» B 2 M). Zu den Torpedoflugzeugen der 20er Jahre gehörte die «Martin» T 4 M-1, von denen die US-Flotte 102 Stück erwarb. Das ab 1927 gebaute Flugzeug konnte wahlweise mit Fahrwerk oder mit Schwimmern ausgerüstet werden. Ein 9-Zylinder-Sternmotor ermöglichte eine Höchstgeschwindigkeit von 183 km/h und gab dabei eine Leistung von 386 kW ab. Bewaffnet war der Doppeldekker mit einem Torpedo (734 kg) und zwei MGs, die Besatzung bestand aus drei Mann. Die in den 30er Jahren insbesondere an die Jagdflugzeuge gestellte Forderung nach immer höheren Geschwindigkeiten führte dazu, daß sich der Eindecker mit seinem kleineren Stirnwiderstand gegenüber dem Doppeldecker durchzusetzen begann. Die zwangsläufig höhere Zellen- und Tragflächenbelastung wurde durch die Leicht- und Ganzmetallbauweise ermöglicht. Die Torpedoflugzeuge folgten diesem Trend jedoch nicht gleich. Einerseits waren bei ihnen hohe Geschwindigkeiten noch nicht gefragt, andererseits verkrafteten die Doppeldecker die mit dem Torpedotransport und -einsatz in Verbindung stehenden hohen Belastungen doch noch besser.

Zu diesen Doppeldeckern gehörte auch die ab 1934 in mehreren Versionen gebaute britische Fairey «Swordfish» (Länge 11 m, Spannweite 13,9 m, Startmasse 4 190 kg, Geschwindigkeit 223 km/h, insgesamt 2 391 Stück). Dieser trägergestützte Torpedobomber, im zweiten Weltkrieg bereits veraltet und herablassend als «Geigenkasten» bezeichnet, erzielte während des Krieges erstaunliche Erfolge. Zelle und Tragflächen bestanden aus Stahlrohren und waren mit Stoff bespannt. Nur der Motor und der Rumpf bis Hinterkante Cockpit waren mit Blech verkleidet, der übrige Rumpf hatte eine Stoffbespannung. Das Flugzeug soll wartungsfreundlich gewesen sein und konnte auch bei schlechtem Wetter starten, selbst dann noch, wenn der Flugzeugträger so schwer in der See arbeitete, daß alle anderen Flugzeuge in den Hangars verbleiben mußten. Diese Eigenschaft wurde nicht zuletzt dem faschistischen Schlachtschiff BISMARCK zum Verhängnis, dessen Versenkung mit dem Angriff von 15 «Swordfish»-Torpedobombern eingeleitet wurde. Die am 26. Mai 1941 bei schlechtem Wetter vom Flugzeugträger ARK ROYAL gestarteten Flugzeuge erzielten einen Torpedotreffer in die Ruderanlage des Schlachtschiffes und machten es damit nahezu manövrierunfähig. Auf diese Weise konnten die britischen Schlachtschiffe RODNEY und KING GEORG V heranschließen und die BISMARCK versenken. Die Torpedobomber des Typs «Swordfish» wurden von einem 550 kW lei-

Bild 190 Britisches Torpedoflugzeug MK 1 «Swordfish»

stenden 9-Zylinder-Sternmotor angetrieben. Die Gipfelhöhe betrug 3 260 m und die maximale Reichweite 875 km. Bewaffnet waren die Maschinen mit einem 457-mm-Torpedo (730 kg) und zwei MGs. Die Besatzung bestand aus zwei bis drei Mann.

Zu den bedeutendsten Erfolgen, die die Torpedobomber des Typs «Swordfish» erzielten, gehörte die Versenkung bzw. Beschädigung von drei italienischen Schlachtschiffen beim Angriff auf die italienische Schlachtflotte im Golf von Tarent. Eine vorausgegangene Luftaufklärung brachte Aufschluß über die von den Italienern ausgelegten Torpedoschutznetze sowie über die Lage der Sperrballons und die Standorte der Flakstellungen. Neben sechs Schlachtschiffen machten die Aufklärer 14 Kreuzer und 27 leichtere Einheiten im Golf von Tarent aus. Daraufhin erhielt der britische Flugzeugträger ILLUSTRIOUS am 11. November 1940 den Befehl zum Einsatz. Um 22.35 Uhr starteten von ihm innerhalb von fünf Minuten zwölf «Swordfish»-Torpedobomber der ersten Welle. Von diesen Flugzeugen waren sechs mit Torpedos, vier mit Bomben und zwei mit Leuchtbomben bewaffnet. Während letztere unmittelbar vor dem Angriff zur Zielbeleuchtung und zur Ablenkung der Luftabwehr Leuchtbomben warfen, griffen um 22.56 Uhr die mit Torpedos bewaffneten Maschinen aus 300 bis 1 000 m Entfernung die Schlachtschiffe und die mit Bomben bewaffneten die Kreuzer an. Knapp eine Stunde später erfolgte der Angriff von acht «Swordfish»-Torpedobombern der zweiten Welle (fünf mit Torpedos, zwei mit Leuchtbomben, einer mit Bomben). Die Angreifer erzielten fünf Torpedotreffer, davon drei auf dem Schlachtschiff LITTORIO und je einen auf den Schlachtschiffen CONTE DI CAVOUR und CAIO DUILIO. Die Briten, die aufgrund ihrer genauen Kenntnisse den Ballonsperren ausweichen konnten, verloren nur zwei Maschinen, zwei weitere wurden beschädigt. Das Schlachtschiff LITTORIO legte sich mit dem Bug auf den Grund, konnte später dann eingeschleppt und bis zum Sommer 1941 wieder einsatzklar gemacht werden. Auch die schwimmfähig gebliebene CAIO DUILIO war im Mai 1941 wieder einsatzklar. Die Außenhaut des Schlachtschiffes CONTE DI CAVOUR riß die Detonation eines 457-mm-Torpedos unterhalb des Seitenpanzers in einer Größe von etwa 8 × 12 m auf. Das Schlachtschiff sank auf den Grund, ragte aber mit den Aufbauten noch aus dem Wasser. Es wurde zwar im Juni 1941 gehoben, konnte aber bis zum Kriegsaustritt Italiens nicht mehr repariert werden.

Die drei Schiffe waren noch nicht wieder klar, da holten die «Swordfish»-Torpedobomber bereits zum nächsten Schlag aus. Am 28. März 1941 erhielt das Schlachtschiff VITTORIO VENETO in der Seeschlacht bei Kap Matapan durch die vom Flugzeugträger FORMIDABLE gestarteten Torpedobomber zwei Torpedotreffer. Das Schiff konnte mit über 4 000 t Wasser im Rumpf noch den Stützpunkt Tarent erreichen, fiel aber ebenfalls für längere Zeit aus. Damit waren innerhalb kurzer Zeit vier der sechs italienischen Schlachtschiffe außer Gefecht gesetzt.

Die Erfolge der «Swordfish»-Torpedobomber trugen wesentlich zu dem gewachsenen Ansehen der Torpedoflugzeuge bei. Am intensivsten wertete die japanische Flottenführung die britischen Erfahrungen beim Angriff auf Tarent aus. Die dabei gezogenen Schlußfolgerungen sollte bald darauf die Pazifikflotte der USA-Seestreitkräfte zu spüren bekommen. Beim Überfall japanischer Trägerflugzeuge auf den Flottenstützpunkt Pearl Harbor am 7. Dezember 1941 wurden im Hagel der Fliegerbomben und Torpedos vier amerikanische Schlachtschiffe versenkt, eins auf Grund gesetzt und drei weitere beschädigt. Den Hauptteil der japanischen Trägerflugzeuge stellten bei diesem Angriff die «Kate»-Torpedobomber («Nakajima» B 5 N 9). Die ab 1940 gebauten Eindecker wurden von einem 735-kW-14-Zylinder-Doppelsternmotor ange-

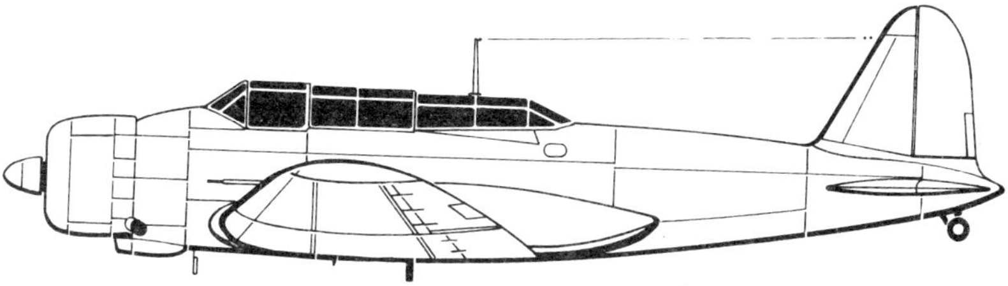

Bild 191 Japanischer Torpedobomber Typ «Kate» (1941)

trieben und erreichten eine Höchstgeschwindigkeit von 378 km/h. Die Maschinen konnten sowohl mit Bomben als auch mit einem Torpedo (800 kg) bewaffnet sein.

Die Torpedoflugzeuge trugen in nicht unbedeutendem Maße dazu bei, daß im Verlaufe des zweiten Weltkrieges die Ära der Schlachtschiffe zu Ende ging und statt ihrer die Flugzeugträger die dominierende Rolle unter den Kampfschiffen übernahmen. Während der Schlacht um die Midway-Inseln im Juni 1942, die die Wende auf dem pazifischen Kriegsschauplatz einleitete, gaben die beteiligten Schlachtschiffe nicht einen Schuß ab. Die Schlacht entschieden einzig und allein die Trägerflugzeuge. Den Verlust von vier Flugzeugträgern konnten die japanischen Seestreitkräfte im weiteren Verlauf des zweiten Weltkrieges nicht mehr wettmachen. Allerdings ging dieser Erfolg der US-Pazifikflotte vor allem auf das Konto der Bombenflugzeuge. Der Verlust von etwa 90 %(!) der angreifenden Torpedoflugzeuge führte nach der Schlacht sogar zu der irrigen Meinung, daß die Zeit der Torpedoflugzeuge vorbei sei. Die Ursachen waren aber mehr in den veralteten Torpedoflugzeugen (Douglas TBD-1 «Devastator») und Torpedos (Mk 13) zu suchen. Die geringe Geschwindigkeit der Flugzeuge ließ sie zu einer leichten Beute der japanischen Jäger werden. Darüber hinaus war es nicht möglich, die Torpedos bei einer Geschwindigkeit über 160 km/h und einer Flughöhe über 15 m abzuwerfen. Dazu kam, daß die geringe Torpedogeschwindigkeit von 30 kn die Flugzeugführer im Interesse einer hohen Treffwahrscheinlichkeit zwang, sich den japanischen Schiffen auf kurze Schußentfernungen zu nähern. Unter diesen Umständen hatte das konzentrierte japanische Flak-Feuer verheerende Folgen.

Verbesserte Technik war also dringend geboten und ließ auch nicht lange auf sich warten. Seinen Nachfolger fand der Typ «Devastator» in den Torpedoflugzeugen vom Typ Grumman TBF «Avenger». Diese Flugzeuge, ab 1942 gebaut, waren universell einsetzbar. Sie konnten mit Torpedos, Bomben oder Wasserbomben bewaffnet werden und bewährten sich bis zum Ende des Krieges in der US-amerikanischen und ab 1943 auch in der britischen Flotte. Insgesamt wurden 9 836 Maschinen dieses Typs in mehreren Versionen gebaut, von denen viele noch bis 1954 im Flottenbestand verblieben.

Die «Avenger» (Länge 12,2 m, Spannweite 15,9 m, Startmasse 8 000 kg, Geschwindigkeit 414 km/h) war ein Mitteldecker, dessen Tragflächen, wie bei Trägerflugzeugen üblich, hochklappbar waren. Das Fahrwerk war einziehbar. Sie war das erste Torpedoflugzeug, das seine Waffenladung im Rumpfinneren aufnehmen konnte. Dadurch wurde der Luftwiderstand bedeutend verringert, und das Flugzeug konnte mit Torpedo eine Geschwindigkeit von über 400 km/h erreichen. Die Bewaffnung bestand alternativ aus einem 908 kg schweren 559-mm-Torpedo oder Bomben mit glei-

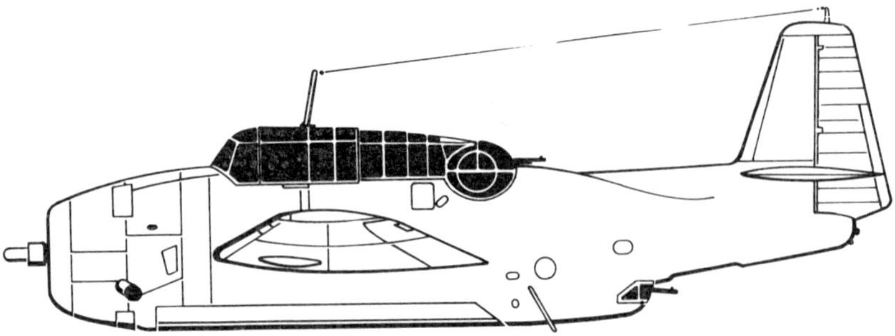

Bild 192 US-amerikanischer Torpedobomber Typ TB F-1 «Avenger» (ab 1942)

cher Gesamtmasse. Bei Einsätzen zur Unterstützung von Seelandungen konnte es an Außenaufhängungen auch ungelenkte Raketen mitführen. Zur Selbstverteidigung waren die Flugzeuge mit drei 12,7-mm- und einem 7,62-mm-MG bewaffnet. Ihr 18-Zylinder-Doppelsternmotor Wright GR-2600-8 leistete 1 360 kW. Die Gipfelhöhe der Maschine lag bei etwa 7 000 m, die Reichweite betrug 1 600 km. Für Aufklärungsflüge konnte sie anstelle der Bewaffnung mit einem Zusatztank ausgerüstet werden. Die Besatzung bestand aus drei Mann. Torpedobomber des Typs «Avenger» nahmen ab 1942 an allen bedeutenden Seeschlachten im Pazifik teil.

Die faschistische deutsche Luftwaffe – die Kriegsmarine hatte keine eigenen Marinefliegerkräfte – war an speziell konstruierten Torpedobombern nicht sonderlich interessiert. Die Bomber des Typs Heinkel He-111 und Junkers Ju-88 sowie das Wasserflugzeug Heinkel He-115 wurden als Torpedobomberversionen gebaut und mit einigem Erfolg gegen die alliierten Geleite im Nordmeer eingesetzt. Bei diesen Flugzeugtypen handelte es sich durchweg um zweimotorige Maschinen.

Das erfolgreichste italienische Torpedoflugzeug war die Marchetti S. M. 81 «Sparviero», ein dreimotoriger Tiefdecker, der aus einem zivilen Transportflugzeug der 30er Jahre abgeleitet worden war.

In den sowjetischen Seestreitkräften fand vorwiegend die Iljuschin Il-4 Verwendung. In der Torpedobomberversion dieses zweimotorigen Langstreckenbombers (Reichweite 3 800 km) konnte unter dem Rumpf ein 940-kg-Torpedo mitgeführt werden. Flugzeuge dieses Typs waren auch nach dem Krieg noch einige Jahre im Einsatz.

Bild 193
Italienisches Torpedoflugzeug Typ SM 81 «Sparviero» (um 1940)

Nach dem zweiten Weltkrieg wurden die Torpedoflugzeuge in Auswertung der Kampferfahrungen weiterentwickelt. Propellerturbinen und Strahltriebwerke lösten den Kolbenmotor ab und ermöglichten größere Geschwindigkeiten sowie Flughöhen und Waffenlasten. Neben dem Torpedo konnten die Flugzeuge Bomben, Wasserbomben und Seeminen einsetzen.

Zu den ersten sowjetischen Torpedoflugzeugen der neuen Generation gehörten die zweistrahligen Typen Iljuschin Il-28T und Tupolew Tu-14T. Beide Typen waren aus Bombern abgeleitete Versionen. Die Tu-14T (Länge 22 m, Spannweite 21,7 m, Geschwindigkeit 845 km/h), ab 1947 in der Produktion und bis Anfang der 60er Jahre im Dienst, wurde von zwei Strahltriebwerken mit je 26,5 kN Schub angetrieben. Das Flugzeug konnte u. a. zwei Torpedos mitführen. Die Gipfelhöhe betrug 11 200 m, die Reichweite 3 000 km. Zur Selbstverteidigung dienten zwei automatische 23-mm-Kanonen im bemannten Heckstand. Zur Besatzung zählten fünf Mann.

In den 50er und 60er Jahren wurden die klassischen Torpedobomber schrittweise von den Marineraketenfliegerkräften abgelöst. Die Seezielraketen können außerhalb der Reichweite der Luftabwehrmittel der Schiffe eingesetzt werden. Dagegen mußten die Torpedoflugzeuge nach wie vor in den Abwehrbereich einfliegen. Die bedeutend gewachsene Effektivität der modernen Luftabwehrmittel ließ den Torpedoflugzeugen beim Einsatz von Seezieltorpedos nur noch wenig Erfolgsaussichten. Das bedeutet aber nicht, daß der Torpedoeinsatz durch Marinefliegerkräfte in einem möglichen Krieg keine Rolle mehr spielen wird. In der U-Boot-Abwehr erwuchs den Marinefliegerkräften eine wichtige Aufgabe. Zwar gab es auch im zweiten Weltkrieg schon UAW-Flugzeuge, aber ihre Bedeutung ist angesichts des Vernichtungspotentials moderner raketentragender U-Schiffe bedeutend gewachsen. Moderne UAW-Flugzeuge sind in der Lage, gegnerische U-Boote zu orten, zu begleiten und zu vernichten.

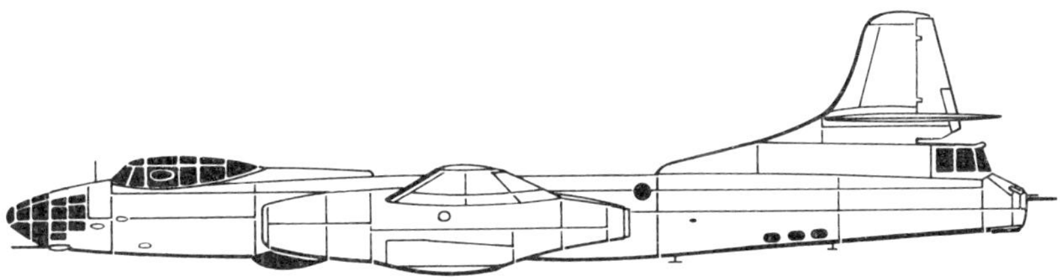

Bild 194 Sowjetischer Torpedobomber Typ Tu-14 (ab 1947)

Dazu setzen sie neben Wasserbomben vorrangig zielsuchende UAW-Torpedos ein. Ein Vertreter dieser Flugzeuge ist das auch über der Ostsee zum Einsatz kommende Seeüberwachungs- und UAW-Flugzeug der Seestreitkräfte der BRD Bregouet 1150 «Atlantik». Das mit modernen Ortungsmitteln ausgerüstete Flugzeug kann im Rumpfinneren über 4 000 kg Kampfmittel mitführen, darunter mehrere UAW-Torpedos. Die beiden Propellerturbinen von je 4 490 WkW (Wellenleistung der Turbine) verleihen ihm eine Höchstgeschwindigkeit von 660 km/h. Mit 12 Mann Besatzung kann das Flugzeug 18 Stunden in der Luft bleiben, die maximale Reichweite beträgt 6 700 km.

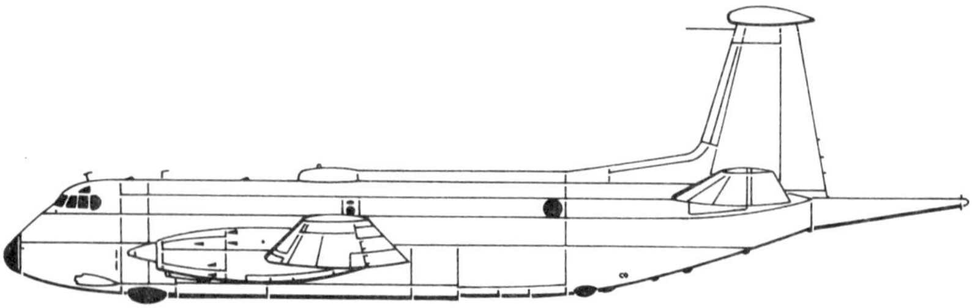

Bild 195 Seeüberwachungs- und UAW-Flugzeug Typ «Atlantik» der Bundesmarine der BRD (ab 1965)

Auch bord- und landgestützte UAW-Hubschrauber sind in der Lage, UAW-Torpedos mitzuführen und einzusetzen. Der am meisten verwendete UAW-Hubschrauber kapitalistischer Staaten (bis 1981 in über 1 000 Stück gebaut) ist der Sikorsky SH-3 «Sea King». Der sowohl von Bord als auch von Land aus einsetzbare Hubschrauber hat bei 185 km Entfernung vom Start- und Landeplatz eine Patrouillenflugdauer von 2,25 Stunden, insgesamt kann er vier Stunden in der Luft bleiben. Die Bewaffnung des 6 500 kg schweren Hubschraubers kann u. a. aus drei UAW-Torpedos Mk 44 oder Mk 46 bestehen.

UAW-Hubschrauber gehören heute zur Ausrüstung fast aller modernen Kriegsschiffe ab Fregatte aufwärts. Sie werden zur Aufklärung, U-Boot-Suche und -Bekämpfung eingesetzt, darüber hinaus auch zu Verbindungs- und Rettungsaufgaben. Ihre Aufgaben erfüllen sie, wie auch die UAW-Flugzeuge, im engen Zusammenwirken mit den UAW-Schiffen. Dadurch werden die unterschiedlichen Gefechtseigenschaften, wie hohe Geschwindigkeit – geringe Reichweite, geringe Geschwindigkeit –, große Aufenthaltsdauer im Seegebiet u. a. m., kompensiert und die Effektivität der U-Boot-Abwehr erhöht.

6.4. Maritime Kleinkampfmittel

Zu den maritimen Kleinkampfmitteln, deren Entwicklung sich bis ins vorige Jahrhundert zurückverfolgen läßt, rechnen wir die Klein-U-Boote, Klein-Schnellboote, Sprengboote und bemannten Torpedos. Mit Ausnahme der Sprengboote waren und sind die maritimen Kleinkampfmittel zum Einsatz von Torpedos geeignet, in den meisten Fällen stellte der Torpedo die Hauptbewaffnung dieser Kampfmittel dar. Unter Sprengbooten dagegen verstehen wir ferngesteuerte oder durch einen Bootsführer bis in Zielnähe gebrachte schnelle Motorboote, die, mit bis zu 1 000 kg Sprengstoff beladen, beim Auftreffen auf das Ziel detonieren.

Der Wunsch aller Flottenstäbe, schnellere und stärker bewaffnete Kampfschiffe als der Gegner in Dienst zu stellen, führte dazu, daß die Schiffe immer größer wurden. Das betraf die U-Boote Anfang des 20. Jahrhunderts ebenso wie die Schnellboote in den 30er Jahren. Aber auch extrem kleine Fahrzeuge wurden konstruiert und teilweise in wenigen Exemplaren gebaut. Zu diesen Projekten gehörte das Ein-Mann-Klein-U-Boot von *A. M. Fuller* aus dem Jahre 1909. Das mit einem Bugtorpedorohr bewaffnete Boot sollte bei 1,12 m Durchmesser etwa 12 m lang werden. Als Antrieb war ein Verbrennungsmotor für Überwasserfahrt und ein E-Motor für Unterwasserfahrt vorgesehen. *Fuller* hatte für sein Boot bereits einen klappbaren Luftmast geplant, der bis 2 m Lauftiefe die Verwendung des Verbrennungsmotors gestatten sollte. Auch das Sehrohr wollte er klappbar gestalten.

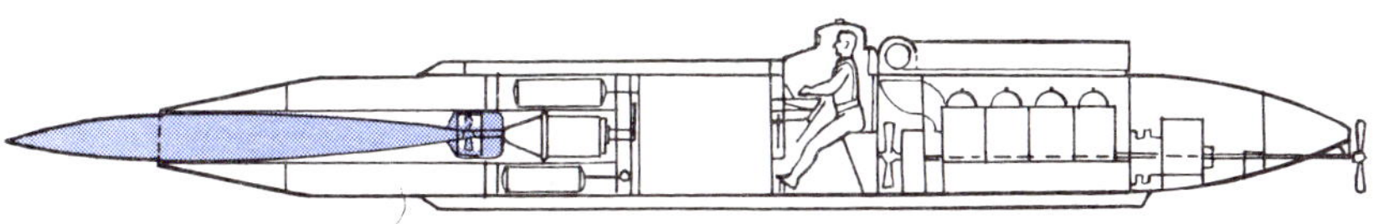

Bild 196 Ein-Mann-U-Boot von *Fuller* (1909)

Nach *Fullers* Vorstellungen sollten die Klein-U-Boote an Bord größerer Kriegsschiffe oder mit Hilfe spezieller Transporter in die Nähe des Gegners gebracht und außerhalb seiner Artilleriereichweite abgesetzt werden. Anschließend sollten sie selbständig den Gegner mit Torpedos angreifen. *Fuller* erhielt zwar ein Patent auf sein Projekt, da sich aber keine Interessenten fanden, wurde es nicht gebaut. Das betraf übrigens auch viele andere Projekte. Erst im Verlaufe des ersten Weltkrieges, in dem die Schlachtflotten bis auf wenige Ausnahmen zur Untätigkeit verurteilt waren, wurde mit dem Bau maritimer Kleinkampfmittel begonnen. Neben Sprengbooten kamen die ersten verwendungsfähigen Klein-U-Boote und bemannten Torpedos zum Einsatz.

1915 gab die italienische Flotte zwei Klein-U-Boot-Typen in Auftrag. Vom Typ A wurden sechs, vom Typ B drei Boote fertiggestellt. Beide Typen waren stark an die kleinen U-Boote der 80er und 90er Jahre des 19. Jahrhundert angelehnt und sollten die einzigen während des ersten Weltkrieges gebauten Klein-U-Boote bleiben. Die Boote des Typs A (Wasserverdrängung 31/37 ts, Länge 13,5 m, Breite 2,22 m, Geschwindigkeit 6,8/5 kn) waren Einhüllenboote und wurden von einem 44-kW-E-Mo-

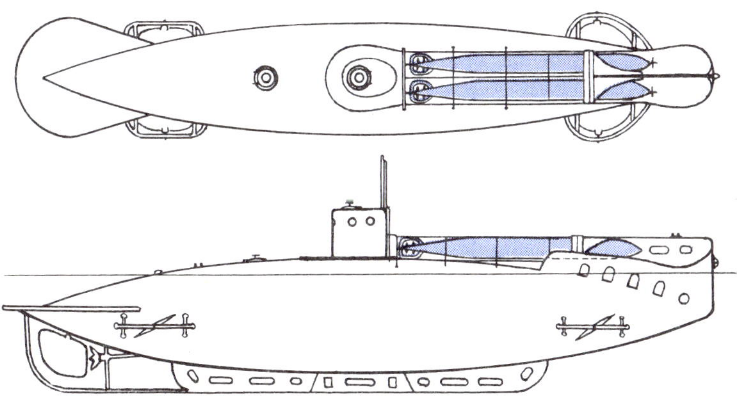

Bild 197 Italienisches Klein-U-Boot Typ A (1916)

tor angetrieben. Die Bewaffnung bestand aus zwei 457-mm-Torpedos, die in Ablaufrahmen an Oberdeck gelagert und aus diesen auch eingesetzt wurden. Die Besatzung bestand aus vier Mann. Zu den Vorteilen dieses Typs gehörte, daß sie auf Spezialwaggons über Land transportiert werden konnten.

Die Boote des Typs B waren etwas größer und hatten fest eingebaute Torpedorohre; für die Überwasserfahrt stand ihnen ein 62,5-kW-Verbrennungsmotor zur Verfügung, wodurch der Überwasserfahrbereich auf 128 sm gegenüber den 12 sm des Typs A gesteigert werden konnte. Die ausschließlich defensiv eingesetzten und deshalb wenig erfolgreichen Boote wurden bald nach dem Krieg verschrottet. Sie gaben aber wesentliche Impulse für den in den 30er Jahren erneut einsetzenden italienischen Klein-U-Boot-Bau.

Bei der Entwicklung bemannter Torpedos leistete die italienische Flotte ebenfalls Schrittmacherdienste. Sie war die einzige Flotte, die im ersten Weltkrieg bemannte Torpedos bauen ließ und auch erfolgrcich einsetzte. Bei den 1918 von Korvettenkapitän *Rosetti* entwickelten Zwei-Mann-Torpedos «Mignatta» (Blutegel) handelte es sich um torpedoförmige, allerdings nicht tauchfähige Schwimmkörper, die ein mit Druckluft arbeitender Torpedomotor antrieb und die eine Fahrstrecke von 8 bis 10 sm bei einer Geschwindigkeit von 3 bis 4 kn erreichten. Der geringe Fahrbereich machte es erforderlich, den Zwei-Mann-Torpedo von einem Torpedoboot in die Nähe des Zieles bringen zu lassen. Die Besatzung, die in Schwimmanzügen auf dem Torpedo saß, steuerte ihn dann mit Eigenantrieb zum Ziel. Sie sollte am Rumpf des gegnerischen Schiffes zwei mit Haftmagneten und Zeitzündern versehene Sprengladungen von je 85 kg Trotyl anbringen. Anschließend hatten die Männer zum wartenden Torpedoboot zurückzukehren oder sich in Gefangenschaft zu begeben. In der Nacht vom 31. Oktober zum 1. November 1918 versenkten sie auf diese Weise das in Pola liegende österreichische Linienschiff VIRIBUS UNITIS, ein Schwesterschiff der SZENT ISTVAN, und bewiesen damit die Brauchbarkeit bemannter Torpedos.

Nach dem ersten Weltkrieg stagnierten die Entwicklungsarbeiten an maritimen Kleinkampfmitteln und wurden erst in den 30er Jahren erneut belebt. Die Erfahrungen mit den «Mignatta» waren nicht vergessen worden, und so konnte der italienischen Flottenführung 1935 ein neuer, diesmal jedoch tauchfähiger bemannter Torpedo vorgestellt werden. Nach einigen konstruktiven Veränderungen wurden die «Maiale» (Schwein) genannten Fahrzeuge in Serie gebaut. Bei Ausbruch des zweiten Weltkrieges verfügte die italienische Flotte als einzige über bemannte Torpedos.

Die aus einem 533-mm-E-Torpedo abgeleiteten bemannten Zwei-Mann-Torpedos wurden von einem regelbaren 22-kW-E-Motor angetrieben. Die Reichweite betrug bei 2,5 kn Geschwindigkeit etwa 10 sm. Die Torpedos waren für eine Tauchtiefe von 30 m vorgesehen, im Gefechtseinsatz wurde diese Tiefe oftmals noch überschritten. Die mit einem leichten Taucheranzug ausgerüsteten «Torpedoreiter» hockten auf zwei Sitzen hintereinander auf dem Torpedo. Vor dem Fahrer befand sich eine Schutzscheibe, die als Wellenbrecher diente und während der Unterwasserfahrt den Einfluß des Fahrtstroms verminderte. Gesteuert wurde das Fahrzeug wie beim Flugzeug mit Hilfe eines Steuerknüppels. Die Ausrüstung bestand aus einem Magnetkompaß, Tiefenmesser, Krängungsmesser, Volt- und Amperemeter und einem Werkzeugbehälter, der u. a. Netzscheren zum Überwinden von Sperren enthielt. Die anfänglich verwendeten Sauerstofftauchgeräte wurden aufgrund einiger Unfälle gegen Drucklufttauchgeräte ausgetauscht. Zur Erkundung oder zur Erledigung notwendiger Arbeiten konnte die Besatzung das Fahrzeug unter Wasser verlassen und sich frei bewegen. Die Bewaffnung bestand aus einer 300 kg schweren Sprengladung, die sich an der Stelle des üblichen Torpedogefechtskopfes befand und mit Hilfe eines Bajonettverschlusses vom Torpedo gelöst werden konnte. Vorher befestigte die Besatzung eine Leine am Unterwasserschiff des anzugreifenden Zieles (z. B. an den Schlingerkielen), so daß die Ladung nach dem Lösen etwa 1,5 m unter dem gegnerischen Schiff hing. Die Zündung leitete ein Zeitzünder ein, den die Besatzung auf 2,5 Stunden eingestellt hatte. Diese Zeit war für eine Flucht ausreichend.

Bild 198
Zwei-Mann-Torpedo der italienischen Flotte Typ «Maiale» (1935)

Im zweiten Weltkrieg konnten die italienischen Kleinkampfmittel an die im ersten Weltkrieg errungenen Erfolge anknüpfen. Nach dem Verlust des Flugzeugträgers ARK ROYAL (14. November 1941) und des Schlachtschiffes BARHAM (25. November 1941) war die britische der italienischen Flotte im Mittelmeer an schweren Überwasserkräften deutlich unterlegen. Die Briten konnten deshalb ein Auslaufen der beiden verbliebenen Schlachtschiffe QUEEN ELIZABETH und VALIANT aus dem Stützpunkt Alexandria nicht mehr riskieren. In dieser Situation entschloß sich die italienische Flottenführung, bemannte Torpedos gegen die britischen Schlachtschiffe einzusetzen. Die Luftaufklärung hatte die Liegeplätze der beiden Schlachtschiffe sowie die Art und Lage der Sperren erkundet. Die zum Einsatz vorgesehenen «Maiale»-Besatzungen wurden nach Auswertung der Aufklärungsergebnisse speziell vorbereitet und ausgebildet. Es war vorgesehen, drei «Maiale» zur Erfüllung der Aufgabe einzusetzen und sie vom Träger-U-Boot SCIRE zum Hafen von Alexandria transportieren zu lassen. Nach einer gründlichen Überprüfung der Torpedos und der Übernahme der Besatzungen lief das U-Boot am 14. Dezember 1941 aus. Die Torpedos waren in den dafür vorgesehenen und an Oberdeck des U-Bootes befestigten Transportbehältern verstaut worden. Am Abend des 18. Dezember hatte die SCIRE die festgelegte Position erreicht und setzte die drei «Maiale» mit ihren Besatzungen etwa 2 500 m vor der Westmole des Hafens von Alexandria ab. Während das U-Boot den Rückmarsch antrat, nahmen die bemannten Torpedos Kurs auf die Hafeneinfahrt. Dabei konnten sie den günstigen Umstand ausnutzen, daß die Hafensperren kurzzeitig für drei einlaufende britische Zerstörer geöffnet werden mußten. Im Hafen steuerten zwei der bemannten Torpedos die Liegeplätze der Schlachtschiffe an, während die Besatzung des dritten Torpedos einen Flugzeugträger suchen sollte. Bei einem der «Maiale» wickelte sich kurz vor Erreichen der VALIANT ein altes Stück

Tau um den Propeller, so daß der E-Motor stehenblieb und der Torpedo in einer Wassertiefe von 17 m auf Grund sackte. Der Fahrer zog den Torpedo unter die VALIANT, stellte den Zeitzünder auf 6.00 Uhr ein und rettete sich dann auf eine Festmacherboje, auf der bereits der zweite Mann saß. Dieser war beim Durchsacken des Torpedos kurzzeitig bewußtlos geworden.

Beide Italiener wurden im Scheinwerferlicht bemerkt und an Bord der VALIANT gebracht, gaben aber keine Auskunft über ihren Auftrag. Erst zehn Minuten vor Ablauf des Zeitzünders informierte der Fahrer den Kommandanten über die zu erwartende Explosion. Um 6.00 Uhr detonierte die Gefechtsladung und beschädigte das Schiff so schwer, daß es auf den Grund des Hafens sank. Die Besatzung des zweiten Torpedos konnte die Gefechtsladung unter dem Kiel der QUEEN ELIZABETH aufhängen und den Zeitzünder auf 6.15 Uhr einstellen. Die zwei Mann gelangten danach zwar an Land, wurden aber von der Polizei festgenommen. Auch die QUEEN ELIZABETH wurde auf Grund gesetzt. Beide Schiffe kamen, nachdem sie gehoben und wieder instand gesetzt worden waren, im Verlaufe des Krieges jedoch nicht mehr zum Einsatz. Mit der Gefechtsladung des dritten Torpedos wurde ein großer Tanker versenkt, da sich kein Flugzeugträger im Stützpunkt befand. Die Briten nahmen auch diese Besatzung fest. Mit der Versenkung der beiden Schlachtschiffe und des Tankers erzielten die italienischen Kleinkampfmittel ihren größten Erfolg während des zweiten Weltkrieges.

Die zweite Flotte, die bereits in den 30er Jahren planmäßig mit der Entwicklung und Erprobung maritimer Kleinkampfmittel begann, war die japanische Flotte. 1934 und 1936 ließ sie unter strengster Geheimhaltung zwei Klein-U-Boote bauen, aus denen ab 1938 der in Serie gefertigte Typ A hervorging (Wasserverdrängung u. W. 46 ts, Länge 23,9 m, Durchmesser 1,85 m, Geschwindigkeit 23/19 kn). Die Einhüllenboote trieb ein 440-kW-E-Motor an. Zwei gegenläufige Propeller hoben die aus der großen Antriebsleistung resultierende Drallwirkung auf. Die Kapazität der Batterie, die in See nicht nachgeladen werden konnte, erlaubte eine Unterwasserfahrstrecke von 80 sm bei 2 kn oder von 17,5 sm bei 19 kn Geschwindigkeit. Bewaffnet waren die Klein-U-Boote mit zwei im Vorschiff übereinander angeordneten Torpedorohren für 457-mm-Torpedos. Bei den ersten Booten wurde der Torpedoraum im Vorschiff vom Seewasser frei durchflutet, die später gebauten Boote erhielten Verschlußklappen vor den Rohren. Die Besatzung bestand aus zwei Mann – dem Kommandanten und dem Elektroingenieur.

Ursprünglich sollten Flugzeuge die Klein-U-Boote ins Einsatzgebiet transportieren, tatsächlich wurden dann aber einige U-Kreuzer zu Trägerfahrzeugen umgebaut. Die Klein-U-Boote waren hinter dem Turm verzurrt und kamen frei, indem der U-Kreuzer unter ihnen wegtauchte. Den ersten Gefechtseinsatz praktizierten japani-

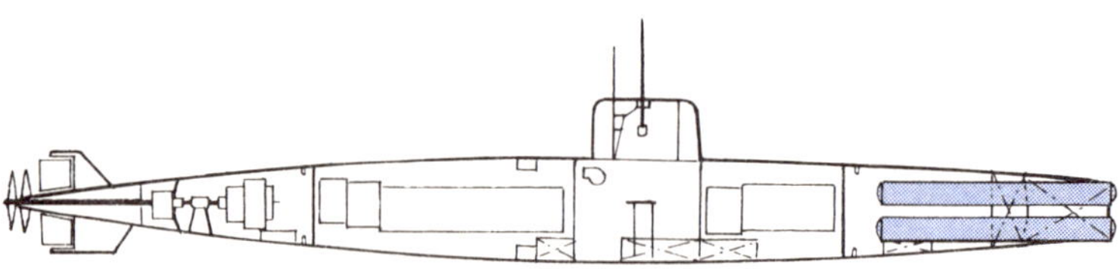

Bild 199 Japanisches Klein-U-Boot Typ A (ab 1938)

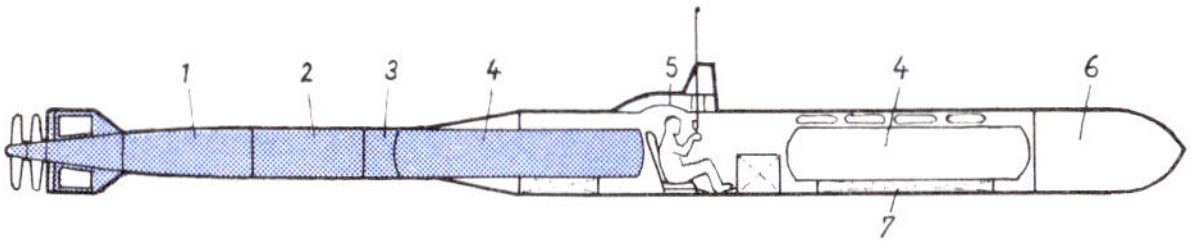

Bild 200 Japanischer Ein-Mann-Torpedo Typ «Kaiten I» (1944)
1 – Tauchzelle; 2 – Raum für Antriebsanlagen; 3 – Brennkammer; 4 – Sauerstofftanks; 5 – Fahrstand; 6 – Gefechtskopf (1 150 kg); 7 – Trimmzelle

sche Klein-U-Boote beim Überfall auf Pearl Harbor. Ein Erfolg der Boote ist nicht verbürgt, da keines von ihnen zu den wartenden Träger-U-Kreuzern zurückkehrte und Bericht erstatten konnte.

Der Nachteil der Boote des Typs A bestand in der geringen Reichweite. Deshalb wurden weitere, in der Grundform ähnliche Typen mit einer größeren Reichweite gebaut. 1945 kam der Typ D (Wasserverdrängung 59 ts, Länge 26,2 m) zum Einsatz. Boote dieses Typs hatten für die Überwasserfahrt einen 110-kW-Dieselmotor. Damit wurde der Überwasserfahrbereich auf etwa 1 000 sm bei 8 kn Geschwindigkeit gesteigert und gleichzeitig das Aufladen der Batterien ermöglicht. Unter Wasser erreichten die Boote mit dem 440-kW-E-Motor eine Geschwindigkeit von 16 kn, mit der größeren Batteriekapazität aber nun eine Reichweite von 320 sm. Die mögliche Tauchtiefe betrug 100 m, die Besatzung war auf fünf Mann angewachsen.

Im Jahre 1944, als sich die militärische Lage für das Kaiserreich immer komplizierter gestaltete, wurde dem Bau von Ein-Mann-Torpedos stattgegeben. Der «Kaiten I» genannte Typ ging auf eine Entwicklung zweier junger Offiziere zurück, die vom Admiralstab zunächst zurückgestellt worden war. Die Grundlage des Ein-Mann-Torpedos bildete der seit Mitte der 30er Jahre einsatzbereite Torpedo Modell 95, Kaliber 609 mm. Dem Torpedo (ohne Gefechtskopf) wurde ein Vorderteil von 990 mm Durchmesser vorgebaut, so daß der Ein-Mann-Torpedo nun 14,75 m lang war. Das Vorderteil nahm den Gefechtsteil mit 1 550 kg Ladungsmasse, einen Sauerstofftank, den Fahrstand sowie die Trimmzelle, die Regelzelle und den Ausgleichstank auf. Dem Bootsführer standen das Sehrohr, der Geschwindigkeitsregler, der Kreiselkompaß, die Seiten- und Tiefenruder, der Starter für den Antrieb und weitere Meßinstrumente zur Verfügung. Der 370 kW leistende Benzin-Sauerstoff-Antrieb des Grundmodells wurde beibehalten. Mit diesem Antrieb erreichten die bemannten Torpedos Reichweiten von 42 sm bei 12 kn, 23 sm bei 20 kn und 12,5 sm bei 30 kn Geschwindigkeit. Die Fahrer sollten den Ein-Mann-Torpedo vom getauchten Träger-U-Boot aus starten und, nachdem sie ihn auf Gefechtskurs gebracht und sich dem Ziel auf eine sichere Schußentfernung genähert hatten, durch die im Boden des Steuerstandes befindliche Ausstiegsluke verlassen. In der Praxis aber wurden die «Kaiten»-Torpedos als «Selbstopferwaffe» verwendet.

Im Verlaufe des zweiten Weltkrieges begannen auch die britische und die faschistische deutsche Flotte mit dem Bau maritimer Kleinkampfmittel. Die schwere Beschädigung der Schlachtschiffe QUEEN ELIZABETH und VALIANT durch italienische bemannte Torpedos führte dazu, daß die Briten ihre ablehnende Haltung gegenüber den Kleinkampfmitteln aufgaben. Nach dem Vorbild einiger bei Gibraltar erbeuteter «Maiale» wurden eigene Zwei-Mann-Torpedos gebaut, allerdings auf der Basis eines britischen 533-mm-Torpedos. Die «Chariot» genannten Fahrzeuge erhielten eine größere Batterie und konnten etwa sechs Stunden mit einer Geschwindigkeit von 2,9 kn laufen. Die Masse der Sprengladung betrug 272 kg. Spätere Modelle erreichten 30 sm und 4,5 kn Geschwindigkeit bei einer auf 1 000 kg vergrößerten Sprengladung. Zu den wesentlichsten Erfolgen der britischen Zwei-Mann-Torpedos zählten die Versenkung des italienischen Schweren Kreuzers BOLZANO und des Spähkreuzers ULPIO TRAIANO.

Die britischen Klein-U-Boote der Typen X und XE konnten zwar Torpedos transportieren, waren aber in der Regel mit zwei 2 000-kg-Sprengladungen versehen, die unter dem gegnerischen Schiff abgelegt werden sollten und nach Ablauf einer bestimmten Zeit detonierten. Solche Sprengladungen hatten das Schlachtschiff TIRPITZ im norwegischen Alta-Fjord beschädigt. Anstelle der großen Ladungen konnten auch mehrere kleine Ladungen mitgeführt werden, die mit Haftmagneten versehen waren.

Die faschistische Seekriegsleitung trieb ab 1943 die Entwicklung maritimer Kleinkampfmittel geradezu hektisch voran, nachdem sie diesen jahrelang wenig Beachtung geschenkt hatte. In erster Linie sollten die Kleinkampfmittel zur Abwehr der drohenden Invasion in Frankreich eingesetzt werden. Überwasserschiffe hatten bei der alliierten Luftüberlegenheit kaum noch Aussichten auf Erfolg. Deshalb hofften die Militärs, bei vergleichsweise geringem Personal- und Materialaufwand doch noch eine schlagkräftige Waffe aufbauen zu können.

Die Entwicklung der Klein-Schnellboote in Nazideutschland begann schon vor dem Krieg, das erste mit Torpedos bewaffnete Boot wurde aber erst 1941 gebaut. Das als LS 4 bezeichnete Klein-Schnellboot war mit zwei 450-mm-Hecktorpedorohren und einer automatischen 20-mm-Kanone bewaffnet und erreichte mit zwei 12-Zylinder-V-Dieselmotoren von je 625 kW Leistung eine Höchstgeschwindigkeit von 42,5 kn. Die Torpedorohre lagen nebeneinander parallel zur Mittschiffslinie unter Deck. Der Ausstoß der Torpedos erfolgte mit dem Schwanzstück zuerst nach achtern. Das Boot hatte noch eine Hilfsbesegelung! Entsprechend der geltenden Einsatzkonzeption wurde LS 4 an Bord des Hilfskreuzers MICHEL gegeben. Bei Notwendigkeit sollte es ausgesetzt werden und schnellere gegnerische Handelsschiffe torpedieren.

Weitere Boote der LS-Serie, zunächst als schnelle U-Jäger gebaut, erhielten elf Wasserbomben zu je 300 kg. Diese Bewaffnung wurde später durch Torpedorohre ersetzt. Ab 1944 begann in schneller Folge der Bau verschiedener Typen von bemannten Torpedos, Klein-U-Booten und Klein-Schnellbooten. Zu den letzteren gehörten die Schnellboot-Typen «Schlitten» und «Wal» sowie einige Projekte und Versuchsbauten von Tragflügel-Klein-Schnellbooten. Das Klein-Schnellboot «Schlitten» war ein 7,5 m langes Gleitboot, das in Schalenbauweise aus Stahlblech gefertigt wurde. Das kleine und mit einem 66-kW-Motor zu langsame Fahrzeug wurde bald vom Typ «Schlitten II» abgelöst. Der Typ «Schlitten II» war etwa 8,5 m lang und 1,7 m breit und hatte einen Tiefgang von nur 0,55 m. Das Boot war mit zwei Torpedos G 7a oder G 7e bewaffnet, die in Ausnehmungen beiderseits unter dem Rumpf hingen. Mit einem 440-kW-Flugzeugmotor erreichten die Boote mit Torpedos eine Höchstgeschwindigkeit von 30 kn, ohne Torpedos konnten sie 48 kn laufen. Die Reichweite der Boote betrug annähernd 300 sm.

Die etwas größeren Klein-Schnellboote des Typs «Wal» hatten im Gegensatz zum «Schlitten» zwei 450-mm-Hecktorpedorohre. Mit diesen Booten führte man später Versuche durch, die Geschwindigkeit mit Hilfe einer Starthilfsrakete der Luftwaffe zu erhöhen. Tatsächlich konnte die Geschwindigkeit auch auf 58 kn gesteigert wer-

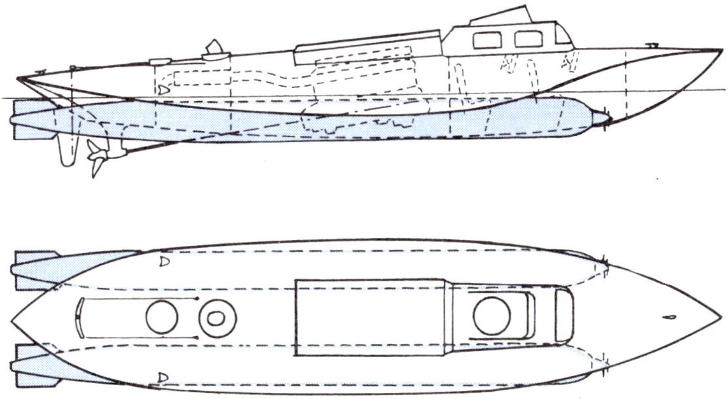

Bild 201 Klein-Schnellboot Typ «Schlitten II»

den. Diese Experimente stellten die Faschisten aber bald wieder ein, da die Klein-Schnellboote kaum noch zu steuern waren und aus dem Ruder liefen.

Insgesamt waren die Klein-Schnellboote der faschistischen deutschen Kriegsmarine wenig erfolgreich. Bereits projektierte Tragflügel-Klein-Schnellboote konnten während des Krieges nicht mehr fertiggestellt werden.

Die Entwicklung bemannter Torpedos in der faschistischen Marine entsprang u. a. den Bemühungen, nach dem Scheitern des U-Boot-Krieges für die Vielzahl der vorhandenen Torpedos überhaupt noch eine Verwendung zu finden. So wurde dann in kurzer Zeit der Ein-Mann-Torpedo «Neger» hergestellt, der im Prinzip aus zwei Torpedos G 7e bestand. Die beiden Torpedos wurden miteinander verbunden, wobei der obere den Träger und der untere den Gefechtstorpedo darstellte. Der Trägertorpedo hatte anstelle des Gefechtskopfes einen Steuerstand, dessen Einstieg durch eine Plexiglaskuppel verschlossen werden konnte. Der Steuerstand enthielt einen Kompaß, den Steuerknüppel, einen Hebel zum Ein- und Ausschalten des Antriebs und einen weiteren zum Auslösen des Gefechtstorpedos. Der Fahrer atmete mit Sauerstoff angereicherte Luft, die in einer 30-l-Flasche gespeichert wurde. Das anfallende Kohlendioxyd absorbierten Kalipatronen. Da der «Neger» nicht tauchen konnte, mußte aus dem Gefechtstorpedo die halbe Batterie zur Verringerung des negativen Auftriebs entfernt werden. Damit verringerte sich auch die Laufstrecke bzw. Geschwindigkeit auf 2000 m und 20 kn.

Der Nachfolgetyp «Marder», ebenfalls ein Ein-Mann-Torpedo, war tauchfähig und hob damit einen wesentlichen Nachteil des «Neger» auf. Im Kopf des Trägertorpedos war dazu ein zusätzlicher Tauchtank eingebaut worden. Nach der Aufnahme von 30 l Wasser erhielt der «Marder» einen geringen negativen Auftrieb und konnte vom Fahrer bis auf 10 m Wassertiefe gebracht werden (druckfest bis 40 m). Zum Torpedoschuß mußte der «Marder» auftauchen, da der Fahrer das Ziel optisch anzuvisieren hatte. Innerhalb der Plexiglaskuppel befand sich eine Visiereinrichtung, auf der der geschätzte Vorhaltewinkel eingestellt werden konnte. Das 8,3 m lange Fahrzeug wog 5500 kg und wurde von einem 8,8-kW-E-Motor angetrieben. Mit Gefechtstorpedo erreichte es eine Geschwindigkeit von 4 kn und konnte dabei 50 sm zurücklegen. Ohne Gefechtstorpedo betrug die Höchstgeschwindigkeit des «Marder» 6 kn. Die Ein-

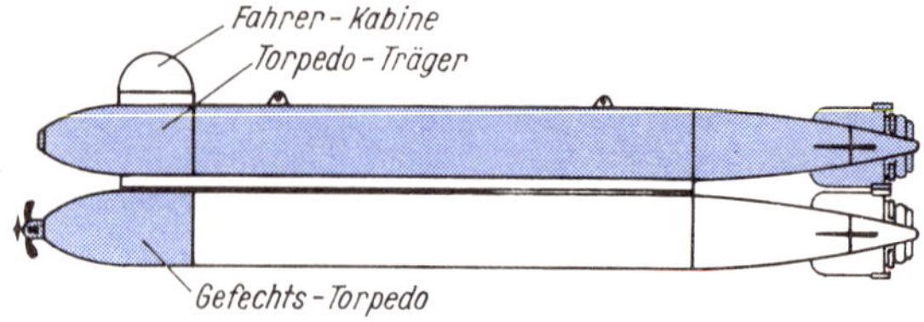

Bild 202 Ein-Mann-Torpedo Typ «Neger»

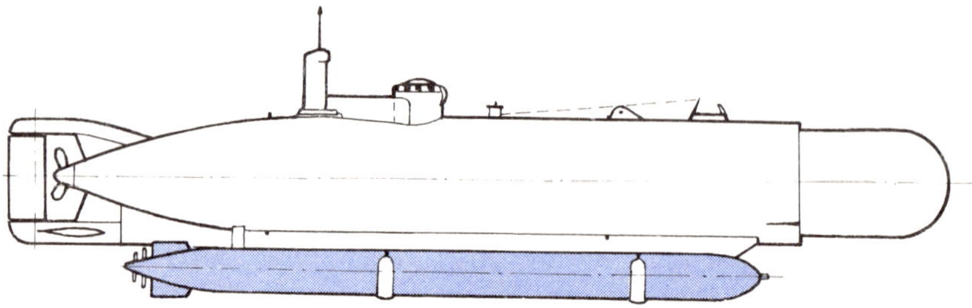

Bild 203 Klein-U-Boot Typ «Hecht», Torpedo ist unter dem Bootsrumpf angebracht

Mann-Torpedos «Neger» hatten annähernd gleiche taktisch-technische Parameter. Von beiden Typen sollen insgesamt über 500 Exemplare hergestellt worden sein. Eine genaue Zahl läßt sich nicht mehr ermitteln.

Die Ein-Mann-Torpedos der faschistischen Kriegsmarine konnten die in sie gesetzten Erwartungen nicht erfüllen. Das lag auch daran, daß bereits beim ersten, überstürzt vorbereiteten Einsatz zehn der eingesetzten 23 «Neger» verlorengingen. Ein Fahrzeug, dessen Fahrer eine CO_2-Vergiftung erlitten hatte, gelangte unversehrt in die Hände der Alliierten. Das Überraschungsmoment war verlorengegangen, und die Alliierten konnten sich schnell auf die neue Waffe einstellen. Trotzdem wurden bei späteren Einsätzen einige kleinere Schiffe von den Ein-Mann-Torpedos versenkt.

Nach dem Einsatz japanischer Klein-U-Boote gegen Pearl Harbor zeigte die faschistische Flottenführung Deutschlands erstmals Interesse an diesen Fahrzeugen.

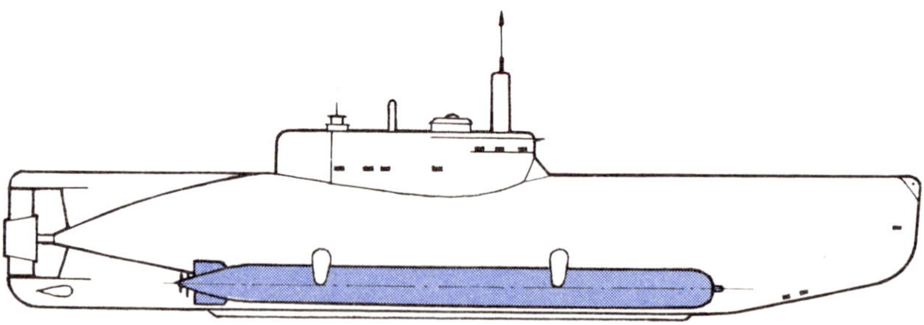

Bild 204 Klein-U-Boot «Seehund», seitliche Anhängung der Torpedos an der Außenhaut

Bemühungen, von den Japanern Konstruktionsunterlagen zu erlangen, schlugen fehl. Es vergingen dann noch über zwei Jahre, bis unter dem Eindruck der sich verschlechternden Kriegslage ernsthaft an die Konstruktion von Klein-U-Booten gegangen wurde. 1944 entstanden die Klein-U-Boot-Typen «Molch», «Hecht», «Biber» und «Seehund». Mit Ausnahme des Typs «Hecht» waren alle Boote mit zwei 533-mm-Torpedos in Ausnehmungen beiderseits der Rumpfunterseite (ähnlich «Schlitten») bewaffnet. Die Boote des Typs «Hecht» führten nur einen unter dem Kiel aufgehängten Torpedo mit sich.

Den ausgereiftesten und zugleich größten Typ stellten die Klein-U-Boote «Seehund» (Wasserverdrängung 15 ts, Länge 11,9 m, Durchmesser 1,28 m, Geschwindigkeit 7,7/6 kn) dar. Diese Boote, in die die mit den anderen Klein-U-Booten gewonnenen Erfahrungen einflossen, entsprachen im Grundaufbau und in der Ausrüstung den großen U-Booten. Die Einhüllenboote hatten einen Druckkörper aus 5 mm starkem Stahlblech. Die zulässige Tauchtiefe von 30 m wurde beim Einsatz um mehr als das Doppelte überschritten. Die Boote waren mit einem Sehrohr, Kompaß und Schnorchel ausgerüstet und boten Platz für eine zweiköpfige Besatzung. Für die Überwasserfahrt stand ein 44-kW-LKW-Dieselmotor zur Verfügung, mit dem das Boot bei Höchstgeschwindigkeit eine Fahrstrecke von 270 sm erreichte. Bei Notwendigkeit konnte die Überwasserfahrstrecke durch außen angebrachte Zusatztanks auf rund 500 sm erweitert werden. Unter Wasser wurde das Boot von einem 18-kW-E-Motor angetrieben. Die Fahrstrecke betrug bei 6 kn etwa 19 sm. Bei nur 3 kn Unterwassergeschwindigkeit erhöhte sich die Fahrstrecke auf 63 sm. Die Boote des Typs «Seehund» konnten innerhalb weniger Sekunden tauchen. Der Diesel brauchte dazu nicht sofort abgestellt werden, sondern saugte für kurze Zeit die zur Verbrennung notwendige Luft aus dem Boot. So blieb nach dem Tauchen immer noch genügend Zeit zur Umstellung auf den E-Antrieb. Zum Auftauchen konnten die Tauchzellen auf zweierlei Art angeblasen werden – auf die übliche Art mit Druckluft oder durch die Auspuffgase des bereits unter Wasser gestarteten Diesels. Wie auch bei den anderen Klein-U-Booten und Ein-Mann-Torpedos mußte zur Verringerung des negativen Auftriebs eine Batterie aus den Gefechtstorpedos G 7e ausgebaut werden. Nachteilig wirkte sich aus, daß die Klein-U-Boote zum Anhängen der Gefechtstorpedos aus dem Wasser gehoben werden mußten. Dazu wurde ein Kran benötigt, der gegen Ende des Krieges nicht immer zur Verfügung stand. Die Klein-U-Boote vom Typ

Bild 205
Klein-U-Boot «Seehund» im Dock

Bild 206
Leichtes TS-Boot der Volksmarine Typ «Iltis» bei Werfterprobung, Torpedoschuß nach achtern mit dem Schwanzstück zuerst

«Seehund», von denen insgesamt 285 Stück gebaut worden sein sollen (nicht alle kamen zum Einsatz), waren nicht ganz so erfolglos wie die Ein-Mann-Torpedos. Sie operierten ab Januar 1945 vorrangig gegen den alliierten Nachschubverkehr im Kanal und versenkten neun Handelsschiffe und einen französischen Zerstörer, drei weitere Handelsschiffe wurden beschädigt. Aber auch diese Maßnahme konnte den Untergang des Hitlerfaschismus nicht aufhalten. Weitere Klein-U-Boot-Projekte, u. a. auch mit dem «Walter»-Antrieb, kamen bis Kriegsende nicht über das Versuchsstadium hinaus.

Nach Beendigung des zweiten Weltkrieges wurden unter den maritimen Kleinkampfmitteln besonders die Klein-U-Boote technisch vervollkommnet. Großbritannien entwickelte in den 50er Jahren die im Krieg bewährten XE-Typen weiter. Die US Navy baute 1954/55 das Klein-U-Boot X 1, ein Versuchsmuster, aus dem ein Serienbau hervorgehen sollte. Die unter Wasser 36 ts verdrängenden Boote waren mit einer «Walter»-Antriebsanlage ausgerüstet. Diese Anlage war die Ursache für eine Explosion, so daß sie 1960 gegen einen normalen dieselelektrischen Antrieb ausgetauscht wurde. Italien, das über reiche Erfahrungen im Bau maritimer Kleinkampfmittel verfügte, konstruierte Ende der 50er Jahre das Klein-U-Boot SX 506 (Wasserverdrängung 70 ts, Länge 23 m, Breite 2 m, Geschwindigkeit 8,5/6 kn) und baute es in größerer Stückzahl (auch für den Export). Die Boote sind mit einem 220-kW-Dieselmotor ausgerüstet und erreichen bei Schnorchelfahrt 7 kn. Die Reichweite beträgt bei 7 kn etwa 1200 sm. Die maximale Tauchtiefe der Klein-U-Boote wird mit 100 m angegeben. Zur Besatzung gehören fünf Mann, acht Kampfschwimmer können zusätzlich an Bord genommen werden. Die Bewaffnung ist variabel und besteht aus acht kleineren Sprengladungen sowie wahlweise aus zwei Torpedorohren, zwei bemannten Torpedos, sechs großen Sprengladungen oder einem zusammenlegbaren Boot für den Transport der Kampfschwimmer und ihrer Sprengausrüstung. Die Kampfschwimmer sind durch eine Taucherkammer unter Wasser ausschleusbar.

Die Anfang der 60er Jahre vom DDR-Schiffbau gebauten leichten Torpedoschnellboote (LTS-Boote) konnten zu den Klein-Schnellbooten gerechnet werden. Die 15 m langen und 3,4 m breiten Boote hatten eine Wasserverdrängung von 17,5 ts und waren mit zwei 533-mm-Hecktorpedorohren bewaffnet. Mit zwei 12-Zylinder-V-Dieselmotoren von je 880 kW erreichten sie eine Höchstgeschwindigkeit von 52 kn. Die Besatzung bestand aus drei Mann.

Nach wie vor blieben maritime Kleinkampfmittel Waffenträger, die eine Ergänzung vorhandener Waffensysteme, nie aber deren Ersatz darstellen können. Ihr Erfolg, so lehrt es die Seekriegsgeschichte, beruht auf dem Überraschungseffekt und dem wohldurchdachten Einsatz gut ausgebildeter und erfahrener Einzelkämpfer auf See. Es ist einleuchtend, daß die Flotten, wollen sie nicht von vornherein den Überraschungseffekt aufs Spiel setzen, den technischen Entwicklungsstand ihrer Kleinkampfmittel und ihr Vorhandensein nach Möglichkeit geheimhalten. Obwohl wenig Informationen vorliegen, kann davon ausgegangen werden, daß in vielen Flotten die Entwicklung maritimer Kleinkampfmittel fortgesetzt wird. Die im Zusammenhang mit der Erdöl- und Erdgasgewinnung (z. B. Nordsee) erprobten und zur Kontrolle unterseeischer Anlagen und Pipelines eingesetzten Klein-U-Boote lassen analoge militärische Entwicklungen möglich erscheinen. Der Einsatz nuklearer Antriebsanlagen auf kleinen U-Booten dürfte technisch möglich sein.

7. Die Abwehr von Torpedos

Je erfolgreicher der Torpedo auf See seine Kampfkraft unter Beweis stellte, desto nachdrücklicher trat die Frage auf, wie sich diese Waffe abwehren läßt.

Eine völlig richtige Überlegung ging dahin, den Torpedo nicht erst dann zu bekämpfen, wenn er bereits das Ziel anläuft und nur relativ wenig Zeit für die Abwehr verbleibt. Vielmehr galt es, die Torpedoträger schon vor der Einnahme ihrer Schußposition zu vernichten. Als geeignete Maßnahmen in der Vergangenheit erwiesen sich:

1. Schläge auf die Bauwerften und Produktionsstätten der gegnerischen Torpedoträger mit allen geeigneten Kräften und Mitteln zu führen;
2. Torpedoträger in ihren Stützpunkten, auf ihren Flugplätzen und in ihren Dezentralisierungsräumen zu blockieren oder zu bekämpfen;
3. Torpedoträger während ihrer Entfaltung und während des Torpedoangriffs abzuwehren oder zu vernichten;
4. Geleitzüge zu sichern, entsprechend günstige Marschrouten und zweckmäßige Geleitzugformationen zu wählen;
5. die Geleitzüge zu tarnen und den Gegner zu täuschen.

Diese Maßnahmen dürften auch heute noch in breitem Rahmen angewendet werden. Sie tragen jedoch strategischen bzw. operativen Charakter und bleiben bei den weiteren Darlegungen unberücksichtigt. Hier soll behandelt werden, wie sich die Angriffsobjekte schützen können.

7.1. Schiffbauliche Maßnahmen

Unter den schiffbaulichen Maßnahmen versteht man die konstruktiv vorhandenen Schutzeinrichtungen eines Schiffes (Torpedoschott, Torpedowulst, Doppelboden, wasserdichte Unterteilung des Schiffskörpers), die das Schiff gegen Torpedodetonationen (aber auch Minendetonationen) schützen sollen. Der konstruktiv vorhandene Schutz von Schiffen ist das wirksamste Mittel gegen Torpedodetonationen.

Bereits im nordamerikanischen Bürgerkrieg (1861–1865) wurde klar, daß durch die große Zerstörungswirkung einer Unterwasserdetonation eine effektive **wasserdichte Unterteilung des Schiffskörpers** notwendig ist. Trotz dieser Erkenntnis wurde aber wenig getan, um die Schiffe konstruktiv gegen Unterwasserdetonationen zu schützen. Vorerst erhielten die Schiffe Quer- und Längsschotten, seitliche Wallgänge und einen Doppelboden. Im Russisch-Japanischen Krieg (1904/05) erwiesen sich all diese Maßnahmen als nicht ausreichend, um die Schwimmfähigkeit nach einem Torpedotreffer zu erhalten. Praktische Versuche über die Brauchbarkeit der gewählten wasserdichten Unterteilung unterblieben, die Werften verließen sich mehr auf ihre Erfahrungen. Eine der wenigen Ausnahmen bildeten die Experimente mit dem britischen Panzerschiff RESISTANCE, dessen Schiffsboden 1885 gepanzert wurde. Als der Russisch-Japanische Krieg verdeutlichte, daß selbst Linienschiffe nicht ausreichend gegen Torpedotreffer geschützt waren und unter Umständen ein Treffer zur Vernichtung ausreichte, begann man systematisch, sowohl theoretisch als auch praktisch an der Verbesserung des Unterwasserschutzes zu arbeiten. Diese Bemühungen zeigten sich deutlich beim Bau des britischen Linienschiffes DREADNOUGTH (Fürchtenichts). Das Schiff (Wasserverdrängung 18 000 ts) lief im Februar 1906 vom Stapel und setzte Maßstäbe für einen wirksamen Unterwasserschutz. Wissenschaftliche Untersuchungen brachten Klarheit über die Wirkung einer Unterwasserdetonation am Schiffskörper. Die zerstörende Wirkung einer Unterwasserdetonation hängt ab von:

- den Ausmaßen und der Form des Lecks im Schiffskörper;
- der Geschwindigkeit, mit der das Leck geschlagen wird;
- den Ausmaßen des Raumes hinter dem Leck, in dem die Detonationsgase wirken können;
- der Größe und der Geschwindigkeit der Splitter.

Im Ergebnis dessen wurde in einem bestimmten Abstand von der Außenhaut das **Torpedoschott** angeordnet. Es ist ein verstärktes Längsschott und erstreckt sich über den größten Teil der Schiffslänge, zumindest jedoch über die Länge der Munitionsräume, Maschinenräume und Torpedoräume. Es reicht vom Doppelboden bis über die Wasserlinie, meist bis hinauf zum Zwischen- oder Mitteldeck. Für die Wirksamkeit ist die Dicke des Torpedoschotts und der Abstand zwischen Schott und Außenhaut entscheidend. Natürlich ließen die Raum- und Masseverhältnisse keine beliebige Vergrößerung der Dicke und des Abstandes zu. Die schnelle Vergrößerung der Großkampfschiffe begünstigte jedoch die Gestaltung eines wirksamen Unterwasserschutzes. In jedem Fall mußte bei der Konstruktion eines Großkampfschiffes beachtet werden, daß ein größerer Abstand zwischen Außenhaut und Torpedoschott die zur Verfügung stehende Einbaubreite für die Antriebsanlage und damit auch deren Größe und Leistung verringerte. Das hatte, wie auch eine übermäßige Verbreiterung des Schiffskörpers, eine geringere Geschwindigkeit zur Folge. Ein Kompromiß zwischen Unterwasserschutz und anderen konstruktiven und taktischen Eigenschaften des Schiffes war also nicht zu umgehen. Weitere Probleme entstanden dadurch, daß die Kohle als Brennstoff zunehmend durch Öl ersetzt wurde. Es war naheliegend, die Brennstoffbunker im Zwischenraum zwischen Torpedoschott und Außenhaut anzuordnen. Dämpfte die Kohle eine Detonation, so bestand bei Öl die Gefahr der hydraulischen Schockübertragung auf das Torpedoschott.

Das Torpedoschott selbst bestand aus Stahlplatten mit einheitlicher Stärke und Widerstandskraft, und sie waren hitzebeständig.

Selbstverständlich stellte auch der bei einigen Schlachtschiffen bis zu 40 cm starke **Gürtelpanzer** (BISMARCK/Deutschland – 32 cm; YAMATO/Japan – 40,6 cm) einen gewissen Schutz vor Torpedos dar. Er war jedoch in erster Linie gegen schwere Artillerietreffer vorgesehen und reichte deshalb nur wenige Meter unter die Einsatzwasserlinie (LITTORIO/Italien – 2,13 m; KING GEORG V/Großbritannien – 4,58 m). Der Gürtelpanzer war also nur ein Schutz gegen flach eingestellte Torpedos. Torpedos trafen aber in der Regel unterhalb des Gürtelpanzers.

Eine Verbreiterung des Raumes zwischen Außenhaut und Torpedoschott erreichte man ebenfalls mit **Torpedowülsten**. Diese wurden entweder am Schiffskörper angesetzt (BARHAM/Großbritannien) oder waren konstruktiver Bestandteil des Schiffskörpers (HOOD/Großbritannien). In jedem Fall wurde dadurch der Abstand zwischen Torpedoschott und Detonationspunkt vergrößert und somit die Detonationswirkung herabgesetzt.

Den Raum zwischen Außenhaut und Torpedoschott unterteilte man in zwei, später sogar in drei Räume, die ihrerseits durch Querschotte gegeneinander abgegrenzt waren. Die äußeren Räume (Expansionszone) dienten als Luftpolster, um den Detonationsdruck aufzufangen. Die inneren (bei der Einteilung in drei Längsräume die mittleren) Räume waren Auftriebsräume (Arbeitszone) und mit Wasser oder teilweise mit Rohrstücken gefüllt. Diese Füllung verteilte den durch die Detonation hervorgerufenen Stoß auf eine große Fläche des Torpedoschotts und fing darüber hinaus Splitter und Trümmerstücke auf.

Durch Fluten der äußeren Räume oder Lenzen der wassergefüllten Auftriebsräume konnte die Krängung bzw. der Trimm des Schiffes nach Torpedotreffern korrigiert werden. Jedoch setzte dies die Schutzfunktion im gefluteten bzw. gelenzten Bereich gegen weitere Torpedotreffer herab. Die Auftriebsräume waren im Frieden in der Regel leer. Dadurch konnte Masse gespart und der Tiefgang und damit der Brennstoffverbrauch herabgesetzt werden. Bei der Unterteilung in drei Längsräume, die nach dem ersten Weltkrieg zur Anwendung kam, wurde der innere, an das Torpedoschott angrenzende Raum (Sicherheitszone) wiederum leer gefahren. Dieser Raum sollte die Fortpflanzung der im Auftriebsraum entstehenden Druckwelle verhindern. Dadurch wurde ein Verziehen des Torpedoschotts vermindert. In die Raumwandungen eingebaute Klappen leiteten den Detonationsdruck nach oben und außen ab. Für den Fall, daß das Torpedoschott dennoch undicht wurde, ordnete man innerhalb des Unterwasserschutzsystems oft weitere Räume an. Sie sollten ein Einsickern des Wassers in Munitionsräume und Maschinenräume verhindern. Wo es möglich war, wurden die Innenräume als Heizölbunker genutzt.

Gegen Detonationen unter dem Schiff (Torpedos mit Abstandszündung) wurde ein **Doppelboden** verwendet, dessen Sektionen entweder mit Luft oder teilweise mit Wasser oder mit Heizöl gefüllt waren.

Ein weiteres, vor dem zweiten Weltkrieg eingeführtes Schutzsystem war der **Pugliese-Unterwasserschutz**. Dabei war das Torpedoschott viertelkreisförmig zur Außenhaut hin gebogen. Im Zentrum des so eingegrenzten Raumes befand sich ein leerer Stahlzylinder von 3 bis 4 m Durchmesser, im übrigen Raum wurde Heizöl gefahren. Der Stahlzylinder sollte als Expansionsraum dienen und bei einem Torpedotreffer den Detonationsstoß auffangen. Wie die Versenkung des italienischen Schlachtschiffes CONTE DI CAVOUR am 12. November 1940 im Hafen von Tarent vermuten läßt, war dieses Schutzsystem nicht sonderlich effektiv. Dabei trug der zu diesem Zeitpunkt mangelhafte Verschlußzustand des Schiffes sicherlich zum schnellen Untergang bei. Tatsache ist, daß das Schlachtschiff durch einen einzigen Treffer eines 457-mm-Flugzeugtorpedos verlorenging. Das unterhalb des Gürtelpanzers geschlagene Leck hatte eine Größe von etwa 12 × 8 m.

Die deutschen Schlachtschiffe hatten kein besonderes Unterwasserschutzsystem. Zwischen der Bordwand und dem Torpedoschott befanden sich ein äußerer Luftraum und die Heizölbunker. Der Abstand zum Torpedoschott betrug bei der BISMARCK 5,79 m, die Stärke ihres Torpedoschotts 4,44 cm.

Die größte Schutzbreite erreichten die italienischen Schlachtschiffe. Sie betrug bei der LITTORIO 7,62 m bei einer Torpedoschottstärke von 3,8 cm (Pugliesesystem).

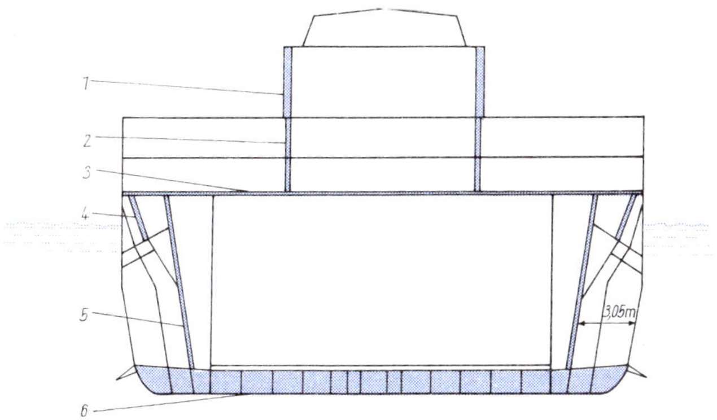

Bild 207 Konstruktive Schutzeinrichtung des britischen Schlachtschiffes NELSON (Spant 138)
1 – Barbett (oben) 305 mm stark; 2 – Barbett (unten) 281 mm; 3 – Panzerdeck 159 mm; 4 – Gürtelpanzer 356 mm; 5 – Torpedoschott 38 mm; 6 – Doppelboden 1 520 mm tief

Die Washingtoner Konferenz gestand Großbritannien den Neubau von zwei Schlachtschiffen zu. Die RODNEY und die NELSON wurden beide am 28. Dezember 1922 auf Kiel gelegt. Fertiggestellt waren sie im August bzw. Juni 1927. Auf der NELSON (Wasserverdrängung 37 800 ts, Länge 216 m, Breite 32,3 m, Tiefgang 10,7 m) bestand der Unterwasserschutz aus einem 3,8 cm starken Torpedoschott sowie dem inneren Auftriebs- und dem äußeren Luftraum. Der Abstand zwischen Außenhaut und Torpedoschott betrug 3,05 m, der Doppelboden hatte eine Tiefe von 1,52 m. Die Auftriebsräume konnten 2 870 t Wasser aufnehmen, wodurch der Tiefgang um 56 cm zunahm und die Geschwindigkeit um 0,5 kn herabgesetzt wurde. Deshalb sollten die Auftriebsräume auch nur in Kriegszeiten geflutet werden. Die Auftriebsräume hatten ein System zum Fluten und Umpumpen des Wassers. Durch runde, an den Außenwänden der Auftriebsräume angebrachte Detonationsklappen sollten die Detonationsgase entweichen. Nachdem aber an einem Modell des Unterwasserschutzsystems (1 : 1) Sprengversuche mit einer 454-kg-Ladung durchgeführt worden waren, wurden diese Detonationsklappen festgesetzt, da sie ihren Zweck nicht erfüllten. Die Sprengversuche bewiesen, daß das Schiff eine solche Unterwasserdetonation überstehen konnte, ohne daß die Geschwindigkeit wesentlich herabgesetzt werden mußte. Tatsächlich wurde die NELSON am 27. September 1941 von einem Flugzeugtorpedo getroffen, der ein Leck (9,2 × 4,6 m) in die Außenhaut riß und den Torpedoraum zerstörte. Das Schiff konnte seine Gefechtsaufgabe jedoch mit 15 kn Fahrt fortsetzen, bevor es zur Notreparatur in Gibraltar einlief.

Der Unterwasserschutz der Flugzeugträger ähnelt dem der Schlachtschiffe. Ihre Panzerung ist aber weitaus schwächer.

Auf Kreuzern kann keine so große Schutzbreite wie auf Schlachtschiffen realisiert werden. Es sind deshalb nur zwei Schutzräume zwischen dem Torpedoschott und der Außenhaut möglich. Der Vorteil der Kreuzer besteht in ihrer relativ hohen Geschwindigkeit, die es ihnen leichter macht, Torpedoangriffen und Torpedos auszuweichen.

Zerstörer, kleinere Kriegsschiffe und Handelsschiffe haben keinen speziellen Unterwasserschutz. Auf ihnen ist die wasserdichte Unterteilung des Schiffskörpers der wesentliche konstruktive Schutz gegen Unterwasserdetonationen. Wenn es gelingt, den Wassereinbruch zu lokalisieren, kann ein Zerstörer durchaus einem Torpedotreffer standhalten. Allerdings erfaßt die zerstörende Wirkung der Detonation annähernd die gesamte Schiffsbreite. Ein Auseinanderbrechen des Zerstörers ist deshalb nicht auszuschließen.

Tanker können durch ihre strenge Zelleinteilung ebenfalls Torpedotreffern standhalten, sofern ihre Ladung nicht in Brand gerät.

Auch moderne U-Schiffe verfügen über ein Schutzsystem gegen Torpedotreffer. So sollen sowjetische U-Boote einen zweifachen Druckkörper aus einer Titanlegierung von je 5 cm Stärke mit einem Abstand von mehr als 4 m haben. Dieser konstruktive Unterwasserschutz entspräche etwa dem der Schlachtschiffe des zweiten Weltkrieges.

Eine weitere schiffbauliche Maßnahme zum Schutz vor Unterwasserdetonationen ist die möglichst **schocksichere Anordnung** der Maschinen und anderer wichtiger Anlagen. Den durch Unterwasserdetonationen auftretenden Schockschäden widmete man erst im zweiten Weltkrieg Aufmerksamkeit. Gußeiserne Teile, die bei Schockeinwirkungen leicht brachen, wurden durch Stahlteile ersetzt (z. B. Maschinenfundamente). Hartgummieinlagen gewährleisteten die elastische Lagerung von Fundamenten und Anlagen. Die elektrischen Schaltelemente wurden so modifiziert, daß sie bei Schockeinwirkung nicht selbständig ausschalteten.

Selbstverständlich unterliegt auch die Besatzung der Schockeinwirkung. Verletzungen können dabei sowohl durch die auftretende Beschleunigung als auch durch den Aufprall, durch Wegschleudern auftreten und durchaus tödlich ausgehen. Im modernen Kriegsschiffbau wird daher angestrebt, die Schockeinwirkung auf die Besatzung zu verringern. Dafür geeignet erscheinen Zwischenfundamente, besondere Konstruktionen für Sitze und schwingungsdämpfender Fußboden für das stehende Personal. Es bleibt festzustellen, daß mit den genannten Maßnahmen die Schockeinwirkung vermindert, aber nicht vollständig aufgehoben wird.

Eine dritte schiffbauliche Maßnahme ist die **Dämpfung der physikalischen Schiffsfelder**, auf die die Steuerung bzw. Zündung eines Torpedos ansprechen kann. Arbeitet die Steuerung eines zielsuchenden Torpedos z. B. auf passiver akustischer Basis, so geht es darum, den Geräuschpegel zu senken, der durch die Arbeit der Antriebsanlage, der Hilfsmaschinen und der Propeller sowie durch das den Schiffskörper umströmende Seewasser entsteht. Das kann erreicht werden durch sorgfältiges Balancieren sich bewegender Maschinenteile und ihre Massereduzierung; durch Isolation einzelner Baugruppen und ganzer Schiffsabteilungen; durch Beseitigung der festen Verbindungen zwischen Baugruppen und dem Schiffskörper mit Hilfe von Schwingungsdämpfern; durch Verringerung der Anzahl der Propeller; durch Vergrößerung der Ausmaße ihrer Flügel und durch Veränderung ihres Profils; durch Einsatz nichtkavitierender Propeller sowie durch strömungsgünstige Gestaltung und Verbesserung der Oberfläche des Schiffskörpers.

7.2. Schiffsmanöver

In Abhängigkeit von der Ortungsentfernung eines angreifenden Torpedos verbleibt für die Abwehr nur relativ wenig Zeit (30 bis 60 s).

Das Ziel des **Ausweichmanövers** besteht darin, dem Torpedo möglichst wenig Fläche zu bieten. Bei einer Schiffsseitenpeilung von 0° bis 60° wird auf den Torpedo zugedreht, bei einer Schiffsseitenpeilung größer als 60° wird vom Torpedo weggedreht. Den Erfolg des Ausweichmanövers bestimmt eine gut organisierte optische und technische Beobachtung und die schnelle Entschlußfassung des Kommandanten sowie die Manövrierfähigkeit des Schiffes. Bei jeder Drehkreisfahrt werden drei aufeinanderfolgende Perioden unterschieden:

1. Die Periode des Ruderlegens (Manöverperiode). Sie umfaßt 10 bis 15 s, wobei das Schiff in der Regel den alten Kurs beibehält.
2. Die Periode des Beginns des Drehkreises (Evolutionsperiode). Das Schiff durchläuft eine spiralenförmige Bahn mit sich ständig verringerndem Drehkreisradius. Die Geschwindigkeit verringert sich relativ schnell. Diese Periode ist nach 100° bis 120° beendet.
3. Die Periode des Drehkreises (Periode der stabilen Zirkulation). Die Winkelgeschwindigkeit ist konstant, die Schiffsgeschwindigkeit verringert sich nicht weiter.

Bei Ausweichmanövern vor Torpedos sind die ersten zwei Perioden wichtig. Die Größe des Drehkreisdurchmessers hängt von vielen Faktoren ab, die hier nicht betrachtet werden können. Das Verhältnis von Drehkreisdurchmesser (d) zu Schiffslänge (l) ist das Maß für die Wendefähigkeit eines Schiffes. Dieses Verhältnis beträgt für Zerstörer etwa 5 bis 7. Der Geschwindigkeitsverlust im Drehkreis beträgt etwa 25 bis 30 %, bei Schiffen mit guter Wendefähigkeit sogar 50 bis 60 %.

Aber auch die Kenntnis des Verhaltens eines Schiffes bei **Geschwindigkeitsveränderungen** ist beim Ausweichen vor Torpedos wichtig. Ein in Fahrt befindliches Schiff verliert nur langsam seine Bewegungsenergie und legt bei einem Manöver «Voraus Große Fahrt» auf «Zurück Äußerste Kraft» eine **Stoppstrecke** und bei einem Manöver «Voraus Große Fahrt» auf «Stopp» eine **Auslaufstrecke** zurück.

Die Auslaufstrecke eines mit 20 kn laufenden Kreuzers von 170 m Länge beträgt etwa 800 m, seine Stoppstrecke etwa 560 m. Bei Handels- und Hilfsschiffen sind diese Wegstrecken im allgemeinen noch größer als bei Kriegsschiffen. Auch sind Fahrtveränderungen zeit- und damit wegabhängig. Für einen Knoten Fahrterhöhung bzw. Fahrtverminderung eines Zerstörers wird eine Wegstrecke von durchschnittlich 30 m benötigt. Das heißt, daß ein Zerstörer bei Geschwindigkeitserhöhung von 18 auf 30 kn etwa 360 m zurücklegt und dafür etwa 30 s Beschleunigungszeit benötigt. [17]

U-Boote führen außer Kurs- und Geschwindigkeitsveränderungen auch noch Tiefenmanöver zur Torpedoabwehr durch. Durch das gleichzeitige Schießen mehrerer Torpedos im Torpedofächer wird das Ausweichmanöver in seiner Wirkung herabgesetzt.

Zur Abwehr zielsuchender Torpedos sind die genannten Schiffsmanöver im Prinzip zwecklos.

Als günstiges Mittel der Torpedoabwehr erwiesen sich **hohe Geschwindigkeiten** und das Laufen von **Zickzackkursen**. Die Passagierschiffe QUEEN ELIZABETH (83 655 ts) und QUEEN MARY (81 235 ts) überquerten im zweiten Weltkrieg ohne Sicherung den Atlantik. Die verbrecherischen Versuche faschistischer U-Boote, sie zu vernichten, schlugen fehl. Da beide Schiffe bei der Überfahrt 28,5 kn liefen, konnten sie sowohl den angreifenden U-Booten als auch den geschossenen Torpedos ausweichen.

7.3. Passive Abwehrmittel

An großen Überwasserschiffen wurden **Schutznetze** angebracht, in denen sich die Torpedos fangen und in relativ ungefährlicher Entfernung detonieren sollten.

Erste Schutznetze kamen in Großbritannien (1883) und in Deutschland (1885) zum Einsatz und wurden noch im zweiten Weltkrieg in großem Umfang angewendet. Zunächst schützten die Netze nur den Mittschiffsbereich einschließlich der Munitionsräume, später kamen die vielfach nur vor Anker auszubringenden Schutznetze für das Vor- und Achterschiff hinzu. Das Ausbringen und Einnehmen war eine harte seemännische Arbeit und nur bei relativ ruhiger See möglich. Durchschnittlich mußten 70 bis 80 t bewältigt werden. Am Ende des zweiten Weltkrieges waren etwa 700 britische Schiffe mit Schutznetzen ausgerüstet. Bei Angriffen auf diese Schiffe wurden nur sechs Treffer erzielt, 15 Torpedos detonierten in den Netzen. Das ist immerhin eine Wirksamkeit von 71 %. Natürlich boten die Netze nur bedingt Schutz. Insbesondere gegen Torpedos mit Netzscheren am Kopf und gegen Torpedos mit Abstandszündeinrichtung waren sie weniger wirksam. Die Schutznetze behinderten außerdem beträchtlich die Manövrierfähigkeit und die Geschwindigkeit des Schiffes. Ab Geschwindigkeiten von 5 bis 6 kn hoben sich die Netze im Fahrtstrom, und in größerer Tiefe reduzierte sich ihre Wirksamkeit.

Weitere passive Maßnahmen zur Abwehr von Torpedos bzw. von kleinen Überwassertorpedoträgern bildeten die **Trossen-** oder **Balkensperren** vor Häfen. Die umfangreichen Bauteile solcher Sperren wurden bereits in Friedenszeiten in Depots gelagert und zu Übungen eingesetzt.

Großbritannien schützte im ersten Weltkrieg 85 Basen und Häfen mit derartigen Sperren, die eine Gesamtlänge von etwa 600 Meilen hatten. Für das Auslegen, Beobachten, Bewachen, Warten und Ausbessern wurden 360 Offiziere, 4 222 Matrosen

Bild 208
Ausbringen eines Torpedofangnetzes im ersten Weltkrieg

und Arbeiter sowie 312 Schiffe benötigt. Die Kosten beliefen sich auf rund 9,2 Mrd. Pfund Sterling. Die Effektivität der Sperren war relativ hoch. Nur 40% der Torpedos mit Netzscheren gelangten im zweiten Weltkrieg bei Geschwindigkeiten von 45 kn durch die erste und nur 10% durch die zweite Sperre.

Die Netzsperren der faschistischen deutschen Kriegsmarine waren anders konstruiert. Das Netz stand unter der Wasseroberfläche, wodurch die Sperre optisch nicht sichtbar war, aber von leichten Überwasserkräften überwunden werden konnte.

Auch in der sowjetischen Seekriegsflotte bewährten sich Trossen- und Balkensperren. Ein U-Boot der Faschisten griff am 16. Februar 1944 auf der Innenreede von Batumi den Transporter PESTEL an. Der Torpedo detonierte 200 m vor dem Ziel.

Italien legte vom 8. September 1943 bis zum 8. Mai 1945 auf den Zufahrten vor Basen 81163 Torpedonetze aus, die eine ernste Gefahr für die angreifenden TS-Boote und Ein-Mann-Torpedos der faschistischen Kriegsmarine waren.

Nachteile stationärer Sperren:

- Die Sperren mußten bewacht werden.
- Die eigenen Schiffe wurden in ihrer Bewegungsfreiheit behindert.
- Das Öffnen und Schließen sowie das Passieren der Durchfahrtsöffnungen erforderte viel Zeit.
- Torpedoboote mit entsprechender Vorstevenform und mit Ruder- und Propellerschutz konnten zumindest Trossensperren überlaufen.

Wie die Seekriegsgeschichte zeigt, war das Überwinden der Trossen- und Balkensperren aber immer mit Schiffsverlusten verbunden. Als die faschistische Kriegsmarine 1943 die ersten zielsuchenden Torpedos T V einsetzte, stellte dies die Torpedoabwehr vor ernste Probleme. Obwohl die Geschwindigkeit des T V nur 24,5 kn betrug, das zu bekämpfende Schiff nicht weniger als 12 bis 18 kn laufen mußte und der Vorrat an solchen Torpedos an Bord der U-Boote nur 20 bis 25% der Gesamtzahl der mitgeführten Torpedos betrug, wurden anfänglich beachtliche Erfolge erzielt. Aber schon die Ausrüstung der Sicherungsschiffe der transatlantischen Geleite mit dem Gerät «Foxer», das achterausgeschleppt die Geräusche der Propeller imitierte und übertönte, minderte die Wirksamkeit der ersten zielsuchenden Torpedos. Der Einsatz dieses **Geräuschimitators** begrenzte zwar die Schiffsgeschwindigkeit auf 15 kn und engte die Manövrierfähigkeit der Überwasserschiffe ein, trotzdem spielten die «Foxer» eine wichtige Rolle im Kampf gegen zielsuchende Torpedos im zweiten Weltkrieg.

Auch in der Gegenwart sind starke Geräusche in einiger Entfernung vom Schiff eine effektive Methode zur Abwehr zielsuchender Torpedos auf passiver akustischer Basis. Spezielle Schwinger werden 200 bis 250 m hinter dem Heck des zu schützenden Schiffes geschleppt. Sie arbeiten elektrisch oder mechanisch. Das erzeugte akustische Feld ist in seinem Spektrum dem des Schiffes ähnlich, aber in der Intensität 15- bis 20mal stärker. Die akustischen Schwinger beeinträchtigen allerdings die Arbeit der eigenen hydroakustischen Stationen an Bord und enttarnen den eigenen Standort auf große Entfernungen.

Eine Maßnahme des Schutzes vor Zielsuchtorpedos auf aktiv akustischer Basis (aber auch der Ortung des U-Bootes durch eine hydroakustische Anlage) ist die Verhinderung der Reflexion der vom Torpedo ausgesendeten Signale durch teilweise oder vollständige Absorption am Schiffskörper. Dazu wird eine spezielle **Gegenhydro-Or-**

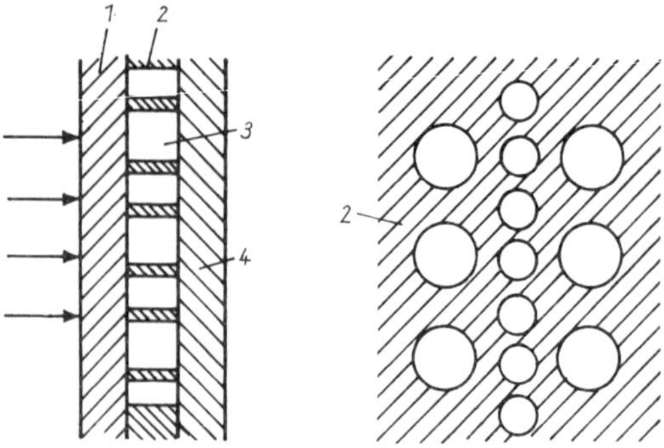

Bild 209
Gegenhydro-Ortungsschicht eines U-Bootes
1 – äußere Gummischicht; 2 – innere Gummischicht; 3 – Öffnungen; 4 – Außenhülle des U-Bootes

tungsschicht auf den Schiffskörper aufgetragen. Schon im zweiten Weltkrieg wurden schallschluckende Gummikeile von etwa 20 m Länge an der U-Boot-Außenwand befestigt. Allerdings führte das zur Erhöhung der Gesamtmasse des U-Bootes und seiner Reibung mit dem umströmenden Seewasser. Später verwendete man glatte, auf Resonanz arbeitende Absorber aus äußerst dünnem, aber porösem Gummi. Der Schall, der auf diese Schicht traf, rief Resonanzschwingungen in den Hohlräumen der Gummischicht hervor, die Schallenergie wurde vorwiegend in Wärme umgewandelt und das reflektierte Echo stark gemindert.

Ein anderer Typ einer Gegenhydro-Ortungsschicht besteht aus zwei geklebten Gummischichten mit einer Stärke von 2 mm. Die äußere Schicht ist massiv, die innere Schicht mit Öffnungen verschiedener Durchmesser versehen. Die Hohlräume dieser Öffnungen verschlucken die Energie der Ultraschallschwingungen. An diesem Prinzip wird nach wie vor international gearbeitet.

Eine weitere Möglichkeit des Hydro-Ortungsschutzes besteht darin, einen Schleier (Vorhang) aus **Luft- oder Gasblasen** im Seewasser zu erzeugen, der die Körperumrisse des U-Bootes entstellt oder dem Gegner ein «U-Boot-Scheinziel» anbietet.

1941 setzte ein U-Boot der faschistischen Kriegsmarine ein Gerät mit der Tarnbezeichnung «Bold» erfolgreich ein. Nach langen Versuchen war es gelungen, dieses Gerät zur Einsatzreife zu entwickeln. Sechs dieser Geräte konnten gleichzeitig durch eine spezielle Ausstoßvorrichtung (ähnliches Prinzip wie beim Torpedoausstoß) eingesetzt und in kurzer Zeit an Bord nachgeladen werden. Bekannt war, daß Kalziumhydrit in Verbindung mit Seewasser relativ große Mengen Wasserstoffgas entwickelt. Ein Problem waren die großen Gasblasen, die schnell zur Wasseroberfläche aufstiegen und nur kurze Täuschzeiten zuließen. Durch Zermahlen des Kalziumhydrits in 1 bis 3 mm große Stücke und ihre Ummantelung mit wasserlöslichem Lack wurde die Lösung gefunden. Die Masse füllte man in einen aus engmaschigem Draht gefertigten zylindrischen Käfig mit 9 cm Durchmesser und 6 cm Höhe und brachte den Käfig in einer Schwimmkappe unter. Die sechs gleichzeitig ausgestoßenen «Bolde» pendelten zwischen 14 und 25 m Wassertiefe an der Ausstoßstelle und erzeugten eine dichte Wand kleiner Gasbläschen. Der Auftrieb der Bläschen war gering, so daß die Blasenwolke längere Zeit im Wasser hielt. Die Wand gab ein Ultraschallecho ab, das auch geübte Orter täuschte. Nach 30 bis 40 min versanken die Geräte. Bis 1945 wurde der «Bold» wirkungsvoll eingesetzt. Allerdings fehlte hierbei der Dopplereffekt, wodurch in der Gegenwart der Kontakt relativ einfach als Scheinziel klassifiziert werden kann.

In der Gegenwart werden solche Bläschen zur Torpedoabwehr aber noch immer genutzt. In den letzten Jahren wurden besonders in den USA eine Anzahl von Patenten bekannt, die sich mit der passiven Abwehr von Torpedos befassen. Hierbei werden auf verschiedene Weise neben dem Schiffskörper in ausreichender Entfernung Sprengsätze geschleppt, die beim Anlaufen eines Torpedos durch Abstandszünder detonieren und den Torpedo vernichten sollen.

7.4. *Aktive Abwehrmittel*

Ein wirksames Mittel zur Abwehr von Torpedos, unabhängig von deren Steuerverfahren, war und ist der Einsatz von **Wasserbomben**. Durch die Detonation sollen Torpedos beschädigt oder besonders empfindliche Baugruppen des Torpedos ausfallen. Hinzu kommt in der Gegenwart der Einsatz reaktiver Wasserbomben zur Torpedoabwehr. Von Vorteil ist dabei die große Reichweite moderner reaktiver Wasserbomben (mehrere tausend Meter). Das Problem dabei besteht in der rechtzeitigen Ortung des Torpedos.

Ein US-amerikanisches Patent schlägt vor, nach der Ortung eines Torpedos vom angegriffenen Schiff eine Rakete in Richtung des Torpedos zu schießen. Beim Eintritt ins Wasser zerlegt sich die Rakete und entfaltet vor dem Torpedo eine **netzförmige Barriere**. Trifft der Torpedo auf die Barriere, so detonieren die in ihr angeordneten Sprengkörper und vernichten den Torpedo.

Da bei den genannten passiven Störpatronen der Dopplereffekt fehlte, kann ein moderner Torpedo den Kontakt als Scheinziel klassifizieren. Deshalb wurden nach dem zweiten Weltkrieg torpedoähnliche selbststeuernde **Zielimitatoren** für U-Boote geschaffen, die ebenfalls einen Schleier aus Gasblasen erzeugen. Andere selbststeuernde Zielimitatoren simulieren den Geräuschpegel eines U-Bootes, reflektieren die Echos und den Kielwasserstrom und können nach einem Programm längere Zeit manövrieren.

Ende der 50er Jahre erhielten die Seestreitkräfte der NATO den selbststeuernden Zielimitator 21 B 12. Ihn konnten U-Boote, Überwasserkräfte und Hubschrauber einsetzen. Seine Länge betrug 3,3 m, das Kaliber 0,25 m und die Masse 155 kg. Er vermochte für zwei Stunden mit 8 kn in 15 bis 60 m Wassertiefe zu laufen. Ein Programmechanismus steuerte das Manöver, das ähnlich dem eines U-Bootes war. Die Geräusche des 21 B 12 konnten auf 25 kbl Entfernung ausgemacht werden.

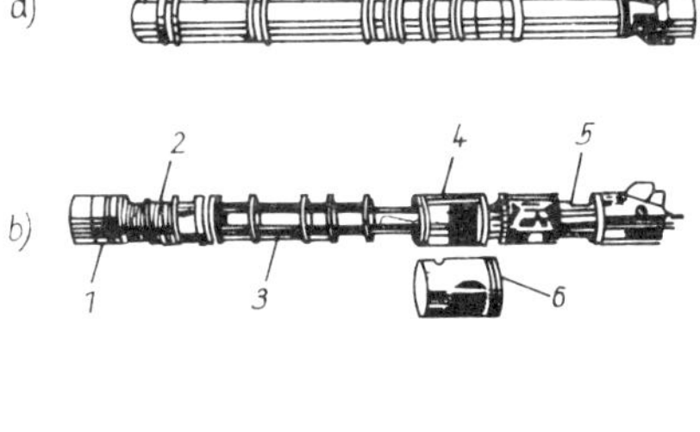

Bild 210
Selbststeuernder Zielimitator AN/BLQ-9
a – Außenansicht; b – Ansicht bei abgenommener Verkleidung
1 – Bugsektion; 2 – Elektroniksektion; 3 – Akkumulatorsektion; 4 – Empfängersektion; 5 – Steuersektion; 6 – austauschbarer Sender

In der Bewaffnung der US Navy befindet sich der selbststeuernde Zielimitator AN/BIQ-9. Er hat die Form und die Abmessungen eines kleinkalibrigen Torpedos (Länge 3,35 m, Durchmesser 0,254 m, Masse 156 kg). Er kann in Tiefen zwischen 15 bis 122 m mit einer Geschwindigkeit von 8 bis 10 kn für die Dauer von zwei Stunden manövrieren. Die von ihm im Frequenzbereich von 0,1 bis 10 kHz ausgestrahlten Geräusche werden in 4 000 bis 5 000 m Entfernung aufgenommen. Die Echosignale erhalten eine Phasenverschiebung, die dem Dopplereffekt eines mit 2 bis 6 kn laufenden U-Bootes entsprechen, und wirken dadurch echter.

Der selbststeuernde Zielimitator Mk 30 wurde 1968 in die USA-Marine eingeführt. Er manövriert nicht nur im Kurs und in der Tiefe, sondern er kann auch seine Geschwindigkeit ändern und erzeugt das Magnetfeld eines U-Bootes. Dadurch lenkt er UAW-Flugzeuge und Hubschrauber mit magnetischen Ortungsgeräten auf sich.

Japan besitzt selbststeuernde Zielimitatoren, die mit Hilfe von Magnetbandaufzeichnungen den realen Geräuschpegel eines U-Bootes wiedergeben.

Eine andere Methode, zielsuchende Torpedos auf aktiver akustischer Basis abzuwehren, besteht in der ununterbrochenen Aufzeichnung der vom Torpedo ausgesendeten Signale und der Zurückstrahlung der Echos durch den Zielimitator. Der Zielimitator nimmt die akustischen Signale der Zielsucheinrichtung des Torpedos auf eine Magnettrommel auf, die sich mit 6 000 U/min dreht. Nach 25 s werden die Signale wieder abgenommen, verstärkt und als Echos in das Seewasser abgestrahlt. Nimmt die Aufzeichnung die gesamte Trommeloberfläche ein, so strahlen die Echos ununterbrochen zurück. Wird nur ein Teil der Trommeloberfläche von Aufzeichnungen belegt, so erfolgt die Rückstrahlung der Echos in Intervallen. In den Pausen sendet der Zielimitator einen ununterbrochenen breitbandigen Lärm aus.

Hält man sich die angestrengten Arbeiten vor Augen, den Torpedo immer «intelligenter» zu machen, so zeigen die Darlegungen, daß die Abwehr von Torpedos ein kompliziertes Problem ist. Verschiedene aktive und passive Mittel und deren kombinierter Einsatz sind erforderlich, bedingen einen hohen Kostenaufwand und können nie einen absoluten Schutz gewährleisten. Besonders die hydroakustische Gegenwirkung wird als wichtiger Bestandteil des funkelektronischen Kampfes auf See betrachtet.

Abschließend sei noch darauf verwiesen: Kernwaffen werden zur Abwehr von Torpedos nicht eingesetzt. Aber der bei einer Kernwaffendetonation neben der Druck- und Hitzewelle sowie der Neutronenstrahlung entstehende elektromagnetische Impuls wirkt auf den Torpedokörper, die Torpedoarmaturen und die Steuerleistung ein. Die entstehenden elektromagnetischen Felder mit ihren charakteristischen zeitlichen Verläufen koppeln Störungen und Spannungen in die elektrischen bzw. elektronischen Anlagen ein.

Dem versuchen die Torpedokonstrukteure durch Maßnahmen der Abschirmung zu begegnen. Dazu zählen die Güte des Abschirmmaterials, die Dicke, die geometrische Form und die Homogenität der Abschirmhülle, Maßnahmen des Kabelschutzes, die Verlegung von Erdungsschleifen u. a. m.

8. Perspektive der Torpedobewaffnung

Analysiert man die neuesten Entwicklungstendenzen, so kann man feststellen, die Torpedobewaffnung ist auf einer Vielzahl von modernen Kriegsschiffen armiert. Viele Marineexperten geben der Torpedobewaffnung eine reale Perspektive bis ins kommende Jahrtausend.

Der Torpedo ist in der Lage, spezifische Aufgaben zu erfüllen, wozu andere Waffen der Seestreitkräfte weniger geeignet sind. Wasserbomben und Minen wirken ebenfalls unter Wasser und nutzen die Verdämmungswirkung des Seewassers, sind aber nicht in der Lage, dem manövrierenden Gegner zu folgen. Diese Eigenschaft machte den Torpedo in der Gegenwart zu einer wirkungsvollen U-Boot-Abwehrwaffe.

Viele Flotten haben spezielle UAW-Torpedos, und die herkömmlichen Seezieltorpedos wurden weiterentwickelt. Andere Flotten geben dem unviersell einsetzbaren Torpedo den Vorzug. Moderne Torpedos werden nach ihrer Bestimmung klassifiziert. Verstärkt finden die Mikroelektronik, die Rechentechnik und die Kybernetik im Torpedobau Anwendung. Das führte zur Verringerung der Abmessungen und der Gesamtmasse der Torpedos und zur Verbesserung ihrer taktischen Eigenschaften.

Moderne Torpedos sind kompliziert aufgebaute, technisch ausgereifte und zuverlässig arbeitende Konstruktionen, die sehr kostspielig sind. Ihre Bekämpfung ist äußerst aufwendig und schwierig.

Auch künftig bestimmen folgende Tendenzen die Entwicklung:
- Erhöhung der Reichweite und Geschwindigkeit;
- Erhöhung der zerstörenden Wirkung;
- Erhöhung der Treffsicherheit;
- Verbesserung der Manövriereigenschaften und Verringerung der Reaktionszeiten;
- Vergrößerung der Tauchtiefe;
- Vergrößerung der Ausmachreichweiten der Zielsucheinrichtungen bei hohen Torpedogeschwindigkeiten;
- Selektionsvermögen zwischen Echt- und Scheinzielen.

Reichweite und Geschwindigkeit jedes Torpedos werden von seiner Antriebsanlage bestimmt. Der **Dampfgasantrieb** ist der leistungsfähigste Torpedoantrieb und am ehesten geeignet, Reichweite und Geschwindigkeit der Torpedos weiter schrittweise mit vertretbarem Kostenaufwand zu steigern. Die Preßluft als Energieträger wird immer mehr durch effektivere Sauerstoffträger verdrängt. Umfangreiche For-

Klassifikation der Torpedos nach ihrer Zweckbestimmung

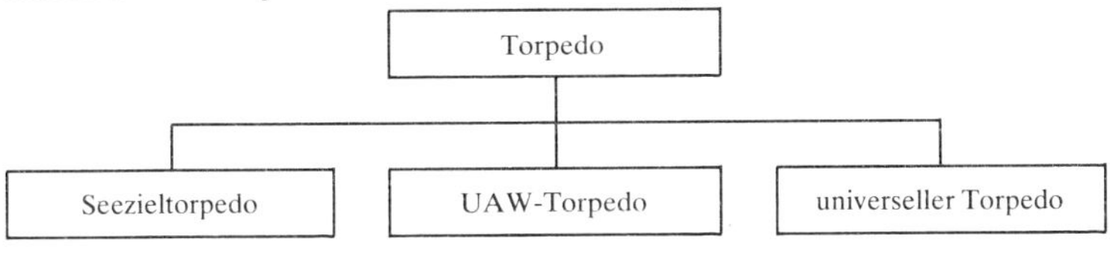

Klassifikation des Torpedoantriebes

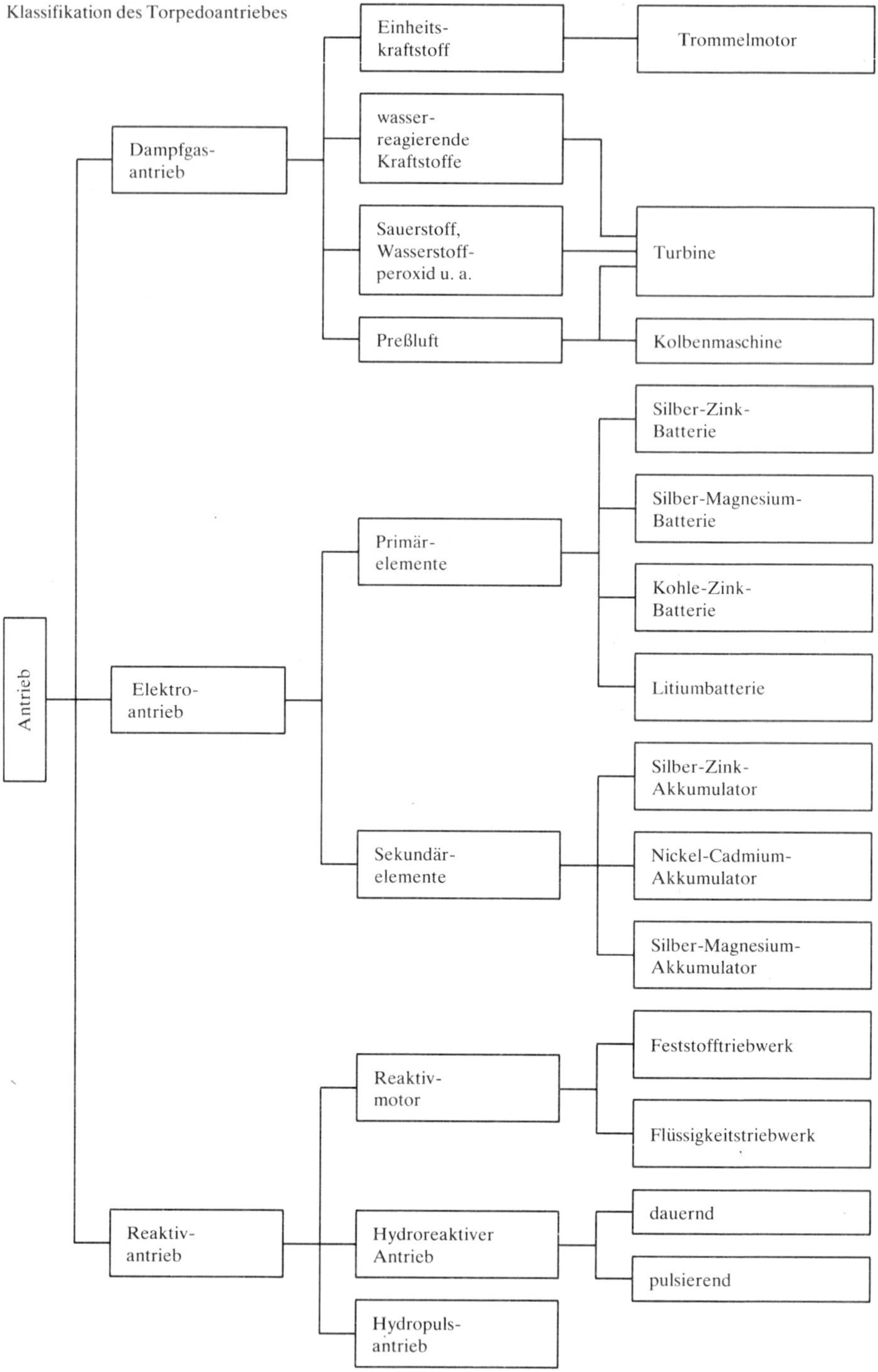

schungsarbeiten werden betrieben, um verbesserte Kraftstoffe mit hoher Energiedichte zu entwickeln. Versuche mit wasserreagierenden Kraftstoffen laufen. Der breite Übergang zum geschlossenen Kreislauf im Torpedoantrieb ist zu erwarten.

An der Vervollkommnung des **Elektroantriebes** wird angestrengt gearbeitet. Die in der Gegenwart genutzten Energiequellen sind äußerst kostspielig. Die Anwendung organischer Katoden in Batterien wird untersucht, so kann in den nächsten Jahren mit dem Einsatz von Aluminiumbatterien hoher Leistung und mit Kunststoffbatterien gerechnet werden. Die Möglichkeit, elektrochemische Zellen extrem flach zu fertigen, sie beliebig zu formen und zu schichten und sie in den Behälterbau zu integrieren, gibt dem Torpedo neuartige Chancen. Die Kunststoffbatterie wird als äußere Verkleidung des Torpedos ausgebildet, verbrauchte Batterieschichten werden abgestoßen. Die abgestoßenen Batterieteile können als Scheinziele für Abwehrwaffen dienen. Elektrotorpedos laufen spurlos, sind relativ einfach aufgebaut, und ihr geringer Geräuschpegel unterstreicht ihre besondere Eignung als UAW-Waffe. Die Forschungsarbeiten konzentrieren sich besonders auf die Erschließung von Energiequellen hoher Kapazität.

Der **Reaktivantrieb** erreichte bisher keine breite Einsatzreife. Die an die dafür erforderlichen Kraftstoffe gestellten Anforderungen sind nur schwer zu realisieren, und ihre Herstellung ist technologisch noch sehr aufwendig. Andererseits wird intensiv geforscht, um solche Vorteile wie den einfachen Aufbau, die preiswerte Herstellung, die hohe Geschwindigkeit und die zuverlässige Funktion der Reaktivtorpedos nutzen zu können. Mit dem Einsatz reaktiver Torpedos muß noch in absehbarer Zeit gerechnet werden.

Der Torpedoantrieb ist durch eine **Kernantriebsanlage** prinzipiell möglich, die Kosten sind jedoch sehr hoch.

Auch durch günstige Formgebung, Verbesserung der Oberflächenqualität und Verringerung des Widerstandes zwischen Torpedo und Seewasser können die Reichweite und die Geschwindigkeit der Torpedos erhöht werden. Ein technisch schwierig zu lösendes Problem ist die Verringerung des Geräuschpegels der Torpedoantriebsanlagen. Die Entwicklung und Einführung neuer **Waffenkombinationen** (Rakete – Torpedo, Mine – Torpedo, Torpedo – Mine) ist zu erwarten. Ende der 80er Jahre sollen die sogenannten Abstandswaffen einsatzbereit sein. Eine Rakete könnte dann außerhalb der gegnerischen Abwehrwaffen durch ein automatisiertes Sensorennetz ferngesteuert einen Torpedo in Zielnähe transportieren. Der Torpedo nimmt in relativ geringer Distanz den Kampf mit dem Gegner auf. Von einem modernen UAW-Torpedo werden gegenwärtig 60 kn und in Zukunft 75 kn gefordert.

Die Masse und Art der **Ladung** sowie ihr **Zündprinzip** bestimmen die Wirkung des Torpedos am gegnerischen Schiff. Da es nicht zweckmäßig erscheint, die Ladungsmasse der Seezieltorpedos (etwa 400 kg) und der UAW-Torpedos (etwa 100 kg) weiter zu erhöhen, befassen sich die Forschungsarbeiten mit der Verbesserung der Eigenschaften der herkömmlichen Sprengstoffe. Dabei geht es um noch höhere Dichte und Detonationsgeschwindigkeiten. Immer mehr kommen kumulativ wirkende Hohlladungen zum Einsatz, um die Standkraft der Ziele zu brechen. Denkbar ist auch der Einsatz zweistufig wirkender Sprengstoffe.

Bei den Zündeinrichtungen stehen die Vervollkommnung bekannter und die Erschließung weiterer wirkungsvoller Zündprinzipien und ihre störsichere Arbeit im Vordergrund. Der Torpedo ist als Träger einer Kernladung geeignet.

Die **Steuerung** des Torpedos bestimmt seine Treffsicherheit. Immer stärker werden

den die autonome, die Fern- und die Zielsuchsteuerung miteinander kombiniert. Mit der Einführung des Strapdown-Kreisels und seiner Kopplung mit programmierbaren Mikroprozessoren ist die Torpedosteuerung auf digitaler Basis gegeben. Die Torpedos werden immer «intelligenter». Sie arbeiten gleichermaßen in Flachwasser- und Tiefenwassergebieten zuverlässig, ihre Störsicherheit wächst, sie orten auch geräuscharme Ziele, sie reagieren auf Abwehr- und Täuschmaßnahmen und sind in der Lage, flexibel auf die konkrete Gefechtssituation zu reagieren. Nicht zuletzt versetzt sie ihre Steuerung in die Lage, nahezu senkrecht auf die Bordwand aufzutreffen, wodurch der Hohlladungseffekt erst voll wirken kann. Es ist zu erwarten, daß in naher Zukunft eine Vielzahl von Torpedos diese Forderungen erfüllen. Bei der Fernsteuerung ist mit der Ablösung der metallischen Materialien der Steuerdrähte durch Glasfasern zu rechnen. Die Nutzung anderer physikalischer Felder für die Steuerung als nur das akustische wird erforscht.

Bei den **Torpedoausstoßanlagen** der Unter- und Überwasserkräfte zeichnet sich die Tendenz zum Einsatz verschiedener Torpedotypen mit unterschiedlichem Kaliber aus ein und derselben Anlage ab. Die Kopplung mit Waffenleitanlagen wird generell realisiert. Ausstoßanlagen in Containerform mit darin befindlichem Torpedo können schnell an Oberdeck von Überwasserschiffen installiert werden.

Klassifikation der Ladungen und Zündeinrichtungen

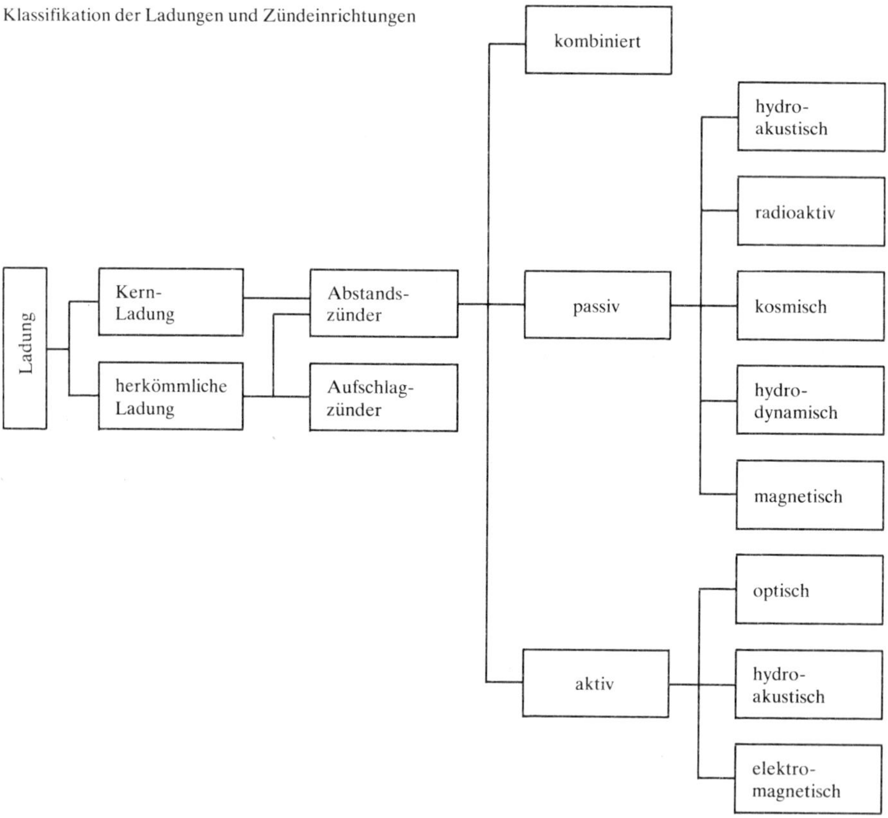

Klassifikation der Steuerung

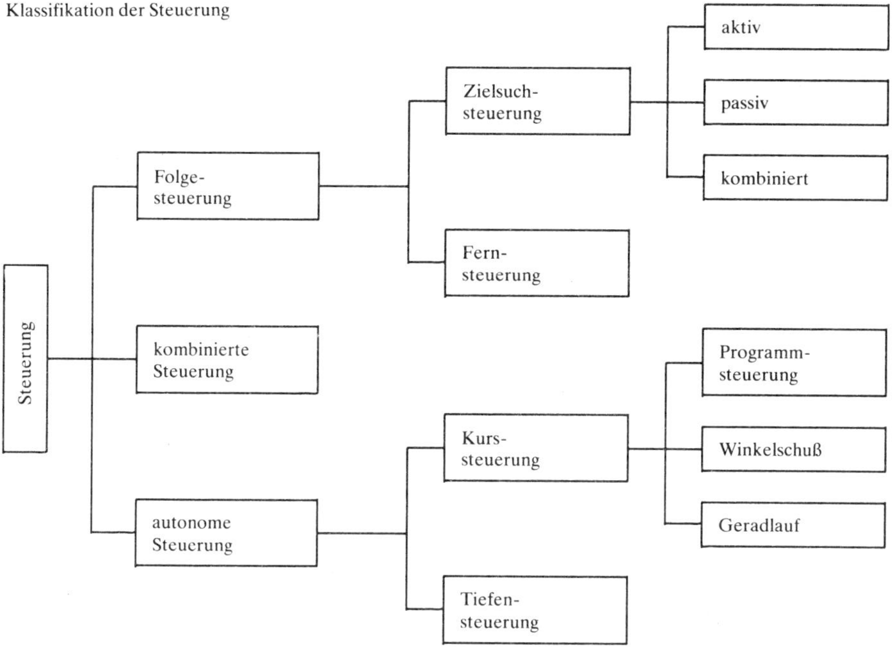

Die weitere Entwicklung der **Torpedoträger** kann nicht einseitig aus der Sicht der Torpedowaffe betrachtet werden, auch die anderen Bewaffnungsarten üben einen wesentlichen Einfluß auf die Entwicklung der verschiedenen Kriegsschiff-Klassen aus. Mit Sicherheit wird das U-Boot ein typischer Torpedoträger bleiben. Während das nuklear getriebene Raketen-U-Boot strategische Raketen als Hauptbewaffnung und Torpedos zur Selbstverteidigung führt, geht beim Angriffs-U-Boot der Trend zu einer gemischten Bewaffnung, die aus strategischen oder taktischen Flügelraketen, Torpedos und der Kombination Rakete – Torpedo bestehen kann. Die schiffbauliche Entwicklung geht in Richtung größerer Tauchtiefen, höherer Unterwassergeschwindigkeiten bei verringertem Geräuschpegel, Verringerung der Schallreflexion u. a. m. Tauchtiefen um 1000 m dürften zu erreichen sein, nicht zuletzt durch die Verwendung von Titanlegierungen für den Druckkörper. Stärkere Antriebsanlagen bei gleichzeitig verringertem Wasserwiderstand lassen unter Wasser mehr als 40 kn zu.

Die Mehrzahl der Überwasserschiffe wird auch zukünftig mit Torpedos bewaffnet sein, bis auf wenige Ausnahmen aber nicht mehr mit reinen Seezieltorpedos. In erster Linie werden UAW-Torpedos oder Raketen-Torpedo-Kombinationen zur U-Boot-Bekämpfung die Torpedowaffe an Bord der Überwasserkriegsschiffe repräsentieren. Torpedoschnellboote mit Seezieltorpedos wurden zum größten Teil bereits aus den Flotten verdrängt, sie könnten ihre Nachfolger in Tragflügel-Schnellbooten finden, die mit UAW- oder Universaltorpedos bewaffnet werden. Die Boote können auch bei grober See hohe Geschwindigkeiten erreichen.

Bei der Entwicklung der UAW-Hubschrauber steht weniger eine höhere Geschwindigkeit als vielmehr die Vergrößerung der Flugweite bzw. Aufenthaltsdauer über See im Vordergrund der Entwicklungsarbeiten.

Anlagen

Anlage 1: Hauptparameter einiger Kolbenmotoren

Parameter	Kurzbezeichnung	Maßeinheit	Motortyp			
			horizontal		vertikal	
Geschwindigkeit des Torpedos	v_T	kn	41	51	44	45
Zylinderdurchmesser	d_Z	mm	104	144	125	115
Anzahl der Zylinder	m	–	2	2	4	4
Kolbenhub	s	mm	120	150	114	112
Hubrauminhalt des Motors	V_Z	l	4,00	9,52	5,60	4,60
Drehzahl	n	U/min	1 200	1 440	1 490	1 200
Effektive Leistung	P_{eff}	kW	125	345	220	235
Durchschnittsgeschwindigkeit des Kolbens	v_{Ko}	m/s	4,8	7,1	5,7	4,5
Literleistung	P_l	kW/l	30,9	36,2	39,3	51,1
Spezifische Masse des Motors	m_{spez}	kg/kW	1,03	0,79	0,68	0,52
Spezifische Leistung	P_{spez}	kW/dm³	37,2	53,0	45,0	56,8

Anlage 2: Spezifische Leistung einiger moderner Kraftstoffe

Brennstoff	Sauerstoffträger	Spezifische Leistung	
		kW/kg	kW/dm³
Dieselkraftstoff	Wasserstoffperoxid	34,15	44,16
92,5 %iges Spiritusgemisch	Wasserstoffperoxid	32,38	37,9
Fester Kraftstoff «Otto I» (Aluminium-Nitrat)	–	30,9	36,43
Flüssiger Einheitskraftstoff «Otto II»	–	21,12	25,98
Geschmolzenes Aluminium	Seewasser	68,82	184,0
Geschmolzenes Natrium	Seewasser	22,81	7,8
Geschmolzenes Lithium	Seewasser	25,98	64,76

Anlage 3: Eigenschaften einiger herkömmlicher Sprengstoffe

Sprengstoff	Formel	Dichte (g/cm³)	Detonationstemperatur (°C)	Detonationsgeschwindigkeit (m/s)	Gasvolumen (l/kg)	Trotyläquivalent
TNT	$C_6H_2(NO_2)CH_3$	1,60	2 800	6 900	690	1
Tetryl	$C_6H(NO_2)_3N(NO_2)CH_3$	1,63	3 350	7 200	710	1,1
Hexogen	$C_3H_6O_6N_6$	1,70	3 700	8 400	908	1,3

Anlage 4: Physikalisch-chemische Eigenschaften einiger Brennstoffe und Oxidationsmittel

Bezeichnung	Formel	Molekulargewicht	Elementarzusammensetzung				Wärmebeständigkeit (kJ/kg)	Dichte (kg/dm³)	Schmelzpunkt (°C)	Siedetemperatur (°C)
			O	C	H	N				
Petroleum	–	100	0,007	0,858	0,135	–	42 900	0,76...0,84	– 50	170
Äthylalkohol	C_2H_5OH	46,07	0,347	0,522	0,131	–	27 410	0,798	–117,3	78,5
Methylalkohol	CH_3OH	32,04	0,500	0,375	0,125	–	20 140	0,791	– 94,9	64,6
Luft	–	29,0	0,232	–	–	0,768	0	$1,293 \cdot 10^{-3}$	–213	–193
Gasförmiger Sauerstoff	O_2	32,0	1,000	–	–	–	0	$1,429 \cdot 10^{-3}$	–227	–183
Flüssiger Sauerstoff	O_2	32,0	1,000	–	–	–	–395	1,140	–227	–183
Wasserstoffperoxid	H_2O_2	34,02	0,940	–	0,060	–	1 510	1,46	– 2	+151
Salpetersäure	HNO_3	63,02	0,762	–	0,016	0,222	–845	1,52	– 41,6	+ 86
Stickstoffperoxid	N_2O_4	92,02	0,696	–	–	0,304	225	1,47	– 11,2	+ 21
Wasser⁺	H_2O	18,02	0,889	–	0,111	–	–	1,00	0	+100

Anmerkung: ⁺ gehört gewöhnlich als Ballaststoff zu den Kraftstoffen

Anlage 5: Torpedos von den Anfängen bis zum ersten Weltkrieg

Jahr	Typ Land	Durchmesser (mm)	Länge (m)	v (kn)	Laufstrecke (m)	Gesamtmasse (kg)	Ladungsmasse (kg)	Bemerkungen
1866	Prototyp Whiteheads	356	3,53	6	200	150	18	ohne Steuerung
1871	Fiume (Standard)	400	4,5	12	540	240	~ 20	mit Tiefensteuerung
1874	Schwartzkopff Deutschland	356	4,5	17	400	273	16	Hülle aus seewasserfester Phosphorbronze
1875	Fiume Mk I	356	4,65	17,5	540	238	~ 14	mit zwei Treibschrauben
1876	Mark I + RL Großbritannien	400	–	12	540	240	< 30	–
1883	RL Mk IV Großbritannien	350	4,42	23	540	286	27	abgerundete Kopfform
1889	Fiume Mk I	450	5,05	30	730	515	90	–
1890	RGF Mk I Großbritannien	450	5,05	30	730	550	85	–
1899	RGF Mk V Großbritannien	450	–	30	730	348	35	Kessel aus Nickelstahl, mit Seitensteuerung
1903	Schwartzkopff Deutschland	450	5,1	27 35	3000 1 300	–	150	–
1905	Fiume Mk III	450	–	29	1 900	730	100	–
1906	G Deutschland	533	7,0	27	9 800	1 122	195	mit Luftvorwärmer
1909	RGF Mk VII Großbritannien	450	–	–	5 000	704	90	–
1911	Fiume «trocken»	450	–	27	6 000	750	115	–
1913	HB Deutschland	600	8,0	27	14 000	2 000	250	Dampfgasantrieb
1914	Weymouth Mk II Großbritannien	533	–	29	9 000	1 270	102	–
1917	RNTF Mk IV Großbritannien	533	–	40	4 500	1 450	235	–
1917	USA	533	–	27	1 200	1 590	175	Turbine

Anlage 6: Anzahl und Tonnage der japanischen Handelsschiffe, die durch US-amerikanische Torpedos im zweiten Weltkrieg vernichtet wurden

Jahr	Torpedoträger			
	U-Boote		Trägerflugzeuge	
	Anzahl der Schiffe	Tonnage (BRT)	Anzahl der Schiffe	Tonnage (BRT)
1941	6	31 693	–	–
1942	133	561 472	3	21 610
1943	308	1 366 962	6	26 017
1944	548	2 451 914	204	853 740
1945	155	447 593	145	427 817
gesamt	1 150	4 859 634	358	1 329 184

Anlage 7: Torpedos im zweiten Weltkrieg

Jahr	Typ Land	Durchmesser (mm)	Länge (m)	v (kn)	Laufstrecke (m)	Gesamtmasse (kg)	Ladungsmasse (kg)	Bemerkungen
1928	RNTF Mk IX	533	–	40	9 000	1 670	340	–
	Großbritannien			35	12 800			
1928	Mk 14	533	–	46	4 100	1 500	272	Turbine
	USA			31	8 200			
1934	Fiume	533	–	49	4 000	1 600	270	–
	Italien			30	12 000			
1937	G 7a	533	7,2	44	6 000	1 538	280	–
	Deutschland			40	7 800			
				30	12 000			
1939	Mk 14 3A	533	6,25	46	4 100	1 415	300	Turbine
	USA			32	8 200			
1939	21 Mk 4							
	Großbritannien	533	–	40	4 550	1 410	300	–
1939	21 Mk 8							Zweitakt-
	Großbritannien	533	6,7	45,5	4 550	1 535	300	Verbrennungsmotor
1939	G 7e							erster Torpedo mit
	Deutschland	533	7,2	30	5 000	1 600	280	Elektroantrieb
1940	93							flüssiger Sauerstoff
	Japan	600	10,0	48	18 200	1 600	500	als Energieträger, Kolbenmotor
1941	53/39	533	7,3	50	4 000	1 750	317	–
	UdSSR			40	8 000			
				36	10 000			
1943	Zaunkönig Deutschland	533	7,2	24	5 700	1 500	274	erster Torpedo mit Zielsucheinrichtung (einsetzbar nur gegen Ziele, die 12 bis 19 kn liefen)
1944	Steinwal Deutschland	533	7,2	45	21 000	1 730	300	«Walter»-Verfahren, Turbine

Anlage 8: Durch Torpedos im zweiten Weltkrieg versenkte Anzahl und Tonnage der Handelsschiffe der Alliierten und der neutralen Staaten

Jahr	Torpedoträger			
	U-Boote		leichte Überwasserkräfte	
	Anzahl der Schiffe	Tonnage (BRT)	Anzahl der Schiffe	Tonnage (BRT)
1939	114	421 156	–	–
1940	471	2 186 158	23	47 985
1941	432	2 171 754	29	58 854
1942	1 160	6 266 215	23	71 156
1943	463	2 586 905	6	15 138
1944	132	773 327	13	26 321
1945	56	281 716	5	10 222
gesamt	2 828	14 687 231	99	229 676

Anlage 9: Flugzeugtorpedos im zweiten Weltkrieg

Land	Torpedotyp	Länge (m)	Kaliber (mm)	Masse (kg)	Antrieb	Ladungsmasse (kg)	Laufstrecke (m)	v (kn)	Abwurfgeschw. (km/h)	Abwurfhöhe (m)
Deutschland	LT 1200	5,57	533,4	1 295	Dampfgas («Walter»-Verfahren)	300	2 500	46	360	70 ± 30
							2 100	50		
	F 5	5,16	450	750	Dampfgas	200	7 500	22	250	40 ± 10
							3 500	33		
	F 5b	5,16	450	750	Dampfgas	200	2 500	36	250	40 ± 10
							2 000	40		
Italien	F 5w	5,67	450	860	Dampfgas	170	3 000	40	300	100 ± 10
	Vickers	5,50	450	750	Dampfgas	180	6 000	31	150	15...20
							1 800	42		
Japan	TR 91/II	5,47	450	835	–	200	2 800	36	275	200
							2 000	42		
Norwegen	Horten	5,00	533,4			250	–	42	150	
	Horten F 1	4,80	450	650	–	150	5 000	30	150 bis	80
							1 500	45	180	
Niederlande	Whitehead – Weymouth VI	4,95	450	745	Dampfgas	173	2 100	45	180	~ 40
Großbritannien	Whitehead Mark XII	4,93	450	688	Dampfgas	172	4 000	27	175	~ 40
							2 000	40		
	Mark XI	–	450	1 000	Dieselmotor	–	–	–	200 bis 250	~ 30
	RNTF Mark VIII	5,00	450	900	–	170	3 000	35	180	50
							1 000	45		
USA	Mark XIII, XIV	5,50	450	–	–	–	2 000	35	–	3...10
Frankreich	D_1	5,14	400	630	Dampfgas (mit Turbine)	143	3 000	35	180	80
							1 900	44		

Anmerkung: Zusammengestellt nach *F. Lauck* «Der Lufttorpedo», München, 1981.

Anlage 10: UAW-Torpedos der USA-Marine in den 50er und 60er Jahren

Jahr der Einführung	Torpedotyp	Durchmesser (mm)	Länge (m)	v (kn)	Laufstrecke (m)	Tauchtiefe (m)	Gesamtmasse (kg)	Ladungsmasse (kg)	Antrieb	Steuerung	Träger
Zwischen 1950 und 1960	Mk 27 Modell 4	482	3,18	12 17	– –	150	640	gering	Elektro	pass. ZSS	UWK
	Mk 34 Modell 1	482	3,18	18 12	– –	–	629	–	Elektro	pass. ZSS	MFK
1952	Mk 35 Modell 3	533	4,12	17 27	– –	–	925	–	Elektro	akt. ZSS	ÜWK UWK
1953	Mk 37 Modell 0	482	3,52	30	7 000	370	780	–	Elektro	akt./pass. ZSS	ÜWK UWK
Etwa 1955	Mk 43 Modell 1 und 3	254	2,36	21	4 600	300	137	30	Elektro	akt. ZSS	MFK ÜWK
1960	Mk 44 Modell 0 und 1	324	2,57	30	5 000	300	198	40	Elektro	akt. ZSS	ÜWK MFK (ASROC)
1961	Mk 37 Modell 1	482	4,1	26	etwa 10 000	370	920	150	Dampfgas	Fern- und akt./pass. ZSS	UWK
1964	Mk 45 «Astor»	482	5,8	23 40	20 000 11 000	200	1 100	–	Elektro	Fernsteuerung	UWK ÜWK

Anmerkung:
ZSS Zielsuchsteuerung
UWK Unterwasserkräfte
MFK Marinefliegerkräfte
ÜWK Überwasserkräfte

Anlage 11: Torpedotypen einiger kapitalistischer Staaten

Land	Torpedotyp	Jahr	Bestimmung	Länge (m)	Kaliber (mm)	Gesamtmasse (kg)	Antrieb
USA	Mk 46 mod. 1 und mod. 2	1967 1972	UAW	2,67	324	258	Dg, «Otto II»
	Mk 48 mod. 1	1972	Universal	5,80	533,4	1 630	Komb. Dg/Re, Tm, «Otto II»
	Mk 37 C (NT 37 C)	1975	Universal	4,09	482	766	Dg, Tm, «Otto II»
	Mk 45 F (Freedom)	1972	Seeziel	5,72	482	1 240	E
Groß-britannien	Mk 24 mod. 0 (Tigerfish)	1974	Universal	6,46	533,4	1 550	E (Ag-Zn-Batt.)
	Sting Ray	1983	UAW	2,60	324	267	Komb. E/Re
	NSR 7525 (Spearfish)	1987	Universal	6,00	533,4	1 850	Dg, Tu, «Otto II»
Frankreich	E 14	1965	Seeziel	4,29	550	900	E
	Z 16	1965	Seeziel	7,20	533,4	1 700	E
	L 4	1965	UAW	3,13	533,4	540	E
	F 17	1980	Seeziel	5,91	533,4	1 410	E (Ag-Zn-Batt.)
Italien	A 244	1975	UAW	2,70	324	215	E
	A 184	1975	Universal	6,00	533,4	–	E
	G 6 ef (Kanguro)	–	Träger-Tor.	6,20	533,4	1 130	E
	mit Mk 44		UAW-Tor.	2,56	324	198	E
BRD	SUT	1976	Universal	6,13	533,4	–	E (Ag-Zn-Batt.)
	SST 4	1975	Seeziel	6,39	533,4	1 200	E (Ag-Zn-Batt.)
Schweden	TP 41	–	Universal	2,50	400	250	E
	TP 42	1975	Universal	2,44	400	260	E
	TP 61	–	Seeziel	7,03	533,4	1 765	Dg (H_2O_2)

Anmerkung: [1]) Aufschlagzündung mit Richtwirkung

Laufstrecke (m)	v (kn)	Steuerung	Ladungsmasse (kg)	Zündprinzip	Lauftiefe (m)	Träger	Ziele	Bemerkungen
11 000	45	akt./pass. ZSS	40	Abz	450	ÜWK. MFK (ASROC, IKARA, CAPTOR)	UWK	Modifik. bis 5; dann Mk 50 (Barracuda)
25 000	50	FS, akt./ pass. ZSS	300	Auz, Abz	900	ÜWK, UWK	ÜWK, UWK	mod. 3 u. 4 und Mk 48 ADCAP
40 000	33	FS, akt./ pass. ZSS	150	Auz, Abz	370	ÜWK, UWK (M-T-K Mk 67)	ÜWK	Modifik. NT 37 D und NT 37 E
11 000	40	ZSS nach Kielwasser	295	Auz	0...15	ÜWK, UWK	ÜWK	
29 300 13 700	24 35	FS, akt./ pass. ZSS	360	Auz, Abz	300	UWK	ÜWK, UWK	mod. 1 seit 1980
–	45 60	akt./pass. ZSS	45	Auz[1])	75... 750	MFK, ÜWK (IKARA)	UWK	
40 000	50	FS, akt./ pass. ZSS	300	Auz[1])	1 000	UWK	UWK	
5 500	25	aS, pass. ZSS	200	Auz, Abz	0...18	UWK	ÜWK	
10 000	30	aS mit Programm	300	Auz, Abz	0...18	UWK	ÜWK	
5 000	30	akt. ZSS	100	Auz, Abz	–	MFK (MALAFON)	UWK	
–	–	FS, akt./ pass. ZSS	–	–	0...16	UWK	ÜWK	Nachfolger: F 17 P (Universal)
6 000	33	akt./pass. ZSS	40	Abz	450	ÜWK, MFK	UWK	
–	–	FS, akt./ pass. ZSS	–	–	–	ÜWK, UWK	ÜWK, UWK	
7 000	27	FS	–	–	0...18	–	UWK	Mk 44 wird in Zielnähe abgetrennt u. läuft selbständig
5 000	30	akt. ZSS	40	Abz	300	–		
18 000	35	FS, akt./ pass. ZSS	250	Auz, Abz	300	ÜWK, UWK	ÜWK, UWK	Modifik. vom «Seal»
18 000	35	FS, akt./ pass. ZSS	260	Auz, Abz	0...18	ÜWK, UWK	ÜWK, UWK	Modifik. «Seal»; Nachfolger: DM 2 A 4
–	–	akt. ZSS	–	Auz, Abz	–	ÜWK, UWK	ÜWK, UWK	
–	–	akt. ZSS	–	Auz, Abz	–	MFK, ÜWK	ÜWK, UWK	mit FS möglich
18 000	35	FS, akt./ pass. ZSS	250	Auz, Abz	0...18	ÜWK, UWK	ÜWK	

aS autonome Steuerung; FS Fernsteuerung; ZSS Zielsuchsteuerung
ÜWK Überwasserkräfte; UWK Unterwasserkräfte; MFK Marinefliegerkräfte
Tu Turbine; Tm Trommelmotor; MTK Minen-Torpedo-Kombination
Dg Dampfgasantrieb; E Elektroantrieb; Re Reaktivantrieb

Anlage 12: Entwicklung der Torpedoboote

Baujahr	Name/Typ	Land	Deplacement stand./max. (ts)	Abmessungen $L \times B \times T$ (m)	Leistung (kW)	v_{max} (kn)	Besatzung	Bewaffnung (Torpedo; Artillerie; Anzahl × Kaliber in mm)
1877	Nr. 3	Frankreich	28/38	20,6 × 3,0 × 2,3	220	12,3	–	1 Spierentorpedo
1879	Nr. 10	Großbritannien	28/–	27,6 × 3,3 × 1,2	345	21,8	15	1TR 356
1882	Suchum	Rußland	60/65	34,4 × 3,8 × 1,8	535	19,5	12	2TR 381; 2 × 37
1884	S 3	Deutschland	84/99	37,7 × 4,8 × 2,2	660	19,5	16	3TR 356; 2 × 37
1886	Würger	Österreich	78/85	39,8 × 4,5 × 1,9	660	21,8	16	2TR 356; 2 × 37
1888	Cushing	USA	105/–	42,0 × 4,3 × 1,4	1 320	22,5	23	3TR 450; 2 × 37
1891	S 58	Deutschland	132/152	44,3 × 5,0 × 2,6	980	20,6	16	3TR 356; 1 × 50
1894	Aquilon	Frankreich	120/–	43,2 × 4,5 × 2,5	1 470	26,1	27	2TR 356; 2 × 47
1894	Pernow	Rußland	120/129	44,2 × 4,5 × 2,4	1 470	24,5	–	3TR 381; 2 × 37
1896	Natter	Österreich	134/150	45,9 × 5,3 × 2,7	1 690	26,1	21	3TR 450; 2 × 47
1898	Davis	USA	110/154	45,1 × 4,7 × 1,8	1 290	23,1	29	3TR 450; 2 × 37
1899	Nr. 98	Großbritannien	175/180	48,8 × 5,2 × 2,6	2 170	25,3	32	3TR 450; 3 × 47
1899	Condore	Italien	140/–	48,0 × 5,6 × 1,2	1 760	25,7	30	2TR 356; 2 × 37
1902	Nr. 66	Japan	102/–	47,0 × 4,7 × 1,6	1 400	26,0	20	3TR 381; 2 × 47
1904	S 123	Deutschland	391/468	64,7 × 7,0 × 2,6	4 700	27,5	61	3TR 450; 3 × 50
1906	Nr. 295	Frankreich	97/102	40,1 × 4,4 × 2,6	1 420	26,3	23	2TR 450; 2 × 37
1908	Nr. 25	Großbritannien	263/–	53,9 × 5,4 × 1,8	2 940	26,0	35	3TR 450; 2 × 76
1912	74T	Österreich	250/–	57,4 × 5,7 × 1,5	3 680	28,3	29	4TR 450; 2 × 66
1914	V 30	Deutschland	812/975	78,5 × 8,3 × 3,6	18 200	33,5	83	6TR 500; 3 × 88
1921	Calatafimi	Italien	824/1040	84,0 × 9,3 × 2,9	16 200	30,0	105	2TR 533; 2 × 105, 6 × 20
1934	Spica	Italien	638/–	80,4 × 8,2 × 2,3	13 970	34,0	94	4TR 457; 3 × 100, 4 × 20
1938	T 1	Deutschland	844/1088	84,3 × 8,6 × 2,9	20 600	34,5	119	6TR 533; 1 × 105, 8 × 20

Anlage 13: Entwicklung der Zerstörer bis zum ersten Weltkrieg

Baujahr	Name/Typ	Land	Deplacement stand./max. (ts)	Abmessungen $L \times B \times T$ (m)	Leistung (kW)	v_{max} (kn)	Besatzung	Bewaffnung (Torpedo; Artillerie; Anzahl × Kaliber in mm)
1893	Daring	Großbritannien	260/–	56,5 × 5,8 × 2,1	3 415	27,7	45	3TR 457; 1 × 66, 5 × 57
1895	Quail	Großbritannien	355/395	64,9 × 5,6 × 1,6	5 150	30,8	60	2TR 457; 1 × 76, 5 × 57
1898	Ikazuchi	Japan	305/410	68,4 × 6,3 × 1,6	4 410	31,1	55	2TR 457; 2 × 76, 4 × 57
1899	Durandal	Frankreich	300/343	57,6 × 6,3 × 3,2	3 900	27,4	52	2TR 381; 1 × 65, 6 × 47
1901	Akula	Rußland	350/–	64,0 × 6,4 × 2,8	4 190	26,5	65	3TR 457; 1 × 75, 5 × 47
1902	Hopkins	USA	408/–	75,8 × 7,5 × 1,8	5 290	26,7	73	2TR 457; 2 × 65, 6 × 57
1903	Hurasame	Japan	375/435	71,4 × 6,6 × 1,8	4 400	29,0	70	2TR 457; 6 × 76
1905	Finn	Rußland	570/650	72,5 × 8,2 × 2,3	4 780	26,0	99	3TR 457; 2 × 75, 6 × 57
1907	Mohawk	Großbritannien	878/–	82,3 × 7,6 × 2,4	10 660	33,0	70	2TR 457; 3 × 76
1907	Granatiere	Italien	395/415	65,1 × 6,1 × 2,1	4 400	28,5	56	3TR 457; 4 × 76
1909	Mameluck	Frankreich	423/540	69,4 × 6,6 × 3,0	5 700	29,8	65	3TR 457; 6 × 65
1910	Umikaze	Japan	1 150/–	97,8 × 8,6 × 2,7	15 000	33,0	140	3TR 457; 2 × 120, 5 × 76
1910	Monaghan	USA	742/890	89,6 × 8,2 × 2,7	8 820	30,4	89	6TR 457; 5 × 76
1911	Goshawk	Großbritannien	750/–	75,0 × 7,7 × 2,6	12 530	30,1	72	2TR 533; 2 × 102, 2 × 76
1911	Nowik	Rußland	1280/–	98,0 × 9,5 × 2,3	29 420	37,3	130	9TR 457; 4 × 120
1912	Bisson	Frankreich	717/850	78,1 × 8,6 × 3,1	11 000	32,0	81	4TR 457; 2 × 100, 4 × 65
1912	Tatra	Österreich	850/–	84,0 × 7,8 × 2,5	15 200	32,5	105	4TR 457; 2 × 100, 6 × 76
1912	Indomito	Italien	672/770	73,0 × 7,3 × 2,7	11 760	30,0	69	2TR 457; 1 × 120, 4 × 76
1914	Milne	Großbritannien	900/1 125	83,3 × 8,1 × 2,7	18 820	32,6	80	4TR 533; 3 × 102, 1 × 37
1917	Caldwell	USA	1 100/1 240	95,7 × 9,3 × 2,6	15 440	32,0	293	12TR 533; 4 × 102, 1 × 76

Anlage 14: Entwicklung der Zerstörer bis Ende des zweiten Weltkrieges

Baujahr	Name/Typ	Land	Deplacement stand./max. (ts)	Abmessungen $L \times B \times T$ (m)	Leistung (kW)	v_{max} (kn)	Besatzung	Bewaffnung (Torpedo; Artillerie; Anzahl × Kaliber in mm)
1922	Kamikaze	Japan	1270/1480	99,7 × 9,2 × 3,0	28310	37,2	148	6TR 533; 4 × 120
1924	Bourrasque	Frankreich	1400/1920	100,9 × 10,1 × 4,3	24270	33,0	138	6TR 550; 4 × 130, 2 × 37
1927	Fubuki	Japan	2010/–	115,3 × 10,9 × 3,2	36700	38,0	197	9TR 610; 6 × 127
1928	Nicolo Zeno	Italien	1900/2605	107,3 × 10,2 × 3,6	40450	38,0	173	6TR 533; 6 × 120, 4 × 37
1929	Typ A	Großbritannien	1370/–	98,4 × 9,9 × 3,7	25000	35,0	138	8TR 533; 4 × 120
1934	Le Fantasque	Frankreich	2840/3450	132,4 × 12,3 × 5,0	54420	37,0	210	9TR 550; 5 × 138, 4 × 37
1935	Gnewny	UdSSR	1420/2289	112,5 × 10,2 × 3,8	39950	35,0	245	6TR 533; 4 × 130, 2 × 76, 2 × 45
1935	Göteborg	Schweden	1040/–	92,7 × 9,0 × 3,6	23530	39,0	135	6TR 533; 2 × 120, 4 × 25
1935	Z 1	Deutschland	2232/3165	119,0 × 11,3 × 4,3	51480	38,0	315	8TR 533; 5 × 127, 4 × 37, 4 × 20
1936	Leningrad[1])	UdSSR	2030/2680	127,5 × 11,7 × 4,2	48540	42,0	255	8TR 533; 5 × 130, 2 × 76, 3 × 45
1936	Volta[1])	Frankreich	3650/4080	157,5 × 12,7 × 4,6	67600	39,0	264	10TR 550; 8 × 138, 4 × 37
1937	Tribal	Großbritannien	1870/2680	108,0 × 11,1 × 2,9	32360	36,5	240	4TR 533; 8 × 120, 4 × 40
1937	Camicia Nera	Italien	1522/1900	106,7 × 10,2 × 3,3	35300	39,0	165	6TR 533; 3 × 120, 4 × 37
1938	Kagero	Japan	2065/2530	118,5 × 10,8 × 3,8	38240	35,0	240	8TR 610; 6 × 127, 4 × 25
1939	Benson	USA	1640/2480	106,0 × 11,8 × 5,0	36770	37,0	250	5TR 533; 4 × 127, 4 × 40
1941	Attilio Regolo[1])	Italien	3745/5420	142,9 × 14,4 × 4,1	80900	40,0	418	8TR 533; 8 × 135, 8 × 37, 8 × 20
1943	Barfleur	Großbritannien	2520/3480	116,0 × 12,3 × 5,2	36770	34,0	232	8TR 533; 5 × 114, 8 × 40
1943	Allen M. Sumner	USA	2200/3300	115,0 × 12,4 × 5,8	44000	35,0	350	5TR 533; 6 × 127, 6 × 76
1943	Ognewoi	UdSSR	2325/3100	120,5 × 12,0 × 4,2	51480	36,0	280	10TR 533; 4 × 130, 2 × 85, 7 × 37
1945	Gearing	USA	2460/3570	119,2 × 12,8 × 5,7	44130	34,0	283	10TR 533; 6 × 127, 12 × 40, 11 × 20

Anmerkung: [1]) Großzerstörer

Zusätzlich zur angegebenen Bewaffnung führten die Zerstörer noch eine unterschiedliche Anzahl automatischer Waffen unter Kaliber 20 mm sowie UAW-Bewaffnung und Minen an Bord.

Anlage 15: Entwicklung der Zerstörer und Fregatten nach dem zweiten Weltkrieg

Baujahr	Name/Typ	Land	Deplacement stand./max. (ts)	Abmessungen $L \times B \times T$ (m)	Leistung (kW)	v_{max} (kn)	Besatzung	Bewaffnung (Torpedo; Raketen; Artillerie; Anzahl × Kaliber in mm)
1949	Daring	Großbritannien	2 840/3 660	119,0 × 13,1 × 5,2	39 710	34,0	278	5TR 533; 6 × 114, 6 × 40
1952	Plamenny	UdSSR	3 000/3 950	128,5 × 13,0 × 4,8	58 840	35,0	300	10TR 533; 4 × 130, 16 × 45
1953	Surcouf	Frankreich	2 794/3 962	132,5 × 12,7 × 4,4	46 330	34,0	321	12TR 550; 6 × 127, 6 × 57
1958	Coontz	USA	4 770/5 800	156,2 × 15,9 × 7,6	62 500	34,0	370	6UTR 324; 1AS «ASROC»; 1DS-SLR; 1 × 127, 4 × 76
1958	Stereguschtschi	UdSSR	3 600/4 500	139,0 × 14,9 × 5,5	58 840	35,0	–	6UTR 533; 2ES-SSR; 16 × 57
1960	Hamburg	BRD	3 450/4 470	134,7 × 13,4 × 5,2	50 000	35,0	284	4UTR 533; 4 × 100, 8 × 40
1961	Isuzu[1])	Japan	1 490/1 700	94,0 × 10,4 × 3,5	11 760	26,0	180	4TR 533; 6UTR 324; 7 × 76
1963	Derwent[1])	Australien	2 100/2 800	113,0 × 12,5 × 3,7	22 000	30,0	270	1ES «IKARA»; 1VS-SLR; 2 × 114
1964	Impavido	Italien	3 200/3 940	131,0 × 13,6 × 4,5	51 500	33,5	344	6UTR 324; 1ES-SLR; 2 × 127, 4 × 76
1965	Suffren	Frankreich	5 180/7 010	158,0 × 15,5 × 6,1	53 320	34,0	446	4UTR 550; 1ES «MALAFON»; 1DS-SLR; 2 × 100, 2 × 30
1966	Peder Skram	Dänemark	2 030/2 720	112,6 × 12,0 × 4,3	27 200	30,0	215	6UTR 324; 4 × 127, 4 × 40
1967	Takatsuki	Japan	3 050/–	136,0 × 13,4 × 4,4	44 000	32,0	270	6UTR 324; 1AS «ASROC»; 2 × 127
1970	Iroquois	Kanada	3 250/4 110	129,8 × 15,2 × 4,4	42 200	30,0	245	6UTR 324; 2VS-SLR; 1 × 127
1972	Tourville	Frankreich	4 580/–	152,8 × 15,3 × 5,7	40 000	31,0	295	2UTR 550; 1ES «MALAFON»; 6ES-SSR; 3 × 100
1972	Haruna	Japan	4 775/–	153,0 × 17,5 × 5,1	51 480	32,0	350	6UTR 324; 1AS «ASROC»; 2 × 127
1973	Dostoiny	UdSSR	3 050/3 950	126,0 × 14,0 × 5,0	53 000	36,0	220	8 TR 533; 1VS-RT/SSR; 2DS-SLR; 4 × 76
1973	Spruance	USA	7 010/7 940	171,1 × 16,8 × 8,7	58 840	32,0	262	6UTR 324; 1AS «ASROC»; 2VS-SSR; 1AS-SLR; 2 × 127
1979	Bremen[1])	BRD	2 900/3 800	130,0 × 14,5 × 6,0	44 420	30,0	200	4UTR 324; 2VS-SSR; 1AS-SLR; 2 × 24 RAM-ASMD; 1 × 76
1980	DD-143	Japan	5 200/–	158,8 × 17,5 × 5,3	–	32,0	370	6UTR 324; 1AS-RT/SLR; 2 × 127, 2 × 30

Anmerkung: [1]) Fregatten, alle anderen Zerstörer;
UTR UAW-Torpedorohre, ES Einzelstarter, DS Doppelstarter, VS Vierfachstarter, AS Achtfachstarter
RT Raketen-Torpedo-Kombination, SSR Schiff-Schiff-Raketen, SLR Schiff-Luft-Raketen

Anlage 16: Entwicklung der Schnellboote

Baujahr	Name/Typ	Land	Deplacement (ts)	Abmessungen $L \times B \times T$ (m)	Leistung (kW)	v_{max} (kn)	Besatzung	Bewaffnung (Torpedo; Raketen; Artillerie; Anzahl × Kaliber in mm)
1915	MAS 1-2	Italien	13,8	16,0 × 2,6 × 1,0	2 × 165	23,0	8	2TR 457; 3 MG
1923	MAS 401-410	Italien	28,5	22,2 × 4,0 × 1,4	4 × 295	27,0	10	2TR 457; 2 MG
1933	G 5	UdSSR	14,8	17,3 × 3,3 × 1,2	2 × 625	50,0	6	2TR 533; 2 MG
1936	S 14-17	Deutschland	97,5	34,6 × 5,1 × 1,4	3 × 1 510	39,8	17	2TR 533; 1 × 20, 1 MG
1939	MTB 20-23	Großbritannien	37,0	21,3 × 4,6 × 1,2	3 × 845	42,0	9	2TR 533; 4 MG
1940	PT 5-6	USA	42,4	24,8 × 4,7 × 1,4	3 × 880	46,0	8	4TR 457; 2 MG
1941	MAS 555-564	Italien	29,4	18,7 × 4,7 × 1,5	2 × 845	43,0	13	2TR 457; 1 × 20
1950	Komsomolez	UdSSR	22,0	22,0 × 4,7 × 1,5	2 × 880	42,0	24	2TR 457; 2 MG
1951	Ayah	Israel	62,0	26,0 × 6,3 × 1,5	2 × 1 700	42,0	14	2TR 457; 1 × 40, 2 × 20
1953	Plejad	Schweden	153,0	48,0 × 5,8 × 2,6	3 × 1 840	37,5	33	6TR 533; 2 × 40
1955	PT 1-2	Japan	75,0	25,5 × 6,5 × 1,8	2 × 2 200	40,0	13	2TR 533; 1 × 40
1957	Jaguar	BRD	160,0	42,5 × 7,0 × 1,5	4 × 2 200	42,0	39	4TR 533; 2 × 40
1959	Tjeld	Norwegen	70,0	24,5 × 7,5 × 2,1	2 × 2 280	45,0	20	4TR 533; 1 × 40, 1 × 20
1960	Lampo	Italien	192,0	43,0 × 6,3 × 2,5	2 × 2 800 1 × 3 300	39,0	36	4TR 533; 1 × 40
1962	Sershen	UdSSR	145,0	34,6 × 6,8 × 1,5	3 × 2 940	45,0	25	4TR 533; 4 × 30
1962	High Point[1])	USA	80,0	35,0 × 9,5 × 1,8	2 × 2 280	50,0	13	4UTR 324; 1 × 40, 2 MG
1962	Iltis	DDR	17,4	14,9 × 3,4 × 0,6	2 × 880	52,0	3	2TR 533
1963	Sölöven	Dänemark	95,0	30,2 × 7,8 × 2,3	3 × 3 120	54,0	29	4TR 533; 1 × 40
1964	Saetta	Italien	188,0	46,0 × 6,5 × 1,7	2 × 2 800 1 × 3 125	40,0	36	4TR 533; 1 × 40
1966	Huckwan[1])	China	45,0	21,3 × 5,0 × 1,5	2 × 880	50,0	–	2TR 533; 4 MG
1970	Snögg	Norwegen	125,0	36,5 × 6,2 × 1,5	2 × 2 650	35,0	20	4TR 533; 4ES-SSR; 1 × 40
1972	Turya[1])	UdSSR	190,0	40,2 × 8,5 × 2,1	3 × 2 940	42,0	–	4TR 533; 2 × 57, 2 × 25
1974	143	BRD	295,0	57,4 × 7,8 × 2,5	4 × 2 940	38,0	40	2TR 533; 4ES-SSR; 2 × 76

Anmerkung: [1]) Tragflügel-Schnellboot
MG Maschinengewehr, ES Einzelstarter

Anlage 17: Entwicklung einiger schwerer Überwasserschiffe mit Torpedobewaffnung

Baujahr	Klasse/Unterklasse	Typ/Name	Land	Deplacement max. (ts)	Abmessungen $L \times B \times T$ (m)	Leistung (kW)	v_{max} (kn)	Bewaffnung (Torpedo; Raketen; Artillerie; Anzahl × Kaliber in mm)
1875	Panzerfregatte	Kaiser	Deutschland	7 645	89,0 × - × -	4 250	14,5	5TR; 8 × 260
1885	Kreuzer	Takashio	Japan	3 709	91,4 × 14,1 × 5,7	5 500	18,0	4TR; 2 × 260, 6 × 150, 12 × 47
1906	Kreuzer	Rurik	Rußland	17 200	- - -	14 500	21,5	2TR 450; 4 × 254, 8 × 203, 20 × 120, 4 × 47
1912	Schlachtkreuzer	Queen Mary	Großbritannien	27 430	201,2 × 27,1 × 8,5	55 000	28,5	2TR 533; 8 × 380, 16 × 102, 4 × 47
1915	Linienschiff	Bayern	Deutschland	28 600	179,4 × 30,0 × 9,3	–	20,5	5TR 533; 8 × 380, 16 × 150, 18 × 88
1921	Leichter Kreuzer	Abukuma	Japan	5 760	163,0 × 14,4 × 4,8	66 200	33,0	8TR 533; 7 × 140, 2 × 80
1927	Schwerer Kreuzer	Nachi	Japan	13 000	184,0 × 19,0 × 6,0	95 600	33,0	16TR 533; 10 × 203, 8 × 127, 60 × 25
1932	Schwerer Kreuzer	Algerie	Frankreich	10 000	188,0 × 19,8 × 6,1	62 000	31,0	6TR 533; 8 × 203, 12 × 100, 8 × 37
1934	Panzerschiff	Graf Spee	Deutschland	16 200	181,7 × 21,7 × 7,4	41 800	28,0	8TR 533; 6 × 280, 8 × 150, 6 × 105, 8 × 37, 10 × 20
1937	Schwerer Kreuzer	Blücher	Deutschland	18 600	206,0 × 21,3 × 7,7	97 000	32,5	12TR 533; 8 × 203, 12 × 105, 12 × 37, 28 × 20
1939	Schlachtschiff	Tirpitz	Deutschland	53 600	251,0 × 36,0 × 10,8	102 000	30,8	8TR 533; 8 × 380, 12 × 150, 16 × 105, 16 × 37, 64 × 20
1940	Schlachtschiff	Yamato	Japan	72 800	263,0 × 38,9 × 10,4	112 000	27,0	10TR 533; 9 × 457, 6 × 152, 24 × 127, 150 × 25
1951	Kreuzer	Swerdlow	UdSSR	19 200	210,0 × 22,0 × 7,5	95 600	34,0	10TR 533; 12 × 152, 12 × 100, 16 × 37, 8 × 30
1959	Raketenkreuzer	Long Beach	USA	17 350	220,0 × 22,2 × 7,9	103 000	30,5	6UTR 324; 1DS «ASROC»/SLR; 2DS-SLR; 2 × 127
1962	Raketenkreuzer	Warjag	UdSSR	5 600	141,7 × 15,8 × 5,3	74 000	36,0	10TR 533; 2VS-SSR; 1DS-SLR; 4 × 76
1967	Raketenkreuzer	Vittorio Veneto	Italien	8 850	170,0 × 19,4 × 5,3	54 000	32,0	6UTR 324; 1DS-RT/SLR; 8 × 76
1971	Raketenkreuzer	California	USA	10 150	181,8 × 18,6 × 9,0	51 500	30,0	4UTR 324; 1AS «ASROC»; 2ES-SLR; 2 × 127
1972	Raketenkreuzer	Nikolajew	UdSSR	9 500	173,8 × 19,3 × 6,2	–	34,0	10TR 533; 2VS-SSR; 4DS-SLR; 4 × 76, 24 × 23

Anlage 18: Entwicklung der U-Boote bis Ende des zweiten Weltkrieges

Baujahr	Name/Typ	Land	Deplacement ÜW/UW (ts)	Abmessungen $L \times B$ (m)	Leistung ÜW/UW (kW)	v_{max} ÜW/UW (kn)	Tauchtiefe (m)	Besatzung	Bewaffnung (Torpedo; Artillerie; Anzahl × Kaliber in mm)
1899	Narval	Frankreich	106/168	35,2 × 3,7	185/110	11/9	30	8	4T 451 (Torpedos in Außenträgern)
1900	Foca	Italien	185/235	42,5 × 4,2	405/105	15/7	30	–	2TR 457
1906	C-Klasse	Großbritannien	290/320	43,6 × 4,2	440/147	14/9	–	16	2TR 457
1910	Akula	Rußland	370/468	57,0 × 4,7	660/220	10,5/6,5	30	20	8TR 457
1913	Amarante	Frankreich	410/550	53,6 × 5,0	880/300	14/8	50	30	8TR 451; 1 × 47
1916	N-Klasse	USA	380/480	47,2 × 4,4	660/147	14/8	–	20	4TR 457; 1 × 76
1917	UB III	Deutschland	520/650	55,5 × 5,8	810/580	13,5/7,5	80	34	5TR 500; 1 × 105
1918	L-Klasse	Großbritannien	960/1 150	71,6 × 7,3	1 765/1 175	18/10,5	–	40	6TR 533; 2 × 102
1922	I 152	Japan	1 500/2 500	100,1 × 7,6	5 000/1 470	22/10	–	60	8TR 533; 1 × 120, 1 × 76
1923	Barracuda	USA	2 000/2 620	104,1 × 8,4	4 925/1 765	18/8	–	80	6TR 533; 1 × 127
1926	O-Klasse	Großbritannien	1 350/1 870	86,4 × 8,5	3 235/970	17,5/9	–	50	8TR 533; 1 × 102
1929	Surcouf	Frankreich	3 300/4 220	110,0 × 9,1	5 590/2 500	18/8,5	–	118	8TR 550; 4TR 400; 2 × 203, 2 × 37
1931	Argonauta	Italien	660/810	61,6 × 5,6	880/590	14/8	–	44	6TR 533; 1 × 102, 2 sMG
1933	I 168	Japan	1 785/2 240	104,7 × 8,2	6 615/1 325	23/7,5	–	70	6TR 533; 1 × 100
1935	II A	Deutschland	254/380	40,8 × 4,1	515/265	13/7	80	25	3TR 533; 2 × 40
1937	T-Klasse	Großbritannien	1 095/1 575	83,8 × 8,1	1 840/1 050	15,5/9	100	59	10TR 533; 1 × 102
1938	O 19	Niederlande	967/1 468	80,7 × 7,2	3 900/735	20/9	100	40	8TR 533; 1 × 88
1939	K-Klasse	UdSSR	1 490/2 104	97,6 × 7,4	6 250/3 100	21/10	100	–	10TR 533; 2 × 100, 2 × 45
1940	IX C	Deutschland	1 220/1 540	76,4 × 6,8	3 235/735	18,8/8	100	48	6TR 533; 1 × 88
1942	RO 35	Japan	1 115/1 447	80,5 × 7,0	3 090/880	19,5/8	–	80	4TR 533; 1 × 76, 2 × 25
1942	Balao	USA	1 526/2 425	95,0 × 8,3	3 970/2 015	20/8,8	–	85	10TR 533; 1 × 127
1944	XXII	Deutschland	234/275	34,5 × 3,0	465/425	10/12,5	150	14	2TR 533
1944	I 400	Japan	5 220/6 560	122,0 × 12,0	5 510/1 760	18,5/7	–	100	8TR 533; 1 × 140, 10 × 25
1944	A-Klasse	Großbritannien	1 120/1 620	86,0 × 8,1	3 160/2 130	18/9	–	60	10TR 533; 1 × 102, 1 × 20

Anmerkung: sMG schweres Maschinengewehr
ÜW über Wasser
UW unter Wasser

Anlage 19: Entwicklung der U-Boote nach dem zweiten Weltkrieg

Baujahr	Name/Typ	Land	Deplacement ÜW/UW (ts)	Abmessungen $L \times B \times T$ (m)	v_{max} ÜW/UW (kn)	Leistung ÜW/UW (kW)	Tauchtiefe (m)	Bewaffnung (Torpedo; Raketen; Anzahl × Kaliber in mm)
1951	Tang	USA	1 615/2 400	87,4 × 8,3 × 5,7	20/18	3 300/4 100	–	8TR 533
1952	W-Klasse	UdSSR	1 900/2 200	90,0 × 7,3 × 5,8	18/15	7 300/2 600	–	10TR 533
1955	Sailfish	USA	1 990/3 168	104,0 × 8,5 × 4,9	20/15	7 050/6 030	–	2TR 533
1957	Narval	Frankreich	1 200/1 910	78,0 × 7,2 × 5,5	16/18	2 900/3 500	200	8TR 550
1958	Delfinen	Dänemark	576/643	54,0 × 4,7 × 4,0	15/15	880/880	150	4TR 533
1959	Triton[1])	USA	5 940/7 780	136,4 × 11,3 × 7,6	27/30	25 000	220	6TR 533
1961	Oberon	Großbritannien	1 610/2 410	90,0 × 8,1 × 5,5	12/17	2 700/4 400	150	8TR 533
1961	Draken	Schweden	770/835	69,0 × 5,1 × 5,2	16,7/25	–	–	4TR 533
1962	Valiant[1])	Großbritannien	3 500/4 500	86,9 × 10,1 × 8,2	20/18	14 700	300	6TR 533
1963	Lafayette[1])	USA	7 250/8 250	129,5 × 10,0 × 9,6	18/23	11 000	270	4TR 533; 16 «Poseidon C-4»
1964	Daphne	Frankreich	850/1 040	58,0 × 5,9 × 4,7	13,5/16	960/1 180	–	12TR 550
1965	Potvis	Niederlande	1 240/1 826	80,0 × 7,8 × 6,7	14,5/17	2 280/3 240	–	8TR 533
1965	Ohshio	Japan	1 650/–	88,0 × 8,2 × 4,9	14/18	2 200/5 600	–	8TR 533
1967	Enrico Toti	Italien	524/582	46,7 × 4,7 × 4,0	14/15	1 620/1 620	–	4TR 533
1968	Resolution[1])	Großbritannien	7 500/8 400	129,5 × 10,1 × 9,1	20/25	–	300	6TR 533; 16 «Polaris A3»
1969	Le Redoutable[1])	Frankreich	7 900/9 000	128,0 × 10,6 × 10,0	20/25	15 000	300	4TR 550; 16 M-20
1971	206	BRD	450/600	48,5 × 4,8 × 4,0	16/20	880/1 100	200	8TR 533
1972	Sturgeon[1])	USA	3 860/4 630	89,0 × 9,5 × 7,9	20/30	11 000	270	4TR 533 (SUBROC)
1979	Ohio[1])	USA	16 600/18 700	170,7 × 13,0 × 10,8	–/30	58 800	300	4TR 533; 24 «Trident I»
1982	Taifun[1])	UdSSR	–/25 000	170,0 × 23,0 × –	–/30	90 000	–	TR 533; 20 strat. Rak.

Anmerkung: [1]) mit Kernkraftantrieb

Anlage 20: Entwicklung einiger torpedotragender Flugzeuge und Hubschrauber

Baujahr	Typ	Land	Länge (m)	Spannweite (m)	Gipfelhöhe (m)	Zuladung (kg)	Startleistung (kW)	v_{max} (km/h)	Besatzung	Bewaffnung (Kaliber in mm)
1918	Martin MB	USA	14,1	21,8	–	2 155	2 × 295	172	2	750 kg Bo od. To, 4...5 MG
1925	ANT-4	UdSSR	18,0	28,7	4 800	2 290	2 × 370	200	4	Bo od. To, 3 MG
1928	Polikarpow R-5	UdSSR	10,6	15,5	6 150	1 250	1 × 370	230	2	Bo, 1 To, 2 MG
1933	Blackburn «Baffin»	Großbritannien	11,6	13,9	4 500	1 550	1 × 405	218	2	Bo, 1 To
1933	Bregouet 521 «Bizerte»	Frankreich	20,3	35,1	6 600	7 145	3 × 680	243	5	Bo, 2 To, 4 MG
1935	Heinkel He-111 H-6	Deutschland	16,4	22,6	8 000	5 500	2 × 865	390	5	Bo od. 2 To, 7 MG
1935	Consolidated PBY-5A	USA	19,5	30,5	4 500	6 580	2 × 885	275	6...9	1 800 kg Bo od. 2 To, 5 MG
1936	Handley Page H. P. 52	Großbritannien	17,0	21,1	6 900	3 200	2 × 736	408	4	1 800 kg Bo od. To, 6 MG
1938	Fokker T. 8-W	Niederlande	13,0	18,0	5 600	1 930	2 × 330	358	3	750 kg Bo, To od. Mi, 3 MG
1943	Tupolew Tu-2T	UdSSR	13,8	18,9	9 500	3 340	2 × 1 360	545	4	2 000 kg Bo od. To, 2 × 23, 4 MG
1945	Lockheed P-2F «Neptune»	USA	27,9	31,7	6 800	13 600	2 × 2 575	648	7	Bo, To, Mi, Ra, 2 MG
1948	Iljuschin Il-28T	UdSSR	17,7	21,5	12 500	8 100	2 × 26,5[3])	935	3	3 000 kg Bo, To od. Mi, 4 × 23
1949	Berijew Be-6	UdSSR	23,7	33,0	–	4 570	2 × 1 765	400	8	Bo, To, Mi, 4 × 23
1956	Bregouet 1050 «Alize»	Frankreich	13,7	15,6	8 000	2 500	1 × 1 455	460	3	To od. Mi, Ra
1957	Canadair CL-28 «Argus»	Kanada	39,3	43,4	–	30 390	4 × 2 720	470	15	Bo, To, Mi, Ra
1961	Westland «Wasp»[1])	Großbritannien	12,3	9,8[2])	3 800	930	1 × 770	194	2	2 To, Ra
1965	Agusta A-106[1])	Italien	11,0	9,5[2])	3 200	810	1 × 255	176	1	2 To od. Bo, 2 MG
1966	Hawker Siddeley HS-1127	Großbritannien	14,2	7,7	–	–	1 × 85,4[3])	1 400	1	Bo, To, Mi, 2 × 30
1967	Berijew Be-12 «Tschaika»	UdSSR	29,3	33,0	–	–	2 × 2 940	650	3	Bo, To
1972	Lockheed S-3A «Viking»	USA	16,3	20,9	11 000	7 210	2 × 41,2[3])	825	4	Bo, To, Ra, Mi
1978	SH 60B «Seahawk»[1])	USA	19,8	16,4[2])	–	–	2 × 1 260	300	3	2 To Mk 46

Anmerkung: [1]) Hubschrauber; [2]) Tragschraubendurchmesser; [3]) Startschub (kN)
Bo Bomben, To Torpedos, Mi Minen, Ra Raketen

Anlage 21· Einige torpedotragende Kleinkampfmittel im zweiten Weltkrieg

Land	Typ/Name	Bestimmung	Deplacement (ts)	Länge (m)	v_{max} (kn) ÜW	v_{max} (kn) UW	Leistung (kW) ÜW	Leistung (kW) UW	Reichweite bei v ÜW	Reichweite bei v UW	Tauchtiefe (m)	Besatzung	Bewaffnung (Kaliber in mm)
Italien	M.T.S.	S-Boot	1,75	7,15	28	–	66	–	90/28	–	–	2	2 HTR 457
	M.T.S.M.	S-Boot	3	8,40	32	–	140	–	200/32	–	–	2	1 HTR 457, 2 WaBo
	CB	U-Boot	36	15	7,5	7	66	74	1 400/5	50/3	55	4	2 TR 457 oder 2 Mi
Deutschland	Hydra	S-Boot	7,5	13,2	36	–	480	–	290/25	–	–	–	2 HTR 457 (Torpedo F 5b)
	Neger	Torpedo	–	8	3,2	–	8,8	–	30/3,2	–	00	1	1 Torpedo G 7e
	Biber	U-Boot	6,5	9	6,5	5,3	24	9,6	130/–	10/–	20	–	2 TR 533,4
	Seehund I	U-Boot	15	12,5	6	7	65	18	250/6	60/3	50	–	2 TR 533,4
	Molch	U-Boot	11	10,8	4,3	5	–	–	–	50/–	60	–	2 TR 533,4
Japan	Kaiten II	Torpedo	18,3	16,7	40	–	1 100	–	45/20	–	–	1	1 550 kg Gefechtsladung
	Kairyu	U-Boot	19	17,3	5	10	62	59	450/4	35/3	145	–	2 TR
	B	U-Boot	50	25	6	18	29	440	350/–	120/4	–	3	2 TR 533,4
Großbritannien	XE	U-Boot	30	16,2	6,5	6	37	22	500/–	–	50	–	2 To. oder 2 Sprengladungen

Die Angaben der Anlagen 1 bis 21 wurden nach verschiedenen internationalen Quellen zusammengestellt. Anmerkung: HTR Hecktorpedorohr, WaBo Wasserbomben, To. Torpedos

Fußnotenverzeichnis

[1] Bericht des ZK der SED an den XI. Parteitag. Honecker, E. – Berlin, 1986.
[2] Torpedoboote und Zerstörer. Mehl, H. – Berlin, 1983. – S. 9f.
[3] Die Seeminen. v. Ledebur, G. – München, 1976. – S. 6.
[4] The Atlantic Battle Won. Morison, S. E. – Boston, 1956. – S. 146.
[5] Die Modernisierung des Torpedos MK 37 – In: Internationale Wehrrevue. – Genf, Heft 1/1983. – S. 103f.
[6] Der Schallzielsuchtorpedo «Tigerfish». Hutchings, P. I. – In: Internationale Wehrrevue. – Genf, Heft 2/1977. – S. 214.
[7] Morskie miny SŠA. Nevski, J. – In: Morskoi Sbornik. – Moskva, Heft 4/1973. – S. 72f.
[8] Monnoe oružie protiv podvodnyh lodok. – In: Morskoi Sbornik. – Moskva, Heft 7/1975. – S. 101f.
[9] Leitfaden der Technischen Mechanik. Göldner, H. – Leipzig, 1967. – S. 463.
[10] Die technische Entwicklung der Torpedowaffe. Müller, H. – In: Militärwesen. – Berlin, Heft 2/1959 (Militärtechnisches Beiheft). – S. 26f.
[11] Teleupravlenie v torpedněm oružie. Dorodnih, V.; Polenin, V. – In: Morskoi Sbornik. – Moskva, Heft 6/1975. – S. 74.
[12] Maritime Kleinkampfmittel. Fock, H. – Herford, 1982. – S. 96.
[13] Telemine – der schlafende Torpedo. – In: Internationale Wehrrevue. – Genf, Heft 2/1983. – S. 234.
[14] Das akustische Schiffsfeld und seine Ortung. Landwehrs, H. – In: Militärtechnik. – Berlin; Heft 12/1974. – S. 540.
[15] U-Boote bis 1919. Preston, A.; Batchelor, J. – München, 1975. – S. 17.
[16] Die Unterseeboote Österreich-Ungarns, Teil II. Aichelberg, W. – Graz, 1981. – S. 338.
[17] Handbuch der Seemannschaft. Hinrichs, A. S. – Darmstadt, 1967. – S. 255f.

Bildquellen

Angelucci, E.: Weltenzyklopädie der Flugzeuge, Bd. 1. – München, 1981 (1); Archiv Autoren (5); Archiv Militärverlag (9); Breemer, J. S.: U. S. Naval Developments. – London, 1983 (1); Fock, H.: Schnellboote, Bde. 1 und 3. – Herford, 1974 (5); Fock, H.: Schwarze Gesellen, Bd. 1. – Herford, 1979 (4); Gunston, B.: U-Boote und ihre Geschichte. – München, 1976 (2); Internationale Wehrrevue. – Genf, H. 1/1976 (2), H. 4/1979 (2), H. 5/1980 (1); Morison, S. E.: The Atlantic Battle Won. – Boston, 1956 (1); Navy International. – Haslemere, H. 5/1981 (2); Pretty, R. T.: Jane's weapon systems. – London, Jahrgänge 1974/75 (2), 1977 (5), 1979/80 (2), 1981/82 (10); Rössler, E.: Geschichte des deutschen U-Bootbaus. – München, 1975 (1); Uhlenhut (3)

Literaturverzeichnis

Bücher und Broschüren

Angelucci, E.: Weltenzyklopädie der Flugzeuge, Bd. 1. – München, 1981.
Autorenkollektiv: Kampfweg der sowjetischen Seekriegsflotte. – Berlin, 1976.
Autorenkollektiv: Militärlexikon der DDR. – Berlin, 1973.
Breyer, S.: Großkampfschiffe 1905...1970, Bde. 1...3. – München, 1977, 1978, 1979.
Breyer, S.; Koop, G.: Von der Emden zur Tirpitz, Bd. 1. – Koblenz, 1981.
Casey, L. S.; Batchelor, J.: Marineflugzeuge 1914...1939. – München, 1977.
Casey, L. S.; Batchelor, J.: Marineflieger im 2. Weltkrieg. – München, 1977.
Fock, H.: Marinekleinkampfmittel. – München, 1968.
Fock, H.: Schnellboote, Bde. 1...3. – Herford, 1973, 1974.
Fock, H.: Schwarze Gesellen, Bde. 1/2. – Herford, 1979, 1981.
Gabler, U.: U-Bootbau. – Darmstadt, 1964.
Gorškov, S. G.: Seemacht des Staates. – Berlin, 1978.
Grey, E.: Teuflische Waffe. – Oldenburg/Hamburg, 1975.
Gröner, E.: Deutsche Kriegsschiffe und ihr Verbleib, Bd. 1. – München, 1966.
Gunston, B.: U-Boote und ihre Geschichte. – München, 1977.
Harnack, W.: Zerstörer unter deutscher Flagge 1934...1945. – München, 1978.
Hümmelchen, G.: Deutsche Seeflieger 1935...1945. – München, 1976.
Israel, U.; Kautz, G.: Seefliegerkräfte. – Berlin, 1960.
Jâkovlev, E. E.; Vasljaikov, V. A.: Vzryv pod vodoj – Moskva, 1963.
Jeremejev, L. M.; Šergin, A. P.: Podvodnye lodki inostrannyh flotov vo vtoroj mirovoj vojne – Moskva, 1962.
Komorowski, A.; Kuliś, J.: Torpedy – Warszawa, 1977.
Krause, G.: U-Boot und U-Jagd. – Berlin, 1984.
Kurowski, F.: Seekrieg aus der Luft. – Herford, 1979.
Kusnecov, N. G.: Auf Siegeskurs. – Berlin, 1979.
Kühn, V.: Torpedoboote und Zerstörer im Einsatz 1939...1945. – Stuttgart, 1974.
Kühn, V.: Schnellboote im Einsatz 1939...1945. – Stuttgart, 1976.
Lauck, F.: Der Lufttorpedo. – München, 1981.
Marczak, J.: Kutry torpedowe. – Gdynia, 1968.
Neukirchen, H.: Krieg zur See. – Berlin, 1966.
Podobri, G. M.: Teoretičeskie osnovy torpednovo oružiâ. – Moskva, 1969.
Preston, A.; Batchelor, J.: U-Boote seit 1919. – München, 1975.
Pretty, R. T.: Jane's weapon systems. – London, Jahrgänge 1974/75, 1977, 1979/80, 1981/82.
Prostakov, A. L.: Protivolodočnaâ oborona torgovyh sudov. – Moskva, 1960.
Raven, A.; Roberts, J.: Britische Schlachtschiffe des 2. Weltkrieges, Bde. 1...3. – München, 1980, 1981.
Rössler, E.: Geschichte des deutschen U-Bootbaus. – München, 1975.
Rössler, E.: Die Torpedos der deutschen U-Boote. – Herford, 1984.
Schomaeckers, G.: U-Boote auf allen Weltmeeren. – Welsermühl, 1978.
Terzibaschitsch, S.: Luftwaffe der US Navy und des Marinekorps. – München, 1974.

Zeitschriften
Akustisches Schiffsfeld und seine Ortung. Landwehrs, H. – In: Militärtechnik – Berlin H. 12/1974, 1/1975.
Anti Submarine warfare – In: Navy International. – Haslemere H. 5/1981.
Antriebsanlagen von Torpedos – ihr Einfluß auf die taktischen Eigenschaften der Torpedowaffe – In: Militärtechnik. – Berlin H. 1/2/3/1979.
Ansichten über Weiterentwicklung und zukünftigen Einsatz von Luftkissenschiffen. Sembritzki, H. – In: Militärtechnik. – Berlin H. 4/1977.
Aspekte zur Erhöhung der Geschwindigkeit und Laufstrecke von Torpedos. Dohmen, K.-H. – In: Militärtechnik. – Berlin H. 7/1970.
Aspekte zur Perspektive von Tragflügelfahrzeugen. Eckhardt, W. – In: Militärtechnik. – Berlin H. 12/1975.
Aspekte zum Einsatz und Bau von Schnellbooten mit Gleit- oder Verdrängungsbootskörpern. Osmers, U. – In: Militärtechnik. – Berlin H. 7 und 8/1976.
Beitrag Großbritanniens zur U-Boot-Bekämpfung. Wood, G. – In: Schiff und Hafen. – Hamburg H. 7/1982.
Brandtaucher. Diere, H. – In: Deutscher Marinekalender. – Berlin 1966.
Britische U-Boot-Monitore «M1» bis «M3». Juhling, J. – In: Marinekalender der DDR. – Berlin, 1975.
Der 11. November 1940 – ein schwarzer Tag für die faschistische italienische Kriegsmarine. Hensel, E. – In: Marinekalender der DDR. – Berlin, 1978.
Drahtgelenkte Torpedos – historisch betrachtet. Hannemann, L. – In: Marinerundschau. – München, H. 7/1974.
Drahtgelenkte UAW-Torpedos. Hanke – In: Militärtechnik. – Berlin, H. 10/1970.
Einsatzmöglichkeiten schleifenlaufender Torpedos. Schwock, E. – In: Marinewesen. – Rostock, H. 2/1968.
Elektric Boat – acht Jahrzehnte U-Boot-Rüstung. Jacob, J. – In: Marinekalender der DDR. – Berlin, 1984.
Ėlektričeskie ėnergosilovye ustanovki zarubežnyh torped. Dorodnih, V., Polenin, V. – In: Morskoi Sbornik. – Moskva, H. 1/1977.
Entwicklung der Kampftechnik für die faschistische deutsche Kriegsmarine in den Jahren 1942/43. Steigleder, H. – In: Marinekalender der DDR. – Berlin, 1982.
Entwicklung und Verwendungsmöglichkeiten von Tragflächenbooten. Wenig, H. – In: Marinewesen. – Rostock, H. 6/1963.
Entwicklung der maschinengetriebenen Schlachtschiffe. Loose, B. – In: Marinekalender. – Berlin, 1978.
Razvitie protivolodočnaâ torpednovo oružiâ v stranah NATO. Nevski, J. – In: Morskoi Sbornik. – Moskva, H. 9/1975.
Entwicklung konventioneller U-Boote bis zur Mitte des 20. Jahrhunderts. Loose, B. – In: Marinekalender der DDR. – Berlin, 1976.
Entwicklungsstand militärischer Luftkissenfahrzeuge imperialistischer Staaten und ihre Einsatzmöglichkeiten. Pensel, W. – In: Militärtechnik. – Berlin, H. 10 und 11/1972.
Erbeutung der faschistischen Geheimwaffe (Zaunkönig) durch die Seestreitkräfte der Sowjetunion im Großen Vaterländischen Krieg. Minow, F. – In: Militärwesen. – Berlin, H. 6/1975.
F 122 – Raketenfregatte für die Seestreitkräfte der BRD. Haferberger, J. – In: Militärtechnik. – Berlin, H. 2/1980.
force Z vernichtet. Israel, U. – In: Marinekalender der DDR. – Berlin, 1981.
Gestern und Heute des Baus von Tragflügelbooten. Eckhardt, W. – In: Militärtechnik. – Berlin, H. 8/1975.
Historische Entwicklung des Baues von Luftkissenschiffen. Sembritzki, H. – In: Militärtechnik. – Berlin, H. 9 und 10/1976.
Hydropulsantrieb für Schiffsabwehrwaffen. – Patentinformation. – Berlin, 1982.

Imperialistische kaiserliche deutsche Marine vor dem 1. Weltkrieg. Richter, D. – In: Marinekalender der DDR. – Berlin, 1973.
Internationale Marinetechnik-Ausstellung – In: Internationale Wehrrevue. – Genf, H. 1/1983.
Jagd auf U-250 – In: Horizont. – Berlin, Nr. 26/1981.
Kap Matapan 1941: Minuten der Wahrheit. Loose, B. – In: Marinekalender der DDR. – Berlin, 1982.
Borba s torpedami. Kosikov, J. – In: Morskoi Sbornik. – Moskva, H. 7/1977.
Malogabaritnie protivolodočnie torpedi VMS stran NATO. Dorodnih, V.; Gusev, V. – In: Sarubešnoje Wojennoje Obosrenijé. – Moskva, H. 6/1982.
Maritime Kleinkampfmittel imperialistischer Flotten. Regner, G. – In: Marinekalender der DDR. – Berlin, 1982.
Midway – Legende und Wahrheit. Kautz, G. – In: Deutscher Marinekalender. – Berlin, 1966.
Militärischer Einsatz von Luftkissenfahrzeugen in den kapitalistischen Staaten. Seiler, W. – In: Militärtechnik. – Berlin, H. 8/1971.
Sredstva borby s samonabodâščimisâ torpedami. Dorodnih, V.; Polenin, V. – In: Morskoi Sbornik. – Moskva, H. 10/1975.
MK 45 F – ein Torpedo mit Kielwasser-Ansteuerungsanlage. Handke, D. – In: Militärtechnik. – Berlin, H. 5/1979.
Moderne Torpedosysteme – In: Armada International. – Zürich, H. 5/1983.
Neuester Stand der britischen Torpedoprogramme. Hewish, M. – In: Internationale Wehrrevue. – Genf, H. 6/1961.
Physikalische Felder des Schiffes und ihre Bedeutung im Seekrieg. Henke, G.; Voigt, G. – In: Militärtechnik. – Berlin, H. 12/1974.
Projekt 206 – U-Boot der Bundesmarine. Semjonov, G. – In: Militärtechnik. – Berlin, H. 1/1979.
Schnellbootsversionen kapitalistischer Staaten im Nord- und Ostseeraum. Osmers, U. – In: Militärtechnik. – Berlin, H. 8/1978.
Seefliegerkräfte. Israel, U. – In: Deutscher Marinekalender. – Berlin, 1967.
See-Luftschlacht bei Leyte. Kautz, G. – In: Deutscher Marinekalender. – Berlin, 1970.
S. G.: Schiffe, Torpedos, Minen .... Görlitz, G. – In: Wehrtechnik. – Bonn, H. 1/1977.
Schockbelastung aus Unterwasserdetonationen. Freercks, J.; Schütz, E. – In: Marinerundschau. – München, H. 5/1982.
Sowjetische Seefliegerkräfte – ihre Entwicklung zur wirksamen Waffengattung der Seestreitkräfte. Dörl, H. – In: Militärwesen. – Berlin, H. 7/1974.
Upravlenie dviženiem torped. Dorodnih, V.; Bolhovskoi, V. – In: Morskoi Sbornik. – Moskva, H. 3/1978.
Sting Ray – der neue britische Leichttorpedo. Pengelley, R. B. – In: Internationale Wehrrevue. – Genf, H. 5/1980.
Sistemy upravleniâ u samonavedeniâ VMS SŠA. Boiko, A. – In: Sarubešoje Wojennoje Obosrenije. – Moskva, H. 2/1978.
Taktische Eigenschaften von Sprengstoffen. – In: Armada International. – Zürich H. 5/1983.
Torpednye apparaty voenno-morskih sil SŠA. Petrov, J. – In: Sarubešnoje Wojennoje Obosrenije. – Moskva, H. 3/1981.
Torpedo MK 48 – In: Internationale Wehrrevue. – Genf, H. 4/1979.
Torpedoentwicklung in Deutschland – heutiger Stand und Ausblick. Ramsauer, U. – In: Internationale Wehrrevue. – Genf, H. 1/1976.
Torpednoe oružie kapitalističeskih gosudarstv. Dorodnih, V. – In: Morskoi Sbornik. – Moskva, H. 3/1979.
Tragflügelprinzip und seine Anwendung. Eckhardt, W. – In: Militärtechnik. – Berlin, H. 6/1975.
U 47 und das Vabanquespiel Scapa Flow. Diere, H.; Steigleder, H. – In: Deutscher Marinekalender. – Berlin, 1968.
U-Jagd mit Hubschraubern – In: Interavia. – Genf, H. 7/1982.

U-Jagd – Schlüssel zur Seeherrschaft. Sundaram, S. G. – In: Internationale Wehrrevue. – Genf, H. 3/1980.
U-Jagdwaffen. Eliot, Ch. – In: Marinerundschau. – München, H. 5/1978.
Podvodnye torpednye apparaty. Dorodnih, V.; Polenin, V. – In: Morskoi Sbornik. – Moskva, H. 8/1975.
US Navy League 1982 – In: Internationale Wehrrevue. – Genf, H. 6/1982.
Unterwasserdetonationen und ihre Wirkung auf Schiffe und Unterwasserbauten. Hiller, R. – In: Militärtechnik. – Berlin, H. 9 und 10/1973.
U-Schiffe (Boote) der Gegenwart. Krause, G.; Eckhardt, W. – In: Militärtechnik. – Berlin, H. 6, 8 und 9/1972.
Unterwasser-Raketen-Kernwaffensystem «Trident». Roschkowski, H. – In: Militärtechnik. – Berlin, H. 7/1977.
Über die Entwicklung der Kreuzer. Loose, B. – In: Marinekalender der DDR. – Berlin, 1979.
Nadvodnye torpednye apparaty. Dorodnih, V.; Popov, S. – In: Morskoi Sbornik. – Moskva, H. 11/1978.
Vabanque am Nordkap. Flohr, D. – In: Marinekalender der DDR. – Berlin, 1981.
Vorgeschichte und Chronik des Torpedowesens. Röhr, A. – In: Schiff und Zeit. – Herford, Heft 7/1978.
Vom Experiment bis zum militärisch einsetzbaren U-Boot. Socha, D. P. – In: Militärtechnik. – Berlin, H. 3, 4 und 5/1975.
Von der Norddeutschen Bundesmarine zur kaiserlichen deutschen Kriegsmarine. Otto, H. – In: Deutscher Marinekalender. – Berlin, 1972.
Teplovye ënergosilovye ustanovki torped za rubežëm. Dorodnih, V.; Polenin, V. – In: Morskoi Sbornik. – Moskva, H. 11/1976.
Wichtigste Kampfschiffe der Seestreitkräfte kapitalistischer Staaten. Heinig, R. – In: Militärtechnik. – Berlin, H. 1/1980.
Wie taucht ein U-Boot? Juhling, J. – In: Deutscher Marinekalender. – Berlin, 1972.
Zerstörer – Universalkampfschiffe der sowjetischen Seekriegsflotte. Sirrenberg, K. H. – In: Militärtechnik. – Berlin, H. 4/1976.
Zur Entwicklungsgeschichte der sowjetischen Unterwasserkräfte. Grönke, E. – In: Marinekalender der DDR. – Berlin, 1974.
Zielsuchende Torpedos – eine moderne Waffe der Seestreitkräfte. Schwock, E. – In: Militärwesen. – Berlin, H. 1/1973.
Dvucelovye torpedy voenno-morskih sil stran NATO. Tučkov, J. – In: Sarubešnoje Woennoje Obosrenije. – Moskva, H. 5/1982.

Sowjetische Überwassertorpedoträger

Torpedoschnellboot Typ D 3 (1941)

Küstenschutzschiff Typ „Riga“ (1955)

U-Jagd-Schiff Typ „Petja“ (1965)

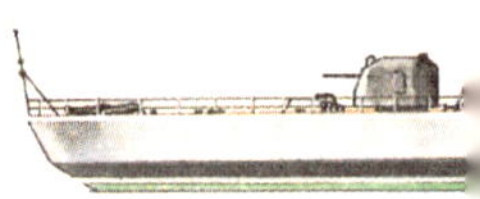

Großes Torpedoschnellboot BTK (1965)